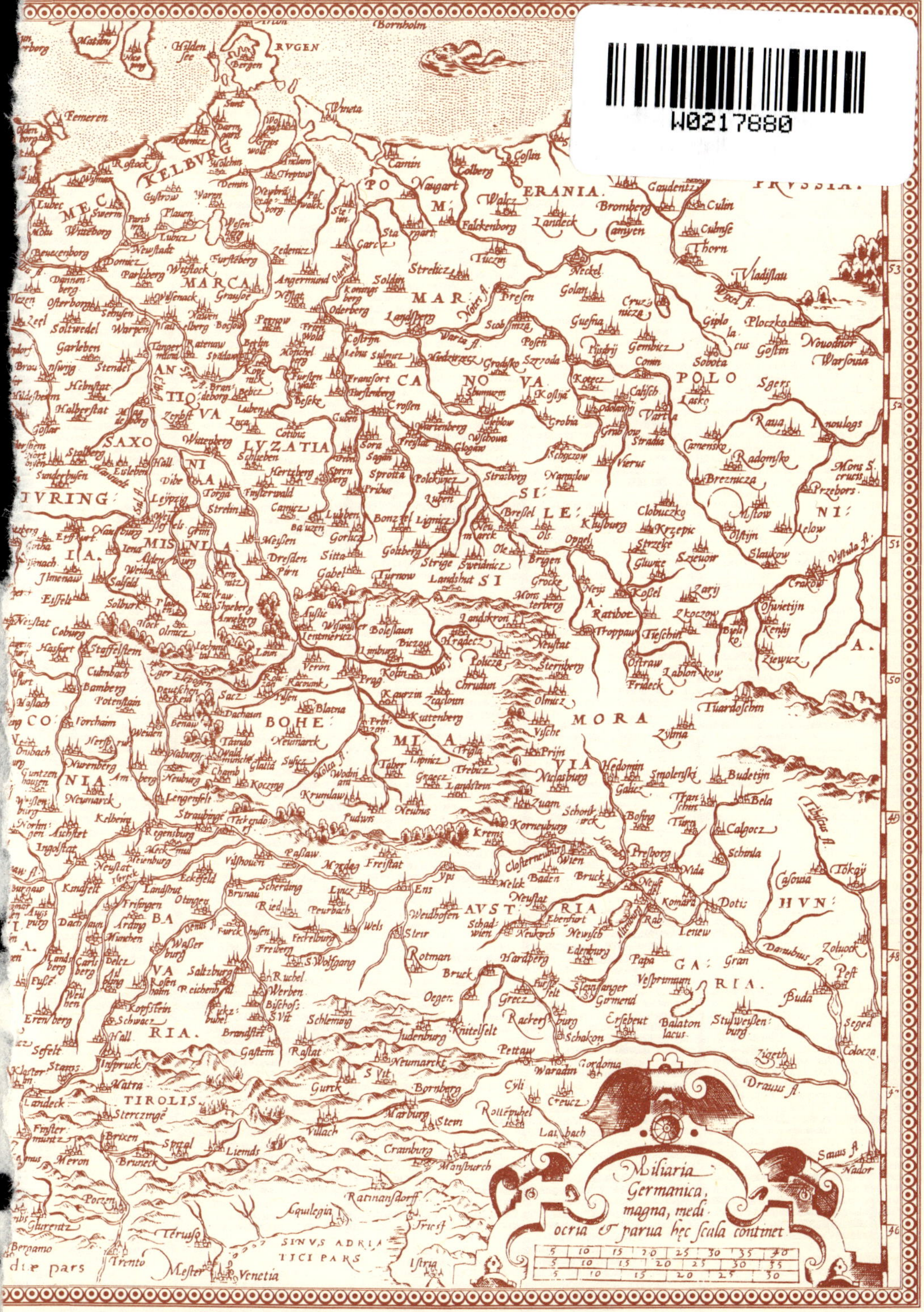
Miliaria Germanica, magna, medi ocria & parua hęc scala continet
RVGEN
POMERANIA.
PRVSSIA.
MECKELBVRG
MARCA
ANTIQVA
SAXONIA
LVZATIA
MISNIA
MARCHIA NOVA
POLONIA
SILESIA
BOHEMIA
MORAVIA
AVSTRIA
BAVARIA
HVNGARIA.
TIROLIS
SINVS ADRIATICI PARS

Diwald
Luther

Hellmut Diwald

Luther

Eine Biographie

Gustav Lübbe Verlag

Die Karte auf Vor- und Nachsatz
stammt von Abraham Ortelius
und erschien erstmals in:
Theatrum orbis terrarum, Antwerpen 1584.

Die Veröffentlichung der Karte
erfolgt mit freundlicher Genehmigung von:
Bildarchiv Preußischer Kulturbesitz/Bildarchiv Jürgens

Das Frontispiz zeigt
Martin Luther als Professor.
Gemälde von Lucas Cranach d. Ä. (1528)
Weimar, Staatliche Sammlungen im Schloß
Foto: Karl-Heinz Jürgens, Köln

1. Auflage: September 1982
2. Auflage: Dezember 1982

Schutzumschlaggestaltung: Manfred Peters, Köln
Titelfoto: Karl-Heinz Jürgens, Köln
Satz: Fotosatz Froitzheim KG, Bonn
Druck und Einband: Ebner Ulm

Printed in West Germany
ISBN 3-7857-0323-6

Inhalt

Nach fünfhundert Jahren

Unzählige Künstler haben sein Bild gemalt. Er ist auf vielen hundert Gemälden zu sehen; sie reihen sich von Lucas Cranach bis Lovis Corinth. Wir haben ihm gewaltige Denkmäler errichtet, in Worms, in Dresden, in Erfurt. Die monumentalen Sockel, auf denen Martin Luther steht, sind ohne Zahl, ebenso die Skulpturen, Reliefs und Plastiken, von seinem ersten Steinbild am Katharinenportal der Lutherhalle in Wittenberg über die Werke Gottfried Schadows und Hermann Hahns bis zu Gerhard Marcks.

Die Ähnlichkeiten sind dabei nicht zu übersehen. Luther steht hoch aufgerichtet auf dem Piedestal, breitschultrig, das feste Kinn nach vorn geschoben, nichts in seinem harten Gesicht ist eine Täuschung der Natur; häufig hält er die Bibel in der Hand, halb Waffe, halb Schild. Niemals fehlt das Herausfordernde, das revolutionäre Aufbegehren, welches durch keine Festlegung in der bildhauerischen Form zu unterdrücken ist.

Den Denkmälern aus Stein und Granit steht die endlose Folge der Romane, Erzählungen, Gedichte und Dramen über Luther zur Seite, die Legenden und Verklärungen, und ebenso die Mythen und Sagen, die sich um seine Gestalt gelegt haben – eine Verklärungsparallele zu seinem verblaßten Dasein im verschwommenen Hintergrund des Reformationsfestes, das die evangelischen Kirchen jedes Jahr dem Gedächtnis der Thesenverkündigung am 31. Oktober 1517 widmen.

Vor einem halben Jahrtausend wurde Martin Luther geboren. Ist er heute ein Mann des anteillosen Gedenkens, des mühseligen Erinnerns quer durch die Wirbel historischen Staubes und das Gerümpel religiöser Zänkereien? Ist Luther heute nur noch ein Denkmal? Ist von ihm nichts weiter übriggeblieben als das ungefähre Wissen, daß sich mit seinem Namen das Ereignis der Reformation und die Entstehung des Protestantismus verbindet, daß er eine Mischung aus Reformator und Religionsstifter gewesen ist und seine breiten Schultern im übrigen die Hypothek der Glaubensspaltung Europas und der ersten Spaltung Deutschlands zu tragen haben?

Solche Fragen leben von den vielen Vorurteilen, von den evangelischen Legenden über Luther genauso wie von den katholischen. Ihnen vor allem ist das ›Denkmal Luther‹ zu verdanken. Die einen haben ihn monumentalisiert, die anderen haben sein Dasein auf den erhöhenden Sockeln deshalb hingenommen, weil es ihnen die Möglichkeit gegeben hat, Luther herabzustürzen. Eine dritte Gruppe schließlich – in den letzten Jahrzehnten angewachsen – ist deshalb damit zufrieden, ihn als Denkmal hoch oben postiert zu wissen, weil das als eine Garantie dafür erscheint, daß er nicht herabsteigen und in die Kirchen kommen kann – so wie er damals von der Wartburg herunter und nach Wittenberg gekommen ist, um Ordnung zu machen.

Die traditionell verfestigten Irrtümer haben die Erinnerung an Luther, an die Reformation, die Entwicklung der protestantischen Kirchen und den evangelischen Glauben bis heute begleitet. Die Versuchung ist groß, in diesem Unterholz der Geschichte zu resignieren und das Bemühen um Orientierung aufzugeben. Wer aber den Sprung über die vergangenen fünf Jahrhunderte hinweg riskiert, wer bei Martin Luther selbst beginnt, der stellt bald fest, daß er es mit einem Mann zu tun hat, der in unserer Zeit leben könnte. An ihm ist nichts von der vielbeklagten historischen Beziehungslosigkeit zu finden, alles wirkt unverbraucht, ist lebendig, erfrischend oder aufreizend aggressiv, auch voll moderner Unebenheiten und insbesondere frei von all den bürgerlichen Tabus aus dem 19. Jahrhundert, die unseren Vätern das Dasein so sehr verbittert haben.

Die Persönlichkeit Martin Luthers ist lebenskräftiger geblieben als jede andere Gestalt der deutschen und europäischen Geschichte jener Epoche. Das gilt für die leidende und kämpfende Person, das gilt aber genauso für die Glaubensnöte Luthers und für seine Lehren. Um das deutlich zu machen, hätte es nicht der schrillen Wechselreden zwischen katholischen und protestantischen Theologen über die Rolle Luthers bedurft, mit denen im Jahr 1980 der erste Besuch eines Papstes im Land der Reformation eingeleitet wurde.

Ob Martin Luther noch immer ein »Fall« ist, oder ob nicht die eindringlichen Fragen, die er so vehement und mit einem so gewaltigen Zorn an die Adresse Roms und die Kirche seiner Zeit gerichtet hat, heute noch ebenso aktuell sind wie damals, und zwar für die Katholiken genauso wie für die Protestanten, und möglicherweise für die letzteren noch bedrängender als für die ersteren – ist nicht zweifelhaft. Luther besaß ein derartiges Format, daß er seine eigene Nachwirkung überlebte. Er war zu mächtig, als daß er selbst nach fünfhundert Jahren als Opfer seiner vielen Interpreten enden könnte.

Der Mönch Martin Luther war ein Revolutionär. Er war es nicht seinen Anlagen nach, die er mitbekommen hatte; hier herrschen vielmehr die bewahrenden, erhaltenden Momente vor. Aber weit stärker war bei ihm die Radikalität des Fragens ausgebildet, die leidenschaftliche Parteinahme für die Wahrheit – oder das, was ihm als Wahrheit galt, und ebenso die Unbedingtheit, dafür einzustehen, koste es auch sein Leben und die ganze Ordnung der damaligen Welt. Wenn überhaupt etwas charakteristisch ist für den Typus des Revolutionärs, dann sind es diese Eigenschaften.

In der Weltgeschichte findet sich keine Gestalt, die um des Glaubens und der Wahrheit willen entschiedener den Umsturz bewirkt, eine Revolution herbeigeführt und dann schließlich auch bejaht hat: »Wohlan, ich habe frisch angetastet den römischen Stuhl!« Luther fordert die Gewalt, er schleudert seine Appelle in die Welt und meint mit ihnen jeden einzelnen: »Ich beschwöre dich, wenn du recht vom Evangelium denkst, glaube nur nicht, seine Sache könne ohne Lärmen, ohne Ärgernis und Aufruhr betrieben werden. Du wirst aus dem Schwert keine Feder, aus dem Krieg keinen Frieden machen. Das Wort Gottes ist Schwert, ist Krieg, ist Zerstörung, ist Ärgernis, ist Verderben.«

Die Reformation war ein Geschehen, das vier volle Jahrzehnte überspannte. Sie setzte mit dem sogenannten Turmerlebnis Luthers um 1515 ein und wurde beendet vom Augsburger Religionsfrieden des Jahres 1555. Die Etappen dieses Prozesses sind identisch mit den Etappen der tiefgreifendsten Revolution, von der Europa jemals erfaßt wurde. Kein Umsturz war so grundsätzlich und erfaßte breitere Fundamente. Luthers Revolution wurde allerdings verdeckt, diszipliniert und getarnt unter dem Etikett »Reformation« und der Einrichtung der evangelischen Landeskirchen; ihr Feuer wurde damit nicht gelöscht. Sie ist der einzige Umsturz der Weltgeschichte, der berechtigten Anspruch hat auf die Bezeichnung »permanente Revolution«. Wer sich das heute deutlich macht, der entdeckt den ganzen Martin Luther.

Zum ganzen Martin Luther gehört auch jener Mann, der nicht im Zentrum des theologischen Gesichtsfeldes steht, ohne den aber die politischen Folgen der evangelischen Revolution nicht zu verstehen sind. In Luther hat sich das entscheidende Doppelprinzip der christlichen Moderne und der politischen Neuzeit verkörpert: der Anspruch des Gewissens und des Glaubens, und die Rechtfertigung und das Recht des einzelnen – und darin eingeschlossen das Recht seines ganzen Volkes, von dem Luther unermüdlich versichert hat: »Für meine Deutschen bin ich geboren und ihnen diene ich auch!« Luther ist nicht für die erste Zerteilung Deutschlands verantwortlich, wie so oft behauptet worden ist. Luther ist vielmehr derjenige, der das politische Bewußtsein der Deutschen und ihren Willen zur Freiheit, und damit ihr Zusammengehörigkeitsgefühl, wachgerüttelt hat.

Seine persönlichen Empfindungen brechen am heftigsten durch, wenn er an seinem Land, an seinem Volk leidet und verzweifelt: »Es mag der Türke herrschen oder die Unsern, mit Deutschland wird es übel stehen. Adel und Fürsten sinnen nur darauf, seine Freiheit zu vernichten. Ich will ausgesorgt haben für diese schändlichen Furien. Warum beten wir so ängstlich, daß der muhammedanische Türke nicht die christlichen Türken würgt, die schlimmer sind? Laß laufen, wie es läuft! Freilich kann ichs noch nicht so völlig laufen lassen, denn meine Seele seufzt aus allen Tiefen, Deutschland mein Vaterland zu retten, das vor meinen Augen untergeht.«

Heute bestehen keine wesentlichen Differenzen mehr darüber, in welchen Jahrzehnten man die Grenze zwischen Mittelalter und Neuzeit ziehen soll: frühestens in der Mitte des fünfzehnten Jahrhunderts und spätestens im ersten Drittel des sechzehnten Jahrhunderts. Für die Protestanten wird diese Grenze von Martin Luther festgelegt, sei es durch den Prozeß der Reformation, sei es präzise durch das Thesenjahr 1517. Dabei handelt es sich aber um keine speziell evangelische Entscheidung. Noch immer gehört zum Begriff des Mittelalters die abwertende Deutung als einer dunklen, rückständigen, barbarischen Epoche: die Zeit der unangetasteten Herrschaft der römischen Kirche. Demgegenüber gilt die Neuzeit als helle neue Zeit des rechten Glaubens und der klaren Vernunft. Das Wort »Neuzeit« war und ist ein Fanal des Aufbruchs, des evangelischen Durchbruchs.

Jeder Revolutionär verbindet mit seinem Umsturz den Beginn einer neuen Ära. Auch Luther hat sich in einen neuen Horizont datiert und ist deshalb von Hans Sachs als »Wittenbergisch Nachtigall« begrüßt worden, deren Gesang einen Weltenmorgen verkündet: »Wach auff, es nahet gen dem Tag!«

Als Luther vom Papst zu einem »Kind des Satans« gestempelt wurde, schien ihn kaum etwas vor dem Schicksal des Verstummens und der Vernichtung retten zu können. Aber der Angeklagte verwandelte sich in einen Angreifer, der zum Schweigen Verdammte und Gebannte wurde plötzlich in der ganzen Welt gehört – und er ist noch immer zu hören und noch immer zu verstehen.

1 Das Gewitter

Der Unterharz sinkt nach Osten hin, ins sächsische Saalegebiet, leicht ab. An seinem Rand liegt Mansfeld, ein altes Städtchen, das vor vielen Jahrhunderten berühmt war als Zentrum des Kupferbergbaus. Heute ist es das »rote Mansfeld«, der Mittelpunkt eines bedeutenden Industriekombinats.

Von Mansfeld nach Erfurt im Süden sind es rund hundert Kilometer. Wer sich im Sommer zu Fuß auf den Weg macht, durch die Wälder und über staubige Straßen, hat eine beachtliche Reise vor sich. Besonders in den früheren Jahrhunderten war es nicht nur eine beachtliche, sondern auch eine beschwerliche Reise. Die Landstraßen waren damals in der Regel unsicher und die nächste Zukunft des Reisenden ungewiß.

Dem jungen Mann von einundzwanzig Jahren, der in den ersten Julitagen des Jahres 1505 diesen Weg zurücklegt, macht die Reise allerdings wenig zu schaffen. Er ist durch eine harte Jugend zäh geworden. Schon am dritten Tag nähert er sich seinem Ziel. Er braucht nach Erfurt nur noch knapp zwei Stunden. Plötzlich legt sich eine beklemmende Stille über die Felder. Noch ist der Himmel hoch, aber die Sonne wird trüb. Am Horizont zieht eine schwarze Wolkenwand herauf. In langen Wellen treiben Windstöße durch das Getreide, biegen die Bäume. Ungestüm, voller Wucht schieben sich die dunklen Wolkenmassen immer näher.

Der junge Mann, der seine Reise allein unternimmt, geht schneller. Das kleine Dorf Stotternheim liegt zwar in Sichtweite, aber es ist trotzdem zu weit weg, als daß er es noch erreichen könnte, um dort Unterschlupf und Schutz zu finden. Der Sturm bricht jetzt mit voller Gewalt los. Die finsteren Wolken drücken vom Himmel, die Blitze verwandeln die Düsternis in ein schweflig flammendes Chaos. Jäh stürzen die Regenmassen herab, gleißende Helligkeit und brüllender Donner jagen einander. Martin Luther steht entsetzensstarr in dem Toben des Unwetters – das Grauen vor dem Abgrund der Vernichtung. Plötzlich fährt aus dem Inferno eine grelle Riesenfaust neben ihm herab, er schreit, taumelnd vor Todesangst: »Hilf, du liebe Sankt Anna, ich will ein Mönch werden!«

Wie läßt sich die Wirklichkeit eines solchen Erlebnisses wiederholen, von Unbeteiligten, zeitfernen Betrachtern? Der Sachverhalt ist einfach:

Ein junger Mann stößt in all seinem Entsetzen, in seiner Todesangst einen Hilferuf, ein Gelübde aus, das den Dank und das Entgelt für die erflehte Rettung einschließt.
Der Blitz, der im Sommergewitter bei Stotternheim neben Martin Luther einschlägt, löst einen Entschluß aus, der in das Leben des Einundzwanzigjährigen die große Wende bringt. Für Luther entspricht die Tragweite seines Vorhabens der Größenordnung des Naturereignisses. Vor der Kulisse der gewaltigen Natur, die alles Mühen der Menschen zu einer Belanglosigkeit verkleinert, handelt es sich um eine nebensächliche Angelegenheit. Nebensächlich ist sie aber auch unter dem Gesichtspunkt, daß Luther trotz Blitz und Donner niemals den Entschluß gefaßt hätte, ins Kloster zu gehen, wenn der Boden dafür nicht vorhanden, wenn Luther nicht schon für ein so radikales Unternehmen innerlich vorbereitet gewesen wäre. Der Blitz ist unerwartet gekommen, doch der Entschluß nicht.

Magister in Erfurt

In diesem Juli des Jahres 1505 hatte Luther schon vier Jahre Studium hinter sich. Im Frühling 1501, siebzehnjährig, ließ er sich an der Universität Erfurt einschreiben. Wie es üblich war, absolvierte er zunächst den Studiengang an der artistischen Fakultät. Die Vorlesungen und Übungen waren streng geregelt, ebenso die Lektüre der wissenschaftlichen Bücher. Kein Student durfte mehr oder weniger lesen oder wahllos andere Vorlesungen als die vorgeschriebenen besuchen. Der verbindliche Studienplan enthielt die Fächer Grammatik, Logik, Rhetorik, Astronomie und Philosophie. Diese Disziplinen waren gleichzeitig die Prüfungsfächer für das erste Examen, das Baccalaureat, den untersten akademischen Grad der alten Universitäten. Zugelassen wurden dabei nur Studenten, die schon eineinhalb Jahre studiert hatten. So erwarb Luther zu Michaelis, am 29. September 1502, mit dem bestandenen Examen den Titel eines *Baccalaureus artium*.
An diese Stufe schloß sich die Vorbereitung für die Magisterprüfung an. Das Studium erstreckte sich jetzt auf das Gebiet der Sieben Freien Künste der mittelalterlichen Bildungsordnung, der *Artes liberales*. Sie bestanden aus den drei Sprachkünsten Grammatik, Rhetorik und Dialektik – dem *Trivium* – sowie den vier mathematischen Künsten Arithmetik, Geometrie, Musik und Astronomie – dem *Quadrivium*. Rechnet man die Vorbereitungszeit für das Baccalaureat dazu, so war

bis zum Magister eine Studienzeit von sieben oder acht Semestern vorgeschrieben und unerläßlich.

Gelehrt wurde mit Vorrang die praktische Anwendung der dialektischen Methode, die alte griechische Disputierkunst, die von Platon in den Rang der Methode der Philosophie überhaupt gerückt worden ist. Gemeint war damit nichts anderes als die korrekte Anwendung der Logik und ihrer Regeln während eines Wechselgesprächs, bei dem die Widersprüche ausgesondert werden sollten, um so die Wahrheit herauszufinden. Der Sache nach war also Dialektik nichts anderes als formale Logik.

Luther war ein Meister des Disputierens. Deshalb nannten ihn seine Kommilitonen an der Universität »den Philosophen«. Sein Vergnügen am scharfen Streitgespräch und seine Überlegenheit darin hatte ihm diesen Titel eingebracht und nicht etwa ein auffälliger Hang zum schweren Grübeln. Das Disputieren war Luther später unentbehrlich, es war die öffentliche Form, in der sich seine ganze Theologie ausbildete, ein »Religionsgespräch« und eine »Disputation« lösten einander ab. Das Auditorium, vor dem die Dispute ausgefochten wurden, folgte dem Verlauf so gebannt, als wäre es ein Kampfspiel in der Arena.

Luther bestand am 7. Januar 1505 das Examen zum *Magister artium*, und zwar mit einem ausgezeichneten Ergebnis. In der stattlichen Reihe der Kandidaten – insgesamt sechzehn – war er der Zweitbeste. Bei dem feierlichen Schlußakt erhielt er die Insignien seiner neuen Würde überreicht, arrangierte, wie es üblich war, zu Ehren der Fakultät einen nicht zu kargen Magisterschmaus und beendete damit glanzvoll sein Studium an der Artistenfakultät. Wie immer krönte ein abschließender Fackelzug das wichtige Ereignis. Luther hat diesen Tag nie vergessen: »Wie war es eine so große Majestät und Herrlichkeit, wenn man magistros promovierte, und ihnen Fackeln vorantrug und sie verehrte! Ich halte, daß keine zeitliche, weltliche Freude desgleichen gewesen sei.« Wenig später hielt er vor der Universität seine Antrittsvorlesung. Er trug das braune Magisterbarett auf dem kantigen Schädel, erfüllt von berechtigtem Stolz.

Berechtigter Stolz herrschte auch bei seinen Eltern in Mansfeld, und nicht nur Stolz, nein, mächtige, wenn auch verhaltene Freude, insbesondere bei seinem Vater. Martin, nobilitiert durch die erste akademische Weihe und nunmehr würdig, daß ihn der Vater mit dem achtungsvollen »Ihr« anspricht, soll weiterstudieren. Er soll einen Abschluß erreichen, der ihm den besten Lebensweg öffnet: unvergänglicher Wunsch aller normalen Eltern, ihre flügge gewordenen Kinder

nicht nur selbständig, sondern erfolgreich und aufsteigend zu sehen. Das heißt entsprechend den elterlichen Vorstellungen, Wünschen und Erwartungen.
Für Martin Luther kommt nur das Jurastudium in Frage, so entscheidet der Vater. Er, der zeitlebens jeden Groschen zweimal umdreht, bevor er sich von ihm trennt, kauft seinem Sohn, dem Magister Martin, eins der kostspieligen Exemplare des Codex Juris Civilis. Für den angehenden Juristen bleibt Erfurt auch weiterhin der Studienort. Die Stadt besitzt zu dieser Zeit die berühmteste Universität des Reiches, und dieses Ansehen beruht vor allem auf dem überragenden Ruf der juristischen Fakultät.
Martin Luther hätte nach der Promotion zum Magister immerhin die Möglichkeit gehabt, in den Geleisen der Artistenfakultät zu bleiben. Das Examen verpflichtet ihn, zwei Jahre lang als »ordentlicher Professor« Vorlesungen und Lehrveranstaltungen im Rahmen der freien Künste abzuhalten. Sollte er später in diesem Rahmen bleiben wollen, könnte er als Fakultätsdekan, als Rektor der Burse oder gar der Universität ein recht hohes Ansehen erreichen. Normalerweise allerdings endet dieser Weg mit der Rektoratsübernahme einer gewöhnlichen Trivialschule in irgendeiner Stadt.
Der Vater, Hans Luder, hat anderes im Sinn. Achtung und Ehre sollen sich bei seinem Sohn durch angemessene, stattliche Einkünfte ergänzen. Außerdem ist er entschlossen, diesen so erfolgreichen Sproß »durch eine ehrbare und reiche Heirat zu binden«. Es scheint, als hätte der zielbewußte Bergmann Hans Luder, der es aus eigenen Kräften bis zum selbständigen Montanunternehmer gebracht hat, auch schon die Braut ausgesucht. Seine Pläne lassen deshalb für den Sohn nur den Weg des Rechtsgelehrten offen, denn für das Studium der Theologie ist Ehelosigkeit eine unerläßliche Voraussetzung. So entscheidet der Vater über den künftigen Beruf und die künftige Frau seines Sohnes, ohne Martin zu fragen.
Der Sohn gehorcht zunächst. Aber sein Gehorsam bedeutet nicht, daß er auch innerlich zustimmt. Martin hat einige Monate Zeit, sich mit der Lage vertraut zu machen. Der Beginn seiner Pflichtvorlesungen in der Artistenfakultät ist auf den 23. April festgesetzt, das Studium der Jurisprudenz beginnt einen Monat später, am 20. Mai 1505.
Wir wissen nicht viel von der damaligen Verfassung des Magisters Luther, wir wissen zu wenig, um sichere Schlüsse zu ziehen. Die gewaltige Persönlichkeit des späteren Reformators macht es schwer, sich vorzustellen, daß seine Jugend, sein Studium, seine Entwicklung

normal verlaufen sind. Zeigt sich das Außergewöhnliche nicht in jedem Abschnitt der Entwicklung, lassen sich seine Merkmale nicht überall entdecken und ablesen, schon in den frühesten Jahren? Sind wir überhaupt in der Lage, von der welthistorischen Größe Martin Luthers abzusehen, wenn wir uns mit seiner Jugend beschäftigen?

Daß wir so wenig über den Magister Luther im Frühling des Jahres 1505 wissen, sollte jedenfalls nicht dazu verleiten, allen möglichen Spekulationen nachzugeben. Eins steht zumindest fest: Der junge Martin war in gedämpfter, besinnlicher Stimmung. Aus welchem Grund? Läßt sich darüber etwas herausbekommen, was auch nur einigermaßen wahrscheinlich und haltbar ist?

Wer bei entscheidenden Ereignissen auf sicheren Informationen beharrt, wird bei Luther in den Kammern des Inneren keinen nachweisbaren Anlaß entdecken – allerdings vorausgesetzt, daß für das regellose Pendeln unserer Gemütsverfassung und unserer Stimmungen immer auch ein nachweisbarer Grund unerläßlich sein muß. Gehört es nicht vielmehr zur Natur unserer Verschattungen, daß wir nicht wissen, was die Betrübnisse hervorruft? Ist es nicht ein essentieller Teil dieser Not, daß wir mit dem, was uns ohne faßbaren Grund so sehr zu schaffen macht, weit schwerer zu Rande kommen als mit demjenigen, dessen Anlaß wir kennen?

Angeblich wurde Luthers melancholische Bedrückung in diesen Wochen durch den Tod eines guten Freundes ausgelöst und dann bis zu einer schweren Krise gesteigert. Der Kommilitone soll bei einem Duell getötet worden sein. Das Duell ist eine Erfindung, der Freund starb an einer Krankheit, er stand im übrigen Luther nicht besonders nahe. Wahrscheinlich handelte es sich um den sonst völlig unbekannten Studenten Jeronimus Buntz aus Winsheim, der im Februar 1505 an einer Rippenfellentzündung starb. Immerhin könnte Luther dieses Ereignis intensiv genug beschäftigt haben, um gelegentliche oder häufigere Gedanken an die Hinfälligkeit, das Ausgeliefertsein des Menschen, an das Sterben und den Tod zu verstärken. Luther hat im übrigen kein einziges Wort darüber verloren.

Bei einer Ferienwanderung von Erfurt nach Mansfeld stieß sich Luther auf dem Rückweg – es dürfte im Jahr zuvor gewesen sein – versehentlich den Degen, den er, wie damals üblich, zum Schutz vor Überfällen bei sich trug, in die Hauptschlagader des Oberschenkels. Die Verletzung war so schwer, daß er fast verblutete. Luther erzählte, wie er in der Todesgefahr ausrief: »O Maria, hilf! Da wär ich auf Maria hin gestorben.« Die Wunde brach in der Nacht nochmals auf, Luther verblutete fast und rief erneut Maria um Hilfe an. Soviel wir wissen, sprach er von diesem Unfall nur ein einziges Mal. Immerhin war die Verletzung keine Kleinigkeit und kann durchaus dazu beigetragen haben, die Gedanken Luthers etwas öfter um das Faktum des Todes kreisen zu lassen. Trotzdem läßt sich auch von hier aus keine direkte Verbindung herstellen zu den Gründen, die zu seinem jähen Entschluß gehören, ins Kloster zu gehen. Sooft Luther auch darauf zurückgekommen ist: ein gemeinsamer Nenner für seine eigenen Erklärungen läßt sich nicht finden.

Die Stolpersteine der Erinnerung

In der unübersehbaren Literatur, die sich mit der Persönlichkeit Martin Luthers befaßt, finden sich über seine Jugend und die Entwicklung bis 1517, dem Jahr der berühmten Thesen, verblüffend wenig Mitteilungen, die auf haltbaren Tatsachen beruhen. Wegen dieses Mangels hat sich die Forschung in den letzten Jahrzehnten mit besonders viel Energie um die Kindheit und die frühen Jahre des Reformators bemüht. Die Ergebnisse stehen in einem Mißverhältnis zum Aufwand. Der Grund dafür ist einfach, er ist entmutigend, er läßt der Fantasie einen kaum erträglichen Spielraum: Die wichtigsten Aussagen über Jugend und Entwicklung Luthers stammen von ihm selbst. Sie sind genauso aufschlußreich und unzuverlässig wie die meisten autobiographischen Texte, insbesondere von bedeutenden Menschen. Bei Luther kommt noch erschwerend sein vulkanisches Naturell dazu, das wortreiche Temperament, das ihn mit den steigenden Jahren dazu verführte, die zurückliegenden Ereignisse beim wiederholten Erzählen immer lebhafter und bunter auszuschmücken, ihnen auch nach seiner augenblicklichen Stimmung einmal diese Färbung zu geben und das andere Mal jene.
Ergänzt wird das durch Luthers ausgeprägtes Interesse an jeder Art von Selbsterklärung, seit er in dem unermeßlichen Gebiet des Öffentlichen und Politischen zu wirken begonnen hatte. Selbsterklärung und Selbstrechtfertigung waren seitdem nicht mehr voneinander zu trennen, vor allem von dem Augenblick an, als sich die reformatorische Revolution selbständig gemacht, eigenes Schwergewicht bekommen und eine Richtung eingeschlagen hatte, die sich nicht mehr mit den ursprünglichen Absichten desjenigen Mannes deckte, von dem sie entfacht worden war.

Luther sah sich mit allen seinen Skrupeln und Triumphen, mit allen Verzweiflungen und Siegen immer an der Spitze der ganzen Bewegung stehen, seiner Bewegung; er allein war ihr Führer, der Führer der Evangelischen, der Protestanten – mochte ihm diese Bewegung auch zeitweise mit unfaßlicher Schnelligkeit davonlaufen. Deshalb mußte ihm jeder seiner Blicke in die Vergangenheit zu einem Beweisstück für die unauflösliche Einheit seiner Person mit allen Erfolgen und Krisen der Reformation geraten. So wurde schließlich ihre Geschichte zu einem Großteil seine persönliche Lebensgeschichte. Erinnernde Rekapitulation verwandelte sich immer folgerichtiger in geschichtliche Stilisierung und Überhöhung. Luthers Ermessenskraft bestimmte das Maß einer vermeintlich objektiven Wertung. Sein Urteilsvermögen allein, und sonst nichts, wurde die Grundlage der Urteilsfindung und der nachfolgenden historischen Urteilsbildung. In dieser Form stellt sich für den Geschichtsschreiber, der sich nicht nur um Einsicht bemüht, sondern auch um Erkenntnis, eins der bemerkenswertesten Probleme dar, und es präsentiert zugleich die Schwierigkeiten, die sich mit der autobiographischen Zuverlässigkeit von Luthers Erinnerungen verbinden.

Seit sich die bedrückenden Glaubensfragen des einsamen Augustinerbruders Martinus und seine Antworten darauf über seine Person hinaus in den kirchlichen und politischen Raum ausgeweitet hatten, mußte seine individuelle Lebensgeschichte unabwendbar ihre lediglich private Verbindlichkeit verlieren. Von diesem Moment an war Luther zwangsläufig darum besorgt, jeden seiner Schritte und jede Krise mitsamt der Art und Weise, wie er sie bewältigt hatte, in ein schlüssiges Verhältnis zu den Ereignissen zu bringen, die durch ihn entstanden waren. Dasselbe gilt allerdings auch für diejenigen Geschehnisse und Entwicklungen, für die er – oft zu Unrecht – verantwortlich gemacht wurde und für die er sich dann auch – nicht immer zu Recht – verantwortlich fühlte. War es überhaupt denkbar, daß Luther, wenn er auf sein Leben zurückblickte, fähig gewesen wäre, vom Sinnbildlichen darin abzusehen, dessen mächtigen Zuwachs er den öffentlichen Begebenheiten verdankte, die ohne ihn nicht eingetreten wären? Aus diesem Umstand ergab sich eine wahre Flut von Erinnerungsfehlern und widersprüchlichen Feststellungen; sie wurde noch gesteigert durch die normale Unzuverlässigkeit und die Täuschungsspiele des Gedächtnisses.

Stilisierung um des Ranges der Glaubensrevolution willen, die er ins Werk gesetzt hatte, und ständige Rechtfertigung derselben Revolution,

die er niemals beabsichtigt hatte: Das sind die beiden Säulen der autobiographischen Mitteilungen Luthers. Wie bei jedem Menschen, so hängt auch hier ihre besondere Form von der Individualität des Berichtenden ab.
Obgleich Luther einer der ungewöhnlichsten Menschen der Weltgeschichte war, haben seine Bemerkungen über sich selbst in den Jahren seiner Entwicklung, bei aller Exzessivität vieler Bekenntnise, nur bedingt, nur am Rande etwas mit Krankengeschichte und Psychopathologie zu tun. Die Bemerkung etwa: »Luther gehört zu den Autobiographen mit einem Hang zum Schauspielern, die selbst von ihren neurotischen Leiden begeistert Gebrauch machen und aus sorgfältig ausgewählten Erinnerungen und den Hinweisen eines verlangenden Publikums ihre eigene offizielle Persönlichkeit erschaffen« – diese Bemerkung eines Psychoanalytikers der jüngeren Zeit gilt für Luther nur unter dem Gesichtspunkt der Persönlichkeitsabweichung, also nicht für das, was die Einheit und Geschlossenheit der Persönlichkeit ausmacht, und sagt deshalb nicht viel über Martin Luther aus.
Ob es die besten Plädoyers sind, die Luthers eigene Rückblicke auf sein Leben darstellen, ist unsicher; es ist sogar sicher, daß es nicht die kenntnisreichsten gewesen sind. Aber selbst diese Tatsache liefert nicht genügend Gründe, um Luthers religiöse Urerlebnisse mit Hilfe einer Psychologie der Ungewöhnlichkeit so zu verdünnen, damit wir mit den dürftigen Fähigkeiten unseres aufgeklärten Verstandes dem Rest, der dann noch übrigbleibt, gewachsen sind.

Schwermut und Todesgedanken

Von den Wochen zwischen dem Magister-Examen und dem Beginn seines juristischen Studiums hat Luther gesagt, er sei damals »immer traurig einhergegangen«. Handelte es sich dabei nur um eine seiner melancholischen Phasen, in die er immer wieder hineinglitt, vielleicht auch schon um eine der vielen Depressionen, die ihm bis ans Ende seines Lebens ständig zusetzten? Lähmend, niederdrückend, Hoffnungslosigkeit und Apathie als unermeßliche Last auf Stirn und Seele – gegen diese Qualen versuchte Luther mit seinem elementaren Gespür für die geschichteten Bereiche und Reiche der Welt aus der Gewißheit heraus anzukämpfen, daß ihm hier nicht fragwürdige innere Wallungen zu schaffen machten, sondern niedere, böse Geister, die Abgesandten des Satans. So charakterisierte er auch später in einem Brief an

Melanchthon sein persönliches Ringen mit der vielsagenden Einschränkung, »wenn ich das, was zwischen mir und Satan vorgeht, so nennen darf«.

Die Art, in der Luther als Erwachsener, nach zweiunddreißig Jahren, von diesen Wochen gesprochen hat, scheint einer allzu weitgespannten Auslegung keine Grundlage zu liefern: »In der Tat, als ich in Erfurt ein junger Magister war, da ging ich wegen der tentatio tristitiae immer traurig einher.« Eine tiefe, wenn auch möglicherweise recht allgemeine Furcht vor dem Tag des Gerichts könnte ihn tatsächlich erfaßt haben. Sie ist aber nicht unbedingt charakteristisch für einen Menschen, der sich plötzlich seiner abgrundtiefen Sündhaftigkeit bewußt wird.

Traurigkeit war auch später bei Luther so häufig, daß sie als eine seiner Hauptanlagen bezeichnet werden muß. In einem Brief aus dem Jahr 1528 schreibt er, religiöse Verzweiflung und Schwermut wären ihm »seit seiner Jugend nicht unbekannt«. Er hält die Traurigkeit ganz allgemein für etwas dem Menschen Angeborenes, ergänzt aber gleich, daß der Teufel persönlich den *spiritus tristitiae* nähre. Noch deutlicher wird er in der verhaltenen Klage: »Ich zürne mir oft, daß ich so viel vorgelesen, gepredigt, geschrieben habe, wie diese Versuchung der Traurigkeit zu überwinden ist; bin ich aber selbst versucht, so kann ich die Traurigkeit nicht verscheuchen.«

Soll man nun Luther glauben, wenn er nach vielen Jahren unumwunden erklärt: »Ich bin drum ins Kloster gelaufen, daß ich nicht verloren würde, sondern das ewige Leben hätte« – soll man dieser Behauptung glauben, also den Verdacht unterdrücken, sie könnte wie so vieles andere bei Luther aus dem Arsenal seiner nachgeschobenen Erklärungen stammen?

Mit Sicherheit läßt sich auch nicht ausschließen, daß Luthers schwermütiger Zustand überdies ein Teil der allgemeinen Weltuntergangserwartungen gewesen ist, die damals die Schläfen und Seelen der Menschen so regelmäßig gedrückt und in Wellen heimgesucht haben wie die Pest. Nicht, daß es sich dabei nur um das ins Universale geweitete *Memento mori* gehandelt hätte, um die Todesgedanken, von denen das fünfzehnte Jahrhundert völlig durchsetzt gewesen war. Die Erwartung des Weltenendes gehörte zu dem langen Nachhall der unerschöpflichen Klagen über die Vergänglichkeit und den Würger Tod, die für die mittelalterliche Glaubenswelt genauso bezeichnend sind wie die inbrünstigen Erwartungen des jenseitigen Paradieses.

Noch in der ganzen ersten Hälfte des sechzehnten Jahrhunderts ist für jeden Einsichtigen der kurz bevorstehende Weltenuntergang sicher.

Die düsteren Weissagungen der biblischen Offenbarungsschriften, der Apokalypsen, werden nicht mit den heimeligen Gefühlen des unbetroffenen Schauderns hingenommen. Ihre Wirklichkeit ist so massiv wie der eigene Sarg. Zum Grab und zum Untergang der Welt gehört der Blick in den Abgrund, das bestimmte Wissen vom absehbaren Ende. Wem dies nicht vertraut war, wer daran zweifelte, dem rechneten die Astrologen feste Daten vor. Ob sie im einzelnen zutrafen oder nicht: Die Experten waren sich bei allen Abweichungen untereinander doch darin einig, daß die bevorstehende Katastrophe eine Frage des überschaubaren Zeitraums war.

Die Furcht vor dem Ende schließt im Christentum die Angst vor dem Gericht des Herrn ein. Angst wiederum lebt von dem Bewußtsein der Schuld und Sünde des Menschen. Fühlte sich auch der junge Magister Luther schuldig? Selbst wenn das nicht der Fall gewesen wäre, und zwar in dem hinreichend genauen Sinn, um für das Ereignis einer Umkehr den Weg zu bereiten: Die Unschuldigen sind von den unbestimmten Ängsten vor irgend etwas Unbekanntem genausooft geschüttelt wie die Schuldigen, die so gut wissen, weshalb sie sich fürchten.

Das wiegt in der Zeit Luthers um so schwerer, als die Menschen damals in einer Welt lebten voller Dämonen und Engel, Geister und Teufel, Kobolde, Nixen und Wichteln, Hexen und Feen. Noch ein halbes Jahrhundert nach Luther, im Jahre 1591, schreibt Johann von Münster: »Wer siehet und hört nicht täglich allerlei Gespenster, Geschrei und Heulen, Werfen, Rauschen, Klappern und Zuschlagen der Särg, Machung der Gräber und dergleichen? Item wer sieht nicht täglich viel Gesichte in der Luft, auf Erden und über Wasser, in welchem einer ersaufen und sonst Noth leiden soll?« Daß dies Wirklichkeit war, und nicht irgendwelche Konstruktionen des Gehirns, gab damals dem Glauben seine Gewalt und der Religion ihre Tiefe.

Es gehört nicht viel Fantasie dazu, um mitzuerleben, wie sich der Bergmannssohn Martin Luther des Nachts, ohne Schlaf, mit seinem Gewissen quält, womöglich so hartnäckig, daß seine Verfassung an den Rand der Auflösung gerät. Schließlich wendet er sich an diejenige Gestalt, die der Vater in rechter Bergmannsfrömmigkeit seinen »Abgott« genannt hat: an die heilige Anna, die Mutter der Gottesmutter Maria, die Nothelferin und Schutzpatronin der Bergleute bis in unsere Zeit. Die heilige Anna schützt vor Armut und plötzlichen Unfällen, taubem Gestein und Schlagwettern, sie wacht über das Wohlergehen und über die Gesundheit der Bergleute und segnet ihre

Hände mit Reichtum. Am Annatag, dem 26. Juli, singen die Priester frühmorgens in allen Kirchen der Welt: »Wir wollen uns freuen und fröhlich sein, weil wir heute das Fest der heiligen Anna feiern. An ihrem Namenstag frohlocken die Engel und loben und preisen den Heiland.«
Martin Luther kennt die heilige Anna so gut, wie er seine Familie kennt. In der Mansfelder Kirche St. Georg hängt ein Bild von ihr. Er kennt die vielen Gebete, die an ihre Adresse gerichtet sind, er hat sie immer wieder von den Mansfelder Frommen gehört, die vor dem Altar knieten. Die Bitten zu Füßen der helfenden Heiligen sind ihm von klein an vertraut, sie sind das Brot der hoffenden, hungernden, verängstigten, gläubigen Seelen – um sich an die heilige Anna zu wenden ist kein Gewitter nötig, kein Blitz und kein Donner.

Was nun letzten Endes wirklich, womöglich als einziger Anlaß, die Trauer und Bedrückung Luthers bewirkt hat, ist auf jeden Fall weniger wichtig als die Tatsache, daß sein Stoßgebet im Gewitter bei Stotternheim zwar ein Zufall, ein reiner Affektentschluß gewesen sein könnte, daß aber die Bedingungslosigkeit, mit der er zu seinem Gelübde stand, kein Zufall war. Luther dürfte sich auch ohne sein Gewittererlebnis früher oder später vor der Klosterpforte eingefunden haben.
Er brach die Brücken nicht von heut auf morgen ab. Zunächst schlug er sich mit eigenen Skrupeln herum, das Gelübde reute ihn ein paar Tage, er besprach sich mit seinen engeren Freunden, er hörte sich die Meinung von Bekannten an. Die meisten waren der Ansicht, sein Entschluß sei voreilig gewesen; er wäre nicht frei getroffen worden, sondern aus der Not eines Augenblicks entstanden. So etwas sei verständlich, und deshalb sollte man daraus keine radikalen Weiterungen ableiten. Andere, auf deren Urteil er besonderen Wert legte, widersprachen und warnten ihn davor, sich das Gewicht seines Gelübdes hinwegdisputieren zu lassen. Sein Entschluß sei unwiderruflich; wie er zustande gekommen sei, das wäre letzten Endes unerheblich, nichts könne ihn davon befreien.
Im Grunde genommen sieht es Luther genauso. Das Für und Wider in den beiden Wochen, die dem Gewittererlebnis folgen, scheint keine Zeit wirklichen Schwankens gewesen zu sein. Es macht vielmehr den wirklichen Anlaß deutlich, daß nämlich Gott selbst Luther ein Zeichen gegeben hat – gleichgültig, ob das dem jungen Magister recht war oder nicht. Nur so läßt sich die Feststellung Luthers aus dem Jahr 1531 richtig verstehen: »Ich bin nicht gerne Mönch geworden.« Acht Jahre

später formuliert er noch härter, daß er »durch Gewalt Mönch geworden« ist, durch die Gewalt Gottes, und sein Gelübde hätte er um seiner Seligkeit willen getan.
Noch einmal muß man fragen, ob denn Luthers Leben wirklich bedroht war? Luther scheint auch darauf eine verhältnismäßig klare Antwort gegeben zu haben. In dem Widmungstext einer Schrift an seinen Vater vom November 1521 macht er darauf aufmerksam, er sei in diesem Moment »eingemauert gewesen von Entsetzen und Todesangst«. Wenn er sich zum Eintritt in das Kloster entschlossen hatte aufgrund der Tatsache, daß er dazu »drungen und gezwungen« worden sei, so geschah es wegen eines vom Himmel gesandten Schreckens. Insofern handelte es sich wirklich, wie einmal treffend gesagt wurde, um eine Katastrophe von Gottes Gnaden.
Am Abend des 15. Juli lud Martin Luther die besten Freunde auf seine kleine Magisterstube zu einem Abschiedsessen ein. Am darauffolgenden Morgen, dem Alexiustag, begleiteten sie ihn zur Klosterpforte, in der Stimmung eines Lebewohls für immer. Einige versuchen zwar noch einmal, Luther abzuhalten, doch er ist entschlossen: »Heute seht ihr mich zum letztenmal.« Die Freunde weinen. Sie spüren, wie ernst gemeint dieser Abschied ist, man spürt es, wenn Luther in der Erinnerung versichert: »Niemals dachte ich, das Kloster zu verlassen. Ich war der Welt ganz abgestorben.«

Das Elternhaus, die Schule

Entsagt Luther der Welt, bricht er etwa aus in die wirkliche Freiheit der nichtirdischen Welt – oder flieht er vielleicht vor ihr? Ist ein solcher Verdacht aus der Luft gegriffen, müssen sich solche und noch einfachere Überlegungen nicht bei den meisten Menschen einstellen, die wir und die sich als normal bezeichnen? Mußte das nicht vor allem bei Luthers Eltern der Fall sein, zumal bei seinem Vater?
Hans Luder – die heutige Schreibweise Luther datiert seit dem Oktober 1517, als Martin sich dem Brauch der Humanisten anpaßte und seine Briefe mit Luther oder eine Zeitlang auch mit Eleutherius (der Freie) unterzeichnete – hatte den Studiengang seines zweitgeborenen Sohnes Martin aufmerksam, hoffnungsvoll und stolz verfolgt. Es handelte sich nicht nur um die üblichen Erwartungsgefühle eines Vaters, dem es selbst nicht ganz gelungen war, etwas »Besseres« zu werden.
Hans Luder entstammte einer alteingesessenen Bauernfamilie aus dem

thüringischen Möhra, im Norden von Salzungen. Sie gehörte dem Stand der freien Gutsbesitzer an, war jedoch erbzinspflichtig, das heißt, ihr stand das Untereigentum zu. Dem Obereigentümer mußte lediglich eine Art symbolischer Anerkennungszins entrichtet werden. Solche Familien waren keine armen Bauern; zwischen ihnen und dem sächsischen Kurfürsten gab es nur diese symbolische Zahlung. Die Dorfgemeinden hatten sogar eine Art Selbstverwaltung, in die kaum jemals hineingeredet wurde.
Bei den Erbzinspflichtigen war es Brauch, daß der Hof nicht an den ältesten, sondern an den jüngsten Sohn fiel. Hans Luder entschloß sich deshalb, dreiundzwanzig Jahre alt, in den Kupferschiefer-Bergbau der Grafschaft Mansfeld zu gehen, und zwar zunächst nach Eisleben, dem damaligen Zentrum des Kupferhandels. Mansfelder Kupfer wurde noch bis vor knapp einhundert Jahren abgebaut. Es war nicht nur das älteste, es war auch das größte Montanunternehmen in Deutschland. Das will etwas heißen, denn damals konnte sich kein Land in Europa mit dem Rang des deutschen Bergbaus messen.
Wann Hans Luder nach Eisleben kam, steht nicht genau fest, es dürfte im Spätsommer 1483 gewesen sein. Er hatte zwei Jahre vorher die achtzehnjährige Margarethe Lindemann aus Eisenach geheiratet, ein Söhnchen war bereits geboren worden. Kurz nach der Ankunft in Eisleben, am 10. November, kam der zweite Sohn zur Welt und wurde am darauffolgenden Tag in der Eislebener Peter-und-Pauls-Kirche auf den Namen Martin getauft.
Der jungen Familie wuchsen keine Früchte von allein in den Mund. Hans Luder, der einfache Bergmann und Steinhäuer, kam nicht voran; er zog schon nach einem halben Jahr, im Frühling 1484, mit Frau und Kindern nach Mansfeld. Hier ging es besser. Nach sechs Jahren war er immerhin schon so weit, um zusammen mit einem Kompagnon ein kleines Hüttenwerk pachten zu können. Das Risiko der Kapitalaufnahme, der Verschuldung auf Jahre hinaus, zahlte sich aus. Hans Luder befand sich auf dem Weg zu der größtmöglichen Selbständigkeit, die er unter den damaligen Verhältnissen erreichen konnte; auch als mittlerer Unternehmer blieb er aber letzten Endes doch von den Mansfelder Grafen als den Herren des Bergregals abhängig. Im Ort hatte er einen geachteten Namen, in den späteren Jahren rückte er sogar bis zum Ratsherrn auf.
Hans Luder vergrößerte die Hütte zielstrebig und baute sie über die Jahre hinweg, durch Pachtung weiterer Unternehmen, zu einem recht stattlichen Betrieb aus. Mit Reichtum hatte dieser Erfolg nichts zu tun,

sondern mit Sparsamkeit und Entbehrungen, mit Schmalhans als täglichem Küchenmeister. Das war nicht zuletzt auch deshalb so, weil das biblische »Seid fruchtbar und mehret euch« bei Hans und Margarethe Luder genauso galt wie die Härte in der Erziehung. Die Kinderschar strebte im Lauf der Zeit dem Dutzend zu. Sie wurde mit viel Liebe und ebenso vielen Ohrfeigen, Hieben, ja auch gelegentlichen Prügeln bis aufs Blut großgezogen. Das war der zeitübliche Ausdruck elterlicher Fürsorge entsprechend der alttestamentlichen Strenge des Herrn, wie sie als Regel in den Sprüchen Salomons zu Wort kommt: »Wer seine Rute schonet, der hasset seinen Sohn; wer ihn aber lieb hat, der züchtigt ihn bald.«

Nicht unbedingt die Regel dürfte es gewesen sein, daß der Bergmann Hans Luder sein Söhnchen Martin schon im März 1488 – also mit etwas mehr als vier Jahren – in die Mansfelder Stadtschule brachte. An die acht Jahre lang ging Martin nun Tag für Tag dorthin, lernte Lesen und Schreiben, dazu auch Singen. Vor allem aber lernte er Latein, diejenige Sprache, die das Tor zur Universität und damit zu den aussichtsreicheren Berufen öffnete. Auf mathematische Kenntnisse, ja selbst auf die einfachsten Rechenregeln wurde kaum Wert gelegt. Adam Riese, der berühmte deutsche Rechenmeister, schrieb seine bahnbrechenden Lehrbücher des praktischen Rechnens zu einer Zeit, da der Wittenberger Reformator schon längst in seinem Kampf auf Leben und Tod mit der römischen Kirche lag. Luther hat auch als Erwachsener kaum das Einmaleins beherrscht, ein heute seltsam wirkender Vorzug, den er außerdem noch mit den meisten seiner studierten Zeitgenossen teilte.

Ob Kinder einen Unterricht erhielten oder nicht, war Privatangelegenheit der Eltern; sie mußten den Lehrer selbst bezahlen. Es gab keinen Schulzwang, es gab keine Schulgeldfreiheit, es gab auch keine Schulferien, weder im Sommer noch zu Weihnachten, weder zu Ostern noch zu Pfingsten. Im übrigen waren die Methoden, mit denen in den damaligen Schulen ganz allgemein Disziplin und Ordnung aufrechterhalten wurden, hart bis zur Drakonik. Unterricht war identisch mit Pauken, und Pauken war identisch mit Prügeln. Das wichtigste pädagogische Hilfsmittel der Lehrer bestand schon seit langer Zeit aus der Rute, und so klingt es sehr verständlich, wenn Luther später der Mansfelder Trivialschule bestätigt, sie sei »unendlich elend« gewesen, ein »Eselsstall«, eine »Teufelsschule«, eine »Hölle und ein Fegfeuer« mit »ungeschickten Tyrannen und Stockmeistern« als Lehrern. Ja die ganze mittelalterliche Schule hätte wegen ihres »Stäupens, Zitterns,

Angst und Jammers« nur einen armen, ungelehrten Menschen hervorgebracht, »der weder zum Glucken, noch zum Eierlegen getaugt«.
Wie hätte sich Luther an diese Zeit der regelmäßigen Hiebe und ihr »henkermäßiges« Flair als an Jahre erzieherischer Gewogenheit erinnern sollen? Obwohl er keineswegs ein ausnehmend zartes Kind gewesen ist, hat er die brutale Rücksichtslosigkeit gegenüber den Kleinen – ob in den Schulen oder daheim im Elternhaus – nie vergessen. Andererseits ist aber die alte Stockzucht wie eh und je auch in den Schulen der Reformation erhalten geblieben, auch Luther hat bei der Erziehung seiner Kinder nicht selten eine feste Hand gehabt, fest genug, um sie eher als zu hart, denn als zu weich zu bezeichnen.
Welche Empfindungen Martin Luther seiner Mutter entgegenbrachte, das bleibt in einem merkwürdig unklaren Bereich. Sie war streng, sie schlug ihn einmal so sehr »um einer geringen Nuß willen, daß das Blut hernach floß«. Luther trug den Eltern ihre Schonungslosigkeit nicht nach, »sie meinten's herzlich gut«, aber vor allem die gelegentliche grausame Härte des Vaters wirkte sich nachhaltig aus.
Dabei wäre es übertrieben, kein anderes Bild zu zeichnen als dasjenige des unerbittlich rücksichtslosen Familientyrannen. Martin erzählt, die Vorliebe des Vaters für einen kräftigen, womöglich auch besonders guten Schluck sei groß genug gewesen, um ihn immer wieder mit einem rechtschaffenen Rausch heimkommen zu lassen. Er schildert das ganz sachlich, er selbst hat ja auch nie einen tüchtigen Trunk abgelehnt. Der Vater kam aber dabei immer sanft und milde nach Hause und nicht, wie Luther einmal einen besoffenen Neffen anbrüllte, »als Wüterich, wie du Schandbube!«
Ob man die kantige Schroffheit Hans Luders als die Art eines wackeren Mannes rechtfertigt, der Tag für Tag im Kampf mit einem mitleidlosen Leben steht, ob man diese Vater-Sohn-Beziehung mit dieser oder jener Psychologie zu fassen sucht, spielt wohl keine Rolle gegenüber dem Sachverhalt, daß weder eine einleuchtende noch eine überzogene Psychologie etwas beiträgt zu der Gestalt des Mannes, der die reformatorische Revolution auslöste. Was etwa hätte man gewonnen mit der Behauptung, Luther habe ein pathologisches Verhältnis zu seinem Vater gehabt, sein unbewußter Vaterhaß hätte sich schließlich zu Luthers brennenden Zweifeln an der offiziellen Lehre von der göttlichen Gerechtigkeit entwickelt?

So abfällig Luther über die Mansfelder Trivialschule geurteilt hat: Der Unterricht erreichte auch bei ihm dasjenige Ziel, daß die Lehrer errei-

chen wollten. Martin ist ein vorzüglicher Lateiner und ein hervorragender Sänger geworden. Bis in die letzten Lebensjahre hat er seine lateinische Schullektüre auswendig gekonnt, und er hat die Texte sogar auf eine verblüffende Weise geschätzt und hochgehalten.
Die Spruch- und Lebensweisheiten der Alten, eines Cato, Aesop oder Boethius, rühmte er zeitlebens, bezeichnete sogar die Schriften der beiden ersten als die besten Bücher, die es außer der Bibel gebe – »besser als die verstümmelten Sprüche aller Philosophen und Rechtsgelehrten« – und betonte mit Genugtuung, daß sie durch die besondere Gnade und Vorsehung Gottes im Unterricht erhalten geblieben seien. Luther sah es deshalb als selbstverständlich an, daß auch die evangelischen Schulen in dieser Tradition der mittelalterlichen Lateinschulen blieben und die Fabeln des Aesop und die Distichen des Dionysius Cato den Schülern zur Lektüre und zum Auswendiglernen gaben. Die Klassiker Plautus und Vergil – in der romanischen und angelsächsischen Welt gilt Vergil bis in unsere Zeit als »Vater des Abendlandes« – waren Luther so lieb geworden, daß er sie noch ins Kloster mitnahm; es waren die einzigen Bücher, von denen er sich nicht trennte. Ovid pries er als einen ganz überragenden Poeten; eine besondere Liebe aber entwickelte Luther zu dem altlateinischen Komödiendichter Publius Terenz, dessen Wirkung bis übers Mittelalter hinausging. Noch Hans Sachs dichtete Stücke des Terenz nach, Melanchthon sorgte dafür, daß Terenz in Deutschland als Schulautor erhalten blieb – verständlich nicht nur aufgrund des Humanismus, sondern auch wegen der Hochschätzung durch Luther, der einmal gesagt hatte, sämtliche Dialoge und Kolloquien des Humanistenpapstes Erasmus von Rotterdam seien weniger wert als ein einziges Blatt der Komödien des Terenz.

Zu Ostern 1497 wird Martin von seinem Vater auf die Schule nach Magdeburg geschickt. Er bleibt dort nur ein Jahr, dann wechselt er nach Eisenach. Hier lebt ein Großteil der Verwandtschaft seiner Familie, sie kann den Jungen allerdings nicht in Kost nehmen. An Eisenach und die Pfarrschule zu St. Georg hat Luther die besten Erinnerungen. Vielleicht ist es auch ein wenig der verklärende Blick in jene Zeit seiner Jugend, die ihm selbst später als besonders glücklich erschienen ist; jedenfalls war Eisenach die einzige Stadt, der er eine offene Liebeserklärung gemacht hat, er nennt sie »meine gute Stadt Eisenach, mein liebes Eisenach«.
Luther findet auch für seine beiden Lehrer an der Pfarrschule nur lobende Worte. Noch wichtiger allerdings dürfte es für ihn gewesen

sein, daß er bei zwei ausnehmend frommen Familien Kost und Herberge erhält, bei Familien, denen der Glaube keine Gewohnheit ist, kein durch den Alltag erniedrigter Brauch oder eine Sache der Sonn- und Feiertage, sondern Säule und Anker des Lebens. Möglicherweise hat Konrad Hutter, Küster an der Kirche St. Nikolai in Eisenach, einer seiner Großonkel mütterlicherseits, Martin einen Freitisch bei dem reichen Kaufmann Heinrich Schalbe verschafft. Als eine Art Gegenleistung begleitete Martin das kleine Söhnchen der Schalbes auf dem Schulweg und in die Kirche, half ihm vielleicht auch bei den Arbeiten. Unterkunft erhielt er im Haus des Ehepaares Konrad und Ursula Cotta. Frau Cotta scheint einen recht tiefen Einfluß auf Martin gehabt zu haben.

Legendär ist das oft skizzierte Bild, wie der junge, hungernde Martin durch Eisenachs Straßen zieht und vor den Türen um Brot singt. Dieses Singen der Brockensammler oder Partekenhengste, wie die betreffenden Schüler genannt wurden, war damals ein selbstverständlicher Brauch und hatte mit beißendem Hunger nicht viel mehr zu tun als das Singen der Dorfkinder am Dreikönigstag vor den Haustüren, das bei uns noch immer Brauch ist.

Neben Frau Cotta fand Martin Luther eine ausnehmende Unterstützung und Förderung durch den Vikar an der Stiftskirche von St. Marien, Johannes Braun. Luther hat diesen väterlichen Freund später zur Feier seiner Priesterweihe eingeladen, er bezeichnet Braun in einem Brief – den ersten, den wir von Luther kennen – als »pium illum hominem . . . mei amantissimum«.

Heinrich Schalbe ist in Eisenach der wichtigste Gönner des kleinen Barfüßer-Klosters am Fuß der Wartburg gewesen. Er hat sich den Franziskanern so sehr verbunden gefühlt, daß ihn Luther wörtlich als ihren »Gefangenen und Knecht« tituliert. Das Kloster ist deshalb auch als das »Schalbische Kollegium« bezeichnet worden. Luthers Jahre in Eisenach werden geprägt von den Familien der Cotta und Schalbe, sie werden geprägt durch eine starke, aber keineswegs ernst-düstere Frömmigkeit, eine Frömmigkeit aus dem Geist des heiligen Franziskus.

Zu den Jahren in Eisenach und ihrer auffallend heiteren, hellen Atmosphäre gehört eine unerläßliche Ergänzung des Naturells Luthers, die durchweg bei der Schilderung seines Lebens, seines Werkes in den Hintergrund gedrängt worden ist. Der melancholische, schwerblütige, tiefernste Luther ist nur die eine Projektion des revoltierenden Reformators, die Projektion jener Vorfahren auch, die er selbst immer wieder als diejenigen erwähnt hat, die in ihm fortleben: die Bauern.

»Ich bin eines Bauern Sohn; der Urgroßvater, mein Großvater, der Vater sind richtige Bauern gewesen«, oder: »Ich bekenne, daß ich der Sohn eines Bauern bin.« Kannte er aber das Leben der Bauern? Warum finden wir nie die Berufung darauf, daß er der Sohn eines Bergmannes war, daß er nur das Leben der Bergleute kannte?
Dem schwerblütigen Luther steht ein anderer zur Seite, den es auch gegeben hat, wenn auch bei weitem nicht so kräftig nach vorne drängend, auch nicht gleichgeordnet, aber trotzdem vorhanden: der vergnügte, lachende Luther, »der hurtige, fröhliche Geselle«, wie ihn seine Freunde unter den Mitstudenten kannten. »Fröhlich« ist er auch später gewesen, sogar sein Zorn war ein »fröhlicher Zorn«, natürlich nicht immer, aber selbst in den Jahren, als er den Papst und die ganze Welt herausgefordert hatte – auch wenn die Fröhlichkeit dieser Jahre nicht mit dem Frohsinn zu verwechseln war, der ihn etwa in Eisenach oder in den ersten Jahren seines Studiums erfüllt hatte.
Der Entschluß Hans Luders, die Ausbildung seines Sohnes Martin durch ein Universitätsstudium fortzusetzen, hat sich nicht zwangsläufig ergeben. Der Gedanke mußte sich aber dem Vater geradezu aufdrängen, selbst wenn er ihn nicht schon gehabt hätte. Martin ist der Beste in seiner Klasse, an seiner Begabung besteht kein Zweifel. Bei der Wahl zwischen den beiden Universitäten Leipzig und Erfurt, die allein in Frage kommen, gibt der bessere Ruf der thüringischen *Alma mater* den Ausschlag. Ende April 1501 wird der »Studiosus Martinus Ludher ex Mansfeldt« in Erfurt immatrikuliert.

»Gott geb, daß es wohl gerate!«

Nun also, nach vollen vier Jahren gelehrten Fortschritts, bricht der junge Magister eine Entwicklung ab, die kaum verheißungsvoller hätte sein können, zumindest was die Erwartungen seiner Familie betrifft. Luther hat die Universität mit dem Kloster vertauscht, ohne seine Eltern zu fragen, ohne sich auch nur anstandshalber mit ihnen zu beraten. Er hat ihnen zwar von seinem Entschluß geschrieben, bevor er an die Klosterpforte pocht, aber der Brief ist so spät auf den Weg gegangen, daß die Antwort erst eintreffen kann, nachdem Luther mit sich selbst ins reine gekommen und schon in die Klosterherberge aufgenommen worden ist.
Er weiß, warum er nicht mit seinen Eltern gesprochen, warum er so lange mit dem Brief gezögert hat, er weiß, was die Eltern antworten

werden. Und er täuscht sich nicht. Sein Vater explodiert geradezu. Luther erzählt, daß er »toll werden wollte«. In dem Schreiben, das Luther recht verstört im Kloster liest, sprüht er vor Zorn und entzieht seinem Sohn für immer »alle väterliche Gunst und Willen«. Die Mutter und mit ihr die ganze Verwandtschaft sind derselben Meinung; sie wollen nichts mehr von ihm wissen.

Deutlicher geht es nicht; wenn Luther seinen Entschluß nicht ändert, bricht seine Familie mit ihm. Martin muß jetzt mit einer bitteren Konsequenz fertig werden, er muß sich damit abfinden, daß die erste Antwort auf sein Vorhaben, der Welt zu entsagen, darin besteht, daß sich die Welt von ihm abwendet und lossagt. Außerdem bringt Luther – damals wie später – keinem Menschen eine größere Hochachtung entgegen als seinem Vater, so schroff dieser auch immer gewesen war. Selbst als weltweit berühmter Reformator steht er dem alten Hans Luder unverändert als ein echter Sohn gegenüber. Sein Respekt schließt die Ehrfurcht genauso ein wie die Liebe und den Gehorsam.

Was soll er nun nach diesem väterlichen Bannfluch tun? Es liegt bei ihm. So, wie der Vater geschrieben hat, bleibt Luther nichts anderes übrig, als entweder die kaum begonnene Probezeit im Kloster abzubrechen oder in Kauf zu nehmen, daß seine Weltentsagung den Verlust der ganzen Familie einschließt.

In dieser Zerrissenheit erhält er ein zweites Schreiben des Vaters. Martin hat den ersten Brief noch nicht einmal beantwortet, da teilt ihm der Vater plötzlich mit, daß er sich gegen das Vorhaben seines Zweitältesten nicht mehr sträubt. Er hat zwar noch immer starke Bedenken gegen den Schritt des Sohnes, aber er findet sich damit ab, wenn auch »mit einem unwilligen traurigen Willen. Es gehe hin, Gott geb, daß es wohl gerate.« Die Resignation ist deutlich zu spüren. Ausgelöst wird der Umschwung durch den Tod zweier Söhne, die einer heftigen Pestwelle erliegen, und durch die Nachricht, daß auch Martin der Seuche, die in Erfurt besonders schlimm wütet, zum Opfer gefallen ist. Die Meldung wird zwar rasch berichtigt, aber sie hat den Vater wie ein Schock getroffen.

Auch wenn Hans Luder nicht mit »freiem und fröhlichem Herzen« zustimmt, ist der Sohn doch sehr erleichtert. Auf dem neuen Leben, das er beginnt, liegt nicht mehr der dunkle Schatten eines unheilbaren Bruchs mit seinen Eltern. Kein Wunder, daß er später ohne jede Einschränkung wiederholt betont, welches Glück er gehabt habe, daß seine Eltern so durch und durch »rechtschaffene Leute« gewesen seien. Mit Gottes ganzem und der Eltern reserviertem Segen empfängt

Martin nach einigen Probewochen im September 1505 die Tonsur, erhält die schwarze Kutte mit dem weißen Skapulier, wird von der Klosterkirche in den Konvent geführt und hier von den Brüdern mit dem üblichen Friedenskuß als jüngster Novize aufgenommen.

2 Im Kloster

Der Wechsel von der Welt der täglichen Geschäfte und Sorgen in die Welt der Abgeschiedenheit eines Klosters erscheint dem Menschen unserer Zeit unerhört schroff. Auch zu Luthers Zeiten war es, obgleich Mönche und Nonnen so sehr zum täglichen Bild gehörten wie heute die Autos, ein Schritt über eine Grenze, der sich kaum rückgängig machen ließ. Luther war ganz davon durchdrungen, daß es sich um etwas Unwiderrufliches handelte. Er verabschiedete sich von seinen Freunden, als gäbe es kein Wiedersehen, keine Wiederkehr: »Heute seht ihr mich zum letzten Mal!« Und in der Tischrede, in der er mehr als dreißig Jahre später die Erinnerung an diesen Tag weckt, beteuert Luther, er hätte niemals daran gedacht, »das Kloster zu verlassen. Ich war der Welt ganz abgestorben.«

Ist dieses Wort »Welt« nur die Welt, die der junge Magister damals kennt? Oder ist es diejenige Welt, die der berühmte Reformator, der Feuerkopf und Revolutionär, der sich den Sechzigern nähert, zur Genüge und bis auf den Bodensatz kennengelernt hat? Sicherlich verlangt ein solcher Entschluß, wie ihn der junge Luther faßt und durchführt, eine andere Unbedingtheit, als sie ein erwachsener Mann mitbringen muß. Andererseits erleichtert die mindere Welterfahrung jeden Entschluß, der Unbeugsamkeit verlangt.

Was weiß denn Luther von der Welt, der er »ganz abgestorben« war? Ist es nur seine eigene, doch recht begrenzte Welt, die er verläßt? Sicherlich ist auch sie für ihn ein ganzes Universum, so wie schon für jedes Kind und für jeden einzelnen Menschen, gleichgültig, wieviel er jemals erfahren hat. Aber ebenso gewiß ist die Tatsache, daß beim jungen Luther in einem eindeutigen Sinn von Weltkenntnis nicht gesprochen werden kann. Mansfeld kennt er, auch Magdeburg, Eisenach, Erfurt, und er kennt sie so, wie ein Schüler und Student sie damals nicht anders kennen kann. Was darüber hinausliegt, ist für ihn so weit weg, wie wir uns das heute kaum vorstellen können. Der Welt des anhebenden sechzehnten Jahrhunderts sind Zeitungen und Zeitschriften unbekannt. Nachrichten in und aus der politischen Sphäre benötigen Wochen, bis sie den Adressaten erreichen, und Monate, bis sie sich – meistens nur in Form von Gerüchten, die den Sachverhalt zuweilen auf den Kopf stellen – im Volk herumgesprochen haben, einem Volk, bei dem wie bei jedem anderen Volk Europas die Kunst des Lesens und Schreibens zu den Vorrechten einer kleinen Schicht gehört. Daß ein Ereignis »wie ein Lauffeuer« die Runde macht, ist selten genug und eine Ausnahme.

Rom und Europa zu Beginn des 16. Jahrhunderts

Dabei ist die Welt Europas, jenseits des Thüringen Martin Luthers, in dieser Zeit turbulent bewegt und erregt. Ihr Zentrum bildet seit über einem Jahrtausend Rom, die Ewige Stadt. Rom ist nicht nur der Mittelpunkt der Welt, Rom ist in dieser Epoche der Renaissance-Päpste stärker ausgeprägt denn je. Das ist nicht zu verwechseln mit dem, was wir heute als Kommandostand oder Leitstelle der Macht bezeichnen, von der aus politische Richtungen vorgezeichnet werden. Der religiöse Vorrang Roms war damals bei weitem nicht mehr mit dem Rom des Gigantenpapstes Gregor VII. im Mittelalter zu vergleichen. Deshalb aber ist Rom trotzdem der Brennpunkt der Christenheit geblieben. Diese Position behauptet es ungeschmälert im Europa des Heiligen Römischen Reiches Deutscher Nation, im Europa Frankreichs, Englands, Spaniens und seiner Monarchen, nicht zu vergessen in einem Europa, das im Südosten vom ständigen Druck des Osmanischen Reiches gequält wird.
Rom ist gleichzeitig der Mittelpunkt eines Staates, der politische Macht besitzt, der politische Macht ausübt und sie rastlos vergrößert. Seit dem genialen und rücksichtslosen Papst Alexander VI., dem großen Borgia, der von 1492 bis 1503 auf dem Stuhl Petri saß, gehört es zu den obersten Zielen des Kirchenstaates, alle Ländereien zurückzuerobern, die ihm Nachbarstädte und aufsässige Adlige entrissen hatten. Das Motiv dafür war keineswegs nur reine Landgier. Die territoriale Verbreiterung der Macht bezog ihren Sinn aus der weitgreifenden Absicht, Rom und den Kirchenstaat in den entscheidenden Ordnungs- und Machtfaktor ganz Italiens zu verwandeln. An den fernsten Grenzen dieses Plans leuchtete das Ziel, das gesamte italienische Gebiet politisch zu einigen und unabhängig zu machen, denn im Einheitsgedanken lag

– ähnlich wie in Deutschland – für Italien die einzige Möglichkeit der Selbstbehauptung.
Ein abwegiger Traum? Was der Borgia-Papst anvisiert hatte, schien jener Heilige Vater, der an dem Tag, als Luther ins Kloster eintrat, seit eineinhalb Jahren in Rom residierte – der Rovere-Papst Julius II. –, mit einer staunenerregenden Entschlossenheit und Rasanz zu verwirklichen. Die Überzeugung Venedigs, der Machtwille des Borgia-Papstes sei »doch nur ein Strohfeuer: nach Alexanders Tod wird sich der alte Zustand von selbst wiederherstellen«, ging fehl. Die Zeitgenossen hatten Julius II. den Beinamen »il Terribile«, der Schreckliche, gegeben, wegen der wüsten Energie, mit der er das Kruzifix in der Faust hielt, als wäre es ein Schwert, und weil er das Schwert mit einer Besessenheit führte, die jedem Landsknechtsführer zum Ruhm gereicht hätte. Zehn Jahre stand Julius II. an der Spitze der Kirche, saß im Sattel, befand sich im Feldlager. Als er starb, 1513, hatte er den Kirchenstaat in einen politischen Faktor verwandelt, der keiner Monarchie Europas nachstand. Der Staatsdenker Machiavelli faßte das Ergebnis der Herrschaft von Julius II. in den Satz: »Sonst war kein Baron klein genug, um die päpstliche Macht zu verachten; jetzt hat ein König von Frankreich Respekt vor ihr.«
Seit Alexander VI. und Julius II. spielte die Frage, ob der machtpolitische Rang der Kirche vor dem religiösen verblaßte, ob er gleichgeordnet war oder Vorrang besaß, eine Nebenrolle. Die Päpste fühlten sich von der Möglichkeit, den Stuhl Petri mit einem Königsthron zu verwechseln, nicht bedrückt; für sie gab es keine Zweifel an der Identität des einen mit dem anderen. Und war nicht die Notwendigkeit, den Territorialbesitz der Kirche in Italien zu behaupten und zu festigen, eine Existenzfrage? Die europäischen Monarchen und Fürsten befanden sich in einem Dauerzustand der erbittertsten Fehden und Kriege. Die Landsknechte mußten nicht befürchten, nach einem Friedensschluß ohne Sold, Brot und Dienst die Straßen unsicher machen zu müssen: Der nächste Krieg fand nebenan statt.
Ganz Europa hatte mit Schwierigkeiten zu tun, mit Nöten und mit der Angst, daß der Nachbar übermächtig wurde. König Karl VIII. von Frankreich war 1494 unter einem Erbschaftsvorwand in Italien eingefallen, bis tief in den Süden vorgedrungen und hatte Neapel erobert. Seitdem blieben die Kämpfe, die Unruhen und Umtriebe in Italien ständig am Brodeln. Kaiser Maximilian I. mußte mit Zähnen und Klauen das Herzogtum Burgund gegen Frankreich verteidigen, das durch Maximilians Heirat mit Maria von Burgund an Habsburg und

das Reich gefallen war. England ächzte, als Luther geboren wurde, im Endstadium der Selbstzerfleischung durch die Rosenkriege, den fürchterlich blutigen Kämpfen zwischen der Dynastie Lancaster und dem Hause York. Und Spanien hatte nicht nur mit den Kämpfen gegen die Mauren im Land und ihrer Vertreibung zu tun, sondern seit der ersten Invasion Frankreichs in Italien auch bis an den Rand seiner Kräfte damit, seine Ansprüche und Rechte auf das Königreich Neapel durchzufechten.

Kampf war damals in Europa an der Tagesordnung. Jede Spannung, jeder Krieg schlug seine hohen Wellen, warf gewaltige Wogen auf, doch sie alle brachen sich auch verhältnismäßig rasch an den Klippen der einzelnen Territorien. Daß es sich tatsächlich um ein Riff neben dem anderen handelte, um lauter Barrieren und kleine Felsen, ergibt sich aus jedem historischen Atlas: Ein Ländchen, eine Herrschaft, ein Fürstentum neben dem anderen, und das ganze Kaleidoskop zusätzlich gesprenkelt von den freien Städten, die sich oft fürstlicher gaben als die Fürsten selbst, weil sie die Stärke dazu besaßen. Das zog sich von der untersten Spitze Italiens die ganze Apenninen-Halbinsel hinauf, ging flüssig über in die südlichen Gebiete des Reiches, durch das Bistum Trient, die Grafschaft Tirol nach Deutschland hinein. Kriege minderten das normale Leben nur dort, wo Söldnerheere durchzogen, wo die Schlachten geschlagen wurden. Große Staaten konnten Jahre hindurch miteinander ringen, ohne daß Tausende und aber Tausende Bewohner etwas davon wußten.

Das turmreiche Erfurt

Auch Luther wußte kaum etwas von den Spannungen, den Händeln, dem großen Geschrei der Könige und Diplomaten. Er besaß zwar eine solide Lateinschulung, er hatte die beiden wichtigsten Examina der Universität bestanden, sehr gut bestanden. Aber von der Welt und den politischen Zuständen außerhalb Erfurts, oder etwa Deutschlands und des Reichs und womöglich – kaum daran zu denken – von anderen Ländern wie Frankreich, Italien, England oder Spanien wußte er nichts. Er wußte nicht einmal, wie Europa in groben Zügen geographisch aussah. In der Schule, in der Universität kam das nicht vor, es gab nichts Geschriebenes darüber, im Grunde bleibt es ein Rätsel, wann, wo und wie Luther später das Wissen davon erwarb. Denn kaum, daß er in der Öffentlichkeit stand, zeigte es sich, wie gut er über die politischen

Verhältnisse, die Fürsten, die Schwierigkeiten und Differenzen informiert war.
So sehr Erfurt als wichtiger Stapelplatz inmitten des Geflechts vorzüglicher Straßenverbindungen lag, so wenig bekümmerten sich diejenigen, die nicht von den Zwisten weit jenseits der festen Mauern und des Kurfürstentums betroffen waren, um das, was nicht zu ihrem Tageslauf gehörte. Dabei war Erfurt damals nicht nur fast genau die geographische Mitte der deutschen Gebiete des Reiches, Erfurt war auch eine wichtige Kreuzung alter Fernstraßen. Schon Karl der Große hatte im achten Jahrhundert bestimmt, daß Erfurt, damals der Außenposten des Fränkischen Reiches, der Mittelpunkt des Handels mit den slawischen Völkern sein sollte. Auch industriell hielt die Stadt eine Spitzenstellung. Hier wurde das berühmte und begehrte Färberblau hergestellt – die Hauptquelle des Erfurter Reichtums.
Die Städte in Deutschland, die Erfurt sowohl in der Größe als auch in den Einwohnerzahlen und dem allgemeinen Rang übertrafen, ließen sich an einer Hand abzählen. Statistik gab es damals noch nicht, wir sind auf Schätzungen angewiesen, die erheblich voneinander abweichen. Immerhin dürfte die Angabe recht zuverlässig sein, daß in Erfurt etwa 20000 Menschen lebten. Rom besaß zur selben Zeit nur ungefähr die doppelte Einwohnerzahl. Die Erfurter Universität war nicht nur wegen ihrer rechtswissenschaftlichen Fakultät berühmt. Sie galt in jeder Hinsicht als eine besonders aufgeschlossene, um nicht zu sagen als die modernste Universität Deutschlands. Der Zustrom an Studenten wurde von keiner anderen der Hohen Schulen überboten. Hier schlug auch der Humanismus, repräsentiert durch Männer wie Conrad Mutianus Rufus, Eobanus Hessus und Crotus Rubeanus die ersten Breschen in die mittelalterlichen Lehrordnungen der Universitäten. Ulrich von Hutten war zwar nur kurz in Erfurt gewesen, zeitlebens aber hat er sich als einer der Erfurter Humanisten gefühlt und so bezeichnet.
Der Reichtum Erfurts wurde nicht zuletzt sichtbar in der großen Zahl der Kirchen und Kapellen. Die Stadt besaß neunzig Gotteshäuser, deshalb auch ihr Name: das turmreiche Erfurt, *Erfurdia turrita;* dazu kamen noch die Klöster mit ihren ausgedehnten Anlagen. Das Gesamtterritorium Erfurts belief sich auf neunhundert Quadratkilometer mit achtzig Dörfern und Burgen, einschließlich des Städtchens Sömmerda im Norden Erfurts. Alles in allem erklärt sich so ohne Schwierigkeiten, warum im späten Mittelalter behauptet wurde, Erfurt sei keine Stadt, sondern ein Land, oder vielmehr, wie Kaiser Rudolf von Habsburg, der hier im Jahre 1290, kurz vor seinem Tod, elf Monate

lang zu Gast gewesen war, gerühmt hatte: »Erfurt ist des Römischen Reiches herrlicher Garten.« Der Respekt, den Erfurt ohne künstlichen Nachdruck verlangen durfte, klingt auch in Luthers Urteil durch: »Erfurt ist ein fruchtbar Bethlehem. Erfurt liegt am besten Ort. Da muß eine Stadt stehen, wenn sie gleich wegbrennete.« Und wegen ihrer Befestigungen war er überzeugt: »Sie ist nicht zu nehmen, es sei denn, daß sie von den Türken belagert wird.«

Novize im Schwarzen Kloster

Die Augustiner-Eremiten, zu denen Luther jetzt gehört, sind Brüder eines harten, asketischen Ordens. Doch es gibt auch hier Abstufungen, welche die Praxis mildern; das gilt für jede Armut, jede Askese. Dem Status nach sind die Eremiten zwar Bettelmönche, aber ihr »Schwarzes Kloster« zu Erfurt braucht nicht zu darben, es ist recht begütert, ja man könnte es beinahe als reich bezeichnen. Betteln ist für sie jedenfalls nicht nötig. Die Mönche betreiben das Betteln oder »Terminieren« nur gelegentlich und als ein Erziehungsmittel zur Demut. Es gehört in den Rahmen ihrer asketischen Übungen; für den Unterhalt des Klosters ist es belanglos.

Die Brüder und Patres können sich ganz den wesentlichen Dingen widmen, dem Gebet, dem Gottesdienst, dem Studium der Heiligen Schrift, um auf dem Weg der fortschreitenden Heiligung des einzelnen und seiner Seele voranzukommen; denn das ist das Ziel des Augustiner-Eremitenordens. Das klang auch bei der Aufnahme in den Novizenstand in den Worten des Priors durch, mit denen er Luther in die erste Probezeit entließ: »Nicht wer angefangen hat, sondern wer beharret bis ans Ende, der wird selig werden.«

Luther wußte, warum er sich gerade für die Augustiner entschied und nicht für eins der anderen Klöster in Erfurt, die Benediktiner, Dominikaner, Kartäuser oder Zisterzienser. Er hat sich zwar nicht genauer dazu geäußert, aber die Vermutung ist einigermaßen schlüssig, daß die Verwirklichung des Gelübdes von Stotternheim nicht auf eine Beliebigkeit des Klosters hinauslief. Der Orden, für den er sich entschloß, sollte weitgehend den Vorstellungen, Erwartungen und Zielen entgegenkommen, die Luther mit seinem künftigen Leben als Mönch verband.

Beim Schwarzen Kloster handelte es sich um den härtesten, den schonungslosesten Orden Erfurts. Wer sich für diesen Weg zur Vollkommenheit entschloß, wurde schwer unters Joch gebeugt. Einem Novizen

mußte dies noch erheblich härter erscheinen als den alterfahrenen Brüdern und Patres. Um Selbsttäuschungen und falschen Erwartungen vorzubauen, hatte ein Anwärter erst eine Probezeit als Gast, als Postulant, in der Klosterherberge hinter sich zu bringen. Er sollte sich informieren, andererseits hatten auch der Mönchskonvent und der Prior den Wunsch, sich von ihm ein genaueres Bild zu machen; sie wollten sehen, ob »sein Geist auch von Gott sei«.
Ob mit der Aufnahme als Novize für Luther auch Jahre der bittersten Askese begannen, ist nicht leicht zu entscheiden. Luther wurde von einem Novizenmeister betreut; vermutlich handelte es sich um Johann von Grefenstein, über den nichts weiter bekannt ist. Luther erinnert sich an ihn als den »feinen alten Mann« oder den »trefflichen Mann, der unter der verdammten Kutte ohne Zweifel ein echter Christ gewesen ist«. Der Institutor wachte nicht nur darüber, daß der Novize den peinlich genau und bis zur letzten Minute geregelten Tageslauf einhielt, sondern er war auch und vor allem sein Seelenführer.
Im Kloster war praktisch jeder Schritt vorgeschrieben und diszipliniert. Der Novize mußte – wie alle anderen Mönche – beim Gehen den Nacken leicht vorgebeugt halten, aufrechter Gang war verboten, die Augen hatten stets niedergeschlagen zu sein. Lachen war genauso untersagt wie jedes Sprechen mit anderen, es sei denn, daß der Novizenmeister oder der Prior anwesend waren. Zu gewissen Zeiten war absolutes Schweigen in der Kirche, im Gemeinschaftszimmer sowie im Speisesaal – dem Refektorium – und im Kreuzgang des Klosters vorgeschrieben.
Mehrere Stunden am Tag mußte sich Luther mit der Heiligen Schrift befassen. Die Ordenssatzung bestimmte, daß der Novize die Bibel »begierig lesen, andächtig hören und eifrig lernen« müsse. Mindestens einmal in der Woche hatte Luther die Beichte abzulegen, und zwar »laut, diskret und demütig«. Die kleine Zelle wurde von Luther selbst gereinigt und in Ordnung gehalten – keine besondere Arbeit bei sechs Quadratmetern Bodenfläche; außer dem Bett, bestehend aus einem Strohsack samt Decke, gab es nichts als einen Tisch, einen Schemel, einen Wasserkrug, an der Wand ein kleines Bücherbord und ein Kruzifix. Die Zelle war im übrigen nicht zu heizen. Wurde die Kälte übermächtig, durften sich die Mönche in die Wärmestube des Klosters, in das Vaporarium, retten.
Gegessen wurde nur zweimal am Tag. Auch dabei war strenges Schweigen vorgeschrieben, die Mönche hatten sich beim Essen auf die Lesung der Bibelstellen zu konzentrieren, die der Bruder Lektor vor-

trug. Eine Hauptrolle spielte das Fasten, das in einer milden und einer strengen Form praktiziert wurde. Die Fasttage zogen sich wie eine geschlossene Kette durch das ganze Jahr, auf das strenge Fasten entfielen allein vier volle Monate. Wöchentlich einmal fand das Schuldkapitel statt, bei dem jeder Mönch vor allen anderen seine Verstöße gegen die Ordenssatzungen bekennen und dafür eine Strafe auf sich nehmen mußte. Im freien Ermessen des Novizen stand buchstäblich keine einzige Geste. Er durfte lediglich, wenn er Neigung dazu verspürte, zusätzliche Fastentage einschieben; das galt als Verdienst, und Luther hat zu Lasten seiner körperlichen Widerstandsfähigkeit mehr als genug dieser verdienstlichen Leistungen als Mönch auf sich genommen.

Regeln geben Halt. Luther hat diese Tatsache damals als eine Entlastung, ja als eine Befreiung empfunden. Die Ordensregeln waren für ihn, für seinen Seelenzustand genauso unentbehrlich wie die ruhig führende Hand seines Novizenmeisters. Sein Entschluß, ins Kloster zu gehen, war für ihn nicht schon gleichbedeutend mit einem Einzug in das Gelobte Land des Seelenfriedens. War das Klosterleben an sich schon auf das Ziel ausgerichtet, die Brüder auf dem Weg der Läuterung voranzubringen, so dürfte sich im besonderen Fall Luthers verhältnismäßig bald die ganz persönliche Suche nach dem Frieden seiner Seele, die Erlösung aus einer Fülle von Nöten als vordringlich, alles andere beiseite schiebend, gezeigt haben.

Wir sind in diesem schwierigen Punkt heute bei weitem nicht mehr so stark auf Vermutungen angewiesen wie bei den Motiven seines Gewittergelübdes. Wir wissen, daß in Luthers Novizenzeit sehr rasch nichts anderes mehr im Vordergrund gestanden hat als seine Angst, rettungslos in Sünde und Schuld verfallen zu sein. Seine Neigung, mehr zu bekennen, als tatsächlich nötig war, sich Vergehen anzuklagen, die keine waren oder die er gar nicht begangen hatte, wurde zu einer wahren Sucht. Er versuchte die Generalbeichte, die er nach seinem Eintritt ins Kloster abgelegt hatte, zu wiederholen. Sein Novizenmeister hatte ihn aber bald durchschaut. Er wies ihn unwillig, ja ausgesprochen frostig ab; er sah ganz richtig, daß der Novize Martinus zur Zeit kaum fähig war, von sich aus zwischen wirklichem Sündenbewußtsein und Sündenhysterie zu unterscheiden. Sonst hätte ihm Luther schwerlich immer wieder Sünden gebeichtet, auf die der Meister nur mit einem schroffen »Töricht!« und einer abschätzigen Handbewegung reagierte. Luther hat später ehrlich genug zugegeben, daß der Pragmatismus des Novizenmeisters viel für sich hatte; geduldig versuchte dieser, Luther davon zu überzeugen, daß es gut und recht sei, seinem Gewissen nachzuspüren, aber man könne auch dies weidlich übertreiben. Dabei hatte er durchaus Verständnis für die echten Bedrängnisse seines Zöglings, Bedrängnisse, die wiederholt in Richtung auf Selbstzerfleischung hin durchbrachen. Sein Rat war fest und kurz und hatte recht gute Wirkung. Als Luther wieder einmal von einer seiner Verzweiflungen übermannt wurde, erinnerte ihn der Meister eindringlich: »Warum willst du denn Gott nicht vertrauen, der uns heißet und befiehlt, zu hoffen?« Die Beruhigung hielt allerdings nicht lange an, denn gerade hier zeichnete sich eine mißliche Schlinge menschlicher Grundbefindlichkeit ab: Gott hatte zwar die Hoffnung geboten; bestand jedoch Wesentliches dieser Hoffnung nicht gerade darin, daß sie sich in der Seele des unsicheren oder zweifelnden Gläubigen von selbst durchsetzte, daß sie sich also eben nicht verordnen oder geradezu befehlen ließ?

Das Wort »Ich heiße euch hoffen!« konnte sich zwar in einem schlichten Sinn so verstehen lassen, daß der Herr tatsächlich die Hoffnung leuchten ließ. Was aber, wenn der Zweifelnde davon kaum etwas zu sehen vermochte, was, wenn er keinen Weg zu diesem Licht der Hoffnung fand, sich in und an die Dunkelheit rettungslos verloren fühlte? Hoffnungslosigkeit heißt doch nicht nur: keine Hoffnung zu besitzen, sondern sie schließt die Unfähigkeit ein, in der Hoffnung eine erreichbare Wirklichkeit zu sehen. Vorherrschend bei Luther war nun einmal der Zweifel: »Ich habe auch wollen ein heiliger frommer Mönch sein und habe mich mit großer Andacht zur Messe und zum Gebet bereitet. Aber wenn ich am andächtigsten war, so ging ich als Zweifler zum Altar, und als Zweifler ging ich wieder davon. Hatte ich meine Buße gesprochen, so zweifelte ich trotzdem, hatte ich sie nicht gebetet, so verzweifelte ich ebenfalls.« Damals war er noch nicht so weit, ganze Komplexe der kirchlichen Lehre in Frage zu stellen. Er bekannte seinem Novizenmeister lediglich, daß ihm die Absolution nicht das vermittelte, was sie vermitteln sollte.

Die erste Messe

Solche Anfechtungen waren allerdings bei einem Novizen nicht ungewöhnlich. Ja ihre Stärke, zusammen mit den erfolgreich scheinenden Versuchen, sie zu überwinden, waren ein vorzügliches Zeugnis für die Ernsthaftigkeit des Novizen Luther und geradezu eine Garantie für seine endgültige Aufnahme ins Kloster. Er hat es so gesehen: »Ist je ein

Mönch gen Himmel kommen durch Möncherei, so wollt ich auch hineinkommen sein. Das werden mir bezeugen alle meine Klostergesellen, die mich gekannt haben. Denn ich hätte mich, wenn es länger gewährt hätte, zu Tode gemartert mit Wachen, Beten, Lesen und anderer Arbeit.«

Die Profeß, das Ablegen des Klostergelübdes für die endgültige Aufnahme, fand genau nach einem Jahr, im September 1506 statt. Im Kapitelsaal des Klosters zog ihm der Prior das geweihte Ordensgewand über: »Der Herr ziehe dir den neuen Menschen an, der nach Gott geschaffen ist in rechtschaffener Gerechtigkeit und Heiligkeit!« Dann leistete Luther die drei Gelübde, die ihn auf ewig banden: Gehorsam, Armut und Keuschheit. Vom Kapitelsaal zogen die Mönche in einer feierlichen Prozession durch den Kreuzgang hinüber in die Kirche. Der Prior ging mit Luther hinauf zum Hochaltar, Luther warf sich zum Gebet auf die Grabplatte des Ordenstheologen Johannes Zachariae nieder, in Kreuzesform ausgestreckt. Wie bei der Rezeption bildete der Friedenskuß den Abschluß der Feier, der Prior mahnte seinen jüngsten Eremiten noch einmal, alle Gelübde zu achten, danach zu leben und sich an die Regeln und Bräuche zu halten, die ihm während des Novizenjahres beigebracht worden waren.

Die nächste Etappe, die Luther zu bewältigen hatte, war die Priesterweihe. Für den Prior und den Klosterkonvent war es zwar selbstverständlich, daß Luther auf den Weg in die Ordenshierarchie gebracht wurde, trotzdem handelte es sich bei der Bestimmung zum Priesteramt gegenüber der großen Menge der Klerikermönche um etwas Besonderes. Im wesentlichen bestand die Vorbereitung dafür im Studium der Regeln, die für den Gottesdienst vorgeschrieben waren, im Studium des Meßkanons. Im Dezember, noch vor dem Weihnachtsfest, erhielt Luther die erste der höheren Weihen. Er wurde Subdiakon und war damit in einer Form an den Klerikalstand gebunden, die er eigenmächtig nicht mehr auflösen konnte. Zwei Monate später erfolgte die Diakonatsweihe und am 4. April 1507 die Weihe zum Priester; sie fand im Erfurter Dom statt.

Luthers erste Messe, die Primiz, war ein besonders feierlicher und festlicher Tag. Er durfte dazu die nächsten Verwandten und Freunde einladen. Und so erhielt als erster Hans Luder einen Brief seines Sohnes, des Jungpriesters Martin, der ihn herzlich darum bat, »zu meiner und Gottes Ehre zu erscheinen« und an der Primiz teilzunehmen. Aller Wahrscheinlichkeit nach war das der erste unmittelbare Kontakt seit fast zwei Jahren. Die Primiz fand am 2. Mai 1507 in der Klosterkirche statt. Der Vater sagte zu, und »er rüstete sich«, wie es in einem Bericht heißt, »hierzu nicht anders, als sollte er etwa ein Hochzeitsmahl ausrichten«. Er kam mit einem Gefolge von zwanzig Menschen von Mansfeld herübergeritten, und nahm an der Messe teil. Seine Empfindungen waren allerdings nicht so, wie es Martin erwartet und erhofft hatte. Die Zusage des Vaters, sich zur Primiz einzufinden, der gewaltige Guldenbetrag, den er der Klosterküche für das abschließende Festmahl gestiftet hatte, auch seine eigene hohe Stimmung täuschten Luther. Schließlich mußte er sich an diesem Tag auf einem Gipfel fühlen – wenn fühlen das richtige Wort ist –, im Genuß der Priesterweihe, dieses Vorzugs, der ausschließlich erwählten Theologen zugestanden wird. So konnte er zu Recht annehmen, sein Vater hätte sich mit dem Klosterleben nicht nur abgefunden, sondern würde seinen Entschluß endlich auch ohne Vorbehalte billigen.

Doch während des Essens kam es fast zu einem Eklat. Martin hielt es für nötig, dem Vater nochmals die Gründe für seinen Eintritt ins Kloster zu erklären. Er begann »in gutem kindlichen Vermögen« zu sprechen, wollte ihm aber »unrecht und mir recht geben: ›Mein lieber Vater, warum habt Ihr Euch so hart dagegen gesetzt und habt meiner kein Gnad haben wollen und wart so zornig, daß Ihr mich nicht gerne wolltet lassen ein Mönch werden und es vielleicht noch immer nicht allzu gern seht? Es ist doch so ein fein geruhsam und göttlich Wesen, ein köstlich Leben!‹« Kein Wort verliert er über die Qualen der Kasteiungen, des Fastens, der Askese. Der Vater hört ihm zu, schweigt – er »verstopfte und versperrte« sein Herz, wie ihm Luther noch einmal 1521 in einem Brief vorhielt –, und plötzlich fährt er ihn an, ganz christlich verkörperte Elternautorität, bricht heraus und wendet sich dabei an alle bei Tisch, an die »Doctoribus, Magistris und andere Herrn: ›Ihr Gelehrten, habt Ihr nicht gelesen in der Schrift das vierte Gebot, man soll Vater und Mutter ehren?‹« Und zu seinem Sohn: »Diesem Gebote zuwider habt Ihr mich und Eure liebe Mutter in unserem Alter verlassen, da wir erst einen Trost und Hilfe von Euch hätten haben sollen, weil ich so viel Kosten auf Eure studia gewendet habe und seid wider unseren Willen ins Kloster gegangen.«

Die Festgäste versuchen zu beschwichtigen, Luther widerspricht: »Ja, lieber Vater, ich kann aber in diesem geistlichen Stande, mit Beten und anderer Andacht Euch allesamt mehr dienen, als wenn ich weltlich geblieben wäre.« Der Vater seufzt: »Ach, wollte Gott, daß dem so wäre!« Luther »erschrak dermaßen, als ging mir ein schneidendes Schwert durch das Herze, daß erst er mich lehrte, an die Zehn Gebote zu denken. Ich verstummet, daß ich nicht darauf antworten konnt.«

Die Brüder bei Tisch hören zu, sehr aufmerksam, Luther setzt noch einmal an, wechselt von der versöhnlichen Bitte um Verständnis über zur Verteidigung, beginnt von dem Gewitter bei Stotternheim zu erzählen: Mitten in dem »ungewöhnlich grausam Ungewitter« hätte ihn direkt ein Ruf des Himmels erreicht. Hans Luder darauf recht kühl: »Wollte Gott, daß es nur keines Teufels Gespenst gewesen sei.« Luther erwidert nichts, doch »ich konnte dieser Reden hinfüro nimmer vergessen.«

Nach der Priesterweihe beginnt für ihn das Theologiestudium. Seine Ausrichtung erhält es damals durch den gemäßigten Nominalismus des Franziskaners Wilhelm von Occam, der sich seit mehr als einem Jahrhundert an den Universitäten durchgesetzt hatte: Für unser Erkennen gibt es keine Allgemeingegenstände, keine Universalien. Wirklich ist immer nur der einzelne Gegenstand, er allein läßt sich erkennen. Das Universale ist nur in der Seele, nicht in der Sache, es ist nur ein Zeichen, ein Name – daher die Charakterisierung »Nominalismus«. Folgerichtig behauptet Occam, daß sich auch Gott nicht erkennen läßt. An Gott kann und muß man glauben, denn wenn man vernünftig überlegt, ist seine Existenz wahrscheinlich. Aber beweisen lassen sich weder Gott noch seine Dogmen.
Occam trennt also schroff die Bereiche von Glauben und Wissen. Er spricht ihnen jeweils ihr eigenes Recht zu, und deshalb fordert er auch die Freiheit des Denkens. Besonders wichtig dabei ist eine moralisch-theologische Konsequenz: Die göttlichen Gebote, wie sie die Heilige Schrift wiedergibt, sind verbindlich. Deshalb ist es ein Verdienst und gehört zur obersten Tugend, das Unbeweisbare zu glauben. Warum Gott seine Gebote so und nicht anders erlassen hat, wissen wir nicht. Das heißt aber, daß das Gute deshalb gut ist, weil Gott es so gewollt hat.
Das Hauptkolleg war den »Sentenzen« des scholastischen Theologen Petrus Lombardus gewidmet. Seine »Libri quattuor sententiarum«, die er in der Mitte des 12. Jahrhunderts veröffentlicht hatte, waren eine Zusammenstellung der Lehren der Kirchenväter. Diese vier Bücher wurden wegen ihrer Klarheit, ihrer Systematik und Präzision das bedeutendste theologische Handbuch des ganzen späteren Mittelalters; die Kommentare dazu sind kaum zu übersehen, man hat bis jetzt nicht ganz eineinhalb tausend Sentenzenkommentare gezählt. Ergänzt wurde diese Vorlesung durch kleinere Kollegs über Bibelauslegung, die theologische Exegese.

Luther machen die schwierigen Probleme der Scholastik keine Mühe, er studiert die Werke vielmehr mit einer solchen Hingabe und Lust, daß er noch viele Jahre später lange Passagen aus den Kommentaren auswendig zitieren kann. Es gibt keine Zweifel, daß er während des Studiums bis zum Ende des Jahres 1510 theologisch und philosophisch ein entschiedener Verfechter des occamistischen Nominalismus gewesen ist. Das kann zweierlei heißen: Entweder ist Luther deshalb so entschieden, weil er bedingungslos glaubt, oder Occams Theologie und Philosophie haben nicht an diejenigen Fragen gerührt, von denen Luther umhergetrieben wird.

Später hat er sich energisch von Occam abgesetzt, obwohl das seinen Respekt gegenüber seinem »Meister Occam« in keiner Weise beeinträchtigt hat.

Wechsel nach Wittenberg

Im Herbst 1508 erhält Luther den Auftrag, an der Universität Wittenberg die Vorlesung über Moralphilosophie zu übernehmen, die den Augustinern an der Artistenfakultät der Hohen Schule zusteht. Die Universität Wittenberg ist erst sechs Jahre alt. Sachsens Kurfürst Friedrich III., der Weise, hat sie als Konkurrenz zu der berühmten Leipziger Universität gegründet, die zum albertinischen Besitz der Wettiner gehört. Die Wittenberger Hohe Schule ist damals mit ihren zweiundzwanzig Professoren und schätzungsweise dreihundert Studenten kaum viel bedeutender gewesen als das Städtchen Wittenberg selbst.

Um es ganz deutlich zu sagen: Wittenberg ist zu dieser Zeit ein elendes, gottverlorenes Nest. Alle Versuche, dem Städtchen wegen seines späteren Ruhms als Lutherstadt und »Rom der Reformation« schon zu Beginn des 16. Jahrhunderts auch nur entfernt einen gewissen Rang zuzusprechen, sind ebenso rührend und verständlich wie hoffnungslos. Die Zeitgenossen, die in ihrem Sprachgebrauch noch nicht bildungsbürgerlich verschämt, sondern an der richtigen Stelle frisch und grob waren, haben Wittenberg einfach als Dreck, als ein stinkendes Loch, »nicht wert, in Deutschland eine Stadt genannt zu werden«, bezeichnet. Die Bewohner – es waren etwa zweitausend – seien ein »barbarisch Volk«, roh, gefräßig und versoffen, und Luther selbst kann noch mehr als zwanzig Jahre später nichts anderes feststellen, als daß sich die Wittenberger »an der Grenze der Zivilisation befinden«.

Außer dem Schloß, dessen Bau 1490 begonnen worden ist, dem Stift Allerheiligen, der Stadtpfarrkirche St. Marien und dem Kollegiengebäude der Universität gibt es kein Bauwerk, an das man erinnern müßte. Das Schloß ist erst im Jahr 1525 fertiggestellt worden, die Stadtpfarrkirche 1570. In den Jahren 1524 bis 1540 entstand das immerhin recht eindrucksvolle Rathaus. Wittenberg hatte 1293 das Stadtrecht erhalten, im Jahr 1423 kam das Herzogtum Sachsen-Wittenberg an das Herrschergeschlecht der Wettiner, und im Jahr 1485 verlangte Kurfürst Ernst von Sachsen, daß die ganzen wettinischen Lande zwischen ihm und seinem Bruder, Herzog Albrecht, geteilt würden. Sein Sohn, Friedrich der Weise, erhob dann Wittenberg neben Torgau zur wichtigsten Residenz. Als Elbehafen konnte Wittenberg mit einem regelmäßigen Handel rechnen, sein wichtigstes Gewerbe war die Brauerei. Daher stammte auch der betrübliche Ruhm der Wittenberger Versoffenheit, ein Urteil, das sich freilich entschärft, wenn man in Rechnung stellt, in welchem Ausmaß die Trinkfestigkeit der Zeitgenossen in Mitteleuropa mit der Charakterfestigkeit und den verliehenen Brauereirechten Schritt hielt.

Luther, noch keine fünfundzwanzig Jahre alt, bekam die Professur auf Widerruf übertragen. Im Grunde handelte es sich um ein Provisorium, dessen Ende abzusehen war; heutzutage heißt es an der Universität: »Mit dem Abhalten von Vorlesungen beauftragt«. Neben seiner Dozententätigkeit mußte er sein theologisches Studium weiter vorantreiben, und zwar ohne Erleichterungen. Als er wenige Monate darauf, am 9. März 1509, zum *Baccalaureus ad biblia* promovierte, erhielt er zusätzlich eine Bibelvorlesung übertragen. Aber auch dieses Examen bedeutete keine Unterbrechung oder gar schon den Abschluß seines Theologiestudiums. Das ist erst im Herbst 1509 der Fall. Zu der folgenden Antrittsvorlesung, die vorgeschrieben war, kommt es allerdings nicht mehr. Luther wird im Oktober von der Erfurter Ordensleitung ins Kloster zurückgerufen. Er hat sich genau ein Jahr an der Wittenberger Universität aufgehalten.

Die Erfurter blicken recht hochmütig auf die Wittenberger Universitätsneugründung herab; das Verhältnis hat einiges mit der Distanz zwischen Schwan und häßlichem Entlein zu tun. Die Prüfungen, die Luther in Wittenberg abgelegt hat, finden vor den Weisen in Erfurt keine Gnade. Sie werden nicht anerkannt. Erst der kräftige Nachdruck der Ordensleitung und des gelehrten Paters Johann Nathin sorgt dafür, daß Luther, wie er gesagt hat, »mit aller Schwierigkeit zugelassen und aufgenommen«, daß ihm also gestattet wird, die Antrittsvorlesung zu halten und ihm damit auch für Erfurt die Lehrbefähigung zugesprochen wird. Und nun hält er ein volles Jahr, bis zum Oktober 1510, im Rahmen des Generalstudiums im Hörsaal des Augustinerklosters die zentrale Vorlesung des damaligen Theologiestudiums, die noch vor kurzer Zeit auch für ihn so wichtig gewesen ist: über die Sentenzen des Petrus Lombardus.

Nichts ist an diesen Klosterjahren bis zum Beginn der Dozentenarbeit in Erfurt bemerkenswert, nichts fällt übermäßig aus dem Rahmen. Ein überdurchschnittlich begabter Student wird Mönch, er steht die üblichen Anfechtungen durch, wird von ihnen vielleicht kräftiger geschüttelt, als es normal ist, er legt die Stationen des üblichen Theologiestudiums zurück – alles in allem aber bleibt er in den vorgeschriebenen Geleisen. Luther ist ein eifriger, glaubensfester Augustinereremit und Priester, oder, wie er es später von der anderen Seite sieht und rügt: ein «Erzpapist« und »heftiger Messeknecht«.

3 Luther in Rom

Im Herbst des Jahres 1510 erhält Luther den Auftrag, als Begleiter und Assistent eines älteren Paters nach Rom zu reisen. Der Name dieses Ordensbruders ist unbekannt, Luther erwähnt ihn nicht, hat ihn vielleicht auch vergessen. Die Quellen, insbesondere die Akten des Generalats der Augustinereremiten, verzeichnen nichts darüber. Längere Zeit wurde vermutet, es hätte sich bei dem Leiter der kleinen Gesandtschaft um Johann von Mecheln gehandelt, den Prior des Augustinerklosters Enkhuizen am Zuidersee, der sich damals in Wittenberg aufhielt, um den theologischen Doktor zu erwerben. Die Gründe, die dagegen sprechen, sind einleuchtender als diejenigen, in Johann von Mecheln den Delegationsleiter zu sehen. Gegen die Annahme, die ebenfalls schon früh geäußert wurde, daß es sich nicht um Johann von Mecheln, sondern um Anton Kress aus Nürnberg gehandelt hätte, steht die Tatsache, daß Kress, der Probst von Sankt Lorenz war, nicht zu den Augustinern gehörte.

Die Spekulationen um den Namen des Paters, den Luther zu begleiten hatte, sind charakteristisch für die vielen Unsicherheiten, mit denen man auch bei der Rekonstruktion der Romfahrt Luthers zu tun hat.

Ebenso charakteristisch ist es, daß sogar lange Zeit darüber gestritten werden konnte, ob Luther in den Jahren 1509, 1510, 1511 oder gar erst 1512 in Rom war. Luther selbst gibt das Jahr 1510 an; das hat sich als richtig erwiesen.

Reform der deutschen Augustinerklöster

Der Zweck dieser Romreise bestand darin, eine Protestschrift zu überreichen. Es handelte sich um eine Angelegenheit der internen Klosterreform, um Differenzen zwischen denjenigen Augustinerklöstern, bei denen bereits die vom Ordensgeneral in Rom unterstützten Reformen der alten Regeln durchgeführt waren, und denjenigen, die dagegen Widerstand leisteten, sowie um Fragen der äußeren Organisation, der Union aller Augustinereremiten.
In diesen Gegensätzen und Kontroversen drückt sich ein Teil jener Bemühungen der Kirche aus, die zugunsten des vorherrschenden Prozesses ihrer Verweltlichung und Substanzentleerung samt der aufbegehrenden Kritik daran gewöhnlich kaum zur Kenntnis genommen werden: Die zähen, geduldigen Bemühungen von Tausenden einsichtiger Priester, Bischöfe und Kardinäle, den alten Ruf nach Reform an Haupt und Gliedern durch die Kirche selbst in ihren Gemeinschaften und Institutionen praktisch umzusetzen. Zu diesen innerkirchlichen Reformern gehörte auch der Ordensgeneral der Augustinereremiten in Rom, Ägidius Canisio von Viterbo. Ägidius war seit dem Jahr 1506 Ordensvikar, wurde ein Jahr später auf dem Ordenskapitel der Augustiner in Neapel zum Ordensgeneral gewählt und sah in der Reform des Ordens eine seiner wichtigsten Aufgaben. Es ging dabei insbesondere um die Durchführung der Observanz, um das Klosterleben der Mönche zu disziplinieren und zu kräftigen – im Sinne einer stärkeren Verinnerlichung der einzelnen Regeln und Gebote –, sowie um die Union derjenigen Klöster, die bereits reformiert waren, mit den übrigen.
In Deutschland hatte der Generalvikar Johannes von Staupitz, dem die Observanz schon seit Jahren am Herzen lag, durch den neuen Ordensgeneral die beste Unterstützung. Ägidius bestärkte ihn in seinem Bemühen, die Reform auf sämtliche Klöster der Eremiten auszudehnen und die Union so durchzuführen, daß sie sich über alle Ordensprovinzen erstreckte. Die Erfurter Augustiner zählten zu den eifrigsten Verfechtern der Observanz, und das gilt auch für Luther, dessen Eifer dabei kaum übertroffen werden konnte.

Die Union sollte ohne Unterschied alle Klöster, ob reformiert oder nicht reformiert, erfassen. Schon bald wurde jedoch innerhalb der deutschen Kongregation Widerspruch gegen die Union laut. Vorreiter dabei dürften die Nürnberger Eremiten gewesen sein, die zusätzlich vom Rat der Stadt kräftig unterstützt wurden. Die Situation verschärfte sich, als Staupitz im Jahr 1510 von Rom alle Vollmachten erhielt, die für seine Pläne notwendig waren, und als Generalvikar der deutschen Kongregation bestätigt und zum Ordensprovinzial von Sachsen und Thüringen ernannt wurde. In dem Ernennungsdekret vom Juni 1510 wurde allen Patres und Brüdern bei Strafe der Rebellion und des ewigen Verlustes des aktiven und passiven Wahlrechts befohlen, sämtliche Anordnungen des Ordensprovinzials so zu befolgen, als hätte sie der General selbst erlassen. Ende September gab Staupitz den Vollzug der Union bekannt.

Drei Viertel der Observantenklöster stimmten der Union zu. Sieben jedoch weigerten sich, darunter der Erfurter Konvent, aber auch Nürnberg. Luther erklärte sich ebenfalls zu einem Gegner der Union und damit zu einem Opponenten der Pläne seines Generalvikars Staupitz. Diese Minderheit der Klöster sträubte sich vor allem deshalb gegen einen Zusammenschluß mit den nichtreformierten Konventualen, weil sie dadurch eine Schwächung und Verwässerung der Reform befürchteten. Staupitz war anderer Meinung. Die Union sollte – so wurde es auch in dem Dekret aus Rom unterstrichen – eine Stärkung der Observanz bewirken. Obwohl eine Appellation an die Ordensführung ausdrücklich verboten worden war, beschlossen die widerspenstigen Konventualen, eine Gesandtschaft nach Rom zu schicken; einen älteren Pater als Sprecher und Vertreter der Oppositionellen, als *litis procurator*, und Martin Luther als Begleiter, als *socius itinerarius*.

Die Reise

Mitte November des Jahres 1510 brachen die beiden Patres zu ihrem Unternehmen auf. Sie wanderten zu Fuß, in ausgedehnten, meist recht mühseligen Tagesmärschen. Die Regel der Augustiner Bettelmönche verbot auf Reisen die Verwendung eines Wagens oder eines Pferdes. Der Weg führte vermutlich über Ulm, quer durch Schwaben und die Ostschweiz, durch Graubünden auf der alten Römerstraße – sie wurde im Mittelalter in den Rang einer *strata imperialis*, einer der Reichsstraßen der deutschen Kaiser, erhoben – über den Septimer, den langen

Paß in den Oberhalbsteiner Alpen. Die Straße führt vorbei am Piz Bernina, hinab zum Comer See und dann in Richtung Mailand. Es war die wichtigste Handelsroute zwischen Nürnberg und Oberitalien, die Straße war auch im Winter stark frequentiert, der Septimer blieb in der kalten Jahreszeit trotz Frost und Schnee passierbar, obwohl er über zweitausend Meter hoch lag.
Von Mailand führte der Weg nach Pavia, und dann hielten sich die beiden Mönche wahrscheinlich an die Straße Parma – Bologna – Florenz. Sicher ist jedenfalls, daß sie von Florenz aus auf der alten Kaiserstraße weiterzogen, die über Siena, Viterbo und Ronciglione durch die Campagna nach Rom führt. Die Reise war zum Teil äußerst anstrengend, selbst wenn man in Rechnung stellt, daß auf Grund der Begleitschreiben, mit denen beide Mönche ausgestattet worden waren, immer für eine Unterkunft in den Klöstern gesorgt war. Am meisten belastete sie die harte Witterung. Der Winter war in diesem Jahr besonders streng, in Oberitalien fiel dichter Schnee, auch Bologna war verschneit, Italien verzeichnete ungewöhnliche Kältegrade.
Von den Klöstern, in denen sie Station machten, wird kein einziges namentlich erwähnt. Aus einer Tischrede Luthers in den dreißiger Jahren darf man lediglich schließen, daß die beiden Reisenden einmal in einer Benediktinerabtei am Po übernachteten, einem großen, sehr begüterten Kloster; wahrscheinlich handelte es sich um die Abtei San Benedetto Po, die südöstlich von Mantua lag – möglicherweise aber auch um das Benediktinerkloster San Sisto bei Piacenza.
Gegen Jahresende, nach rund sechs Wochen, hatten die Patres ihr Ziel erreicht. Von einer in alten Reiseberichten oft erwähnten Stelle an der alten Via Cassia konnten sie die ersten Dächer der Kapitale der Christenheit erkennen. Luther berichtet, er hätte sich angesichts der Ewigen Stadt, so wie es Brauch bei jedem Frommen und jedem Pilger war, zu Boden geworfen und ausgerufen: »Sei mir gegrüßt, du heiliges Rom!« Und er fügt hinzu: »Ja, wahrhaftig heilig von den heiligen Märtyrern, von deren Blut sie trieft!« Die Straße senkte sich zur milvischen Brücke, an der Kaiser Konstantin in der berühmten Entscheidungsschlacht im Jahre 312 gesiegt hatte. Die Reisenden befanden sich jetzt auf der Via Flaminia, sie betraten Rom durch die Porta del Popolo; dicht daneben, linker Hand, lag ihre Unterkunft, das Augustinerkloster Santa Maria del Popolo.
Im Grunde genommen stand das Ergebnis ihrer Protestmission von vornherein fest. Sie konnten nur mit einer Absage rechnen, ja sie mußten damit rechnen, und sie wußten deshalb, daß es sich bei dieser

ganzen Reise um ein aussichtsloses Unternehmen handelte. Ein erkennbarer Grund lag allenfalls in der eventuellen Absicht, den Ordensgeneral von der Stimmung, der Meinung und den Argumenten eines Teiles der Kongregation zu unterrichten. Möglicherweise hatte die Ordensführung in Rom auch nicht unbedingt ein nur rein informatives Interesse, denn die Klosterreform war eine Angelegenheit, für die sich der General ganz persönlich einsetzte. Diese Mutmaßungen werden durch die Art seiner Reaktion auf den Besuch der beiden Brüder aus Deutschland erhärtet. Die Delegation war entgegen den ausdrücklichen Weisungen nach Rom gereist; sie konnte zwar dem Ordensprokurator die Beschwerden der sieben Klöster vortragen und um Genehmigung der Appellation ersuchen, doch die Antwort war abweisend. Immerhin vergingen bis dahin einige Wochen, und die Ablehnung erfolgte auch nicht in Form einer harten Brüskierung. Zur weiteren Vermittlung und Beilegung des Zwistes wurde vielmehr der Ordensbruder Johannes, ein Deutscher, in den Norden entsandt. Die beiden Patres erhielten diesen Bescheid nach vier Wochen ihres Aufenthalts in der Ewigen Stadt.

Die dritte Generalbeichte

Während dieser Zeit hatte Martin Luther ausreichende Möglichkeiten, um Rom kennenzulernen. Für ihn wurde jetzt der Nebeneffekt seiner Ordensangelegenheit zur Hauptsache: nämlich die Pilgerfahrt. Luthers einzige Verpflichtung als Mönch, Priester und Gast des Eremitenklosters bestand im Chordienst, in der Teilnahme am Kapitel und in der Anwesenheit bei den gemeinsamen Tischsitzungen. Rom war für ihn keine Stadt der Sehenswürdigkeiten. Nicht einmal das natürliche Mindestmaß dessen interessierte ihn, was selbst einem Pilger von übermäßiger Frömmigkeit bemerkenswert erscheinen mußte. Luthers Erinnerungen an Rom, so wie sie sich in seinen Predigten und Gesprächen widerspiegeln, sind unzusammenhängend, beiläufig, ja geradezu dürftig. Sie kranken außerdem und vor allem an der Verquickung mit seinen späteren hemmungslosen Urteilen über das Rom als Sitz jenes Papsttums, in dem er den Antichrist, »den wahren Stellvertreter des Teufels«, sah.

Wer von Luthers Gedächtnisfetzen auf den damaligen Zustand Roms, die Atmosphäre und das Leben in der Stadt schließen würde, erhielte einen ganz verzerrten Eindruck. Immerhin handelte es sich um die Zeit

des Pontifikats von Julius II., dem bauwütigsten aller Päpste. Dieser »Soldat auf dem Papstthron« scharte mehr Künstler um sich als jemals einer seiner Vorgänger und Nachfolger, er beschäftigte und bezahlte nahezu jeden, der Rang und Namen hatte. Das Rom jener Zeit versetzte Erasmus von Rotterdam in helle Begeisterung, es war dasselbe Rom, das den Dichtern Anlaß zu der Feststellung gab, das Goldene Zeitalter, die *Saturnia regna* seien wiedergekehrt.
Bei den Sehenswürdigkeiten der Ewigen Stadt handelte es sich im übrigen keineswegs vor allem um kunsthistorische Objekte, wie man heute annehmen könnte. Die *Mirabilia urbis Romae* waren in erster Linie Heiligtümer, und zwar solche der auserlesensten Art; man braucht nur an das Viertelhundert christlicher Basiliken zu denken, und dazu gab es für die Gläubigen noch ein wahres Meer an Devotionalien, Sehenswürdigkeiten und Reliquien, die mit nichts im christlichen Abendland zu vergleichen waren.
Die vier Wochen in Rom waren für den Bruder Martin vier Wochen einer beständigen Gelegenheit, etwas für das Heil seiner Seele zu tun, ebenso aber auch für das Heil der Seelen jener, die ihm besonders nahestanden. Zunächst erfüllte er seinen Hauptwunsch, nochmals eine Generalbeichte abzulegen, obwohl er dies in Erfurt bereits zweimal getan hatte – freilich ohne den erhofften Erfolg. Der Novizenmeister hatte mit seinen eindringlichen Mahnungen, das Sündenbewußtsein nicht zu einem übersteigerten Schuldgefühl entarten zu lassen, nichts bewirkt. Luther hat seine aufdringliche Beharrlichkeit mit der Erklärung gerechtfertigt, ihn hätte als Novize im Kloster das Wort in den Sprüchen Salomons des Alten Testaments fast getötet: »Auf deine Schafe habe acht und nimm dich deiner Herde an«, das heißt »ein Hirt soll seine Schafe verstehen und kennen. Diesen Spruch faßte ich so auf: Ich mußte mich meinem Pfarrer oder Prior so rein entdecken, daß er wußte, was ich in meinem ganzen Leben getan hatte. Da berichtete ich alles, was ich von Jugend auf getan hatte, so daß mich mein Präzeptor im Kloster zuletzt deswegen strafte.«
Luther erwähnt dabei nicht, daß er die Beichte über Stunden hin ausdehnte und er vermutlich tagelang gebeichtet hätte, wenn ihm kein Riegel vorgeschoben worden wäre. Die Frage ist deshalb berechtigt, ob Luther in seiner damaligen Verfassung durch eine Generalbeichte wirklich dasjenige erreichen wollte, was er zu erreichen vorgab, und ob er dies überhaupt dadurch hätte erreichen können, nämlich fromm zu werden: »Der Hauptumstand bei meiner Romfahrt war der, daß ich eine ganze Beichte von Jugend auf ablegen und fromm werden wollte,

wiewohl ich eine solche Beichte in Erfurt schon zweimal abgelegt hatte.«
Ein Christ ist angewiesen auf Vergebung. Sie korrespondiert dem Bewußtsein der Sündhaftigkeit. Besäße ein Christ keine Hoffnung auf Vergebung, so wäre er schon hier, auf Erden, in der Hölle. Deshalb ist das Leiden und der Tod Christi die absolute Bestätigung des Faktums der Vergebung, nämlich in der Form der Erlösung. Diese Tatsache schließt in einer genau bestimmten Weise auch das Vorhandensein der Sünde und die Hinnahme dieses Sachverhalts ein. Wenn der Mensch in seiner Hinfälligkeit, die sich im Sündenfall Adams und Evas gezeigt hat, zur Sünde und zum Sündigen verdammt ist, so besitzt er geradezu eine Art negatives Recht auf Sünde. Gott kann nur dem Sünder vergeben; bei Heiligen ist seine Zuständigkeit weniger dringlich.
Der kritische Punkt besteht darin, ob Luther befreit sein wollte von der Gewißheit, als Mensch immer wieder erneut sündigen zu müssen, ob ihn dieses Problem vor allem bedrängte, oder ob lediglich die Generalbeichten, die er schon abgelegt hatte, nicht dazu angetan waren, ihm die erhoffte Entlastung zu bringen. Er selbst hat es so dargestellt: »Bei der Beichte wurde bei den Papisten nur auf das äußere Werk gesehen. Da war ein solches Laufen, daß man sich nimmer satt beichten konnte. Fiel einem noch eine Sünde ein, so lief man wieder zurück. Wir machten die Beichtväter müde, während sie uns bange machten mit ihren bedingungsweisen Lossprechungen: ›Ich spreche dich los durch das Verdienst unseres Herrn Jesu Christi wegen der Reue des Herzens, des Bekenntnis des Mundes, der Genugtuung deiner Werke und der Fürsprache der Heiligen.‹ Die Bedingung richtete alles Unglück an. Denn wir taten dies alles aus Furcht vor Gott, um gerechtfertigt zu werden – überschüttet mit unzähligen menschlichen Satzungen.«
Wir können davon ausgehen, daß Luthers spätere Bemerkungen über seinen Aufenthalt in Rom keine allzu offensichtlich zweckgefärbten Erklärungen aus der Rückschau sind. Die Ratschläge seines Novizenmeisters und die Ergebnisse der Generalbeichten waren nicht zufriedenstellend. Aber auch die Priester in Rom, bei denen er Hilfe suchte, enttäuschten ihn zutiefst. Sie waren, wie er beklagte, »völlig ungelehrte Leute. Ach, lieber Herrgott, was sollen auch die Kardinäle wissen, die mit so viel Geschäften und Staatsangelegenheiten überhäuft sind? Haben wir doch schon Mühe genug, die wir täglich studieren und jede Stunde in Übung sind!«
War aber dasjenige, wonach Luther suchte, an Gelehrsamkeit gebunden? Hing es davon ab? Wäre für Luther der Heilige Vater persönlich

der rechte Seelsorger gewesen, der einzige, der ihm mit Erfolg die Beichte hätte abnehmen können? Kein Zweifel: nicht einmal der Papst selbst wäre dazu imstande gewesen. In Luthers hartnäckigem Bedürfnis nach Entlastung, in seinem heißen Wunsch, »fromm zu werden«, drückt sich nur sein verzehrendes Mühen aus, einen inneren Zustand zu erreichen, dessen Natur er damals unfähig war zu beschreiben und angemessen zu benennen. Es ist kein spekulatives Vorgreifen, in der damaligen Verfassung Luthers schon die ersten Vorzeichen seiner späteren Glaubensrevolution festzustellen. Zu dieser Zeit kam es jedenfalls für ihn noch nicht auf scharfe theologische Klärungen an. Denn ob man etwas findet, hängt meistens nicht davon ab, wonach man sucht, sondern davon, wer danach sucht.

»Ein toller Heiliger«

Man wird der Versicherung Luthers glauben dürfen, daß der Mißerfolg bei seiner dritten Generalbeichte ein besonderer Schlag für ihn gewesen ist, auch wenn dafür bestimmt nicht nur objektive Gründe wie die von ihm beanstandete Unzulänglichkeit der Priester in Rom verantwortlich gewesen sind, sondern weit mehr noch die besonderen Erwartungen Luthers.

Was sich in den folgenden Wochen anschloß, scheint den üblichen Bräuchen der Rompilger entsprochen zu haben: die große Wallfahrt, die zu den sieben wichtigsten Kirchen Roms führt. Dazu gehörte auch das Aufsuchen der Heiligen Treppe, der Scala santa oder Pilatusstiege an der nördlichen Seite des Lateranpalastes. Die Treppe soll von der Residenz des Pontius Pilatus in Jerusalem stammen und Christus soll sie emporgestiegen sein, als er vor den Statthalter geführt wurde. Nach Rom wurde sie angeblich von der Mutter Kaiser Konstantins des Großen, der heiligen Helena, gebracht, die in Jerusalem auch das Kreuz Christi gefunden haben soll. Heute befindet sich die Heilige Treppe in einer Kapelle auf dem Platz San Giovanni in Laterano, die Papst Sixtus V. gegen Ende des 16. Jahrhunderts erbauen ließ. Pilger, welche auf den Knien die achtundzwanzig Stufen bewältigen und auf jeder ein Vaterunser beten, dürfen mit einem vollkommenen Ablaß für einen Verstorbenen rechnen.

Luther betete für seinen Großvater Heine Luder in Möhra. Die Verheißung, daß durch solch einen »knienden Gang« die Heilige Treppe hinauf eine Seele aus dem Fegefeuer erlöst werde, scheint Luther nicht allzu fest geglaubt zu haben. Allerdings stützt sich dieser Zweifel auf Bemerkungen, die Luther erst in einer seiner letzten Predigten im November 1545 gemacht hat; er berichtet von seinem Aufenthalt in Rom: »So verrichtete ich als Mönch alles und wußte nicht, ob es Gott angenehm wäre. So war ich es im Papsttum gelehrt worden. Desgleichen, wenn ich sieben Horen gebetet hatte, mußte ich sagen: Ich weiß nicht, ob es Gott gefällt. Was soll das Gebet? Also wollte ich in Rom meinen Ahn aus dem Fegefeuer erlösen, ging die Pilatustreppe hinauf, betete auf jeder Stufe ein Vaterunser. Denn es war die Meinung, wer so betete, würde eine Seele erlösen. Als ich aber oben war, dachte ich: Wer weiß, ob es wahr ist!«

So wie mit der Scala santa verhielt es sich auch mit den Seelenmessen, die in verschiedenen Kirchen Roms von den Priestern gelesen werden konnten und die ebenfalls eine Seele dem Fegefeuer entrissen. Luther hatte wegen des großen Andrangs zu solchen Altären viel Mühe, an die Reihe zu kommen. Es gab allerdings dafür verschiedenen Ersatz; es gab genügend andere, weniger schwierige Gelegenheiten, den armen Seelen zu helfen. Rom besaß dafür so viele Stätten, daß Luther sicherlich seine ganze verstorbene Verwandtschaft aus dem Fegefeuer holte und zusätzlich noch eine Reihe anderer verstorbener Freunde. In aller Unschuld und ohne jeden Nebengedanken bedauerte er sogar – »es tat mir schier leid«, so drückte es Luther aus –, daß seine Eltern noch lebten, denn nur in Rom »mit seinen Messen und vielen anderen trefflichen Werken und Gebeten« hätte er die Möglichkeit gehabt, sie aus dem Fegefeuer zu erlösen.

Luther ließ in Rom kaum eins der entsprechenden Heiligtümer aus, es verging keine freie Stunde, in der er nicht als »ein toller Heiliger durch alle Kirchen und Klüfte«, also Katakomben, lief und »alles glaubte, was daselbst erstunken und erlogen ist«. Luther erinnert sich nicht an die Namen allzu vieler Gotteshäuser; verhältnismäßig häufig nennt er später das Pantheon, denjenigen Bau, der für Rom besonders charakteristisch ist so wie heute der Eiffelturm für Paris. Das Pantheon wurde im Jahr 609 von Papst Bonifatius IV. als Kirche Sancta Maria ad Martyres der Jungfrau Maria und allen Märtyrern geweiht, war also keine altrömische Sehenswürdigkeit, sondern zählte ebenfalls zu den christlichen Wunderwerken Roms. Luther nimmt auch von den prachtvollen Kardinalspalästen Notiz, aber nur deshalb, weil ihr Prunk der christlichen Schlichtheit, so wie sie Luther wohl schon damals als Maß der weltlichen Dinge verstand, zuwiderlief – auch wenn es sich dabei nicht nur um eine Impression des frommen Pilgermönches in Rom handelte, sondern auch um eine Kritik des Todfeindes der römischen Kirche aus den 20er und 30er Jahren, der seine Romfahrt nunmehr als eine erschütternde Desillusion schilderte: »Als ein Narr trug ich Zwiebeln nach Rom und brachte Knoblauch zurück.«

Was er nun tatsächlich, seinen späteren Schmähworten zum Trotz, in diesen vier Wochen empfunden hat, läßt sich zuverlässig so zusammenfassen, daß Luther wie jeder andere Pilger alles glaubte, was ihm in Rom präsentiert wurde – ob es um die Ablässe, die Seelenmessen oder um die vieltausend wunderkräftigen, hochheiligen Reliquien ging. Und vermutlich glaubte er alles noch weit fester, auch inniger als die anderen Frommen. Der Mönch und Priester Luther in Rom war tiefgläubig, doch das hieß nicht, daß sich mit dem Bruder Martin aus dem germanischen Norden die kritiklose Verehrung oder gar die mönchische Unschuld auf Reisen befand.

Unbehagen, zumindest eine leichte Irritation verursachte ihm die formell geschliffene, routinierte Art, in der die Messe von den italienischen Priestern zelebriert wurde. Damit hängt auch das gute, fast überschwengliche Gedenken zusammen, das er der Kirche Santa Maria dell' Anima, der deutschen Kirche in Rom, bewahrt hat. Hier äußert sich nicht etwa nur das leicht begreifliche Gefühl der Erleichterung und Wiedersehensfreude, das den Fremden so häufig überfällt, wenn ihm fernab der Heimat plötzlich Vertrautes begegnet. Vielmehr legt Luther dabei zum erstenmal ein unmißverständliches, entschiedenes Bekenntnis zu seiner deutschen Herkunft, zu seinem Vaterland ab – ein Sachverhalt, der später im politischen Beziehungsfeld bei ihm eine zentrale Rolle spielt. Der Priester Luther in Rom drückt dies in einer Form aus, die sich aus seiner Profession ergibt: In der ganzen Stadt ist die Kirche Santa Maria dell' Anima »die beste, denn sie hat einen deutschen Pfarrherrn«.

Luthers uneingeschränktes Lob wird noch gesteigert durch den kontrastierenden Vergleich mit den italienischen Geistlichen. Er schildert in seiner charakteristisch derben, treffenden Weise, wie sehr es ihn »ekelte, daß sie so sicher und so fein rips raps konnten Messe lesen, als trieben sie ein Gaukelspiel, denn ehe ich zum Evangelio kam, hatte mein Nebenpfaff seine Messe schon ausgerichtet und schrie mir zu: ›Passa, Passa, immer weg, komm davon!‹«

Befand sich hier der schwerfällige Ernst transalpinischer Abkunft in einem Gegensatz zur südländischen Behendigkeit, die so geschickt und überzeugend selbst flüchtige Empfindungen in eine Oper zu verwandeln vermag und – ähnlich – den Gottesdienst in ein zirzensisches

Kunststück? Handelte es sich bei Luthers Kritik nur um den Verdruß eines schlichten Menschen, um jene Betretenheit, die den weniger gewandten Menschen angesichts einer fingerfertigen Betätigung überkommt? Oder ist auch dies eines der Stücke nachgeschobener Kritik am Zustand der römischen Kirche jener Zeit, ihrem Verfall an das Weltliche, an Äußerliches?

Gehört etwa als Kulisse dazu auch all das endlose Gerede – in seinem Gemenge aus Geschwätz und Tatsachen – über den sittenlosen Lebenswandel der Kardinäle und Kirchenfürsten, über ihre Bestechlichkeit, Habgier und Frivolität, die angeblich alle Rompilger jener Jahrzehnte empört und verbittert haben sollte? Die Intensität dieses Geredes hängt freilich direkt zusammen mit der wachsenden Fundamentalkritik, die in den außeritalienischen Ländern an der Papstkirche geübt wurde und die erst ein Jahrzehnt später ihren Höhepunkt erreichte. Die schärfsten Urteile über das »wüste Leben« in Rom wurden erst im Windschatten der anhebenden Reformation gefällt.

Alles in allem dürfte es deshalb verhältnismäßig sicher sein, daß der Bruder Martin eingangs des Jahres 1511 in Rom so gut wie kaum etwas zu beanstanden fand – in schärfstem Gegensatz zu dem Revolutionär und Erzgegner des Papsttums ein Jahrzehnt später. Soll man deshalb auch nur versuchsweise mutmaßen, daß Luthers hochgespannte Erwartungen, die sich in seinem inbrünstigen Gruß an das heilige Rom angesichts der auftauchenden Stadt zusammenfaßten, zwangsläufig enttäuscht werden mußten? Eine derartige Zwangsläufigkeit könnte sich nur auf die häufige Erfahrung stützen, daß unsere Erwartungen kaum jemals von der Wirklichkeit bestätigt werden, was den Erwartungen zu ihrem eigentlichen Reiz und der Wirklichkeit zu ihrer negativen Vorbelastung verhilft. Dabei wird gern vergessen, wie oft – umgekehrt – doch die Wirklichkeit alle unsere Erwartungen weit hinter sich läßt. Luther hatte in Rom erheblich mehr zu bestaunen, er fand weit mehr Anlaß zu frommer Ergebenheit und Glaubensinbrunst als zu zaghaft anhebender Kritik, einer Kritik wohlgemerkt, die nicht das geringste zu tun hat mit der schrankenlosen Empörung in den nachfolgenden Jahren. Die Ewige Stadt, wie sie Luther erlebte, war nicht das infernalisch verweltlichte Rom, das wiedererstandene Sodom und Gomorrha der Bibel, lasterhaft und glänzend. Das Laster in seiner Alltagskleidung kannte er von dem laxen Lebenswandel der Domherren und Priester in den heimatlichen Städten. Den Glanz aber in solcher Verdichtung wie in Rom hatte er noch nicht gesehen, da war nur Staunen, getragen von der natürlichen Arglosigkeit des einfachen Mannes, der einer Bergmannsfamilie entstammt und dessen biederes Gemüt noch sicher zu entscheiden weiß, was gut ist und was böse, ohne zu ahnen, wie genußvoll sich das Böse darbietet, voll Schimmer und Betörung – ganz in der Art, wie es dem Guten entspräche, doch leider nicht gegeben ist.

4 Doktor der Theologie

Gegen Ende Januar 1511 tritt Luther mit dem *Pater procurator* die Heimreise an, auf derselben Straße wie im Dezember. Allerdings ziehen sie nicht über Mailand in den Norden, sondern über den Brenner nach Scharnitz und von hier durch den Schongau bis Augsburg. Sie brauchen für die Strecke etwas mehr als vier Wochen.
Von Augsburg reisen die Patres nach Nürnberg. Hier berichten sie den Augustinern über das Ergebnis ihrer Mission, soweit von einem Ergebnis die Rede sein kann. Der Aufenthalt in Nürnberg zieht sich etwas hin; die Ordensleitung und dann mit ihr die Sprecher der sieben renitenten Klöster schließen aus der Tatsache, daß die beiden Brüder in Rom verhältnismäßig lange auf den Bescheid des Prokurators warten mußten, daß der Widerstand der unionsabgeneigten Klöster gewisse günstige Aussichten zu haben scheint. Deshalb wird beschlossen, noch einmal eine Gesandtschaft in die Ewige Stadt zu schicken. Luther, dessen Mission damit beendet ist, macht sich Anfang April 1511 von Nürnberg auf den Weg nach Erfurt.
Die Ordensstreitigkeit war damit noch nicht beigelegt, ihre Lösung vielmehr nur vertagt worden. Der entscheidende Impuls kam schließlich nicht aus Rom, sondern wurde vom Generalvikar der Kongregation ausgelöst. Johann von Staupitz sah nach der Rückkehr der beiden Brüder aus Rom zunächst keinen Anlaß, seine feste Haltung zu ändern. Kurz darauf entschloß er sich jedoch, etwas überraschend, die Differenzen ohne einen harten Machtspruch auszuräumen. Er schlug einen Vergleich vor. Der Unionsplan, wie er ihn vorgesehen hatte, blieb zwar bestehen, doch scheint Staupitz jeder Überstürzung eine Absage erteilt zu haben. Dieser Kompromiß, den Staupitz bei einer Zusammenkunft in Jena Mitte Juli desselben Jahres vorgelegt hatte, erschien den Oppositionskonventen immerhin so entgegenkommend zu sein, daß sie ihn gründlich beraten wollten.

In Erfurt löste er allerdings gleich zu Beginn scharfe Kontroversen aus. Bemerkenswert ist dabei, daß Luther – ursprünglich doch ein entschiedener Vertreter der Observanz – jetzt dem Vermittlungsplan des Generalvikars zustimmt. Er steht damit nicht allein, die Meinung des Erfurter Konvents ist in der Frage des Jenaer Vergleichs in zwei Lager geteilt. Luther, und mit ihm sein Freund und Ordensbruder Johannes Lang, gehören zu der kleinen Minderheit, die sich für den Vergleich, den Staupitz ausgearbeitet hat, erklärt. Der Hauptgrund dürfte gewesen sein, daß die Obstruktion nicht auf die Spitze getrieben werden sollte. Die Positionen in Erfurt waren allerdings inzwischen so verhärtet, die Mehrheit der Brüder über die Abweichler so aufgebracht, daß sie sich zu einer drastischen Maßnahme entschlossen. Sie zwangen Johannes Lang und Martin Luther, aus dem Konvent auszuscheiden. Der Augustiner Bartholomäus von Usingen, der Luther an der Universität unterrichtet hatte, berichtet, daß die beiden »ins Exil geschickt«, das heißt aus dem Konvent ausgestoßen wurden. Sie baten Staupitz um Hilfe; der Generalvikar versetzte sie daraufhin nach Wittenberg.
Im übrigen war der Langmut von Staupitz allmählich erschöpft. Der innere Frieden des Ordens erschien ihm wichtiger als eine Veränderung, die gegen den Willen eines so großen Teils der Brüder erzwungen werden mußte; immerhin zählte ein Viertel zu den Observanten. Die starre Haltung der sieben Konvente wurde, wie sich bald herausstellen sollte, durch den Jenaer Rezeß nicht verändert. Im Herbst 1511 gab Staupitz schließlich den Unionsplan vollständig auf, kassierte das Projekt im Mai 1512 auch offiziell auf dem Ordenskapitel in Köln und bereinigte damit alle Differenzen, die ihm seit dem Jahre 1507 so viele Beschwernisse gebracht hatten. Was ihn dazu bewogen hatte, war sowohl Realismus als auch Resignation. Daß die Brüder Lang und Luther in der Schlußphase des Observantenstreites gegen die Mehrheit des Konvents gestimmt hatten, wurde ihnen in Erfurt noch etliche Jahre nicht vergessen.

Der erzwungene Doktorhut

Luther ist achtundzwanzig Jahre alt; im Gegensatz zu heutigen Vorstellungen betrachtete man damals einen Achtundzwanzigjährigen als einen nicht mehr ganz so jungen Mann. Das erste Mal hat er sich sein eigenes Urteil geleistet, als er entgegen dem Willen seiner Eltern und der ganzen Familie ins Kloster gegangen ist. Seine Opposition gegen die Unionspläne des Generalvikars, die ihn nach Rom brachte, fällt kaum ins Gewicht, weil sie vom geschlossenen Widerstand des Erfurter Klosters gedeckt wurde. Im Kollektiv revoltiert es sich leicht. Als Luther aber im Sommer 1511 für Staupitz eintritt, hat er fast dieselbe Mehrheit, die ihn vorher getragen hatte, gegen sich. Es war keine leichtfertige Herausforderung, Luther nahm an den Beratungen über den Rezeß von Jena teil, er kannte die Argumente und die Stimmung der Erfurter Brüder, und trotzdem beharrte er auf seiner Meinung. Wir können ruhig sagen: Er blieb dabei seinem Gewissen treu, er stand zu dem, was er als richtig erkannt hatte und nahm dafür den Ausschluß aus dem Konvent auf sich.

Unzweifelhaft handelt es sich dabei lediglich um ein geringfügiges Rebellentum, um nichts Öffentliches, nichts, was allgemein bewegen würde oder gar etwas zerstören könnte. Doch die Tatsache des Aufbegehrens bleibt. Der Entschluß dazu ist genauso schwierig und mühsam wie das Ausformen einer eigenen Meinung, die sich mit dem Willen verkoppelt, auf demjenigen zu beharren, was als richtig erkannt worden ist, sich von dieser Einsicht nicht aus bequemen Rücksichten abbringen zu lassen und darum notfalls auch gegen den Strom zu schwimmen, gleichgültig, ob man die Störung bezwingen wird oder ob sie einen unter Wasser drückt und man ertrinkt.

Die Rückkehr in das Wittenberger Kloster gehört dann schon zu den Vorgängen des Alltags, sie hat nichts Aufsehenerregendes, zumal die Überreizungen des Observantenstreits abflauen und die Gemüter und Zungen der Mönche sich beruhigen. Luther ist erst wenige Wochen in Wittenberg, da ruft ihn Staupitz zu sich. Der Generalvikar sitzt im Schatten des Birnbaums, der an der Westseite des Klosters steht: »Herr Magister, Ihr müßt Doktor und Prediger werden, so kriegt Ihr etwas zu schaffen.«

Das wiederholt sich wenige Tage später. Diesmal aber geschieht es nicht nur beiläufig, sondern Staupitz erteilt geradezu einen Befehl. Luther aber sträubt sich, und zwar so heftig, daß er bis an die Grenze dessen geht, was die Gehorsamspflicht eines Mönches zuläßt. Er hat schon die erste Bemerkung von Staupitz nicht auf die leichte Schulter genommen, er hat darüber gründlich nachgedacht und sprudelt jetzt mehr als ein Dutzend Einwände heraus, die es ihm unmöglich machen, eine solche Sache auf sich zu nehmen, selbst wenn er es von sich aus anstreben würde.

Staupitz läßt nichts davon gelten: »Ei, Lieber, wollt nicht klüger sein als der ganze Konvent und die Patres!« Luther seufzt, er meint es

ernst: »Herr Staupitz, Ihr bringt mich um mein Leben. Ich bin ein schwacher und kranker Bruder, der nicht lange zu leben hat; man soll sich nach einem tauglicheren und gesunden umsehen. Ich werde das nicht ein Vierteljahr aushalten.«
Doch Staupitz entscheidet die Sache jetzt kategorisch, man sieht förmlich, wie in seinem gelassenen, massigen Gesicht die Augen zwinkern: »Wißt Ihr nicht, daß unser Herrgott im Himmel und auf Erden viele große Sachen auszurichten hat? Dazu bedarf es kluger Leute, die ihm raten müssen. Solltet Ihr wirklich sterben, so werdet Ihr im Himmel in seinen Rat kommen, denn er muß auch viele junge und arbeitsame Doktores haben.«
Warum wehrt sich Luther? Ist er zufrieden mit seiner Position innerhalb des Ordens, mit dem einfachen Lehramt, das er ausübt? Oder sorgt er sich tatsächlich nur wegen der Plackerei, die ihn erwartet und die ähnlich hart oder noch mühseliger sein wird als diejenige, die ihm in Wittenberg während des Wintersemesters im Jahre 1508 und noch bis in den Sommer 1509 hinein das Leben so sauer gemacht hat? Die Erinnerung daran spielt sicherlich als Befürchtung mit, denn die Verdoppelung der Aufgaben – Vorbereitung auf die Promotion und gleichzeitig die neue Funktion des Predigens – bedeutet wirklich eine außergewöhnliche Belastung. Schon das Amt eines Ordenspredigers für sich genommen bringt, zumal für einen Neuling in der ersten Zeit, mehr als genug Arbeit mit sich. Denn wenn der Generalvikar beschließt, einem Bruder die Ehre angedeihen zu lassen und die Pflicht des Predigtamtes aufzubürden, gibt es keine Lehr- und Vorbereitungszeit: Luther muß unmittelbar mit dem Predigen beginnen.
Dazu kommen nun noch die Mühen, die sich mit dem Erwerb des theologischen Doktorhutes verbinden. Predigtamt und Doktorat setzen gründlichstes, so breit und tief wie nur möglich angelegtes Theologiestudium voraus, denn beide Funktionen bringen eine erhebliche Verantwortung mit sich. Andererseits war Luther niemals arbeitsscheu gewesen, im Gegenteil, er hat das Arbeiten zuweilen so exzessiv betrieben, daß es ihn an den Rand des Zusammenbruchs gebracht hat.
Für die Promotion war damals nicht die Anfertigung einer eigenen Doktorarbeit notwendig, wie es heute üblich ist. Sie war im wesentlichen eine Ermessenssache des Generalvikars und in ihrem äußeren Verlauf fast eine Formsache; für den Doktoranden oder das Kloster bedeutete sie einen nicht unbeträchtlichen Geldaufwand. Staupitz sah im Fall des Bruders Martin, dessen Aufstieg ihm so sehr am Herzen lag, keine Möglichkeit, die Gebühren von fünfzig Gulden zu erlegen.

Er wandte sich deshalb an seinen Kurfürsten um Rat. Friedrich der Weise – dessen Weisheit sich zwar nicht in der bloßen Kunst der Berechnung erschöpfte, der aber die Rechenkunst als eine der Voraussetzungen von Weisheit gut beherrschte – vereinbarte mit Staupitz einen Handel: Er würde die Promotionsgebühren bezahlen, doch Luther müsse dafür dasjenige tun, was Staupitz bis dahin oblegen hatte, von ihm aber schon lange nicht mehr praktiziert wurde: »die Lectura in Biblia in der theologischen Fakultät sein Leben lang versorgen«. An dieser, alle Beteiligten befriedigenden Regelung war Staupitz nicht ganz unschuldig.

Damit waren die entscheidenden Hindernisse beseitigt. Im Mai 1512 wurde Luther vom Ordenskapitel in Köln mit dem Subpriorat des Wittenberger Klosters betraut. Das Aufrücken in der Ordenshierarchie brachte Luther in den Genuß einer beträchtlichen Annehmlichkeit. Er hatte jetzt Anspruch auf eine Zelle, die sich heizen ließ, war also in kalten Tagen und in den Wintermonaten nicht mehr auf das Vaporarium des Klosters angewiesen. Das »Stüblein« lag in dem Geschoß oberhalb des Verbindungstrakts zwischen dem Gebäude mit den Schlafräumen und dem Klosterbrauhaus. Von dem Tag an, da Luther das Zimmer in dem turmartigen Bau des Wittenberger Klosters bezog, blieb es bis zu seinem Lebensende sein Arbeitsraum, ein zwar verhältnismäßig kleines Gemach, aber von jedem Getriebe abgeschieden und völlig ungestört.

Zweifel bis zum Verzweifeln

Das Predigtamt ließ Luther immerhin noch genügend Zeit, um jetzt mit dem systematischen Studium des Griechischen zu beginnen. Er nahm sich auch des Hebräischen erneut an, bei dem er im Jahr seiner ersten Lehrtätigkeit in Erfurt, 1509, steckengeblieben war. Als der zustimmende Bescheid des Kurfürsten vorlag, erhielt Luther von der theologischen Fakultät die Erlaubnis, seine Bewerbung um die Doktorwürde einzureichen. Am 18. Oktober wurde in der Schloßkirche der Promotionsakt eröffnet, Luther machte sich, wie er in einem Brief geschrieben hatte, unwiderruflich daran, den »hohen Gipfel zu besteigen«, den höchsten Grad der Theologie zu erwerben.

Die Fakultät bestand damals nur aus fünf Professoren. Den Vorsitz übernahm der Dekan, Andreas Bodenstein, besser bekannt unter dem Namen seines mainfränkischen Heimatortes Karlstadt. Er war nur

wenige Jahre älter als Luther, galt als ein Thomist und Scholastiker, der Wittenbergs Universitätsruf in ganz Europa festigen würde und zehn Jahre später eine Schlüsselrolle im lutherischen Umsturz spielte.
Die Promotion selbst wurde am darauffolgenden Tag durchgeführt, ebenfalls in der Schloßkirche. Die würdevolle, festliche Prozedur war eingerahmt von stundenlangen Ansprachen und Disputationen. Einen Höhepunkt bildete die Rede des Promotors Karlstadt, in der Luther ermächtigt wurde, »zu Wittenberg und überall, so als wäre er in Paris oder anderswo promoviert worden, in der Theologie zu lesen, zu lehren, auszulegen, die Kathedra des Magisters zu besteigen und alle anderen Magisterakte öffentlich und privatim zu verrichten.« Luther erhielt vom Dekan eine Bibel, die bei der Übergabe geöffnet wurde, danach wurde ihm das wollene Doktorbarett aufgesetzt und der goldene Doktorring – ebenfalls eine Stiftung des Kurfürsten – an den Finger gesteckt. Am 22. Oktober nahm die Fakultät Luther in das Professorenkollegium auf, er war damit als Nachfolger von Staupitz Inhaber der Bibelprofessur geworden. Luther begann unverzüglich die vorgeschriebene Vorlesung über das Alte Testament, er fing mit dem Ersten Buch Moses an.

Luther hat später gemeint, ein so rascher Aufstieg in der Ordenshierarchie, insbesondere bei einem so verhältnismäßig jungen Mann, wäre damals einigermaßen spektakulär gewesen. Für ihn selbst aber habe anderes eine erheblich größere Rolle gespielt: daß er nämlich noch immer nicht zu dem Licht vorgedrungen sei, nach dem er schon so lange auf der Suche war. Luther stellt das fünfundzwanzig Jahre später fest, in einer Predigt vom 21. Mai 1537.
Das mochte so gewesen sein, aber es räumt deshalb nicht die Tatsache aus der Welt, daß Luther von der Promotion nicht nur mit einem recht natürlichen Stolz erfüllt wurde, sondern auch bald die objektive Bedeutung des Doktorgrades erkannte: daß er jetzt als theologischer Gelehrter ermächtigt war, die Bibel auszulegen, zu strittigen Meinungsfragen – also zu allem, was die *opinio* betraf – Stellung zu nehmen. Das verliehene Doktorat verpflichtet ihn, im Sinne eines apostolischen Auftrages, zu lehren, auch Mißstände beim Namen zu nennen und anzuprangern und jeden dabei zu tadeln, ohne Rücksicht auf seine Stellung, sei sie auch noch so hoch. Auf seine herausgehobene Position, die Luther durch den Titel und die Ermächtigung der Fakultät erreicht hatte, pocht er in den Jahren des Kampfes mit allem Nachdruck, erwähnt immer wieder, daß er zu allem, was er sagt und schreibt,

befugt und verpflichtet ist: »Ich, Doktor Martinus, bin dazu berufen und gezwungen worden, daß ich Doktor werden mußte – ohne mein Zutun, aus lauter Gehorsam –, daß ich das Doktorat annehmen und meiner allerliebsten Heiligen Schrift schwören und geloben mußte, sie treulich und lauter zu predigen und zu lehren. – Ich habe es oft gesagt und sage es noch einmal: Ich wollte aller Welt Gut nicht nehmen für mein Doktorat. Denn ich müßte wahrlich zuletzt verzagen und verzweifeln in der großen, schweren Sache, die auf mir liegt, wenn ich sie als Schleicher ohne Beruf und Befehl angefangen hätte.«

Jetzt trägt er nicht mehr die Kapuze der Mönche, sondern das Doktorbarett, so wie er auf dem Kupferstich von Lucas Cranach im Jahre 1521 zu sehen ist. Luther trägt den Doktorhut ohne übertriebene Bescheidenheit, er hält auch den Doktorring zeitlebens in hohen Ehren.

Sein hartnäckiges Suchen nach dem »Licht«, seine innere Unrast, die ihn unablässig in Furcht und Zweifel gestürzt hat und immer noch stürzt und die durch kein äußeres Ereignis zu verdrängen ist – seine Sündenangst präsentiert sich auf den ersten Blick als ein Zustand, der den erfahrenen Mönchen seit Jahrhunderten vertraut ist; ebenso vertraut sind ihnen die seit langem bewährten Gegenmittel. Das Bewußtsein und die Empfindung, als Sünder möglicherweise rettungslos verloren zu sein, war für einen Klosterbruder nichts Außergewöhnliches.

Die Kirche besaß gerade für solche Verfassungen als hervorragendstes Gnadenmittel die Beichte, der ein zentraler Rang innerhalb des Bußsakramentes zukam. Der Beichtvater verfügt über die Gabe und das Recht, die Absolution zu erteilen, er löst den Beichtenden von seinen Sünden und vergibt sie ihm; durch die Erteilung des Bußsakraments werden die Sünden vollständig getilgt. Die Absolution ist gleichbedeutend auch mit dem Erlaß der Höllenstrafe. Demnach ist der Sünder nach dem Vollzug der Reue und der Lossprechung durch den Beichtvater völlig rein. Er hat sich deshalb – gewissermaßen pflichtgemäß – rein zu fühlen.

Nun haben es aber die Priester mit einem so hartnäckigen Beichtkind wie Luther zu tun, bei dem die Beichte nicht verfängt. Luther verhält sich so, als wäre das Bußsakrament gar nicht vorhanden. Deshalb auch das etwas peinliche Staunen und dann der berechtigte Unwille der Oberen über den aufdringlichen Mönch, der da nicht nur besonders häufig beichtete, sondern wie ein rechter Skrupulant seine Beichten über Stunden ausdehnte. Luther scheint das selbst zu bestätigen: »Wir waren in dem Wahn, wir könnten nicht beten und würden nicht erhört, es sei denn, wir würden ganz rein und ohne Sünde wie die Heiligen im

Himmel.« Was aber hörte er immer wieder? Die gleichen, immer gleichen Worte des geduldigen Beichtigers, das leise: »Deinde te absolvo«, und so stand er auf, ging durch die Kirche, begegnete einem der Priester des Klosters und – so geschah es häufig – »lockte ihn wieder« in den Beichtstuhl.

Dieser nahezu krankhafte Zwang zum Bekennen der Sünden mußte für die Patres an den Rand des Zumutbaren grenzen, und sogar an den Rand des Glaubens, wie ihn die Kirche verstand. Die Sünden, die Luther eben erst gebeichtet hatte, waren vergeben. Warum also schon wenige Minuten später eine neuerliche Beichte? Zweifelte der Bruder Martin am sakramentalen Charakter der Buße, an der Lösegewalt des Beichtvaters, an seiner durch Gottes Gnade ihm als seinem Werkzeug verliehenen Befähigung, die Sünden zu vergeben?

Nein, Luther stellte keineswegs das Institut der Beichte und Buße in Frage. Er war allerdings vollständig davon durchdrungen, daß er – weil die Sündenvergebung bei ihm nicht verfing – wohl nicht so bereut und gebeichtet habe, wie es hätte der Fall sein müssen. War seine Reue eine wahre, echte Reue gewesen, sagte ihm nicht sein Gewissen, daß er die Sünden nicht in derjenigen Form bekannt habe, daß der Beichtiger ihre Art und ihr ganzes Ausmaß hatte begreifen können? Oder lag es doch an seiner eigenen Unfähigkeit, die rechte Weise von Reue und Beichte zu erlernen? Hätte er sonst, über lange Zeit hinweg, auch noch nach seiner Promotion, Tag für Tag den Weg zum Beichtstuhl angetreten?

Zu diesem Netz der Argumente gehören die vielen irrationalen Verzweiflungen, deren objektive Anlässe Luther von allen Seiten umgaben – ob es sich um einen Regentag handelte oder ob die Sonne schien.

Das konnte bis zu verhaltenen, stummen Rasereien seines einsamen Mönchsdienstes führen. Denn auch die geistlichen Übungen, die das Klosterleben begleiten, waren hinsichtlich des Ziels, dem Luther entgegenstrebte, ebenfalls ohne den erhofften Effekt. Seine Nachtwachen, das unablässige Beten und strenge Fasten, unterminierten nur seine Gesundheit: »Alle meine Klostergesellen, die mich gekannt haben, werden es bezeugen. Ich hätte mich, wenn es länger gewährt hätte, zu Tode gemartert mit Wachen, Beten, Lesen und anderer Arbeit. Denn wenn nur eine kleine Anfechtung kam von Tod oder Sünde, so fiel ich dahin. Da war ich der elendeste Mönch auf Erden, Tag und Nacht war lauter Klagen und Verzweifeln, niemand konnte es mir wehren.«

Die Tatsache des Schuld- und Sündenbewußtseins blieb, so verzweifelt sich Luther aufbäumte, sich kasteite, so sehr er um einen Ausweg kämpfte, sei es durch Unterwerfungen oder durch die Versuche – im

Rahmen der Möglichkeiten des Klosters – etwas zu erzwingen. Und das bedeutete zugleich ein jahrelanges Ringen mit den Hilfen, welche die Kirche anbot. Später erklärte Luther seine eigensinnige Beharrlichkeit, mit der er ständig von neuem einen Weg einschlug, der sich schon so oft als eine Sackgasse erwiesen hatte, mit einem scheinbar überzeugenden Motiv: mit dem alten Glauben, daß der Mensch imstande sei, von sich aus, durch seinen eigenen Willen, dasjenige zu erreichen, worum er sich bemühte.

Wenn hier auf Erden das Sprichwort gilt, daß des Menschen Wille sein Himmelreich sei, so müßte es auch im Bereich des Glaubens der Wille des Menschen ermöglichen, ins Himmelreich zu kommen. Jeder müßte in der Lage sein, vermittels seiner eigenen Kraft und seiner Fähigkeiten dasjenige zu erreichen und zu verdienen, was als ewige Seligkeit verheißen ist: Die auf die Transzendenz ausgerichtete Variante, daß das Schicksal des menschlichen Willens darin besteht, unser Schicksal zu bestimmen. Auf diesem Grundsatz baut die Kirche ihre Anweisungen und Lehren auf, dasselbe Prinzip lag den Ordensregeln zugrunde, deren Befolgung es als sicher verhieß, daß der Weg zum neuen, vollkommenen Menschen auch tatsächlich gangbar und vor allem kein Irrweg sei.

Nun war aber Luther gerade zur Befolgung dieser Regeln nicht in der Lage, sieht man vom äußerlichen Verhalten ab. Zwar erbrachte er sämtliche Leistungen, so wie sie verlangt wurden; hier leistete er weit mehr, als nötig war. Aber gerade in dieser Überspannung zeigte sich das Ungenügen, das Luther bei der Erfüllung ihres substantiellen Gehaltes empfand: Hier lag der Mangel, seine eigene Unfähigkeit, die ihn so überaus quälte. Wenn er das gedanklich auf den Wesenskern zurückführte, mußte er zu dem Schluß kommen, daß er den rechten Glauben nicht besaß.

Lag es wirklich nur an ihm? Die Beantwortumg dieser Frage mußte Luther zu jener Stelle führen, deren Entscheidungszwang durch das Stichwort »Rubikon« symbolisiert wird. Hier gab es nur zwei Möglichkeiten. Entweder lag es allein an ihm, dem zweifelnden, von Skrupeln gepeinigten, kleingläubigen Augustinerbruder Martin, der als einziger am Ende einer endlos langen Reihe Abertausender Gläubiger vor ihm unfähig war, den rechten Glauben zu vollbringen, weil er zu schwach, innerlich zu defekt war, um vom Vertrauen zu Gott erfüllt zu sein – oder das, was von Luther gefordert und was ihm von der Kirche angeboten wurde, entsprach nicht dem Sachverhalt, nicht demjenigen, was Gott geoffenbart hatte; dann aber lag es nicht an der Hinfälligkeit

und Unzulänglichkeit Luthers, und dann konnte die Antwort nur in der Bibel selbst zu finden sein.
Luther entschied sich für das letztere. Bis er allerdings so weit gekommen war, um diesen Entschluß zu fassen, haben wir es mit der Tatsache seiner außergewöhnlichen Anfälligkeit allen Zweifeln, Skrupeln, Empfindungen der Inferiorität gegenüber zu tun. Solchen Anfechtungen war Luther bis ans Ende seines Lebens ausgesetzt, Anfechtungen der schlimmsten Art. Aber seine Vernunft – und sei es auch nur die Vernunft des Überlebenwollens gewesen – war ebenfalls ein so integraler Teil seiner Anlagen, daß weder die hysterische Übersteigerung noch alle Schrecken der Hölle sein Denken auf die Dauer zu lähmen vermochten. Wegen der Tatsache dieser Anfechtungen ist es allerdings schwer, etwas gegen die Mutmaßung einzuwenden, daß zu den Anlagen Luthers eine besonders stark ausgeprägte Neigung zu Glaubensskrupeln gehörte. Wie es mit dem komplizierten Zusammenspiel jener Faktoren steht, die im Menschen zusammengehören, das wußte Luther von sich aus, da er ein mehr als normal selbstreflektierter Mensch war. Dieser Prozeß der inneren Ungewißheit und Suche erstreckte sich im Kloster über eine ganze Reihe von Jahren hinweg. Was sich, nach langer Zeit, in Luthers rückblickenden Bemerkungen dazu bis zu erregender Dramatik widerspiegelte, war in dieser Verdichtung kein Dauerzustand der Realität gewesen. Luther hat unter seinen Verzweiflungen und Zusammenbrüchen keineswegs nur ununterbrochen gelitten. Er kam verhältnismäßig bald so weit, sie als selbstverständlich, wenn nicht gewissermaßen als gottgegeben, jedenfalls als unentbehrlich anzusehen. Er hätte sonst wohl nicht die ebenso treffende wie einigermaßen zwiespältige Feststellung getroffen, daß derjenige, der keine Anfechtung kenne, der schlimmsten aller Anfechtungen ausgesetzt sei. Deshalb läge im zermürbenden Zweifel auch viel Trost: »Anfechtungen sind uns sehr nütz, gut und not, und sie geschehen nicht, wie man meinet, darum, daß wir sollten dadurch verderbt und verloren, sondern unterweiset und gelehrt werden. Denn ein jeglicher Christ soll gedenken und wissen, daß er Christus ohne Anfechtung und Kreuz nicht recht lernen und erkennen kann; das ist die Schule, in der man den Mann und Heiland recht erkennen lernt. Vor zwanzig Jahren hab ich zum ersten Mal diese Verzweiflung und die Anfechtung des göttlichen Zornes gefühlt. – Da ich's nun Doktor Staupitzen klagte, sagte er: ›Er hätte solche Anfechtung niemals gefühlt noch erfahren; aber‹, sprach er, ›soviel ich verstehe und merke, so sind sie euch nötiger denn Essen und Trinken.‹ Darum sollen sich diejenigen, die sie fühlen,

daran gewöhnen und sie tragen lernen; denn das ist das rechte Christentum. Wenn mich der Satan nicht so geplagt und geübet hätte, so hätte ich ihm auch nicht so feind sein können, hätte ihm auch nicht so Schaden tun können. Denn wenn die Anfechtung kommt, so kann ich keine einzige, tägliche, geringste Sünde überwinden; deshalb bewahrt sie uns vor Hoffart und mehret zugleich die Erkenntnis Christi und der Gaben Gottes.«

Luther ist der Entschluß, den rechten Glauben auf einem eigenen Weg zu suchen, unendlich schwergefallen. Er hat sich bis zur Erschöpfung dagegen gewehrt, seine persönliche Glaubensfähigkeit oder -unfähigkeit zu einem Kriterium des Wahrheitsgehalts der kirchlichen Lehren zu machen. Schon der bloße Gedanke an eine solche Möglichkeit enthielt ungeheuren Sprengstoff. Ein großer Teil von Luthers Qualen und Nöten ist darauf zurückzuführen: Je fragwürdiger ihm jene Lehren erschienen, um so starrer und verbissener klammerte er sich daran. »Auch ich als ein geistlicher, gelehrter Doktor hab' es nicht anders gewußt und verstanden, sondern hab' geträumt, meine Mönchskappe sollte Gott gefallen und wäre der Weg gen Himmel. Ich meinte, ich hätte des Herrn Sinn wohl erkannt und wollte auch sein Ratgeber sein und ihm abverdienen, damit er mir vergelten müßte.«

Luthers Kämpfe waren unterbrochen von längeren Phasen der Ausgeglichenheit, in denen sein Inneres kaum belästigt wurde. Es gab sogar Momente, in denen es ihm unglaubhaft erschien, daß es Zweifel von so vernichtender Gewalt gegeben hatte, Zweifel, die ihn so zerstörerisch heimsuchen konnten. Damit sind nicht nur die vielen Stunden gemeint, in denen er mit Hilfe einer Art Beschäftigungstherapie sich davor bewahrte, seinem Inneren und den Anfechtungen ausgeliefert zu sein: wenn er predigte, wenn er sich auf seine Predigt vorbereitete, wenn er studierte, wenn er seine Bibelvorlesung hielt – all jene Betätigungen, an die sein Generalvikar Staupitz gedacht hatte an jenem Septembertag des Jahres 1511, als er den Bruder Martin, der sich so schwer mit dem rechten Glauben tat, zu sich rief und ihm nahelegte, Doktor und Prediger zu werden, damit er »etwas zu schaffen« bekäme. Doch das waren vorübergehende Stunden. Luther überließ sich selbst in solchen Momenten nicht der irrigen Meinung, daß in derartigen Phasen irgendwelche Anzeichen einer beginnenden Veränderung, einer sich ankündigenden Lösung seiner Probleme festzustellen wären. Im Gegenteil – und hier dürfen wir seinem eigenen Zeugnis voll vertrauen –, das Pro und Kontra spitzt sich in diesem Kampf der Glaubensungewißheit und des suchenden Argumentierens noch erheblich zu.

Luthers bohrende Fragen weiten das Problem, wie sein Glaube beschaffen sein müsse, damit er vor Gott und hier auf Erden Ruhe fände, bis zum Gericht des Herrn, bis ins Jenseits aus: Läßt sich entscheiden, ob er, der so sehr von seiner heillosen Sündhaftigkeit durchdrungen ist, ein mutmaßlicher Insasse der Hölle sei, oder würde er trotz allem zu den von Gott Erwählten und Erlösten gehören und Eingang in jenes Himmelreich finden, von dem etwa der Maler Sandro Botticelli so liebliche Vorahnungen in zartester Vergeistigung auf die Leinwand gebracht hat?

Luther steht damit vor der klassischen Frage der Prädestination, der Vorherbestimmung des künftigen Schicksals des Menschen, der Entscheidung über seine Seligkeit oder Verdammnis durch den Willen Gottes. Eine allzu große Überraschung konnte das für den Bruder eines Augustinerklosters nicht sein. Früher oder später mußte sich jeder Mönch dieser Regel mit dem auseinandersetzen, was der heilige Augustinus über die Prädestination gelehrt hatte. Ob er sich davon bis ins Innerste getroffen fühlte wie Luther oder nicht, war eine Frage zweiten Ranges.

Gab es bei Augustinus nicht die richtigen Antworten? Der große Kirchenvater hatte die Freiheit des Willens gelehrt. Dementsprechend lag es im Ermessen und in der Befähigung des Menschen, sich Gott zuzuwenden oder einen Weg einzuschlagen, der von ihm weg zum Bösen führt. In dieser Entscheidung allein hat das Böse seinen Grund, es besitzt keine selbständige Wesenheit, keine eigene Substanz. Das Böse ist die Abwendung vom Guten, und deshalb gehört es für Augustinus unmittelbar in den großen Zusammenhang des Weltplanes, wie ihn Gott geschaffen hat. Unter diesem Gesichtspunkt kommt dem Bösen die unersetzliche Funktion der Heraushebung des Guten zu. In seinem großen Werk über den »Gottesstaat« drückt das Augustinus mit den Worten aus: *contrariorum oppositione saeculi pulchritudo componitur.*

Seitdem Adam sich des Sündenfalles schuldig gemacht hat, ist es das Schicksal des Menschen, sich im Zustand des Sündigenmüssens, des *Non posse non peccare* zu befinden. Hier liegt der Grund für die unendliche Verlorenheit, der vollständigen *perditio* des Menschen, wie sie Augustinus an sich selbst erfahren und dann gelehrt hat – so wie erneut und auf seine Weise auch Martin Luther. Adams Lage vor dem Sündenfall umreißt Augustinus mit der Formel: *Posse non peccare.* Dazu ist der Mensch nicht mehr fähig, erst die Seligen werden durch die Barmherzigkeit Gottes und seine Gnade in den Stand des *Non posse peccare* gesetzt. Eben darin wurzelt Augustins Lehre von der Prädestination. Gott hat vorausgesehen, daß der Mensch seinen freien Willen auch sündhaft gebrauchen kann, daß also die Verderbnis seiner Natur zu ihm gehört – trotz seines Vorwissens hat Gott dies zugelassen. Durch Gottes Wirken vollzieht der Mensch folglich sowohl Gutes als auch Böses, beides ist ein Ausdruck von Gottes Allmacht: *Potestas nostra ipse (deus) est.*

Bei Augustinus verdichtet sich alles Wesentliche um den Glauben des Menschen, und das ist auch der Grund, warum ihn Luther als den größten Gottesmann seit den Aposteln rühmt. Zu diesem Glauben gehört aber auch untrennbar die Gnade Gottes. Sie allein bewahrt den Menschen vor einem hoffnungslosen Schicksal; dank der Caritas Gottes kann der Mensch, das heißt genauer: kann seine Seele durch Eingießung der Gnade neugeschaffen und dadurch von einem *homo naturalis* in einen *homo spiritualis* verwandelt werden. Verdiente Leistungen, eigenes Tun und daraus folgend günstige Ergebnisse, die womöglich gewisse Ansprüche sichern, gibt es für den Menschen nicht; seine irdische Geburt ist gleichbedeutend mit einem Verwirken des freien Willens. Deshalb ist seit Adam der Mensch krank von seinem Ursprung her, er ist *morbus originis.* Doch auch der Sündigste weiß und darf wissen, daß er wegen des Erbarmens Gottes nicht unbedingt verloren ist, daß auch ihm die göttliche Gnade zuteil werden kann, ohne daß es allerdings dafür Gewißheit, ohne daß es aber auch Gründe dafür gibt. Gleichgültig, ob das nun wie Schicksal aussieht, oder ob es als Willkür verstanden wird: *Ex Deo nobis est, non ex nobis.*

Was bei Augustinus nicht in völliger Bestimmtheit entschieden wird, ist das Verhältnis, in dem sich Gottes unergründliche Gnade, alles was aus ihr stammt – *quod est ex gratia* –, zu demjenigen befindet, was dem Menschen aufgrund seiner gottgegebenen Vernunft und vermittels seiner Wahlfreiheit – *quod est ex libero arbitrio* – möglich ist. Eine Freiheit gegenüber dem von Gott festgelegten Weltlauf gibt es nicht, wohl aber sind die Grenzen der Freiheit des Menschen Gott gegenüber nicht völlig geschlossen.

Die Prädestinationslehre in ihrer Fassung bei Augustinus war in ihrem Kern die härteste Absage an eine Rechtfertigungslehre, in der die Gnade Gottes fast wie in der Verkettung von Ursache und Wirkung verbunden war mit dem rechten Verhalten des Gläubigen. Gottes Übermächtigkeit befand sich vielmehr sternenweit entfernt von jeder Mutmaßung einer Fesselung des Herrn an seine eigenen Gebote. Gott

wird dabei zu jenem unfaßlich Allmächtigen, an dem schon Hiob zerbrochen war, zu jenem nahezu barbarisch Allgewaltigen, der Gnade und Erlösung, Ungnade und Verdammnis nach eigenem Gutdünken zuteilt und nicht gemäß den Erwartungen und Mutmaßungen des Menschen. Und besteht nicht in der Tat der wahre Glaube in der Bereitschaft, sich dem ganz und gar nicht zu Fassenden, nicht zu Erforschenden auszuliefern und sich seinem künftigen Ratschluß, seiner Gerechtigkeit in Demut und absoluter Ergebenheit zu beugen? Und zwar unter Einschluß aller Möglichkeiten, der erhofften wie der befürchteten – so vernichtend auch dieser Gedanke ist?
Wiederholt hat Luther von den Qualen gesprochen, die er in diesen Fragen und Zweifeln durchgemacht hat, von seiner Furcht und dem namenlosen Schrecken: »Keine Zunge kann sagen, keine Feder kann beschreiben, was der Mensch in solchen Augenblicken leidet. Wenn dieses Leiden auch nur eine halbe Stunde, ja nur den zehnten Teil einer Stunde anhielte, so würde der Mensch gänzlich zunichte werden und sein Gebein sich in Asche verwandeln. Da erscheint Gott über alle Begriffe furchtbar in seinem Zorn. Und wie Gott, so auch die ganze Kreatur. Keine Flucht ist möglich. Nichts ist da, was trösten könnte. Alles klagt an.«

Staupitz – »Herold der Gnade und des Kreuzes«

Ob Luther imstande gewesen wäre, sich aus diesem Gestrüpp, das immer dichter und verworrener wurde, alleine zu befreien, ist ungewiß, dürfte aber auch recht nebensächlich sein. Denn er war mit seinen Nöten nicht auf sich selbst angewiesen, er hat auch niemals die Bedeutung herunterzuspielen versucht, die der Generalvikar Johann von Staupitz für ihn gehabt hat. Staupitz entstammte einem Uradelsgeschlecht aus der Markgrafschaft Meißen. Über sein Geburtsdatum herrscht Unklarheit, er wurde zwischen den Jahren 1460 und 1470 geboren, war also nicht unerheblich älter als Luther. Das erste Datum besitzt mehr Wahrscheinlichkeit, denn der Orden ernannte Staupitz im Jahr 1498 zum Prior des Augustinerklosters in Tübingen, gleichzeitig begann er als Dozent der Theologie an der Universität zu lehren. Obwohl das Lebensalter damals kein Kriterium war für Berufungen und Würden, spricht mehr dafür, einem Vierzigjährigen das Priorat zu übertragen als einem Dreißigjährigen. Vier Jahre später wurde Staupitz von Kurfürst Friedrich dem Weisen gebeten, als Dekan der theologi-

schen Fakultät an seine neugegründete Universität Wittenberg zu kommen. Staupitz sagte zu; die Organisation der jungen Universität ist fast ausschließlich ihm zu verdanken.
Auch ohne Luther und seine Revolution besitzt Staupitz einen besonderen Rang. Seine Tübinger Predigten über Hiob zeigen einen Mann, der sich deutlich und markant abhebt von dem, was man als Normalität der Kirchenlehre bezeichnen darf. Die sogenannte »Theologie des Johannes von Staupitz«, die von den nachfolgenden Interpreten herausgearbeitet wurde, ist zwar vom Licht der welthistorischen Gestalt Luthers ins Blickfeld gerückt, behält aber trotzdem ihre eigene Substanz.
Die beiden auffälligsten Charakterzüge von Staupitz sind schon während des Observantenstreites sichtbar geworden. Einerseits trat er hartnäckig für eine konsequente Durchführung strenger Klosterregeln ein, andererseits überzog er seinen Einsatz für die Mönchsgebote nicht so, wie es einem Fanatiker zugestanden hätte. Zwischen Nachsicht und Milde, Sanftmut und Sinn für das Mögliche gab es bei Staupitz keine festen Grenzen. Die Basis dafür war eine unerschütterliche, welterfahrene Freundlichkeit, hier hatte nichts Platz, was zu einer Kämpfernatur gehört, wohl aber war hier weiter Raum für eine sanfte Seele, die sich zwar dem Bewahren verpflichtet fühlt und deshalb nicht geneigt ist, das Bestehende zu beeinträchtigen – dies aber nicht verwechselt mit dem Kleben an althergebrachten Sicherheiten. Hadern und heftiges Schlagen liegen Staupitz fern, kaum weniger fern als das Fechten Luthers, dessen Eifer im Kloster sich auch erheblich aus den Stimulationen der Entsagung nährt.
Darüber ist Staupitz schon hinaus, er ruht mit einer in dieser Zeit seltsam wirkenden Sicherheit im Glauben, ja man muß sagen, er ruht in Gott wie wenige der Zeitgenossen. Seine körperliche Fülle ist ein unverkennbares Zeichen seiner Gelassenheit. Sie sticht von dem knochigen, verbissen fragenden jungen Luther schärfstens ab, doch dieser Gegensatz ist kaum weniger bemerkenswert als die Zuneigung, die beide verbindet und die auch bis ans Ende beiden erhalten bleibt.
Ein Gemälde, kurz vor dem Tod von Staupitz angefertigt, zeigt das Gesicht des Mannes in einer Steigerung all seiner Anlagen: fest, ausgeglichen, von einer Rundlichkeit, die ohne Beschönigung als feist zu bezeichnen ist. Auch bei Luther ist am Ende seines Lebens der Sieg des gewöhnlichen Alltags festzustellen, und doch: welch ein Unterschied dieser Fülle im Vergleich mit der nahezu rosigen Entrückung in den Gesichtszügen von Staupitz. Beide wußten, was sie trennte. Luther

war fast süchtig danach, sich in Disputationen zu bewähren und dabei mit sich selbst ins reine zu kommen. Staupitz dagegen konnte nach solchen Veranstaltungen, bekümmert ob solcher Erhitzungen, fragen: »Wer wird mich von dieser zänkischen Theologie befreien?« Luthers Schüler Johannes Oldecop drückte es schonungsloser aus: Sein Lehrer sei in allen Auseinandersetzungen darauf ausgewesen, unbedingt recht zu behalten, in keiner Disputation sei es »ohne Hader und Gezänke« abgegangen.

Die Beziehung zwischen dem starrsinnigen jungen Mönch Luther mit seinen radikalen Fragen und dem immer ruhigen, sich nur gelegentlich zu nachsichtiger Ironie steigernden Generalvikar ist überraschend eng gewesen. In den Tischreden kommt Luther immer wieder auf Staupitz zu sprechen. Er nennt seinen Namen in einer Vielzahl von Briefen, er hat, wenn Staupitz nicht in Wittenberg, sondern auf Reisen war, viele Schreiben mit ihm gewechselt. Obgleich die Trennung zwischen beiden in den Jahren des Sturms 1523/24 recht bitter war, hat sich Luther niemals zu einem seiner heftigen Ausbrüche des Zorns gegenüber Staupitz und der Erinnerung an ihn hinreißen lassen, hat er nie vergessen, was er dem Generalvikar verdankte. In einem Brief an den Grafen Albrecht von Mansfeld schreibt Luther im Februar 1542: »Wenn mir Doctor Staupitz, oder vielmehr Gott durch Doctor Staupitz nicht aus den Anfechtungen herausgeholfen hätte, so wäre ich darin ersoffen und längst in der Hölle.« Und noch 1545, ein Jahr vor seinem Tod, versichert Luther seinem Kurfürsten, Johann Friedrich dem Großmütigen, daß er nach wie vor Staupitz »rühmen muß, wenn ich nicht ein verdammter, undankbarer, päpstlicher Esel sein will, weil er mein Vater in dieser (evangelischen) Lehre gewesen ist und mich in Christo geboren hat«.

Wesentlich für Staupitz und Luther, und damit wesentlich für das Verhältnis des jungen Skrupulanten zu seinem Helfer und Tröster war der Gegensatz, in dem sich der Generalvikar zu der herrschenden, vulgär zugespitzten Lehre der Occamisten befand. Staupitz hatte kaum etwas übrig für die Meinung, daß der Mensch auch im Bereich des Glaubens etwas durch eigenes Vermögen und durch seinen Willen realisieren könne. Entscheidend dafür ist vielmehr die Gnade Gottes. Der Gläubige kann zwar keine Klarheit darüber gewinnen, ob Gott ihn tatsächlich seiner Gnade für würdig erachtet – andererseits aber besitzt der Fromme durch die Stiftung der sieben Sakramente die Möglichkeit, das Tor der Hoffnung zu öffnen.

In der Taufe ist dem Menschen zwar die vollendete Gnadenfülle gewährt worden, aber die Sünde, zumal die Todsünde, beseitigt den Gnadenstand. Die Buße wiederum ermöglicht es ihm, die verlorene Gnade zurückzugewinnen. Der heilige Hieronymus, vom Spätmittelalter verehrt als der gelehrte Doktor Ecclesiae, hat das so ausgedrückt: »Die Buße ist das Brett, auf dem man fahren muß, wenn das Schiff der Unschuld nach der Taufe scheitert.« Anfangs vertritt Staupitz die Meinung, daß der Sünder von sich aus durch bestimmte Leistungen die Gnade auch verdienen könne, da Christus ihm eine Art Mitwirkung als Pflicht auferlegt habe; aber einen besonders großen Wert billigt Staupitz diesen Bemühungen nicht zu. Später, in der Zeit seiner langen Gespräche mit Luther, neigt Staupitz dazu, die Alleinwirksamkeit Gottes kräftig zu unterstreichen.

Das führt direkt zu der Frage nach der Erwählung des Menschen und der Gewißheit davon, also nach der Prädestination, so wie sie Paulus, »die Posaune des Evangeliums«, die *tuba evangelii* in der mittelalterlichen Wertschätzung der Kirche, im Römerbrief formuliert hat. Die Einsicht, daß die Gewährung der Gnade und die Erwählung des Menschen ein völlig freies Werk Gottes ist, steckt voll bedrückender Konsequenzen. Sie haben Luther buchstäblich die Hölle beschert. Als Staupitz schließlich zu ahnen beginnt, welche Qualen dem Bruder Martin zusetzen, gibt er ihm den Rat: »Wenn du über die Prädestination disputieren willst, so beginne bei den Wunden Christi, und schon ist die Disputation zu Ende. Präge dir das Bild Christi gut ein – schon ist die Prädestination hinweg: Gott hat vorausgesehen, daß sein Sohn für die Sünder leiden wird. Wer das glaubt, der soll's sein; wer's nicht glaubt, der soll's nicht sein. Fährst du aber fort, darüber zu disputieren, so wirst du Christus, das Wort, die Sakramente und alles verlieren. Ich vergesse alles, was Christus und Gott ist, wenn ich in diesen Gedanken gerate, und komme wohl dahin, daß Gott ein Bösewicht sei. Im Wort müssen wir bleiben, in dem Gott uns offenbar wird und das Heil anbietet, wenn wir ihm glauben. Beim Nachdenken über die Prädestination aber vergessen wir Gott; das laudate, das ›Lobet!‹, hört auf und das blasphemate, das ›Lästert!‹, fängt an.«

Hier wird der Kern dessen sichtbar, was Luther in einem gewissen Überschwang zu der Behauptung verleitet hat: »Ich habe all mein Ding von Doctor Staupitz; der hat mir dazu verholfen.« Mit dem Hinweis auf Christus meint Staupitz nichts anderes, als daß im Akt des reinen, bedingungslosen Glaubens die Erwählung Gottes ins Werk gesetzt wird, und zwar so, daß sich alle Fragen von selbst erledigen, vor allem die Zweifelsfragen nach der Gewißheit. Diese Art Glaube trägt die

Sicherheit und die Gewißheit des Heils in sich, er ist, wie Staupitz einmal schreibt, ein »starckes unüberwindtlichs Vertrauen«.
Handelt es sich dabei nicht tatsächlich um Zentrales des christlichen Glaubens, jenes Glaubens daran, daß im Leiden und Sterben von Christus am Kreuz die Barmherzigkeit des Herrn sichtbar geworden ist? Kaum jemals ist das ergreifender ausgedrückt worden als mit den Worten eines der schönsten Lieder Paul Gerhardts: »O Haupt voll Blut und Wunden, voll Schmerz und voller Hohn, o Haupt, zum Spott gebunden mit einer Dornenkron.« Besitzt der Tod am Kreuz in seiner rationalen Unfaßlichkeit einen anderen Sinn als des Sichtbarwerdens der Barmherzigkeit und Gnade Gottes? Wer von diesem Glauben gänzlich erfüllt ist, dem kann auch der Glaube an die Erwählung nicht mehr zweifelhaft sein.
Für Luther – der Staupitz deshalb als den »Herold der Gnade und des Kreuzes« rühmte – hat dieser Sachverhalt ein solches Schwergewicht erhalten, daß er die Zelle jenes Denkens geworden ist, das als »Theologie des Kreuzes« sich abgehoben hat von jener anderen, katholischen Theologie, welche der »Herrlichkeit des unvergänglichen Gottes«, von der Paulus im Römerbrief spricht, gleichen Rang zubilligt wie der Kreuzestheologie.
Staupitz hat seinen Rat nicht als ein Zufallswort gegeben, selbst wenn das Zufällige darin deutlich zu sein scheint und Luther später diese Ansicht bestärkt hat. Gleichwohl, Staupitz hat ihn dadurch aus der »Hölle der Verzweiflung« herausgeführt. Die Essenz liegt in einem Satz von Staupitz, der mehr enthält als ein ganzes Bündel theologischer Anweisungen: »Man muß den Mann ansehen, der da heißt Christus!« Staupitz hat dies alles nicht als eine Gegenposition zu den scharfsinnigen und spitzfindigen Darlegungen der scholastischen Lehrer entwikkelt; auf sie hat er nur den Satz gemünzt: »Das Wort Gottes zu den Theologen zu bringen heißt nichts anderes, als Milch durch einen Kohlensack zu seihen«. Staupitz hat vielmehr dem von Zweifeln und Skrupeln zerfetzten Bruder Martin praktische Empfehlungen für ein frommes Leben geben wollen: Christus als das Vorbild im Leben, im Leiden, im Sterben aufzurichten; die *imitatio Christi* als Hilfe, sobald die Gefahr besteht, die Richtung zu verlieren; die Unvermeidlichkeit des Leidens, als Christ in der Nachfolge Christi, willig auf sich zu nehmen.
Luthers eigene Revolution beginnt damit, daß er solche Empfehlungen nicht nur als Rettungsbojen verwendet – oder mißbraucht –, sondern als Richtmarken für das Studium der Heiligen Schrift. Er entdeckt sie

in der Bibel, entdeckt sie neu, überprüft sie, läßt sie durch das Wort Gottes bestätigen und verifiziert umgekehrt durch sie, für sich und für jeden Gläubigen, auch das Wort Gottes.
Damit beginnt Luthers Bruch mit den überlieferten Lehren. Hier ist die Geburtsstunde jener neuen Haltung und Theologie, die er später wegen des tragenden Evangeliums als »evangelisch« bezeichnen wird, ist der Beginn der reformatorischen Revolution.

Das sogenannte Turmerlebnis

Luthers Durchbruch zu einem neuen Glaubenserlebnis und seiner Begründung durch ein eigenes Bibelverständnis war kein Geschehen einer plötzlichen, unerwartet jähen Erleuchtung, obwohl er nachträglich wiederholt von einem solchen Moment gesprochen hat. Die Verdichtung im Rückblick hat lediglich im Hinblick auf die kaum auszumessende Bedeutung des erwähnten Durchbruchs Luthers ihr Recht, und deshalb ist auch seine Konturierung durch Luther verständlich und von ihm aus gesehen mehr als eine historisch nur bedingt korrekte Darstellung. Im übrigen gibt es in Luthers Leben auch schon in den Klosterjahren kaum zu zählende Stunden und Augenblicke der abgrundtiefen Verzweiflung, Hunderte von Nächten völligen Verlorenseins; ebenso gab es freilich auch Momente höchsten Glücks und des Erlösungsjubels, Augenblicke religiösen Einklangs mit sich selbst, Tage, in denen Luther sich in der Hand Gottes ruhen fühlte.
Trotzdem kam es im Durchmessen dieses breiten Schwankungsfeldes aus einer Phase der bedrückendsten Seelenlage heraus zu der entscheidenden Wende. Für Luthers Stimmung war die Klage in einem Brief an Staupitz charakteristisch: »O meine Sünde, Sünde, Sünde!« Kaum weniger charakteristisch die Erwiderung von Staupitz in ihrer Mischung aus gelassenem Halbverständnis und energischem Zurechtrücken von Luthers Übersteigerungen: »Du willst ohne Sünde sein und hast doch gar keine rechte Sünde. Christus ist die Vergebung rechtschaffener Sünden: die Eltern ermorden, öffentlich lästern, Gott verachten, die Ehe brechen und so weiter. Das sind die rechten Sünden. Du mußt ein Register haben, in dem rechtschaffene Sünden stehen, wenn dir Christus helfen soll. Du mußt nicht mit solchem Humpelwerk und Puppensünden umgehen und aus jeglichem Bombart eine Sünde machen!«
Zwischen dem Herbst 1513 und dem Frühjahr 1514 präparierte Luther

in der Stube des Wittenberger Klosterturms seine Bibelvorlesung. Die Lektüre der Heiligen Schrift ist ihm seit Beginn seiner Klosterzeit völlig selbstverständlich geworden. In den ersten Jahren stand sie allerdings rangmäßig den Kirchenvätern umd Traditionsschriften nach gleich. Einer seiner Erfurter Lehrer, Bartholomäus Arnoldi von Usingen, den Luther als den »besten Parakleten und Tröster« des Schwarzen Klosters bezeichnete, stellte einmal fest, daß der junge Mönch »die Bibel so lieb hatte« und ganz besonders gern in der Heiligen Schrift las. Das fand Usingen nicht unbedenklich: »Ei, Bruder Martin, was ist die Bibel? Man soll die alten Kirchenlehrer lesen, die haben den Saft der Wahrheit aus der Bibel gesogen. Die Bibel ist der Anlaß zu allem Aufruhr!« Der prophetische Gehalt dieser Bemerkung war damals weder Usingen noch Luther bewußt, dem dann tatsächlich bald die Bibel zum Anlaß des größten Aufruhrs in der Geschichte des Christentums wurde.

In seiner Turmstube nahm Luther kaum noch etwas anderes zur Hand als die Heilige Schrift. Er las sie aber noch immer so, wie er es von seinen Präzeptoren gelernt hatte, mit ihren Kommentaren und Auslegungen zwischen den Zeilen. Nach wie vor war der Gott, der aus den Texten sprach, der strafende Gott, der Gott des Alten Testaments, und auch Christus war kaum mehr als der Weltenrichter. Die göttliche Gerechtigkeit erschöpfte sich genaugenommen in dem, was jedem, der auf Erden Urteile zu sprechen hatte, ebenfalls an Mitteln des rechten, gerechten Spruches zustand. Das hinderte Luther aber nicht daran, sich immer wieder von neuem in das Wort Gottes zu vertiefen, immer wieder zu versuchen, dieses Wort so zu verstehen, wie es gemeint war – selbst wenn das in seiner Lage nichts anderes hieß, als daß er die Bibel so zu verstehen versuchte, daß sich das Verständnis seiner Seelenlage anpaßte.

Hier ist noch einmal ein Anlaß, um danach zu fragen, ob sich die Neigungen und Anlagen von Luthers Persönlichkeit in eine sinnvolle Entsprechung bringen lassen zu seinem religiösen Suchen und den dazugehörigen Krisen, und ob ein solches Verfahren möglicherweise für das rechte Verständnis unerläßlich ist. Die verlockendste und scheinbar besonders einleuchtende Linienführung wäre der Schluß von Luthers überstrengem, so hart strafendem Vater Hans Luder zu seinem Verständnis Gottvaters als dem drohenden, rächenden Herrn des Himmels und der Erde. Gerade weil ein solcher Deutungsschritt so leicht zu machen ist, sollte man ihn unterlassen, weil man sich dadurch den Zugang zu einem religiösen Grunderlebnis verschüttet und nichts

anderes gewinnt, als ein kluges Klischee vordergründiger Modernität. Wir können noch so viele Beweggründe, wirkungsschwere Ereignisse und Krisen, die für Luthers Entwicklung wichtig sind, untersuchen und erklären: Luther selbst läßt sich als Persönlichkeit, als eine Einheit von *homo religiosus* und *homo politicus* weder auf eine klinisch-charakterologische Gesamtanalyse noch auf eine Entwicklungsgeschichte als Gratwanderung von Krise zu Krise reduzieren; und schon gar nicht läßt er sich reduzieren auf einen psychopathologischen Befund, für den schon Erasmus von Rotterdam die ersten Diagnosen geliefert hat, als er in Luther einen Menschen sah, der »von Gemütskrankheit befallen und aus Haß verrückt«, jedenfalls »von bösem Geist besessen« war.
Was ließe sich damit gewinnen, insbesondere mit Rücksicht auf die Tatsache, daß Luther ein überaus starkes Sündenbewußtsein besaß und außergewöhnlich darunter litt? Verändert sich die Bedeutung des ganzen Sachverhalts, selbst wenn sich seine Abhängigkeit von einer drakonischen Erziehung wirklich schlüssig verdeutlichen ließe?
Bei der Bibellektüre und der Präparation seiner Psalmenvorlesung stieß Luther auf den 32. Psalm und las im zweiten Vers die Stelle: »In deiner Gerechtigkeit erlöse mich.« Luther hatte die lateinische Bibel des heiligen Hieronymus zur Hand, die sogenannte Vulgata, die von der Kirche offiziell als authentisch anerkannt wird. Zu dieser Stelle *In iustitia tua libera me* schlug Luther den Brief nach, den der Apostel Paulus an die Römer gerichtet hatte, und zwar Vers 16/17: »Denn ich schäme mich des Evangeliums Christi nicht; es ist eine Kraft Gottes, die jeden selig macht, der daran glaubt, den Juden zuerst, aber auch den Griechen. Denn in ihm wird die Gerechtigkeit Gottes offenbart, aus Glauben zum Glauben, wie geschrieben steht: Der Gerechte wird aus dem Glauben das Leben erhalten.«
Zunächst verzweifelt Luther wieder einmal an diesem Begriff der Gerechtigkeit. Er kann nichts anderes darunter verstehen als die strafende Gerechtigkeit Gottes; dieses Wort – so stellt er fest – »ist in meinem Herzen ein Donnerschlag gewesen. Denn ich gedachte, Gerechtigkeit wäre der grimmige Zorn Gottes, damit er die Sünde strafet. Ich war dem Paulus von Herzen feind, wenn ich las, daß die Gerechtigkeit Gottes durch das Evangelium offenbaret wird.«
Schließlich nimmt sich Luther nach einer Reihe von Tagen und schlaflosen, durchgrübelten Nächten noch einmal den ganzen Zusammenhang vor, und plötzlich begreift er das »Wort der Erleuchtung« des Römerbriefes: »Da erst sah ich, von welcher Gerechtigkeit Paulus

redet, und wurde meiner Sache gewiß. Ich lernte, zwischen der Gerechtigkeit des Gesetzes und der Gerechtigkeit des Evangeliums zu unterscheiden.« Zuerst war dies nur eine Ahnung des Begreifens, etwas Unscheinbares, das sich am Rand des Bewußtseins zu formen versuchte. Dann spürte er plötzlich, wie die Mauer, die er um seine Gedanken errichtet hatte, zusammenstürzte. Es war eine jähe Erkenntnis, vielleicht die einzige seines Lebens, die wie ein Blitz kam, ein kurzer heller Moment, und dann verschüttet von der Zeit, aber den Augenblick selbst würde er nie vergessen.

Weil Luther bis dahin keinen Unterschied zwischen Gesetz und Evangelium gesehen hatte, hielt er »alles für eines«; auch Christus und Moses unterschieden sich nur zeitlich und in ihrem Vollkommenheitsgrad: »Aber als ich den rechten Unterschied fand, daß nämlich Gesetz und Evangelium zweierlei Dinge seien, da riß ich durch«, da ist ihm »wahrlich ein großes Licht aufgegangen«.

In dieser neu verstandenen Gerechtigkeit steckt nichts mehr von Strafe. Luther hat immer von neuem das rechte Verständnis gerade dieser so wichtigen Stelle deutlich zu machen versucht. Wenn es nur um die richtende Gerechtigkeit gehen würde, dann wäre jeder verloren. Doch »gottlob, als ich die Sache verstand und wußte, daß ›Gerechtigkeit Gottes‹ nichts anderes hieß als ›die Gerechtigkeit, mit der uns Gott rechtfertigt durch die in Jesus Christus geschenkte Gnade‹ – da verstand ich die Grammatik und erst jetzt schmeckte mit der Psalter« und – so beschreibt er ein anderes Mal diesen Augenblick – »da war es mir, als wäre ich ganz von neuem geboren und durch geöffnete Türen ins Paradies eingetreten. Die ganze Bibel hatte für mich auf einmal ein anderes Gesicht bekommen. Ich durchlief sie, soweit ich sie im Gedächtnis hatte, und sammelte eine Menge ähnlicher Wendungen, wie ›Werk Gottes‹, das heißt dasjenige, was Gott in uns wirkt, ›Kraft Gottes‹, das heißt die Kraft, durch die er uns kräftig macht, ›Weisheit Gottes‹, das heißt die Weisheit, durch die er uns weise macht. Je mehr ich bisher das Wort ›Gerechtigkeit Gottes‹ gehaßt hatte, um so lieber und süßer war es mir jetzt. So ist mir jene Stelle des Paulus die Pforte zum Paradies geworden.«

Dieses Verständnis des Römerbriefes, des Unterschiedes zwischen Gesetz und Evangelium und damit das Verständnis Gottes in seiner Offenbarung ist für Luther das zutiefst Neue, radikal Neue gewesen, eine umstürzende und unendlich befreiende Erkenntnis. Aber ebenso radikal und umstürzend ist seine Überzeugung gewesen, daß es sich hier um nichts Neues, sondern um eine uralte, nur viele Jahrhunderte verschüttet gewesene Erkenntnis handelt: Von den Alten »konnte keiner die Stelle ›Der Gerechte lebt seines Glaubens‹ auslegen. Denn sie deuteten ›gerecht‹ und ›Gerechtigkeit‹ verschieden. Mit Ausnahme des einen Augustin herrscht unter den Vätern große Blindheit; ihn muß man nach der Heiligen Schrift vornehmlich lesen, er hat ein mutiges Urteil. Will sich aber einer von der Bibel weg zu den Kommentaren der Väter wenden, dessen Studium wird ins Uferlose geraten.«

Eine besonders klare Zusammenfassung hat Luther in der ersten Adventspredigt im Jahr 1521 gegeben: »Merke dieses Stücklein mit Fleiß, daß du, wenn du in der Schrift das Wörtlein ›Gerechtigkeit Gottes‹ findest, dasselbe ja nicht von der selbstwesenden innerlichen Gerechtigkeit Gottes verstehst, wie die Papisten und auch viele heilige Väter geirrt haben; du wirst sonst davor erschrecken. Sondern wisse, daß es nach Brauch der Schrift heißt: die ausgegossene Gnade und Barmherzigkeit Gottes durch Christum in uns, wodurch wir vor ihm als fromm und gerecht geachtet werden. Und es heißt deswegen ›Gottes Gerechtigkeit‹ oder ›Frömmigkeit‹, damit nicht wir, sondern Gott sie in uns mit Gnaden wirket; gleichwie auch Gottes Werk, Gottes Weisheit, Gottes Stärke, Gottes Wort, Gottes Mund nichts anderes heißt, als daß er in uns wirket und redet. Dies alles beweist ganz klar Sankt Paulus in dem ersten Kapitel des Römerbriefs. Hier siehst du, daß er von der Gerechtigkeit des Glaubens spricht, und er nennt dieselbe ›Gerechtigkeit Gottes‹, im Evangelium verkündet; sintemal das Evangelium lehrt nichts anderes, denn wer da glaubet, der hat Gnade und ist gerecht vor Gott und wird selig.«

»Ich habe«, so ist Luther unerschütterlich zeit seines Lebens überzeugt gewesen, »das heilige Evangelium wieder herfürgebracht.« Auch Staupitz schreibt noch nach der Trennung von Luther, in seinem letzten Brief vom April 1524: »Du hast uns von den Trebern der Schweine zu der Weide des Lebens geführt.« Ginge es nur um das Verständnis der Heiligen Schrift, so könnte die mildernde Umschreibung von Luthers Tat mit dem Wort ›Reformation‹ in Geltung bleiben. Doch die Konsequenzen, die Luther daraus ableitet und die er auf die ganze christliche Überlieferung, die römische Kirche, ihre Traditionen und unverbrüchlichen Lehren bezieht, machen ihn unweigerlich zu einem unerbittlichen Revolutionär.

5 Die Thesen

Seit der Promotion ist Luther verpflichtet, Bibel-Vorlesungen zu halten. Er hat dieses Professorenamt sein ganzes Leben lang beibehalten, hat die Heilige Schrift ausgelegt und kommentiert. Schwerpunkt waren die Briefe des Apostels Paulus. Nach dem Turmerlebnis beginnt er zunächst eine Vorlesung über die Psalmen; sie veranlassen ihn zu der Bemerkung: »Was dem Tier die Weide, dem Menschen das Haus, dem Vogel das Nest, der Gemse der Fels, dem Fisch der Fluß ist, das ist die Heilige Schrift den gläubigen Seelen.«

Mit den Vorbereitungen für die Psalmen-Vorlesung dürfte Luther etwa Mitte Juli des Jahres 1513 begonnen haben. Schon bei der Deutung des ersten Psalms entwickelt er ein Gutteil seiner neuen Sicht der Gerechtigkeit Gottes, jener Gerechtigkeit des Herrn, die – wie er feststellt – ursprünglich die »Pein des Klosterbruders war, dann aber auch seine Seligkeit wurde«. Schritt für Schritt wird jetzt Luthers theologische Eigenständigkeit deutlich, er selbst spürt bald genug, daß es nicht nur um irgendwelche Neuerungen geht, sondern daß zu seinen Bibelauslegungen ein Hintergrund gehört, in dem sich gewaltige Veränderungen abzeichnen.

Luther hält damals seine Vorlesungen täglich von sechs bis sieben Uhr morgens. Im Gegensatz zu seinem bisherigen Leben sind wir bestens orientiert über den Inhalt der Lehrveranstaltungen. Er läßt zur Erleichterung der Hörer die Texte eigens mit einem besonders weiten Abstand drucken, damit jeder seine Ergänzungen machen kann. Sein eigenes Handexemplar ist erhalten, vollgeschrieben mit Anmerkungen. Im Augustinerorden besteht außerdem das Gebot, alle Vorlesungen schriftlich niederzulegen. Luther fixiert den Text erst nach der Vorlesung. Über den mündlichen Vortrag – mit all seinen Abschweifungen und zusätzlichen Bemerkungen, mit seiner Färbung, dem Temperament, dem rhetorischen Feuer – gibt es nur die Berichte seiner Hörer. Sie verzeichnen nicht unbedingt immer das Wesentliche.

So eng wie mit der Bibel, so eng bleibt Luther seit dieser Zeit auch mit den Schriften des »nie genug gelobten« heiligen Augustinus verbunden, den er – wie er in einer Tischrede sagt – »anfangs nicht las, sondern verschlang«. Die Ergebnisse des Studiums dieses »größten Theologen unter denen, die nach den Aposteln schrieben«, sind für die »Wittenberger Theologie«, von der Luther in den nächsten Jahren wiederholt spricht, fast ebenso wichtig geworden wie die neue Deutung des Römerbriefes. »Unsere Theologie und Sankt Augustinus«, so schreibt er im Mai 1517 an seinen treuen Freund Johannes Lang, den er 1516 als Prior des Erfurter Klosters eingesetzt hat, »schreiten glücklich voran und herrschen durch Gottes Wirken an unserer Universität. Der Vorlesungen über die Sentenzen des Petrus Lombardus ist man bis zum Ekel überdrüssig. Keiner kann mehr mit Zuhörern rechnen, wenn er nicht diese Theologie, das heißt die Bibel oder den heiligen Augustin oder sonst einen Lehrer von wirklicher kirchlicher Autorität vortragen will.«

»Nicht in die bloße Majestät Gottes gaffen«

Staupitz hatte Luther nicht nur mit Nachdruck auf Augustinus hingewiesen, er hat auch versucht, Luther die Bedeutung der Mystik nahezubringen. Wenn Luther schon keinen unmittelbaren Zugang finden würde, so hoffte er wenigstens, bei ihm ein durchdringenderes Verständnis wecken zu können. Staupitz war mit den Schriften der Mystiker seit seiner Tübinger Zeit vertraut. Besonders gut kannte er die deutsche Mystik von Meister Eckart und seinem Schüler Johannes Tauler; von beiden hatten die Theologen damals nur in Ausnahmefällen etwas gehört. Luther dürfte sich im Jahr 1515 erneut intensiver mit Tauler beschäftigt haben. Aus dem Jahr 1516 sind seine Randbemerkungen zu Taulers Predigten erhalten; er meinte von ihm: »Was den Lehrer Tauler betrifft – auch wenn er den Theologen in den Schulen unbekannt und deshalb bei ihnen verachtet ist – so weiß ich doch, daß ich mehr der reinen göttlichen Lehre darinnen gefunden habe und auch von anderen darinnen gefunden werden mag.«

Zu den Verehrern Taulers gehörten neben Staupitz und Luther auch Johannes Lang und Luthers Freund Georg Spalatin. Luther und Spalatin kannten sich ungefähr seit Anfang 1514, als Spalatin – Jurist, Theologe und Erzieher, später Beichtvater, Hofkaplan, Geheimsekretär und einer der wichtigsten Berater des Kurfürsten Friedrich des Weisen – in Wittenberg zwei Jahre die Studienbetreuung des ältesten Sohnes des Kurfürsten übernommen hatte. Spalatin war von Luther hingerissen, er versicherte ihm bald, »ganz der Seinige zu werden«; der Briefwechsel zwischen beiden gehört zu den bedeutendsten Dokumenten dieser Jahre und Jahrzehnte.

Ob Luther erst durch Staupitz ein gründlicheres Verständnis der

Mystik vermittelt wurde, ist unsicher, wenn auch wahrscheinlich. Die Grundlage dafür wurde schon früher gelegt. Luther hatte sich im Kloster bald eingehend mit dem Hohen Lied, den Anweisungen des Pseudo-Dionysius Areopagita »Über die mystische Theologie« aus den Anfangszeiten des sechsten Jahrhunderts und den Schriften des Bonaventura, des *doctor seraphicus* und vielgerühmten »Fürsten unter den Mystikern« aus dem 13. Jahrhundert, befaßt. Einmal hatte er auch ein ekstatisches Erlebnis und war in den »ersten Himmel entrückt und weilte unter den Chören der Engel«, wie er berichtet.

Doch das ist eine Ausnahme geblieben. Mystische Exerzitien hat Luther bald entschieden abgelehnt und später über seine Versuche gespottet, »in die Majestät hinaufzuklettern«, um »in die bloße Majestät Gottes zu gaffen«. Aber diese grobe Abwehr ist kein Zeichen einer besseren Erkenntnis, sondern Indiz einer wenig glücklichen Liebe. Es war wohl nicht anders möglich. Luthers gewaltiges Ringen mit sich selbst, mit seinen Anfechtungen und Zweifeln, mit seinem Glauben und dann mit der römischen Kirche und bald mit allen weltlichen Gewalten, die er herausgefordert hatte und die sich gegen ihn verschworen – dieses Ringen Luthers besaß nicht die Basis jenes gelassenen Christentums, das sich in Demut Gott übereignet und dem Geschick beugt. Luther hat zwar immer wieder diese Demut, den einfachen Glauben in der Gottgeborgenheit gepredigt; er selbst aber hat kaum etwas von der elementaren Befähigung zu dieser Demut besessen. Und so hat er sich auch um die Mystik in derjenigen Weise bemüht, wie er sich um alles im Feld des Glaubens bemüht hat: kämpfend, verbissen, leidenschaftlich angespannt, daß er »schier toll wurde« – also in derjenigen Art und Weise, die ihm mit Sicherheit die Türen zur Mystik versperrt halten mußte.

Er hat sich aber deshalb nie seinen vorsichtig bewundernden, beinahe traurigen Respekt der Mystik gegenüber nehmen lassen. Die mangelnde Disposition aufgrund seiner persönlichen Anlagen hat ihn nicht daran gehindert, aus den Schriften der Mystiker überaus reiche theologische Ernten einzubringen. In den Predigten des Johannes Tauler hätte er »mehr ordentliche und wahrhaftige Theologie gefunden, als bei sämtlichen scholastischen Lehrern aller Universitäten gefunden worden ist oder in deren Sentenzen gefunden werden kann«.

Der Grundansatz Taulers deckt sich tatsächlich fast vollständig mit den Einsichten Luthers: daß der Mensch nichtig und nichts – daß Gott hingegen alles ist, daß er das Ziel des Menschen, die Sehnsucht seiner Seele bildet. Der Mensch kann freilich dieses Ziel nie von sich aus erreichen; sein Eigenwille – die eigentliche Sünde – steht ihm dabei im Weg. Entsühnt werden kann er nur vermittels der Gnade Gottes durch Jesus Christus. Tauler schreibt: »Soll der Mensch in Wahrheit mit Gott eins werden, so müssen alle Kräfte auch des inwendigen Menschen sterben und verstummen. Der Wille muß selbst des Guten und alles Willens entbildet und willenlos werden; der Verstand oder die Vernunft des Erkennens der Wahrheit, das Gedächtnis und alle Kräfte ihres eigenen Vorwurfs oder Gegenwurfs.«

Einen besonders tiefen Eindruck hat es auf Luther gemacht, wie bedingungslos Johannes Tauler alle äußere Werkgerechtigkeit ablehnt: »Nichts ist so wahr wie das Wort und die Zusage Gottes. In dieser Sicherheit aber und im Wissen dieser lauteren Wahrheit kommt der Mensch zu großem Frieden und zur Ruhe seines Gewissens und mit keinen Werken, in die er seine Hoffnung setzt; allein der Verheißung Gottes muß er glauben.« Aus diesem Grund stellt Tauler eine besondere seelische Grundstimmung in den Mittelpunkt seiner Theologie. Er bezeichnet sie mit dem Wort »Gemüt«, und deshalb schätzt er auch die hinnehmende, empfangende Haltung des Menschen gegenüber Gott besonders hoch ein, jene Haltung, die abwertend als Passivität verworfen wird.

Luther aber sieht richtig etwas ganz anderes darin. In einer Randbemerkung zu den Predigten Taulers stellt er lapidar fest: »Wenn Gott sprechen soll, so mußt du schweigen.« Der einzig mögliche, der wirklich echte Glaube des Menschen besteht in der Überantwortung: Gott und nur Gott allein in sich wirken und handeln zu lassen. Durch diese Betonung der praktischen Frömmigkeit führt von der deutschen Mystik ein unmittelbarer Weg zu Luther. Im Dezember 1516 schreibt er an Spalatin: »Wenn es Dir Freude macht, eine reine, echte und der alten sehr ähnliche Theologie, dargestellt in deutscher Sprache, zu lesen, so kannst Du Dir die Predigten von Johannes Tauler vom Dominikanerorden anschaffen, von denen ich Dir hier gewissermaßen einen Auszug schicke. Denn ich habe weder in lateinischer noch in unserer Sprache eine heilsamere und mit dem Evangelium stärker übereinstimmende Theologie gesehen. Schmecke deshalb und siehe, wie freundlich der Herr ist (Psalm 34,9), da Du zuvor geschmeckt und gesehen hast, wie bitter alles ist, was wir sind.«

Die Schrift, von der Luther seinem Freund »gewissermaßen einen Auszug« sendet, ist ein Bruchstück der »Deutschen Theologie«. Luther hält irrtümlich Johannes Tauler für den Verfasser des Textes, den er »ohne Titel und Namen« erhalten hat; er läßt das Stück mit einer

kleinen Vorrede drucken. Der Autor der »Theologia deutsch«, dessen Name bis heute unbekannt geblieben ist, war ein Priester des Deutschen Ordenshauses in Sachsenhausen. Er wird deshalb meistens nur »der Frankfurter« genannt und hat genauso wie Tauler zu der Mystik aus der Schule Meister Eckarts gehört. Die »Theologia deutsch« ist gegen Ende des 14. oder zu Beginn des 15. Jahrhunderts niedergeschrieben worden.
Als Luther 1518 den ganzen erregenden Text kennenlernt, gibt er ihn umgehend in Druck und schreibt nochmals eine kurze Vorrede, in der er unter anderem betont, ihm sei außer der Bibel und dem heiligen Augustinus kein Buch in die Hände gekommen, »daraus ich mehr erlernt habe, was Gott, Christus, Mensch und alle Dinge seien«. Wenn nun etliche »Hochgelehrte von uns Wittenbergischen Theologen schimpflich reden: wir wollten neue Dinge vornehmen, so als wären nicht vor uns und anderswo auch schon Leute gewesen«, so könne er nur sagen: »Ja freilich sind sie gewesen. Aber Gottes Zorn, durch unsere Sünde verwirkt, hat uns nicht lassen würdig sein, dieselben zu sehen oder zu hören. Denn es ist an dem Tag, daß in den Universitäten eine lange Zeit über solches nicht gehandelt und es deshalb dahin gekommen ist, daß das heilige Wort Gottes nicht nur unter der Bank gelegen hat, sondern durch Staub und Motten beinahe verwest ist. Lese dies Büchlein, wer da will, und sage dann, ob die Theologie bei uns neu oder alt sei! Denn dies Buch ist ja nicht neu. Sie werden aber vielleicht wieder sagen, wir seien deutsche Theologen. Das lassen wir so sein. Ich danke Gott, daß ich in deutscher Zunge meinen Gott so höre und finde, wie ich und sie ihn bisher nicht gefunden haben, weder in lateinischer, griechischer noch hebräischer Zunge. Gott gebe, daß solcher Büchlein mehr an den Tag kommen, so werden wir finden, daß die deutschen Theologen ohne Zweifel die besten Theologen sind. Amen!«

Mit Ämtern überhäuft

Die Hauptbeschäftigung Luthers in diesen Jahren besteht in der Erfüllung der Lehrverpflichtungen, die zu der Bibelprofessur an der Universität gehören und in der Leitung des Studiums des Wittenberger Klosters. Die Übertragung des Subpriorats im Jahre 1512 steigert seine Belastung nur unwesentlich. Das ändert sich jedoch, als das Ordenskapitel auf seiner Versammlung im Mai 1515 in Gotha beschließt, Luther zum Distriktsvikar der Augustinerkonvente Meißens und Thüringens

zu ernennen. Er hatte damit die Aufsicht über zehn Klöster, und zwar in Wittenberg, Herzberg an der Elster, Dresden, Gotha, Erfurt, Langensalza, Nordhausen, Sangershausen – dem heutigen Zentrum des Kupferbergbaus in Mitteldeutschland – Magdeburg und Neustadt an der Orla. Zwei Monte später erhält er auch die Aufsicht über das neu geweihte Kloster Eisleben. Im Frühling 1516 beginnt seine erste große Visitation. Sie hält ihn länger als zwei Monate von Wittenberg fern. Nach seiner Rückkehr gibt es kaum noch eine Pause in der endlosen Kette der Anordnungen, Ratschläge, Entscheidungen, Schiedssprüche. Dazu kommt noch die steigende Zahl der Veröffentlichungen. Höchst bemerkenswert und wichtig ist es, daß sich Luther nicht mehr an den akademischen Brauch hält, seine Schriften nur in Latein drucken zu lassen, sondern ebenso in Deutsch. Schon die erste Schrift, die er drucken läßt, ist in Deutsch erschienen, mit der selbstbewußten Bemerkung: »Wenn es niemandem gefällt, so gefällt es doch mir!« Aber es gefällt – Hunderten, Tausenden und bald aber Tausenden gefallen die deutschen Schriften Luthers, die er Jahr für Jahr erscheinen läßt und die von den Deutschen beständiger und vielleicht noch teilnehmender gelesen werden als seine wüsten, lodernden Kampfschriften.
Johannes Oldecop berichtet, daß schon seine Studenten in Wittenberg darüber begeistert waren, daß Luther auch in den Vorlesungen immer häufiger die deutsche Sprache benützte – für die damalige Zeit etwas Unerhörtes, weil der Gebrauch des Lateinischen das Kennzeichen der Wissenschaft überhaupt gewesen ist. Im April 1517 erscheint in Deutsch Luthers Auslegung der sieben »Bußpsalmen«; unter diesem Sammelbegriff wurde seit dem 6. Jahrhundert von der Kirche die liturgische Psalmengruppe 6, 32, 38, 51, 102, 130 und 143 zusammengefaßt. Im darauffolgenden Jahr werden Luthers Predigten über das Vaterunser veröffentlicht: »Auslegung deutsch und Deutung des heiligen Vaterunsers für die einfältigen Laien«.
Seine Arbeitsüberlastung, die oft genug buchstäblich in eine Schinderei entartet, ironisiert Luther auf eine gelassene, wenn auch etwas bissige Weise; dabei gehört er von Haus aus zu denjenigen Menschen, deren normale Arbeitslust bei jedem anderen schon als exzessiv gilt. Im Oktober 1516 schreibt er an Johannes Lang: »Ich könnte fast zwei Schreiber oder Kanzler brauchen. Ich tue den ganzen Tag über fast nichts anderes, als Briefe zu schreiben. Dabei bin ich Klosterprediger, muß bei Tisch predigen und täglich begehrt man mich zum Predigen in der Pfarrkirche. Ich bin Leiter des Klosterstudiums, ich bin Ordensvikar, und das heißt: ich bin elfmal Prior. Ich muß den Fischfang im

Leitzkauer Teich beaufsichtigen und muß die Streitsachen des Herzberger Klosters zu Torgau regeln. Dazu lese ich über Paulus, sammle die Erklärungen zu den Psalmen und schreibe, wie ich schon gesagt habe, die meiste Zeit über Briefe. Selten finde ich die nötige Zeit, um meine Horen so zu feiern, wie es sich gebührt, und die Messe zu zelebrieren, abgesehen von meinen eigenen Anfechtungen mit dem Fleisch, der Welt und dem Teufel. Du siehst, was für ein müßiger Mann ich bin!«

Der Ablaß

Luther hält sich schon in seinen ersten Predigten und Schriften nicht an die normalen und bis dahin üblichen Auslegungen. Seine Deutungen sind kaum jemals frei von kritischen Wendungen und Anmerkungen. Das kann nicht überraschen, denn das, was er selbst so bald als »Wittenberger Theologie« bezeichnet, setzt sich deutlich von wesentlichen Lehren der Kirche ab. Schon die Auslegung der Bußpsalmen deckt sich im Grunde genommen vollständig mit dem Appell der ersten seiner berühmten 95 Thesen: Tut Buße, tut Buße euer Leben lang!
Kritisches Absetzen von bisher gültigen Lehren und Kritik an der Verfassung der römischen Kirche haben damals fast selbstverständlich Hand in Hand gehen müssen. In einer seiner Predigten rügt Luther die »entsetzliche Unwissenheit« vieler Priester, die »den scholastischen Lehren mehr Wert beilegen als der Bibel und dem Evangelium«. Sie seien verpflichtet, »das Volk zu unterrichten, das Evangelium zu lehren, sich der Bedürftigen zu erbarmen, für die Schwachen zu beten und allen gegenüber Liebe zu wahren. Jetzt aber tun sie das nicht, sondern plündern das Gut anderer, streiten um zeitliche Güter der Kirche und kümmern sich nicht um die geistlichen, und sie verderben die Leute, die sie retten sollten.« Besonders hat es ihm die Maßlosigkeit der Prälaten angetan: »Je höher sie sind, desto reicher sind sie auch. Sie werden niemals satt, sie sagen nie: Es ist nun genug, während die Armen von ihren Schätzen Pflege und Unterhalt genießen sollten.«
Wenn man die Zeit, die Luther bis dahin im Kloster verbracht hat, rekapituliert und auf einen Nenner zu bringen versucht, so ergeben sich einige wenige Hauptbegriffe, die für seine Persönlichkeit und Entwicklung am aufschlußreichsten sind. Es sieht so aus, und man könnte bis zu diesem Moment auch berechtigt sagen: Sie sind nur für ihn, den einzelnen, charakteristisch. Der junge Mönch wird von einer zwanghaften Neigung zu überaus häufigen und überaus langen Beich-

ten geplagt. Die Frage, welcher Zusammenhang zwischen seinem nicht zu tilgenden und zu besänftigenden Sündenbewußtsein und der Absolution besteht, hat die Buße selbst und die geforderten Bußleistungen in den Mittelpunkt stellen müssen. Bei einem derart ausgeprägten Skrupulanten wie Luther kann allerdings die Sühnepflicht nicht anders als in außergewöhnlicher Überspannung erscheinen. Wie sollte es möglich sein – in der Perspektive Luthers –, eine dem Gewicht und Ausmaß seiner Sünden angemessene Buße zu leisten, eine Buße, welche die Entstellung des Menschen durch die Sünde tatsächlich wieder rückgängig macht? Wegen dieser unerläßlichen Korrektur ist ja schließlich die Buße zu der ausschlaggebenden Bedingung für die Absolution des Priesters geworden; und diese Lossprechung gilt in der katholischen Kirche bis heute unverändert als das Wichtigste in der ganzen Beichte.

Wie auch die Antwort darauf ausfällt: In diesem Bereich des Glaubens und der Glaubensskrupel hat es kein Nebeneinander geben können von der Buße als einer Erneuerung des Verhältnisses zwischen dem Gläubigen und Gott einerseits und der Buße als einer äußeren Leistung andererseits. Für Luther hängt alles von der Gnade Gottes ab. Das gilt unbedingt, es gilt so absolut, daß der Mensch gänzlich unfähig ist, irgendwelche Hinweise zu finden, ob Gott ihn seiner Gnade auch für würdig erachtet. Luther schüttelt den Kopf über die Leute, die meinen, es ließe sich irgendeine Bestätigung dafür finden, er empört sich darüber, bricht schließlich in seinem maßlosen Zorn mit maßlosen Worten darüber aus: »Pestilenz, das ist schlimmste Pestilenz!«

Mit den Bußleistungen sind Leistungen der äußeren Art gemeint, also auch solche Leistungen, die Luther im Kloster mehr als genug vollbracht und die er später als »Buße nicht in Gottes, sondern in Teufels Namen« bezeichnet hat: Nachtwachen, Gebete, Askese bis hin zu »peitschen und kasteien für die Sünde«. Als sich Luther zu einer anderen Sicht durchgekämpft hat, wird die Buße für ihn, ganz entsprechend der Heiligen Schrift, »eine Änderung und Besserung des ganzen Lebens, wenn der Mensch sich erkennet, daß er ein Sünder ist«. Wer sich aber untersteht, mit eigenen Werken seine Sünden zu tilgen, oder wer glaubt, sie auf diese Weise tilgen zu können, dessen Buße geschieht, wie gesagt, in Teufels Namen.

Die Priesterweihe hat es zwangsläufig mit sich gebracht, daß Luther auch als Beichtvater tätig sein muß. Er ist dadurch in ununterbrochener Berührung nicht nur mit dem gekommen, was die Kirche für das Bußsakrament vorschreibt, sondern auch mit dem, was die Beichtenden

an Wissen, an gängigen Auffassungen und irrigen Ansichten mitbringen.
Die Kirche hat schon in der ur- und frühchristlichen Zeit von den Sündern Buße und Genugtuung gefordert. Das Recht der Bischöfe, in besonderen Fällen die Bußzeit zu verkürzen, weitete sich seit dem elften Jahrhundert zu einem allgemeinen Brauch. Zur selben Zeit wurde es auch üblich, daß die Kirche einen Nachlaß der von ihr verhängten zeitlichen Sündenstrafen gewährte, wenn der Sünder bestimmte Werke leistete. Dieser außersakramentale Nachlaß wurde als Ablaß bezeichnet. Dabei sollte allerdings nie die Tatsache vergessen werden, daß die römische Kirche unter Ablaß niemals einen Nachlaß der Sündenschuld oder der ewigen Strafe verstanden hat. Für sie war der Ablaß ein fürbittendes, wirksames Gebet um Zuwendung der unerschöpflichen Genugtuung Christi. Der Ablaß ergab sich ferner als Folge der Verdienste der Heiligen. Er war eine Gabe aus dem sogenannten Kirchenschatz, wie er in der katholischen Dogmatik bezeichnet wird. Kurze Zeit später gestattete die römische Kirche, die Bußleistungen auch durch Geldspenden für kirchliche Zwecke zu ersetzen. Das Ergebnis war ein stetig anschwellender Geldstrom in die Kassen der Kurie.

Kirche ohne Geld?

Zu den kompliziertesten und heikelsten Problemen der ganzen Christentumsgeschichte gehört der Kapitalbesitz der Kirche. Es geht dabei nicht so sehr um die Tatsache selbst, sondern um das Ausmaß der Finanzmittel, um ihre Quellen, die bei uns auch heute dank der amtlichen Kirchensteuern keineswegs unergiebig sprudeln, sowie um ihre Verwendung. Zu allen Zeiten war der Geldbedarf Roms erheblich, und seit den spätmittelalterlichen Zeiten war er keineswegs geringer als derjenige der weltlichen Staaten. Eine ordnungsgemäße, gut funktionierende Kirchenverwaltung bedurfte eines zuverlässigen Finanzfundaments. Dieser Umstand wird nicht verändert durch die mißgünstigen oder berechtigten Klagen der Zeitgenossen. Weder damals noch heute läßt sich einheitlich feststellen, was mißgünstige oder berechtigte Kritik gerade im Bereich der Geldbeschaffung und -verwertung bedeuten soll. Ob es sich dabei um den Kirchenstaat oder den irdischen Machtstaat handelt, ist nebensächlich.
Seit dem 15. Jahrhundert stellte die Kirche so ausgeprägt wie in keiner anderen Epoche eine Machtkirche unter konkurrierenden Machtstaaten

dar. Ohne umfangreiches Kapital wäre sie im damaligen Europa fast ein Widersinn gewesen, ganz dazu geeignet, sich zu einer Lästigkeit zu entwickeln. Die Festigung und das politische Gewicht der römischen Kirche hing unmittelbar mit der Vermehrung ihres Einkommens zusammen. Das war für die weltlichen Herrscher genauso offensichtlich wie Anlaß unerschöpflichen Neides. Auch daraus ergab sich ein Gutteil der heftigen Kritik an Rom.

So gliederte sich die Kurie ebenbürtig in das Bündel der Antriebe des Frühkapitalismus ein. Äußerlich war das besonders daran zu erkennen, daß sich der Aufwand eines Kardinals von demjenigen eines Herzogs in nichts unterschied und daß sich die entsprechenden Einkünfte gleichlaufend harmonisch staffelten und abstuften. Ausnehmend delikat war dabei das Verfahren, wie die unerläßlichen Abhängigkeiten von Rom eine ähnliche Sicherung erhalten konnten wie die Erblichkeiten oder Lehnsverhältnisse innerhalb der Königreiche und Fürstentümer. Eben das sollte mitbedacht werden bei der Feststellung, daß bis zum Pontifikat Leos X. die käuflichen Ämter auf etwa zweitausend angestiegen waren mit einem Kapitalwert von rund zweieinhalb Millionen Goldgulden; die Verzinsung belief sich ungefähr auf dreihunderttausend. Wie groß der Geheimfonds war, aus dem beständig Sonderleistungen bestritten wurden, wird immer ein Geheimnis bleiben.

Wie hätte eine solche Kirche anders bestehen können als durch ein wohldurchdachtes Kanalisierungssystem des Geldstroms, der so sicher nach Rom zu fließen hatte wie die damaligen Wege dorthin führten? Aus den deutschen Gebieten wurden deshalb immer höhere Summen abgeschöpft, weil die französischen und englischen Könige solide Sperren für den Geldfluß zum Papst errichtet hatten und weil sich aufgrund der Struktur des Heiligen Römischen Reiches in Deutschland solche Staumauern nicht errichten ließen. Zu Beginn des 16. Jahrhunderts bestand ein volles Drittel des Reiches aus Bistümern und Abteien; fünfzig Bischöfe und vierzig Äbte waren nicht nur Kirchenfürsten, sondern auch weltliche Herrscher. Die Abgaben, welche für die Neubesetzung einer Kardinals- und Bischofsstelle zu entrichten waren, garantierten schon für sich allein den römischen Finanzen einen solideren Rückhalt als in unserem Jahrhundert die Aktien einer Ölgesellschaft. Kein Wunder, daß diese Ausbeutung zur höheren Ehre und Macht des Papsttums von den zeitgenössischen Kritikern als eine der unerträglichsten Nebenwirkungen der deutschen Landesfürstenherrlichkeit angeprangert wurde.

Simonie, also Kauf und Verkauf geistlicher Ämter, sowie Bestechlichkeit und Gewinnsucht galten in den kirchlichen Rechtsbestimmungen als genauso schwere Sünden wie der streng verbotene und geächtete Wucher. Die harten Bestimmungen gegen solche Vergehen beeinträchtigten allerdings ihr Vorhandensein niemals so wenig wie in der Zeit der Renaissancepäpste. Unter Leo X., dem wohl unbeschwertesten, heitersten und gemütvoll-nachlässigsten Papst aller Zeiten erreichte dieser Brauch seinen absoluten Gipfel. Und doch: Zu den fast manischen Kunstbedürfnissen der Renaissance, den Jubelfesten der Klassikerentdeckungen, von denen der ganze Humanismus lebte, gehörten unweigerlich mäzenatische Pflichten, und die Päpste nahmen sie genauso gern und leidenschaftlich auf sich wie die großen Fürsten und Könige, wie die Medici oder Maximilian I. Spielt unter dem Gesichtspunkt der Kunstschöpfungen, die dem Europa jener Zeit die grandiosesten Werke des menschlichen Genius beschert haben, die Frage danach, wieviel Geld das gekostet hat und wie das Kapital dafür erworben wurde, eine erhebliche Rolle?

Wer wollte heute unter dem Aspekt der Forderungen nach sozialer Gerechtigkeit rückwirkend festsetzen, wie die Kirche ihren Etat hätte verwenden müssen? Der Bau des Petersdoms, der Sixtina, die horrenden Honorare für ihre Fresken könnten danach gar nicht anders bezeichnet werden als eine wüste Verschleuderung von Geldern, die dem Volk abgenommen wurden. Die Arbeit der hervorragendsten Künstler der Zeit war nicht anders zu sichern; deshalb änderte sich unter theologischen Maßstäben das Sündhafte daran um kein Haar. Die »Sündengelder« des Ämterkaufs, der Bestechung – der sogenannten »Handsalben« – und des Ablaßhandels sorgten dafür, daß im Auftrag der Päpste die wunderbarste Architektur entstand – und der gewaltigste kirchenfiskalische Skandal der Geschichte.

Insbesondere der Ablaß, so wie er sich bis in die Zeit Luthers entwickelt hatte und praktiziert wurde, hätte die Erfindung eines Todfeindes der Kirche sein können. Dazu gesellte sich noch die schrankenlose Unbekümmertheit, mit der Papst Leo X. dem Geld gegenüberstand – so, daß er zum Beispiel die Pfandhäuser mit einem Federstrich einfach in kirchenstaatliche Institutionen verwandelte.

Das Finanzgebaren dieses Papstes, der sowohl in zustimmender als auch in negativer Hinsicht der typischste aller Renaissancepäpste war, ist von einer buchstäblich engelhaft-teuflischen Unschuld gewesen. Er hatte die Fähigkeit, die Geldschwemme in die kurialen Kassen so zu steigern wie kein anderer und noch weit mehr ausgeben zu können, als es ihm diese Geldschwemme ermöglichte. Gerade wegen seiner Verschwendungssucht verbindet sich aber mit den knapp zehn Jahren seines exzessiven Pontifikats von 1513 bis 1521 der großartige Titel eines »Goldenen Zeitalters«. Der Tod Leos X. stürzte den Kirchenstaat in eine fürchterliche Finanzkatastrophe. Das bitterböse Wort: Leo X. hätte, falls ihm ein längeres Leben beschieden gewesen wäre, ganz Rom, Christus den Herrn und schließlich auch noch sich selber verkauft – dieses Wort ist sicher übertrieben. Richtig aber ist das Urteil, daß Leo X. die Gelder von drei ganzen Pontifikaten verzehrt hat: Die ungeheuren Schätze aus der Hinterlassenschaft seines Vorgängers Julius II., die Einkünfte seiner eigenen Regierungszeit und endlich auch diejenigen seines Nachfolgers.

Sturmsignale der Lutherrevolution

Die römisch-katholischen Theologen, die damals und später den Ablaß verteidigten, und zwar gegen seine Kritiker genauso verteidigten wie gegen diejenigen aus den eigenen Reihen, die ihren Mißbrauch damit trieben – selbst wenn dies der Kirche hochwillkommenes Bargeld brachte –, diese Theologen verteidigten ihn mit guten Gründen. Das Ärgernis, die Verwirrung und die Verachtung der Gläubigen bezog sich ursprünglich auch nicht auf den Ablaß selbst, sondern auf die ebenso bedenkliche wie bedauerliche Tatsache, daß der Ablaß in der Praxis zu einer Mißachtung und Verdrehung seiner theologischen Begründung entartete. Die Kurzformel für den einfachen Gläubigen lautete und konnte nicht anders lauten: Das Seelenheil läßt sich mit Geld kaufen. Reue, Beichte, Lossprechung und Genugtuung waren die vier Elemente des Bußsakramentes. Die Absolution tilgte die ewigen Strafen; die zeitlichen Strafen dagegen mußten abgebüßt werden, und zwar im Fegefeuer. Der Ablaß stand im Dienst der Verkürzung seiner Qualen. Ein Gläubiger konnte sogar nicht nur für sich selbst, sondern auch für Verstorbene durch eine Geldspende den Ablaß erwerben.
Wie man die Sache dreht und wendet: Das Zwielicht des Übergangs von der Genugtuung bei der Buße, die der Beichtvater auferlegt, zur Geldspende und dem gekauften Ablaßbrief, bleibt bestehen. Und doch sind lange Zeit kaum einem Gläubigen wirklich ernsthafte Bedenken dabei gekommen. Auch Luther selbst hat bei seinem Aufenthalt in Rom kräftig und unbeirrt durch verdienstliche fromme Werke und Messen den Ablaß für seinen Großvater Hans Luder erworben und bedauert, daß er nicht ähnlich für seine Eltern sorgen konnte.

In den Predigten und Vorlesungen des Jahres 1516 nimmt Luther kaum noch ein Blatt vor den Mund. Er zieht mit einer auf den Kanzeln ungewohnten Leidenschaft vom Leder, obwohl man von innerkirchlichen Kritikern, etwa einem Geiler von Kaisersberg, schon einiges kennengelernt hatte. Reformwille und hartes Verurteilen von Mißständen sind die beiden Seiten derselben Münze. Der Ton, den Luther anschlägt, schwankt zwischen Selbstbewußtsein und Herausforderung, Entschlossenheit und Arroganz, Sendungsbewußtsein und Erbitterung; er gibt einen Vorgeschmack des nachmaligen »Lutherzorns«, der sprichwörtlich geworden ist. Die Freiheit, ja bereits Maßlosigkeit der Kritik, mit der Luther gegen kirchliche und bald auch gegen weltliche Instanzen eifert, begründet er von Anfang an mit der »apostolischen Autorität« des Doktorbaretts, das er trägt und das ihn verpflichtet, alle Vergehen zu brandmarken, gleichgültig, wer sie verschuldet: »Ich sage das mit Schmerz, aber ich muß, weil ich apostolischen Auftrag habe zu lehren. Meine Pflicht ist, allen das Unrecht, das sie tun, anzukündigen, auch den Höchststehenden.« Und so bezeichnet er damals schon Bischöfe, deren Verhalten er tadelt und verwirft, rundweg als »Satanici«.
Hatte aber nicht die Verweltlichung der römischen Kirche in dieser Zeit einen Grad erreicht, bei dem kein Wort der Kritik übertrieben sein konnte? Wurde die Kirche nicht von allen ihren Dienern, vom obersten Hirten bis zum geringsten Pfarrer und Mönch, als irdischer Privatbesitz angesehen? Welches Amt ließ sich nicht für Geld kaufen, welches Privileg oder welche Pfründe, wenn der Batzen in die Kassen der Kurie nur kräftig genug war? Der Name Luthers war noch gänzlich unbekannt, als ein Prälat am römischen Hof zu der Klage hingerissen wurde: »Welch ein Anblick für einen Christen, der unsere christliche Welt durchwandert: diese Verödung der Kirche! Alle Hirten sind von ihren Herden gewichen, sie alle sind Söldnern anvertraut.« Ähnlich seufzt zur selben Zeit ein hoher Amtsträger der Kirche in Rom: »Wehe, wer gibt meinem Auge den Quell der Tränen! Auch die Mönche sind abgefallen, der Weinberg des Herrn ist verwüstet. Würden sie allein zugrunde gehen, so wäre es zwar ein Übel, aber es ließe sich ertragen. Doch da sie die ganze Christenheit wie die Adern den Körper durchziehen, bringt ihr Verfall zwangsläufig den Ruin der Welt mit sich.«
Der berühmte Humanist Sebastian Brant aus Straßburg hatte schon 1494, als Luther noch ein Schüler war, in seiner unsterblichen Satire, dem »Narrenschiff«, gehöhnt:

»Der ist ein Narr, also in Sünde,
der nicht bewältigt seine Pfründe,
und doch beläd mit noch mehr Säcken
den Esel, daß er muß verrecken.«

Luther steigert also wohl mit Recht in den Vorlesungen über den Römerbrief seine Klagen und Anklagen ins Säkulare: »Wir sind in eine heillose Knechtschaft geraten! Die Prediger haben dem Volk die Wahrheit über die rechte Verehrung Gottes verheimlicht, und so müssen die Apostel erneut zur Predigt erscheinen.«

Die Stoßrichtung bleibt letzten Ende immer dieselbe: »Die Scholastiker lehren, daß man das Gesetz nur dem Äußeren, nur der Tat nach erfüllen muß, ohne Erfüllung mit dem Herzen. Sie zeigen auch nicht, wie man zur Erfüllung kommt, und lassen die Gläubigen so im Unmöglichen stecken, weil die Gläubigen das Gebotene nie erfüllen können, wenn sie es nicht mit dem Herzen tun. Diese Lehrer reichen nicht einmal mit dem Finger an das Gesetz heran, ich will sagen: Sie gehen nicht einmal mit einem schwachen Versuch des Herzens an die Erfüllung, sondern nur mit dem äußeren Werk. Daher werden sie eitel und hochmütig. Unsere Theologen wollen Sünde nur in den Werken finden und lehren nicht die Gesinnung bessern und unter demütigem Seufzer nach Gnade verlangen. Sie machen nur stolze Menschen, die sich nach Verrichtung ihrer äußeren Werke für gerecht halten, ohne die Begierden weiter zu bekämpfen. Daher kommt es auch, daß in der Kirche das Beichten wenig hilft und die Rückfälle so zahlreich sind.«

Solche Priester bezeichnet Luther kurz und bündig als »Narren« und »Sautheologen«.

Kann Rücksichtslosigkeit des Tons, kann Brutalität des Wortes als das Gewissen der Kritik gelten? Hält Luther nicht schon hier und hundertfach später die Mißstände für das Wesentliche statt der Substanzentwertung, der die Mißstände entsprungen sind? Ganz zu Recht kann man auch einwenden, daß sich Luther kaum jemals ernsthaft mit der Scholastik in ihrer Blütezeit, insbesondere nicht mit Thomas von Aquin ausreichend beschäftigt und immer nur bestimmte Formen der spätesten Scholastik attackiert hat. Doch was besagt das? Hätte Luthers bessere Kenntnis der scholastischen Lehren die Übelstände, die er täglich erlebte, in einem anderen Licht erscheinen lassen? Auch seine ungeschminkte Sprache war nicht unbedingt eine Besonderheit in der damaligen Zeit. Allerdings war sie auch alles andere als die Regel in den Predigten seines Jahrhunderts.

Trotzdem war die bewußt verletzende Schärfe der Kritik eine unverwechselbare Eigenart Luthers, die nicht nur seiner elementaren Gläubigkeit entsprang. Oldecop berichtet, Luther hätte in seinen Predigten die Übel »mit allem Ungestüm und mit aller Vermessenheit« gebrandmarkt, denn er sei »von Natur hochmütig«. Schon lange vor Luther hatte es zwar ganze Heerscharen von Kritikern gegeben. Neu bei Luther ist aber der Wille zur unbedingten Verschärfung, neu ist das radikale Überzeichnen, neu ist die Ausweitung des kleinen Mißstands zum existentiellen Schaden. Nur kein Begütigen!

Trotz aller Leidenschaft ist freilich selbst die bösartigste Verzerrung bei Luther kaum jemals ohne einen Funken Wahrheit. Dabei weiß er recht gut, welche Risiken im Rechten und Richten liegen. Er scheut sich nicht, darüber zu klagen, daß über dem ganzen Klerus »heutzutage die dichteste Finsternis gelagert ist«; zumal die höheren Geistlichen sind »gottloseste Rechtsverdreher« und »übertünchte Gräber«. Er warnt aber im gleichen Atemzug: »Es gibt Toren, die dasjenige, was sie an einem einzigen Priester oder Ordensmanne zu tadeln haben, auf alle übertragen und dann alle bitter herabsetzen, dabei aber vergessen, daß sie selbst voller Gemeinheit sind.«

Die wildesten Angriffe Luthers richten sich schon in diesen Jahren 1515 und 1516 gegen das päpstliche Rom: »Heute ist Rom zurückgekehrt zu dem alten heidnischen Zustand. Es zieht die ganze Welt nach sich in den Pfuhl. Sie haben sich dort die schrankenlose Freiheit des Fleisches genommen. Vielleicht übertrifft das jetzige Rom im zügellosen Wohlleben noch das alte Rom, und es hat wohl auch apostolische Gesandte Gottes heute nötiger als damals. Von den Kirchenfürsten kannst du den ganzen Katalog der Laster haben, die Paulus aufzählt (2 Tim. 3,2 ff.). Es macht nichts, wenn diese Laster auch zum Himmel schreien: Du bist der allerfrömmste Christ, wenn du nur die Rechte und die Freiheit der Kirche geziemend schonst. Diejenigen also, die Ordnung schaffen sollen, sind selbst die gottlosesten Frevler.«

Fiel niemandem auf, daß Luther schon jetzt zur Attacke gegen die römische Kirche insgesamt blies? Bemerkte es nicht einmal Luther selbst? Hatte er mit der Anfechtung des Bußsakramentes nicht einen unerläßlichen Stein aus dem Fundament ihrer Dogmen gebrochen? Hörten das die Brüder und Patres nicht aus Luthers zahllosen Predigten in den Jahren 1515 und 1516 heraus? Staupitz konnte zwar, tief beeindruckt, ja ergriffen zu Luther sagen: »Aus dir spricht Christus!« Doch dieses Urteil schloß auch die Tatsache ein, daß aus Luther keinesfalls die Grundlehren der römischen Kirche sprachen.

Man braucht die Fragen nicht zu überdehnen. Luther wußte gut genug, wie herausfordernd neu und den Lehrsätzen der Kirche widersprechend seine Erklärungen waren. Schon allein der Mangel an Übereinstimmung mit den festliegenden Dogmen garantierte ihre Gefährlichkeit. Daran änderte sich auch nichts durch den Umstand, daß Luther lange Zeit eigensinnig daran festhielt, er würde nur unverfälschtes, wahres Lehrgut der Kirche predigen. Im September 1516 und im darauffolgenden Jahr, ebenfalls im September, leitete er die Disputationen seiner Schüler Bartholomäus Bernhardi und Franz Günther in Wittenberg. Die Thesen, die sie zu verteidigen hatten, insbesondere die 97 Thesen, über die Günther bei seiner Promotion disputieren mußte, waren reinstes lutherisches Lehrgut und erregten bei vielen Klosterbrüdern in Erfurt und an der Universität erheblichen Widerspruch; so auch bei Luthers früheren Lehrern und Professoren Jodocus Trutvetter, der bei der Immatrikulation Luthers in Erfurt Rektor gewesen war, und Bartholomäus Usingen. In Wittenberg allerdings war das Auditorium hell begeistert.

Luther ließ die 97 Thesen unter dem Titel *Disputatio contra scholasticam theologicam* drucken und schickte sie allen Freunden und Bekannten. Die Thesen waren in der Entschiedenheit, mit der sie die ganze theologisch-philosophische Basis der Scholastik aus der Perspektive Luthers in Zweifel zogen, sowohl ein Programm als auch ein Manifest. Viele Sätze waren geradezu unerhört. Wann hätte man im Raum der Kirche seit Hunderten von Jahren jemals solche Ansichten gehört: »Der Mensch, ein böser Baum geworden, kann nichts anderes tun als Böses wollen und tun. Der Wille des Menschen ist keineswegs frei, sondern er ist gefangen« (5. These). – »Der irrende Mensch kann die Kreatur lieben; also ist es unmöglich, daß er Gott liebt.« – »Nicht nur das jüdische Zeremonialgesetz ist kein gutes Gesetz, sondern auch die Zehn Gebote und was immer äußerlich gelehrt und befohlen werden mag« (82./83. These). – »Ein gutes Gesetz ist nur die Liebe Gottes, die durch den Heiligen Geist ausgegossen wird« (84. These). Und schließlich die Sätze: »Die einzige Disposition zur Gnade ist die ewige Auserwählung Gottes und die Prädestination. Verflucht sind alle, welche die Werke des Gesetzes tun. Gesegnet sind alle, welche die Werke der göttlichen Gnade tun« (29. These).

So stark der Beifall war, den Luther von seinen Freunden erhielt, so schlaff und nichtssagend war die Reaktion von Luthers Gegnern, die sich zu formieren begonnen hatten. Das ist erstaunlich. Sie bezeichneten den Wittenberger Provokateur zwar als hochfahrend und vermessen; das Angebot Luthers aber, die Thesen überall selbst zu verteidigen, da er sie nicht nur »in einen Winkel flüstern wolle«, wurde ignoriert. Wenn Luther später behauptet, er habe ganz bescheiden und still im Kloster gelebt und gelehrt, »der Welt reine abgestorben«, bis ihn dann unversehens Gott gerufen und gewaltsam in den öffentlichen Kampf getrieben hätte, so trifft das nicht zu. Luther hat den Kampf gesucht.

Revolutionen sind auf ein Datum angewiesen, an dem die Masken fallen. Die Revolution Luthers hatte am 4. September 1517 mit den Thesen gegen die Scholastik bei der Promotion Günthers wenn nicht begonnen, so doch die Generalprobe durchgeführt. Der Ausfall war weit massiver, als Luthers Thesen über den Ablaß im darauffolgenden Oktober. Allerdings hielt sich dieser Angriff gegen die Scholastik an die innerkirchlichen Grenzen. Der Streit um den Ablaß dagegen war ein Gefecht in der politischen Arena, vor der gesamten Öffentlichkeit Deutschlands, und deshalb gilt die Verkündigung der 95 Thesen am 31. Oktober 1517 mit vollem Recht als der eigentliche Beginn des Sturmes Luthers gegen die Kirche und das päpstliche Rom.

Erzbischof Albrecht von Mainz

Magdeburg war zu Beginn des 16. Jahrhunderts nicht einfach nur eine Stadt und ein großer Elbhafen. Magdeburg war eine Fürstin unter den deutschen Städten. Seit dem Jahr 929 war die ottonische Pfalz in Magdeburg neben Aachen der bedeutendste Platz des Reiches. Außer der immensen wirtschaftlichen Bedeutung hatte Magdeburg seinen Rang als Oberhof aller Städte, die nach dem Magdeburger Recht gegründet waren oder in denen dieses Recht galt; kein deutsches Stadtrecht war im Mittelalter stärker verbreitet als das Magdeburger Recht.

Magdeburg hatte fast in jeder Hinsicht einen Sonderstatus. Die Stadt war insbesondere der Schlüssel des gesamten Elbhandels. Und deshalb entspann sich um Magdeburg ein heißes Ringen, als der Erzstuhl im Jahre 1513 vakant wurde. Das Domkapitel wählte schließlich am 30. August Markgraf Albrecht von Brandenburg zum Nachfolger des verstorbenen Herzogs Ernst von Sachsen. Der Vorgang war ungewöhnlich, auch für jene Zeit, die sich mehr als einmal in Ungewöhnlichem als passender Demonstration ihrer selbst gefiel. Der neue Erzbischof zählte nämlich erst dreiundzwanzig Jahre, ein Alter, welches dadurch, daß es sich bei Markgraf Albrecht um den jüngsten Bruder des

regierenden Kurfürsten Joachim von Brandenburg handelte, nur unwesentlich erhöht wurde.
Schon im darauffolgenden Monat postulierte auch das Domkapitel von Halberstadt – seit 1479 mit Magdeburg durch Personalunion verbunden – den jungen Markgrafen zu seinem Administrator. Die Vereinigung der beiden hervorragenden Pfründen, ebenso die Jugend Albrechts von Brandenburg erzwangen freilich päpstliche Sondergenehmigungen, weil eine Vereinigung zweier Bistümer auf eine einzige Person dem kanonischen Recht zuwiderlief; allerdings bestand sie eben in diesem Fall tatsächlich schon seit dreißig Jahren, war also nicht unbedingt ein Präjudiz.
Da eine solche Stellenbesetzung ihren exklusiven Preis hatte, traf eine große Gesandtschaft in Rom ein. Sie hatte den erwünschten Erfolg, sie erwirkte die Zusage, daß Markgraf Albrecht im nächsten Jahr mit der Bischofsweihe rechnen durfte. Rom ließ sich diesen Bescheid gegen schwere Summen abhandeln. Die Gebühr, welche für die Verleihung der Pfründe amtlich von der römischen Kurie festgesetzt war, erreichte eine derartige Höhe, daß Albrecht selbst nicht in der Lage war, sie aufzubringen. Deshalb wurde die Summe für das sogenannte *Servitium commune* von der Zweigstelle des Bankhauses Fugger in Rom vorgestreckt. So weit lief das Geschäft im Rahmen der üblichen – in Deutschland seit einem Jahrhundert ebenso heftig beklagten wie seufzend hingenommenen – Bedingungen der Kirche ab.
Die Angelegenheit entwickelte sich jedoch plötzlich zu einer ebenso komplizierten wie für die Brandenburger mehr als gedeihlichen Affäre. Der amtierende Erzbischof von Mainz, Uriel von Gemmingen, verstarb. Auch diese Neubesetzung des Erzbistums verschlang Unsummen von Annaten. Unglückseligerweise war durch den Tod Uriels der Erzstuhl binnen einem Jahrzehnt zum drittenmal vakant, und das bedeutete für das Domkapitel nunmehr den finanziellen Bankrott. Die einzige Rettung bestand darin, einen Nachfolger zu suchen und zu wählen, der imstande war, die ungeheuren Beträge, die an Rom entrichtet werden mußten, aufzubringen und nicht zuletzt auch die Schulden zu bezahlen, die das Erzbistum seit Jahren peinigten.
Ein Rundblick über den kleinen Kreis der möglichen Kandidaten sonderte bald den Favoriten aus: Albrecht von Brandenburg, der schon 1508, mit achtzehn Jahren, Domherr zu Mainz geworden war. Den Ausschlag gab zum einen die Bereitschaft der Brandenburger, alle finanziellen Verbindlichkeiten zu regeln, zum anderen die innenpolitische Überlegung, daß durch eine solche Verbindung der wachsende

Vorrang Erfurts – die zweitgrößte Stadt des Mainzer Stifts – ausgeglichen wurde. Erfurt hing wesentlich von Kursachsen ab, und deshalb versicherte der Kurfürst von Brandenburg dem Mainzer Domkapitel, daß er seinerseits das Stift so unterstützen und sichern würde, wie es notwendig sei und gewünscht werde. So wählte Mainz den konfirmierten Erzbischof von Magdeburg und Bischof von Halberstadt, den Brandenburger Albrecht, zum neuen Erzbischof.
Die Entscheidung des Mainzer Domkapitels war unter den herrschenden Bedingungen recht klug gewesen. Was aber die Person, was die Verbindung mit Magdeburg und Halberstadt, was schließlich die unglaublich hohen Abgaben betrifft, die sich Rom dafür entrichten ließ, daß der Papst im Falle Albrechts besonders kräftig von seinen Dispensationsrechten Gebrauch machen mußte, war die Entscheidung von Mainz der Beginn eines Skandals, der sich in Deutschland mit nichts anderem vergleichen läßt.
Anfangs sah es aus, als wäre nur an einen Wechsel der Bischofsstühle gedacht: von Magdeburg-Halberstadt nach Mainz. Aber die gemischt mainzisch-brandenburgische Gesandtschaft, die in Rom vorsprach, strebte keine halben Lösungen an. Die drei Bistümer sollten einen einzigen Herrn bekommen. Albrecht wäre damit nicht nur Inhaber des wichtigsten Erzbistums im nördlichen Deutschland gewesen, sondern durch Mainz würde er zum ersten Kurfürsten und Erzkanzler des Reiches aufrücken – eine Position, deren Macht und Einfluß sich dadurch, daß mit Albrecht die Hohenzollern über zwei von sieben Kurstimmen verfügt hätten, noch erheblich wachsen würde.
Rom besaß einen vorzüglichen Überblick über die inneren Verhältnisse des Reiches. Drei Monate verhandelte die Kurie im Jahr 1514 mit den Deutschen über das Arrangement. Die römischen Kirchenfürsten wiesen unermüdlich darauf hin, daß eine solche Anhäufung höchster kirchlicher Ämter strikt entgegen den Vorschriften des kanonischen Rechtes war und, offen gesagt, etwas Einmaliges darstellte. Für die Dispens des Heiligen Vaters forderten sie deshalb auch eine einmalig hohe Summe. Albrecht von Brandenburg war allerdings schon bis an die Grenze des Möglichen mit den Abgaben für die Konfirmationsgebühren und die Verleihung des Palliums belastet – der weißen Binde als Zeichen des Rechtes, den Titel Erzbischof zu tragen und die erzbischöfliche Jurisdiktion auszuüben. Die päpstliche Dispens sollte ihn zusätzlich 10000 Goldgulden kosten, das heißt zusätzlich zu den jeweils 14000 Gulden für die offiziellen Gebühren.
In Rom wurde zwischen dem kurbrandenburgischen Prokurator Dr.

Johann Blankenfeld und Kardinal Lorenzo Pucci, dem alten, erfahrenen und unerbittlich zähen Leiter der römischen Dataria – die Behörde, die insbesondere für Dispense und ihre Höhe zuständig war – regelrecht gefeilscht. Dr. Blankenfeld versuchte, den Preis wenigstens um einige tausend Goldgulden zu drücken. Kardinal Pucci schüttelte erstaunt den Kopf: Bei den 10 000 Gulden handle es sich doch schon um die ermäßigte Summe. Er steigerte deshalb den Preis auf 12 000 Gulden mit der trefflichen Begründung, es hätte schließlich auch zwölf Apostel gegeben. Dr. Blankenfeld konterte noch trefflicher: Es gäbe aber doch nur sieben Todsünden. Das Argument schien gezogen zu haben, wie die Akten belegen; es blieb bei dem Betrag von 10 000 Goldgulden.

Trotzdem war Albrecht von Brandenburg mit dieser Abmachung immer noch weit überfordert. Das blieb auch den realistischen Römern kein Geheimnis. Ebenso realistisch ersannen sie mit den deutschen Gesandten einen gangbaren Weg. Kardinal Pucci deutete an – und es klang mehr nach Garantie als nach nebuloser Hoffnung –, der Heilige Vater wäre sicherlich bereit, dem künftigen Erzbischof das Gewicht einer so ungeheuren Finanzlast dadurch tragen zu helfen, daß er ihn an den Einkünften eines langjährigen Plenarablasses beteiligte. Offiziell sollte dieser Ablaß für den Weiterbau des Petersdoms in Rom ausgeschrieben werden. Die Hälfte der einlaufenden Gelder würde an die römische Kurie gehen, die andere Hälfte sollte die Schulden Albrechts bei den Fuggern tilgen.

Die Partner wurden einig. Leo X. gab im Herbst 1514 seine Bestätigung, die päpstliche Bulle *Sacrosancti Salvatoris* vom 31. März 1515 bewilligte dann den Gläubigen in den Kirchenprovinzen Mainz, Magdeburg, Halberstadt und in allen brandenburgischen Landen, insgesamt also fast in der Hälfte von ganz Deutschland, einen vollkommenen Ablaß, da – wie der Papst wörtlich versicherte – »wir mit allen Kräften bemüht sind, den heiligen Befehlen unseres Heilandes und Erlösers pflichtgemäß nachzukommen«. Damit war eine Vereinbarung perfekt, die – wie einer der namhaftesten katholischen Kirchenhistoriker unserer Zeit – noch sehr zurückhaltend – festgestellt hat – »den Ablaß zum Tauschobjekt in einem Großhandelsgeschäft« herabwürdigte, zu einem »schmählichen Handel«, dessen Rechtfertigungen »allerschärfste Verurteilungen« verdienen.

Erzbischof Albrecht gab den Ablaßpredigern eine knappe Anweisung, eine *Instructio summaria* mit auf den Weg, in der unter anderem exakt die abgestuften Summen verzeichnet waren, die jeder Gläubige für einen Ablaßbrief zu zahlen hatte: vom Fürsten bis zum ärmsten

Knecht. Eine theologische Unverfrorenheit ausnehmender Art war der Hinweis auf den Ablaß für Verstorbene, der ohne die vorgeschriebenen Leistungen des Bußsakraments durch einfache Bezahlung erlangt werden konnte. Kaum weniger anstößig und den Geboten der Kirche widersprechend war die Erlaubnis, daß jeder, der einen Ablaßzettel gekauft hatte, sich den Beichtvater nach Belieben aussuchen durfte, der ihm dann die Absolution erteilen mußte.

Kein Ablaß, der seit den Kreuzzügen jemals von Rom ausgeschrieben worden war, hatte einen höheren Grad der Entwertung des Religiös-Theologischen ins Äußerliche erreicht. Selbst katholische Theologen der jüngeren Zeit schreckten nicht davor zurück, es als ein »Gottesgericht« zu bezeichnen, daß der Petersablaß den Anstoß zur Kirchenspaltung gegeben hatte; es sei »in höchstem Sinn symbolhaft und Ausdruck historischer Vergeltung, daß aus ihm der reformatorische Sturm losbrach«.

Wenn das Geld im Kasten klingt

Der Mainzer Erzbischof übertrug die Leitung der Ablaßpredigten und Sammlungen in der Diözese Halberstadt und dem Stift Magdeburg einem besonders erfolgreichen Priester, dem Dominikaner Johann Tetzel aus Leipzig, der jahrelange Erfahrungen in dem Geschäft besaß und auf überragende Ergebnisse verweisen konnte. In seiner Begleitung befanden sich ständig Beamte des Bankhauses Fugger, die den Eingang der Gelder kontrollierten, sie weiterleiteten und sogar während der Predigten die Ablaßbriefe unter den Gläubigen verteilten und die Gebühren einzogen; sie besaßen die Schlüssel für die Kästen, in denen das Geld gesammelt wurde. Damit hatten sich, wie Luther es sah, »der große Schreier Tetzel und die großen Beuteldrescher Fugger« zusammengetan.

Tetzel besaß Sinn für Theatralik, Pomp und feierliche Darbietung. Er ließ sich mit all den Ehren und dem Aufwand empfangen, der einem Generalsubkommissar Seiner Eminenz des Herrn Erzbischofs zukam. Tetzel beherrschte in den Predigten die hohe Kunst der zündenden Vereinfachung, er war ein Meister auf der Klaviatur der Glaubensmomente des Volkes, die von simpler Angst bis zum arglosen Glauben an jedes Wort eines Priesters reichte, zumal eines Geistlichen, den der Heilige Vater selbst ermächtigt und geschickt hatte, wie das große rote Kreuz mit dem päpstlichen Wappen bezeugte. Im privaten Leben hielten sich seine Vergehen in normalen, in den damals üblichen Grenzen; er gehörte immerhin nicht zu der Art von Ablaßpredigern, die – wie Doktor Johannes Eck aus Ingolstadt bitter rügte – für die käuflichen Lusterweisungen der Frauen mit Ablaß- und Beichtzetteln bezahlten.

So erfolgreich Tetzel mit seinen Anpreisungen war, so sehr machten ihm die politischen Besonderheiten Deutschlands zu schaffen. Mit zum Widersinnigsten und Heillosesten der inneren Gliederung des Reiches gehörte die territoriale Unterschiedlichkeit der kirchlichen und weltlichen Herrschaften; fast durchweg überlappten und durchkreuzten sich die Bischofssprengel mit den Fürstenlanden. Herzog Georg von Sachsen, ansonsten ein genauso frommer Mann wie jeder andere Kurfürst, war gerade dieses Ablaßgeschäft mehr als zuwider. Als Tetzel im Bistum Meißen auftrat, ließ ihn der Herzog ausweisen und die Ablaßpredigten in seinem Land verbieten. Das gewichtigste Motiv für diesen Befehl lag auf der Hand. Sowohl dem Herzog als auch seinem Vetter, dem Kurfürsten Friedrich dem Weisen, widerstrebte es, die Ernennungsgebühren eines Brandenburgers mit sächsischem Geld bezahlen zu lassen. Albrecht von Brandenburg war in Magdeburg zum Nachfolger Herzog Ernsts, des Bruders Friedrichs des Weisen, gewählt worden. Beide Sachsenherrscher hatten diese Wahl eines Brandenburgers noch immer nicht verschmerzt. Deshalb untersagte auch Friedrich der Weise den Vertrieb des Ablasses in seinem Fürstentum.

Tetzel agierte dafür um so intensiver im Magdeburgischen und in den brandenburgischen Landen. Für zusätzliches Aufsehen sorgte der Strom der Ablaßkäufer, die ihm aus den sächsischen Gebieten nachliefen, mit den Zetteln zurückkehrten und von ihren Beichtvätern die Absolution verlangten. Warum sollte übrigens das Volk den Sprechern des Heiligen Vaters nicht glauben? Zumal wenn Tetzel ihnen immer wieder verkündete: »Wehe über euch um eurer Undankbarkeit willen, die ihr Gottes bluttriefende Gnade verachtet, da sie doch jetzt so billig zu haben ist!« Tetzel predigte, pries seine Ablaßbriefe an, hielt sie feil, als wäre er auf dem Jahrmarkt oder als ginge es um einen Seelenrettungs-Schlußverkauf. Das Volk riß sich zumeist um seine Briefe; zu einem guten Teil aber türmte sich auch Skepsis und Empörung über die Schamlosigkeit, mit welcher der Dominikaner seine theologische Ware an den Mann brachte.

Luther wurde von seinen Beichtkindern schon im Frühjahr 1516 auf die Aktivitäten Tetzels im Meißener Gebiet aufmerksam gemacht. Daß er beim erstenmal ausgerufen haben soll: »Dem Tetzel werd' ich ein

Loch in die Pauke schlagen, so Gott will!«, ist nicht verbürgt. Aber nach wiederholten Bitten griff er das Ablaßthema in einer Reihe von Predigten auf. Am schärfsten rügt er, die Ablaßprediger würden ihre Zuhörer bewußt im unklaren lassen und nicht deutlich machen, worum es wirklich gehe. Sie heben nur hervor, »wieviel die Frommen zahlen müssen und belassen sie in solcher Unwissenheit damit sie glauben, sie hätten mit dem Ablaß auch die Seligkeit erworben«. Doch aus dem Ablaß folgt nicht, »daß derjenige, der stirbt, sofort in den Himmel fliegt. So wird der schlichte Mann und die Mehrheit des Volkes betrogen und glaubt, daß ihm durch den vollkommenen Ablaß alle Sünden vergeben werden und er sich sogleich in den Himmel schwingt.« Luther steigert sich zu drastischen Beschuldigungen: »Die Ablässe sind zu einem schmutzigen Werkzeug der Habgier geworden! Wer von den Predigern sucht denn durch sie das Heil der Seelen und nicht vielmehr den Gewinn des Beutels?«

Mit keinem Wort greift Luther in diesem Jahr 1516 den Ablaß selbst an. Ihm geht es ausschließlich um die widerliche Praxis: »Es ist von größtem Nutzen, daß Ablässe angeboten und genommen werden. Vielleicht will Gott in unserer Zeit, in der seine Barmherzigkeit derart verachtet wird, uns um so reichlicher die Gaben seiner Güte durch Ablässe zukommen lassen.« Doch es ist ebenso offensichtlich, wie beiläufig Luther den Ablaß unter dem Gesichtspunkt der Versündigung und der Buße behandelt: Wirkliche Buße sei nichts Äußerliches, sondern etwas Innerliches, und diese Buße ist »die Pflicht des ganzen Christenlebens. Wer aufrichtige Reue spürt, der ist von dem Mißfallen mit sich selbst durchdrungen. Im Abscheu vor sich selbst empfindet er Schmerz und Strafe – und eben damit leistet er Gott Genugtuung. Ja, wer wahre Reue fühlt, der möchte lieber, daß die ganze Welt seine Sünde sieht und haßt, und er ist bereit, sich deswegen von allen mit Füßen treten zu lassen. Ein solcher Christ sucht keinen Ablaß und wünscht keine Beseitigung der Strafen, sondern im Gegenteil: er will die Strafe auf sich nehmen, er sucht das Kreuz.«

Welch eine Steigerung in den Konsequenzen! Welch radikaler Bruch mit einem Christentum, das dem Gläubigen die versöhnliche Zuwendung Gottes garantiert und ihn damit von allen Skrupeln entlastet, in denen auch nur ein Hauch von Selbstgefährdung durch ein Bezweifeln der Glaubensgrundlagen enthalten ist! Im Februar 1517 spitzt Luther in einer Predigt die Frage noch stärker zu: Die Ablaßprediger würden dem Volk nur die Furcht vor der Sündenstrafe einhämmern. Dabei käme es jedoch darauf an, nicht die Strafe, sondern die Sünde zu fürchten. Wenn der Christ keine Angst vor der Sündenstrafe hätte, würde kein einziger am Ablaß interessiert sein, selbst wenn er den Zettel umsonst bekäme: »Deshalb soll man das Volk dazu ermahnen, daß es die Strafe liebt und das Kreuz auf sich nimmt.« Ein Christ hat demnach ein Recht auf die Strafe – hier ist es, das ebenso strenge, schroffe, finstere wie kämpferische, heroische, weltüberwindende Luthertum, das eine so unerhörte Kraft aus der eigenen Hinfälligkeit geschöpft hat.

Im Herbst 1517 zieht Tetzel an dem nördlichen Grenzzipfel Kursachsens entlang, in dem Wittenberg liegt. Luther hat jetzt den „Ablaßprunk vor den Toren«. Ungezählte Wittenberger laufen hinüber in benachbarte Orte wie Zerbst und Jüterbog. Luther erfährt unmittelbar von verschiedenen Äußerungen und Behauptungen Tetzels; teils sind sie von den Erzählern übertrieben, teils verzerrt, nie aber sind es gänzlich falsche Berichte: »Der Ablaß des Papstes bringt die Versöhnung zwischen Gott und Mensch zustande; der Ablaß gilt, gleichgültig, ob man Reue empfindet oder nicht, ob man Buße tut oder sie unterläßt; selbst wenn einer die Jungfrau Maria geschändet hätte, hilft der Ablaß; durch den Ablaß wird auch diejenige Sünde getilgt, die man erst in Zukunft begehen wird; das Ablaßkreuz, das der Papst aufgerichtet hat, ist dem Kreuz Christi gleichwertig, es besitzt dieselbe Kraft.« Gegenüber solchen Behauptungen klingt die berühmt gewordene Formel nachgerade harmlos: »Sobald das Geld im Kasten klingt, die Seele aus dem Fegfeuer springt.«

Das Thesenpapier

Luther kann diese Formel dem Sinn nach auch in der Instruktion des Erzbischofs Albrecht von Mainz finden, die er im Oktober 1517 zu lesen bekommt; sie gibt lediglich die Lehre von der unmittelbaren Wirksamkeit des Ablasses in einer besonders einprägsamen Form wieder. Luther entschließt sich zu einem Brief an den Erzbischof. Er schickt das Schreiben am 31. Oktober ab, er bittet in überaus höflicher Form darum, die Instruktion zurückzuziehen und zu verbessern, und er legt ein Blatt mit 95 Thesen bei, wie üblich in Latein, die er öffentlich zu diskutieren wünscht: *Disputatio pro declaratione virtutis indulgentiarum* (Erklärung der Kraft der Ablässe).

Das Datum des 31. Oktober hat Luther mit Bedacht gewählt. Die Wittenberger Schloßkirche feiert zu Allerheiligen, am 1. November,

ihr Weihefest, und aus diesem Anlaß ist mit einem starken Besuch in der Stadt zu rechnen, nicht zuletzt kommen auch viele Priester und Theologen. Luther heftet deshalb seine 95 Thesen auch am Portal der Schloßkirche an.
So hat man es mehr als vier Jahrhunderte geglaubt und gelehrt. Seit zwanzig Jahren aber ist man keineswegs mehr davon überzeugt, daß Luther voll sinnbildlicher Kraft – mit festen Schritten, Thesen, Hammer und Nagel in der Hand und den großen Zorn im Herzen – auf das Portal zugeschritten ist und, wie ein protestantischer Kirchenhistoriker noch vor einigen Jahrzehnten schrieb, »mit markigen Hammerschlägen die Thesen an die Tür der Schloßkirche und damit den Bau der mittelalterlichen Welt in Trümmer schlägt« – so eindrucksvoll dieses Bild auch sein mag, so viele Dichter sich des dankbaren Sujets, wenn auch kaum jemals mit adäquater Wortgewalt, angenommen haben:

»Als einst der große Reformator,
als kühn dereinst der Mann mit Kraft
die Christenheit von Fron und Joche
der Engelsburg emporgerafft,
da schlug er an der Schloßkirch-Pforte
die fünfundneunzig Sätze an,
daß ob des Hammers kräft'gen Schlägen
erzitterte der Vatikan.

Jedweder Schlag dran gleich dem Donner
im Wettersturme durch die Welt
und hat das weite Reich der Lüge
allmächtiglich entzwei gespellt.
Gleich Feuerbergen, wenn sie rasen
und rütteln an des Himmels Dom,
so drang der Schlag in das erregte,
aufwallend enge Herz von Rom.«

Richtig ist, daß es damals Brauch war, die Einladung zu einer Disputation über bestimmte Thesen in dieser Weise bekanntzumachen. Kirchentüren sind noch heute vielfach der Ersatz für Schwarze Bretter. Melanchthon, dem wir eine Fülle wichtiger Mitteilungen über Luthers Leben verdanken und fast ebenso viele gewichtige Irrtümer, hat von dem Thesenanschlag berichtet. Augenzeugen gibt es aber nicht. Luther hat jedoch die Thesen gleichzeitig an viele Stellen und kirchliche

Persönlichkeiten geschickt, und das spricht für die Endgültigkeit seiner aufgestellten Sätze, entwertet also die Einladung zur Disputation, ja macht sie fast nebensächlich. Die Erwägung, Luther hätte die Thesen zuerst den Bischöfen zugestellt und sich erst dann, als keine Reaktion erfolgte, mit den Sätzen an die Öffentlichkeit gewandt, ist kaum schlüssig. Die Einladung zu einer Disputation, zumal lateinisch abgefaßt, richtete sich an die gelehrte Welt innerhalb der Universität; das Recht dazu ergab sich unmittelbar aus den Pflichten seines Lehramts. Ob nun der Thesenanschlag eine Legende ist oder nicht: Aufsehenerregend und revolutionär war nicht die Form der Proklamation, sondern ihr Inhalt. Seine Wirkung in der Öffentlichkeit war so beispiellos, daß der 31. Oktober als Datum des Beginns der lutherischen Revolution sein Recht und Gewicht behält.

Luthers 95 Thesen bildeten eine Art Gegenstück zu den 94 Abschnitten der *Instructio summaria* des Mainzer Erzbischofs. In den Formulierungen waren sie weit weniger polemisch als Luthers Thesen gegen die Scholastik. In der Sache aber zeigten sie sich genauso entschieden, und gewaltigste Sprengkraft besaßen sie, weil Luther mit ihnen den grundsätzlichen Angriff gegen das ganze päpstliche Finanzwesen begann, dessen bedeutendsten und ergiebigsten Quellen in Deutschland sprudelten. Er legte Hand an die kirchlichen Institutionen, stellte die Rechtmäßigkeit ihrer Begründung in Frage und zog fundamentale Lehren genauso in Zweifel wie das Zentralstück der päpstlichen Macht: die Binde- und Lösegewalt.

In der 86. These stellt Luther die höhnische Frage: »Der Papst besitzt heute ein fürstlicheres Vermögen als der reichste aller Geldfürsten, Crassus. Warum baut er dann nicht wenigstens diese eine Basilika St. Peter mit seinem eigenen Geld, statt mit demjenigen von armen Gläubigen?« Die 45. These lautet: »Wer einen Armen sieht und ihm nicht hilft, sondern sein Geld für den Ablaß gibt, der erwirbt nicht den Ablaß des Papstes, sondern den Zorn Gottes. Das lehre man die Christen.« Und in der 89. These meint er ironisch: »Dem Papst geht es doch beim Ablaß mehr um das Heil der Seelen, als ums Geld: Warum setzt er deshalb jetzt die früher bewilligten Briefe und Ablässe außer Kraft, da diese doch genauso wirksam sind wie die neuen?«

Formal bleiben die Thesen zweifellos innerhalb des kirchlichen Lehrgebäudes, sofern man die politischen Verflechtungen überhaupt ignorieren kann. Luther behauptet zwar in der 71. These recht kräftig: »Wer gegen die Wahrheit des apostolischen Ablasses redet, der sei verbannt und verflucht!« Aber verstanden werden die Thesen ganz anders.

Luther selbst hat nach Jahr und Tag den Anflug von theologischer Camouflage in seinem Revolutionsjahr 1517 nicht bestritten, er hat zugegeben, daß er »dem Papste sein Wesen und seine Lehre, und nicht bloß Mißbräuche angegriffen« hätte.

Das Thesenpapier fordert in der Einleitung, daß über diese 95 Sätze »aus Liebe zur Wahrheit und aus Verlangen, sie offenkundig zu machen«, in Wittenberg disputiert werden sollte und auch schriftliche Stellungnahmen erwünscht seien. Kein Mensch meldete sich jedoch zur Disputation. Das erwünschte Streitgespräch war rasch zur Nebensache geworden, denn die Thesen wurden mit verblüffender Schnelligkeit in ganz Deutschland bekannt. Luther hat behauptet, das Papier hätte in vierzehn Tagen alle Deutschen erreicht; eine leichte Übertreibung, es dauerte etwas länger, das Tempo war aber trotzdem immer noch sensationell. Friedrich Myconius, einer der ersten und engsten Freunde Luthers, schrieb, sie hätten »in vier Wochen schier die ganze Christenheit durchlaufen, als wären die Engel selbst Botenläufer und trügen's vor aller Menschen Augen. Es glaubt kein Mensch, welches Gerede davon wurde.«

Nach Rom wurden die Thesen nicht von den Engeln getragen, sondern von einem Boten des Mainzer Erzbischofs. Die Räte Albrechts hatten diesen Schritt empfohlen. Luther berichtet, der Papst hätte nach der Lektüre gesagt: »Diese Thesen hat ein voller, betrunkener Deutscher geschrieben; sobald er wieder nüchtern ist, wird er anders vom Ablaß denken.«

6 Der Kampf mit Rom

Ohne daß Luther es gewünscht oder angeregt hatte, wurden die Thesen sogleich ins Deutsche übersetzt – eine Voraussetzung für ihr unglaubliches Echo. Luther war in Deutschland über Nacht zum berühmtesten Mann geworden. Von diesem Moment an war alles Privat-Vertrauliche von ihm unwiderruflich verkoppelt mit der öffentlichen Wirkung, und ebenso unzertrennlich verknüpft mit Luthers Erinnerungen daran und seinen rekapitulierenden Darstellungen. Alle Bemühungen, diesen Sachverhalt zu bestreiten, scheitern an der Tatsache, daß Luther im Herbst 1517, also noch vor der Veröffentlichung der 95 Thesen, sehr wohl wußte, welchen Schritt er unternahm. Ob man mutmaßt, Luthers Vertrauen zu der Einsicht der hohen Geistlichkeit und Roms wäre zu groß gewesen oder er hätte sich wider besseres Wissen selbst über die Tatsache hinweggetäuscht, daß die Kirche gar nicht anders konnte, als mit allen Mitteln zu versuchen, ihn zum Schweigen zu bringen, ist belanglos: Luther besaß ein klares Wissen von der Unabänderlichkeit des Bruchs.

Später machte er selbst darauf aufmerksam, daß er schon im Jahr 1516 »über die Ablässe zu disputieren und gegen den Papst zu schreiben angefangen« hätte.

Als er die Thesen formulierte und veröffentlichte, griff er zur selben Zeit auch in seinen Predigten das Ablaßthema wiederholt auf. Die ersten Bewußtseinsfetzen seiner vorgeahnten Öffentlichkeitsrolle waren schon zu spüren. In einer dieser Predigten, welche die Grundlage für seinen im Frühjahr 1518 veröffentlichten »Sermon von Ablaß und Gnade« gewesen sein dürfte, versichert er zum Schluß, »daß ich, obwohl mich etliche Leute als einen Ketzer beschimpfen, auf solch ein Geplärre nicht groß achte, denn das tun nur etliche finstere Gehirne, welche keine Ahnung von der Bibel, die christlichen Lehrer nie gelesen, ihre eigenen Lehrer nie verstanden haben und in ihren durchlöcherten und zerrissenen Meinungen fast untergehen.«

Luthers eigene Lehre hatte sich im Verlauf einer Reihe von Jahren entwickelt, in endlosem Nachdenken, Grübeln, Prüfen, Verwerfen. Er mußte wissen, daß schon die erste Ablaßthese sowohl der Aussage als auch der Formulierung nach kein Arrangement mit der Kirche möglich machte. Sie enthielt ein Grundelement seiner ganzen Theologie, sie war von ihm schon vor dem Oktober 1517 immer wieder vorgetragen worden: »Da unser Herr und Meister Jesus Christus spricht: Tut Buße, denn das Himmelreich ist nahe, hat er gewollt, daß das ganze Leben der Gläubigen eine Buße sein soll.«

Die Erläuterungen zu den Thesen, die Luther Anfang 1518 verfaßte, hatte er seinem zuständigen Bischof Hieronymus Scultetus von Brandenburg zur Genehmigung vorgelegt; Wittenberg gehörte zur Diözese des Bischofs von Brandenburg. Scultetus antwortete höchst wohlwollend. Ohne Sinn für prinzipielle Fragen meinte er, alles in der Schrift sei »gut katholisch«, Luther möge sich aber im Moment gedulden und in der Ablaßfrage nichts mehr weiter publizieren, um weiteren Aufruhr zu vermeiden.

Luther wußte es freilich besser, er verstand unter »gut katholisch« etwas anderes. Damals scheint er sich deutlich an den Tag erinnert zu

haben, an dem er im September 1505 als Novize in das Erfurter Kloster aufgenommen worden war. Bei der Rezeptionsfeierlichkeit hatte er vor dem Altar in Kreuzesform auf der steinernen Grabplatte des Augustinertheologen Johannes Zachariae gelegen. Zachariae, der im Jahr 1428 verstarb, hatte auf dem Konzil zu Konstanz 1415 »den völlig unbesiegbaren und höchst gelehrten Ketzer Johannes Hus in einer Disputation überwunden und seine Verbrennung bewirkt« – so berichtete ein Ordensbruder von Zachariae. Der Papst belohnte ihn dafür mit der Goldenen Rose, die der *Hussomastix*, der Husüberwinder, Zachariae seitdem an seinem Doktorbarett trug.
Luther war sich seit 1517 im großen und ganzen darüber im klaren, an welche Grenzen und in welche Gefahren ihn seine Lehren führten. Im Mai 1518 spricht er dann offen davon, er schreibt an Staupitz: »Ja, Christus mag zusehen, ob die Worte, die ich bisher ausgesprochen habe, meine Worte oder seine Worte sind. Meinen Feinden, die mich bedrohen, weiß ich nichts zu antworten als das Wort Reuchlins: Wer arm ist, fürchtet nichts; denn er kann nichts verlieren. Geld und Gut besitze und begehre ich nicht. Habe ich guten Ruf und Ehre besessen, so mache derjenige, der damit angefangen hat, auch den Rest zunichte! Nur eins ist noch übrig, mein nichtiger, von vielen und steten Mühsalen heimgesuchter Leib. Wenn sie mir durch Hinterlist oder Gewalt das Leben rauben wollen, so werden sie mir das Dasein nur um einige Stunden verkürzen. Mir genügt mein süßester Erlöser und Versöhner, unser Herr Jesus Christus. Ihm will ich singen, solange mein Leben dauert. Wenn einer nicht mit mir singen will, was kann mich das kümmern? Er mag, wenn er will, auch heulen, aber in seiner eigenen Gesellschaft.«
Immer wieder von neuem ist die Frage diskutiert worden, ob Luther den Abfall und die Spaltung der Kirche gewollt und beabsichtigt hat. Luther hat sich wiederholt scharf gegen solche Unterstellungen gewandt – aber nicht, weil sie falsch gewesen wären, sondern weil er sich nicht sofort mit allen Konsequenzen seiner Lehren vertraut machen konnte oder sich diese Folgen nicht eingestehen wollte. Aber an den Lehren selbst, die wie Rammböcke gegen die Mauern der Kirche krachten, hat er nicht das geringste deuteln lassen. Das allein ist maßgebend für die Frage, wie es mit Luthers Absicht stand, die römische Kirche aus den Angeln zu heben.
Die deutsche Öffentlichkeit war von dem Thesenpapier insbesondere deshalb so aufgewühlt, weil hier die Geldfrage rigoros ins Zentrum gerückt wurde, weil endlich ein Mann aufgestanden war, welcher »der

Katze die Schelle umhing«. Ein hervorragender Kenner, der Humanist Hieronymus Aleander hatte im Jahr 1516, als er in den Dienst der römischen Kurie trat, die Lage in Deutschland mit den mahnenden Worten charakterisiert: »Viele, viele warten hier nur auf den richtigen Mann, um das Maul gegen Rom aufzutun.«

Aleander traf ins Schwarze. Was Luther aussprach, was er mit der unbändigen Kraft und dem politischen Instinkt des geborenen Umstürzlers formulierte, waren Dinge, die das deutsche Volk seit vielen Jahren bewegten, quälten, seinen Unmut auf Siedegrade steigerten – alles in Richtung eines Aufbegehrens, welches eine Rebellion der ganzen deutschen Nation auslösen mußte.

Doch der Jubel des Volkes über Luther war auch deutlich durchsetzt von dem verschreckten Empfinden, daß es an willentlichen Selbstmord grenzte, dieses heiße Eisen zu berühren. Der Bruder Martinus hatte nicht nur einen der größten Übelstände angegriffen, sondern versuchte etwas überaus Gefährliches und letzten Ende Aussichtsloses. Ein Mönch aus Corvey schrieb ihm: »Min leewe Broder Marten, wenn du dat Fegefüer und die Papenmarketenderei störmen und wegschludern kanst, bist du vorwahr ein groter Herr!« Der mehr als sechzigjährige Reuchlin seufzte immerhin voller Hoffnung: »Nun haben sie einen Kämpfer gefunden, der ihnen eine so blutsaure Arbeit machen wird, daß sie mich alten Mann wohl endlich in Frieden hinziehen lassen.«

Der ungestüme Angriff Luthers verstörte die Mainzer Behörden weit mehr, als Luther ahnen konnte. Rom war nicht zufrieden mit den Erträgen, die in den letzten Jahren aus dem Ablaß in die kurialen Kassen geflossen waren. Erzbischof Albrecht wurde gemahnt, daß »das heilige Geschäft mit übermäßig großen Unkosten, mit Pomp und der Bezahlung vieler Personen beschwert werde«; bei diesem Vorwurf wurde nicht zuletzt an die Zinsen gedacht, die das Haus Fugger kassierte. Für solche Klagen hatte Albrecht von Brandenburg damals ein besonders geschärftes Ohr, denn ihm war bekannt, wie sehr die Mainzer inzwischen von ihm enttäuscht waren. Er hatte sie bisher weniger durch die Gesundung der Finanzen beeindruckt, als vielmehr durch seine üppige Hofhaltung und die Summen, mit denen er seine Neigungen für die Künste befriedigte. Zusätzlich trafen in Mainz alarmierende Nachrichten Tetzels ein; das Thesenpapier Luthers wirkte sich verheerend rückläufig auf seinen Ablaßhandel aus.

Tetzel nahm die Attacke Luthers nicht ohne weiteres hin. Am 20. Januar 1518 erwarb er an der theologischen Fakultät der Universität in Frankfurt an der Oder den Grad eines Lizentiaten. Er hatte im

Dezember 106 Thesen gegen Luther drucken lassen, später noch ein weiteres halbes Hundert hinzugefügt und verteidigte jetzt dieses Paket der »Antithesen« in einer öffentlichen Disputation. Verfaßt hatte sie ein Freund Tetzels, der Frankfurter Professor für Theologie, Konrad Wimpina, damals Dekan der Fakultät.
Luther wurde, wie zu erwarten, durch die Veröffentlichung der Tetzel-Thesen aufs neue gereizt. Er bezeichnete die Sätze des »unverschämten, gotteslästerlichen Beutelschneiders« als »greuliche, schreckliche Artikel«. Als der Plakatdruck nach Wittenberg gebracht und dort verkauft werden sollte, nahmen Studenten dem Händler den ganzen Packen ab, luden zu einem öffentlichen Begräbnis der Tetzelschen Thesen« ein und verbrannten die rund 800 Blatt auf dem Marktplatz der Stadt. Luther war von diesem Autodafé nicht entzückt, er vermutete richtig, daß man ausschließlich ihn dafür verantwortlich machen würde.

Blitzstrahl aus Rom

Die literarisch-theologische Polemik pflanzte sich von Monat zu Monat fort, die Schärfe steigerte sich dabei fast mechanisch. Luther erläuterte wiederholt sein erstes Thesenpapier. Am gründlichsten legte er seinen Standpunkt in den »Resolutionen« zu seinen Ablaßthesen dar. Der Druck wurde schon im April begonnen, endgültig waren die »Resolutionen« aber erst im August fertig. Vieles dieser 95 Lehrsätze greift erheblich über die ersten Thesen hinaus. Die Autorität des Papstes läßt Luther jetzt nur noch für die äußeren Ordnungen gelten, nicht mehr für die Fragen des Gewissens. Verdienste der Heiligen, die dem »Schatz der Kirche« zugerechnet werden, gibt es für ihn nicht, denn auch die Heiligen seien Sünder gewesen, unfähig, den Geboten Gottes vollständig zu gehorchen. Luther greift auch schon ganz grundsätzlich die Mittlerstellung des Priesters an: nicht der Beichtvater, sondern Gott allein kann die Sünde vergeben. In der 89. Conclusio fordert Luther: »Die Kirche muß reformiert werden (Ecclesia indiget reformatione). Aber das ist nicht die Sache eines einzigen Menschen, des Papstes, auch nicht eine Sache der vielen Kardinäle, sondern eine Sache der ganzen Welt, ja allein die Sache Gottes. Wann es Zeit für diese Reformation ist, das weiß nur derjenige, der die Zeiten schuf. Inzwischen aber können wir so offenkundige Schäden nicht verschweigen.«
Luther widmet die große Schrift dem Papst persönlich. Er läßt den Begleitbrief an Leo X. zusammen mit den »Resolutionen« drucken.

Auch dieses Schreiben zeigt eindeutig, mit welchen Folgen seines Schrittes Luther schon bald rechnet. Er weiß was es heißt, daß er in Rom »bei Eurer Heiligkeit als Ketzer, Abtrünniger, Meineidiger und mit tausend anderen Namen« verleumdet wird. Doch, so versichert er dem Papst, hätte ihn nur sein unschuldiges Gewissen dazu getrieben, gegen die »gottlosen und ketzerischen Lügen« vorzugehen, welche die Ablaßprediger unter dem Schutz des päpstlichen Namens dem Volk vorgesetzt hätten: »Sieh an, nichts anderes ist der Brand, von dem, wie sie schreien und klagen, die ganze Welt entzündet wird.« Aber – und schon hier spricht Luther das Wort, das ihm noch gar nicht abverlangt ist, von dem er aber weiß, daß es bald der Fall sein wird: »Revocare non possum – Widerrufen kann ich nicht!« Und am Ende steigert er sich zu dem Bekenntnis: »So falle ich, Heiligster Vater, Euch zu Füßen und ergebe mich samt allem, was ich bin und was ich habe. Verhängt über mich das Leben, verhängt den Tod, saget zu, saget ab, bestätigt oder verwerfet, wie es Euch beliebt: Eure Stimme werde ich als die Stimme Christi anerkennen, der in Euch regiert und redet. Habe ich den Tod verdient, so weigere ich mich nicht, zu sterben.«

Dieses feierliche Bekenntnis ist von tiefem Ernst durchzogen, doch es war nicht ernst gemeint. In den »Resolutionen«, die dem Brief beiliegen, schreibt Luther: »Was dem Papst gefällt oder nicht gefällt, macht auf mich gar keinen Eindruck. Er ist genauso ein Mensch wie alle anderen Menschen.« Luther rechnet damals schon mit der Exkommunikation. Mitte Mai 1518 hält er eine Predigt über den päpstlichen Bann und seine Kraft; einen entsprechenden Text läßt er im August erscheinen: *Sermo de virtute excommunicationis.* Er weigert sich darin rundweg, die Wirksamkeit des Bannes bei jemandem gelten zu lassen, der die Wahrheit ehrlich vertritt. An Staupitz schreibt er, daß wegen dieser Predigt sicherlich wiederum »ein Feuer entbrennen wird«. Doch »mein Gewissen sagt mir, daß ich die Wahrheit gelehrt habe«. Damals kennt Luther noch nicht das Wort von Johannes Hus: »Suche die Wahrheit. Höre die Wahrheit. Lerne die Wahrheit. Liebe die Wahrheit. Bleib treu der Wahrheit. Verteidige die Wahrheit bis in den Tod!«

In den nächsten Monaten ist die Wahrheit und das Gewissen Luthers einziger Rückhalt. Er schlägt immer härter um sich, er scheint sich an die Wand gedrückt zu fühlen. Seine Angriffe gewinnen an Wucht, an Gewalt, mit jeder Predigt, jedem Satz, den er veröffentlicht, reißt er einen Vorhang nach dem anderen weg. Will er seine Hörer und Leser das Ziel so deutlich wie möglich, ganz unverschleiert sehen lassen?

Oder will er das Ziel nur sich selbst verdeutlichen, sich ganz und gar bewußt werden, wie weit er ausgreifen, wie weit er gehen muß, um dorthin zu kommen, wo vor ihm am Horizont dasjenige liegt, von dem so viele geträumt haben, ohne es zu Gesicht zu bekommen: das, was Jesus Christus verkündet hat – das Wort Gottes verwirklicht in der Welt, und zwar so, daß es jeder begreift, ohne noch auf die Deutungen Dritter angewiesen zu sein, ob es sich um Menschen handelt oder um Organisationen, die sich, wie die kirchlichen, anmaßen, von Gott eingesetzt zu sein. Von diesem Wort Gottes ist in der bestehenden Kirche nichts enthalten, das weiß und behauptet Luther. Sie ist seiner Meinung nach eine schauderregende Institution, und statt Priestern »haben wir nur Schatten von Geistlichen«, wie er schon 1515/16 in der Römerbrief-Vorlesung klagt.
Solch ein Schatten ist auch der Professor Johannes Eck aus Ingolstadt, wie Luther zu seiner abgrundtiefen Enttäuschung feststellt. Eck zählt zu den angesehensten Theologen Deutschlands, er ist Kanzler der Universität, Inquisitor für Bayern und Franken, in Eichstätt besitzt er als Domherr eine Pfründe. Seine Begabung wirft die gewöhnlichen Maßstäbe über den Haufen; er war ein Wunderkind, schon mit zehn Jahren las er die Schriften des heiligen Augustinus und studierte das *Corpus juris canonici.* Mit noch nicht dreizehn Jahren erwirbt er den Baccalaureus, mit knapp vierzehn den Magister.
Luther steht mit Eck seit einem Jahr im Briefwechsel, es sind höfliche Schreiben, wie sie unter Gelehrten üblich, also nicht wörtlich zu nehmen sind. Doch Luther hat den Ingolstädter Professor fast liebevoll »unseren Eck« genannt, hat dem »so gelehrten und geistvollen Mann« seine Thesen gegen die Scholastik schicken lassen und ebenso die Ablaßthesen. Nun aber reagiert Eck ganz unerwartet feindselig. Er bezeichnet Luthers Thesen als giftig und ketzerisch, eine Reihe davon schmeckten nach hussitischer Häresie, Luther beabsichtige, die kirchliche Ordnungshierarchie umzustürzen, die Thesen – Eck hat sofort ihren eigentlichen Gehalt begriffen – seien geeignet, Aufruhr zu entfachen: sie seien revolutionär.
Eck hat das Thesenpapier mit Anmerkungen versehen, mit »Pfeilchen« gespickt und diese *Obelisci* im November 1517 – vielleicht auch erst im Dezember – dem Bischof von Eichstätt überreicht. Abschriften gehen an Freunde und Bekannte; ein solches Blatt erhält Luther im März 1518. Die Enttäuschung schlägt um in Empörung und Wut: »In Ecks ganzem Gemengsel ist nichts von Theologie, das heißt, von der Bibel. Alles sind wissenschaftliche Grillen, lauter Traum und Dünkel – mit

einem Wort die Denkweise, gegen die ich kämpfe. Eck versäuft in Schulweisheit und stinkt nach seinem Bock Aristoteles.«
Luther verfaßt sofort eine Gegenschrift »Sternchen – Asterisci«; gedruckt wird sie erst 1545, Luther schickt sie aber gleich nach dem Schlußpunkt ebenfalls handschriftlich überall hin. Auch Eck erhält ein Exemplar, samt einem Brief: »Das also ist der Beweis für die treue Freundschaft, die Ihr mir angeboten habt! Wie hätte meiner Einfalt der Verdacht kommen können, daß Ihr, der so schön getan hat, mir in den Rücken fallen wolltet. Ich bin erstaunt, wie Ihr die Unverschämtheit besitzt, über meine Thesen zu richten, ohne daß Ihr sie verstanden oder überhaupt gelesen habt. Diese Unverschämtheit beweist, daß Ihr Euch einbildet, ganz allein etwas von der Theologie zu verstehen. – Erlaubt wenigstens, daß Gott noch lebt und regiert! Doch ich will nicht lang mit Euch verhandeln, denn Ihr seid ja doch von Wut gegen mich erfüllt. Ich sende Euch ein Buch voll ›Sternchen‹, aus dem Euch ein Licht aufgehen möge über Eure ahnungslose Unverschämtheit. Um Eurer Ehre nicht zu nahe zu treten und Gleiches mit Gleichem zu vergelten, habe ich es nicht drucken lassen.«
Karlstadt aber entschließt sich, als er die Schrift Ecks gelesen hat, zu einer großen Rechtfertigung. Er veröffentlicht 406 apologetische Sätze, »Konklusionen für die heiligen Schriften und die Wittenberger«, denn er sieht in der Stellungnahme Ecks nicht nur einen Angriff auf Luther, sondern auf die ganze Universität Wittenberg. Karlstadt wird damit zum ersten Mann in Deutschland, der für Luther öffentlich und bedingungslos eintritt, und lange wird er auch der einzige bleiben.

Inzwischen hatte Tetzel gegen Luthers »Sermon vom Ablaß und Gnade« eine »Widerlegung« verfaßt. Luther replizierte im Juni 1518 mit der Schrift »Eine Freiheit des Sermons päpstlichen Ablaß und Gnade belangend«. Beide Texte sind voller Grobheit und Hohn, der Inhalt bringt nichts Neues. Neu jedoch war für Luther der erste Angriff eines italienischen Klerikers aus der unmittelbaren Umgebung des Papstes, und zwar des päpstlichen Palastmeisters, Inquisitors, Richters in Glaubenssachen und Zensors aller Neuerscheinungen: des Dominikaners Silvester Prierias. Er hatte nach der Lektüre der Ablaßthesen ein Schriftchen mit dem Titel *Dialogus* verfaßt, hob stolz hervor, daß er dazu nur drei Tage gebraucht hätte, und überreichte es im Dezember dem Papst. Gedruckt wurde der Text erst im Juni 1518, Luther erhielt ihn im Juli oder Anfang August und reagierte besonders empfindlich.

In den Tischreden sagt er, der »Blitzstrahl, mit dem mich der Meister des heiligen Palastes erschrecken wollte«, hätte sein Blut zu tiefster Aufwallung gebracht da ihm deutlich geworden sei, wie unerbittlich sich Rom verhalten würde und wie ernst es mit seiner Sache stehe. Er schrieb eine Antwort in 150 Sätzen: *Ad dialogum Silvestri Prieratis de potestate papae responsio.* Sie erschien wahrscheinlich Ende August.

Das Gutachten von Prierias war nicht hochkarätig gewesen. Selbst Leo X. brummte, der Palastmeister hätte sich lieber drei Monate Zeit nehmen sollen statt nur drei Tage. Die Schlußfolgerungen des Dominikaners waren zwar einfach, aber von den Voraussetzungen her und nach den Regeln für die mittelbaren Schlüsse zwingend: Weder die Kirche noch das Oberhaupt der Kirche, der Papst, könnten irren. Deshalb sei derjenige, der an einem Wort oder Werk der römischen Kirche zweifle, ein Ketzer. Luther zweifelt mit seinen Ablaßthesen an Wort und Werk der römischen Kirche. Also ist Luther ein Ketzer.

Luther hatte sich, in einer etwas flachen Weise reagierend, für seinen Gegenangriff nur zwei Tage Zeit gelassen. Trotzdem unternimmt er dabei einen weiteren Schritt nach vorn. Er setzt sich von diesem ersten Angriff, der von außerhalb der Grenzen kommt, mit einem Pochen auf die deutsche Überlegenheit ab. In einem Brief versichert Luther, er werde den Italienern schon zeigen, daß es auch in Deutschland Leute gebe, die sich in den schlauen Künsten und Ränken der Römer auskennten. Dem Dominikaner in Rom erklärt er, daß die Kirche zwar in der Tat die höchste Autorität sei, doch sie verkörpere sich nicht im Papst, sondern in Christus und in einem Konzil. Allerdings betont er schroff: »Irren kann sowohl der Papst, als auch das Konzil!« Er, Luther, setze freilich seine Hoffnung darauf, daß Gott das Konzil vor einem Irrtum bewahren werde. Sollte das jedoch nicht der Fall sein, dann werde er eben, nur mit der Bibel in der Hand, dem Konzil entgegentreten. Was er hier noch unter Vorbehalten ausspricht, festigt sich bald zu einem Lehrsatz: daß auch Konzile irren können. Damit gibt es für Luther aber keine Instanz, die ihm noch eine Berufung ermöglichen könnte. Er stellt sich also bewußt gänzlich außerhalb der Kirche, und zwar aus prinzipiellen Erwägungen.

Sein Gewissen und die Heilige Schrift – das ist der Fels, auf den er seine neue Lehre gegründet sieht, eine Lehre, die so wenig neu ist wie das Wort Christi selbst, das in dieser »unausssprechlich dichten Finsternis unserer Zeiten«, wie er in der Vorlesung über den Römerbrief geklagt hat, von niemandem mehr gehört werden kann, außer von ihm selbst.

Die Heidelberger Disputation

Obwohl Leo X. die Luther-Sache zunächst nur als ein lästiges Mönchsgezänk nördlich der Alpen einschätzte, zögerte er nicht allzu lange mit den offiziellen Schritten. Der Papst gab am 3. Februar 1518 dem neuernannten General der Augustiner-Eremiten, Gabriele della Volta, einem Venezianer, den Befehl, Luther zu belehren, zur rechten Meinung zurückzubringen und jedenfalls durchzusetzen, daß der Aufsässige endlich schweige. Auch wenn der Papst größere Sorgen hatte als die peinliche Angelegenheit in Deutschland, besaß er doch immerhin ein feines Gespür für die Gefahren, die möglicherweise von dem Wittenberger drohten. Er schärfte dem Augustinergeneral ein: »Handelst du schnell, so wird es hoffentlich leicht sein, die eben erst entfachte Flamme zu ersticken. Denn alles, was noch klein ist und eben erst den Kopf hebt, hält einem machtvollen Zugriff nicht stand. Schieb also nichts auf, denn das Übel nimmt von Tag zu Tag zu. Die Einzelheiten überlasse ich dir. Deine Rechtschaffenheit, dein Gewissen, deine Gerechtigkeit und außerordentliche Gelehrsamkeit werden dir von selbst sagen, was du tun mußt.«

Daß der Brand, den Luther verursacht hatte, rasch bekämpft werden sollte, deckte sich mit der Meinung Ecks und der gelehrten Theologen und Räte am Hof des Erzbischofs von Mainz: Luthers Angriff, der anscheinend nur durch die übertriebenen Ablaßpredigten ausgelöst wurde, mußte sich wegen des festen Begründungs- und Ordnungszusammenhanges der Kirche gegen den Primat des Papstes richten – eine Tatsache, die auch Luther rasch erkannt hatte. Bis heute gehören papale Macht und Ablaß unzertrennlich zusammen. Deshalb war das Gefährlichste in Luthers Ablaßthesen die Zielrichtung auf die päpstliche Schlüsselgewalt. Auch unter diesem Gesichtspunkt war eine sogenannte friedliche Einigung der Kirche mit Luther undenkbar.

Im April 1518 lief nun, turnusgemäß nach drei Jahren, die Amtszeit von Staupitz als Generalvikar der Augustiner in Deutschland ab. Das Kapitel trat am Sonntag Jubilate, dem 25. April, zur Neuwahl in Heidelberg zusammen. Als Distriktsvikar hatte Luther an der Versammlung teilzunehmen, denn auf diesem Ordenskapitel wurden, wie es Brauch war, auch die Distriktsvikare neu gewählt. Theoretisch hätte Luther sicher unter einem Vorwand in Wittenberg bleiben können, um jedes Risiko zu vermeiden. Staupitz wollte ihn jedoch den Sprechern der Konvente aller Augustiner-Kongregationen vorstellen und Luther die Gelegenheit geben, seine Lehrmeinungen vor den Brüdern, aber

auch vor den gelehrten Theologen der berühmten Heidelberger Universität zu erläutern. Obwohl es darüber keine sicheren Nachrichten gibt, dürften von der römischen Ordensführung inzwischen auch an Staupitz und die deutschen Konvente Anweisungen gekommen sein, die Lutherangelegenheit intern beizulegen.
Eine solche Reise, bei der Luther sächsisches Gebiet verließ und damit den Schutz seines Landesherrn einbüßte, war alles andere als harmlos. Keinem war recht wohl dabei, auch der Kurfürst schrieb an Staupitz, daß Luther zwar sicherlich genötigt sei, nach Heidelberg zu reisen, »wiewohl wir ihn nit gern von unserer Universität beurlauben«. Staupitz möge dafür sorgen, daß Luther so schnell wie möglich wieder zurückkomme und nicht aufgehalten werde. Luther spürte die Besorgnis des Kurfürsten, er stellte erfreut fest, daß ihn Friedrich der Weise »ungebeten in eigentümlicher Zuneigung in seinen Schutz nahm«.
In Heidelberg verlief der Konvent ohne Überraschungen. Staupitz wurde erneut zum Generalvikar gewählt, Luther von seinem Distriktsvikariat entbunden; an seine Stelle trat sein Freund Johannes Lang. Daß Luther von seinem Amt befreit wurde, ging teils zurück auf die Absicht, ihn zu entlasten, teils spielte auch die Überlegung mit, daß ihm aufgrund seiner persönlichen Gefährdung die Visitationsreisen zu den Klöstern nicht mehr ohne weiteres möglich waren; wahrscheinlich sollte auch durch diese »Amtsenthebung« Luthers die Stimmung in Rom ein wenig besänftigt werden.
Allerdings stand die Mehrheit der Augustinerkonvente auf der Seite Luthers, und das wurde sicherlich ebenfalls nach Rom berichtet. Luther war schon bei seiner Ankunft in Heidelberg überaus freundlich begrüßt worden, besonders herzlich von dem Bruder des Kurfürsten Ludwig V., dem jungen Pfalzgrafen Wolfgang, der in Wittenberg studiert hatte und der Staupitz, Luther und Lang zur Tafel ins Schloß einlud.
Die öffentliche Disputation am 26. April im Saal des Heidelberger Augustinerklosters wurde durch Plakate in der Stadt bekanntgemacht. Es handelte sich um das erste Auftreten Luthers außerhalb Sachsens seit der Verkündigung der Thesen. Die Einladung richtete sich vor allem an die Heidelberger Universitätstheologen. Luther hatte bei der Disputation den Vorsitz; die vierzig Thesen, die von Luther gestellt und von dem Magister Leonhard Beyer verteidigt wurden, waren bewußt sachlich und ohne jede unmittelbare Spitze gegen Rom formuliert. Im Mittelpunkt standen philosophisch-theologische Probleme wie die Prädestination, die Gnade und das Verhältnis von guten Werken und Glauben. Grundlage für ihre Behandlung waren die

Schriften Augustins. Doch es war offenkundig, daß auch diese Thesen Luthers strikt der herrschenden Theologie zuwiderliefen.
Die Atmosphäre bei der Disputation war überraschend ausgeglichen, sie blieb bis zum Schluß ungetrübt. Luther war in bester Verfassung, ein Freund berichtete, er hätte alle Angriffe mit paulinischem, anstatt mit scholastischem Scharfsinn pariert, die Gegner mit knappen, präzisen Zitaten aus der Heiligen Schrift widerlegt und dadurch die Zuhörer schließlich in Begeisterung versetzt. Pfalzgraf Wolfgang schrieb an Friedrich den Weisen: »Doktor Martinus Luther hat sich in seinem Disputieren so geschickt verhalten, daß er der Universität Euer Liebden kein kleines Lob eingebracht hat und ihm auch von vielen gelehrten Leuten großer Preis nachgesagt wird.« Den Heidelberger Theologen waren die Gedankengänge und die Theologie Luthers fremd, ungewohnt, zum Teil schienen sie ihnen auch unhaltbar zu sein, doch ihre Argumentation blieb sachlich, es gab keine Polemik. Nur ein junger Doktor brach gegen Luther aus: »Wenn die Bauern von Euch solches hörten, würden sie Euch mit Steinen niederschlagen und töten!«
Die Heidelberger Disputation erhielt ihren Rang nicht durch eine neue theologische Positionsbestimmung. Sie war jedoch ein Markstein für den Durchbruch der lutherischen Bewegung, sie hatte Signalwirkung. Heidelberg bedeutet die erste Formierung der Parteigänger Luthers. Martin Butzer aus Schlettstadt, damals siebenundzwanzig Jahre alt und Leiter der theologischen Studien bei den Heidelberger Dominikanern, war seit diesem Tag ein unverbrüchlicher Mitkämpfer Luthers, ebenso die Theologen Erhard Schnepf, Johann Isenmann, Johannes Brenz, Martin Frecht, Theobald Gerlach, Paul Fagius, Johann Stumpf und Franz Friedlieb. Sie alle waren fast durchweg als Zuhörer gekommen, sie blieben im Bannkreis der neuen Theologie, so spontan und unverbrüchlich, als wären sie Luthers erste Jünger. Mit Heidelberg beginnt Luthers Theologie in die Öffentlichkeit zu wirken, sie nimmt Gestalt an und greift aus, Heidelberg bedeutet schließlich auch, daß eine wachsende Zahl von Theologen und Parteigängern in Luther ihr Haupt und ihren religiösen Führer sehen.

Rom beginnt den Prozeß

Im März beschweren sich die Dominikaner erneut bei der römischen Kirchenführung; die Luther-Sache komme nicht voran. Nachdem sich die Erwartung der Behörden zerschlagen hatte, der Augustinerorden würde die Angelegenheit in seinem Rahmen beilegen, entschloß sich Rom zum direkten Weg. Zusätzlicher Druck wurde vom Generalkapitel der Dominikaner ausgeübt, das im Mai 1518 in Rom stattfand. Der Fiskalprokurator des Papstes und Generalstaatsanwalt der Kurie, Mario da Perusco, brachte offiziell die Anklage gegen Luther wegen des Verdachts der Ketzerei ein; damit war der Prozeß eröffnet. Im Juli wurde Luther die Vorladung geschickt. Er hatte innerhalb von sechzig Tagen in Rom zu erscheinen. Das Schriftstück wurde ihm über Kardinal Cajetan zugestellt, der sich damals in Augsburg befand. Er war als päpstlicher Legat zum Reichstag abgeordnet, um vor allem die Unterstützung eines Kreuzzuges gegen die Osmanen zu betreiben.

Kardinal Thomas Vio de Cajetano gehört zur ersten Garnitur der päpstlichen Kirche. Er ist knapp fünfzig Jahre alt, hat an den besten Universitäten Italiens gelehrt, wurde im Jahre 1508 General der Dominikaner, ein Jahrzehnt später Kardinal und Erzbischof von Palermo. Cajetan ist der führende Kopf der künftigen katholischen Reform und unbestritten der bedeutendste, fast einsam herausragende katholische Theologe dieser Jahrzehnte.

Luther erhält die Zitation am 7. August. Die »greuliche« Ladung vor die Inquisition ist ein Schock. An Spalatin – der mit dem Kurfürsten ebenfalls in Augsburg ist – schreibt er einen gehetzten Brief: »Ich brauche Eure Hilfe jetzt aufs nötigste, mein Spalatin, ja und mit mir braucht sie die Ehre unserer ganzen Universität!« Ein zweiter Brief geht direkt an Friedrich den Weisen. Luther bittet ihn dringend, Rom zu veranlassen, daß über die Vorwürfe gegen ihn nicht beim päpstlichen Stuhl, sondern in Deutschland verhandelt würde. Ein ähnlicher Vorstoß wird beim Kaiser unternommen, doch Maximilian I. hat schon Anfang August an den Papst geschrieben, daß ihm die Einheit des Glaubens wichtig genug ist, um jeden Schritt gegen Luther zu unterstützen.

In Rom mußte man mit der Weigerung Luthers gerechnet haben, denn lange vor Ablauf der Ladungsfrist wird Luther in einem geheimgehaltenen summarischen Prozeß zum Ketzer erklärt. Am 23. August ergeht ein Breve an Kardinal Cajetan, fünf Tage später hält es der Legat in den Händen: Luther sei als Ketzer zu behandeln. Cajetan soll ihn zwingen, nach Augsburg zu kommen und abzuschwören. Sollte jedoch »dieser Sohn der Bosheit und Verächter Gottes« nicht widerrufen, dann hätte der Legat dafür zu sorgen, daß »Luther samt seinen Anhängern gefangen und wohlverwahrt« dem Papst zugeschickt wird, um in Rom vor Gericht gestellt und bestraft zu werden. Wer aber »genannten Martinus

oder seine Anhänger auf irgendeine Weise hausen oder beherbergen oder demselben Luther Rat, Hilfe, Beistand, Vorschub oder Gunst öffentlich oder heimlich, selbst oder durch andere« angedeihen lasse, der müsse mit den härtesten Strafen der Kirche rechnen. Falls Luther sich weigere, nach Augsburg zu kommen, sollte er samt seinen Anhängern mit dem öffentlichen Bann belegt und über seinen Aufenthalt das Interdikt ausgesprochen werden. Die weltlichen und geistlichen Obrigkeiten hätten Luther zu verhaften und nach Rom zu schicken.
Erstaunlich bei diesem Entschluß der Kirche ist bestenfalls, daß die Ladungsfrist nicht abgewartet wurde. Nicht erstaunlich aber ist die Entschlossenheit, mit der jetzt gegen Luther vorgegangen wird. Schon seine Predigten und Schriften gegen den Bann des Papstes waren so revolutionär wie kein anderes Aufbegehren gegen Rom in den letzten Jahrhunderten. Hatte er nicht in seiner Schrift gegen Prierias geschrieben: »Lehrt man frei öffentlich so in Rom, mit Wissen und Verfügung des Papstes und der Kardinäle – was ich nicht hoffe –, so sage und bekenne ich mit dieser Schrift frei öffentlich, daß der wahrhaftige Antichrist im Tempel Gottes sitzt und in Rom regiert, dem wahren Babylon, bekleidet mit Scharlach und Rosenfarb, und daß der römische Hof die Synagoge und Schule Satans ist.«

Kurfürst Friedrich der Weise dachte über die Luther-Sache anders als die Kurie. Die Auslieferung »seines Professors« würde dessen Tod bedeuten, im günstigsten Fall die lebenslange Kerkerhaft. Staupitz, der damals in Salzburg war, hatte am 7. September an Spalatin nach Augsburg geschrieben: »Die Zeiten sind gefährlich; es liegt am Tage, wie sehr der Babylonische, um nicht zu sagen Römische Papst gegen diejenigen zu wüten beginnt, welche es für Mißbrauch erklären, Christus zu verkaufen. Ich habe erst kürzlich mit angesehen, wie sie einen Prediger, der nichts anderes predigte als die reine Wahrheit, mit Gewalt von der Kanzel gerissen und trotz des hohen Festtages vor allem Volk mit Stricken fortgeschleppt und ins Gefängnis geworfen haben. Anderen ist noch Grausameres vor Augen gekommen. Mögest Du daher den Kurfürsten, der bisher der Beschützer der ewigen Wahrheit gewesen ist, ermahnen, dem Betruge derer, die mit Schlangenzungen die Wahrheit umzustürzen trachten, nicht zu weichen und sich durch das Gebrüll des Löwen nicht schrecken lassen, vielmehr im Vertrauen auf Gottes Hilfe dafür zu sorgen, daß ein Ort bleibe, an dem die Wahrheit ans Licht treten und man ohne Furcht frei reden darf.«

Friedrich der Weise ließ dem Heiligen Vater sehr höflich und bedauernd mitteilen, daß es dem Wittenberger Professor »unmöglich sei, persönlich in Rom zu erscheinen«; Luthers Gesundheit sei zu angeschlagen. Und was Augsburg betreffe, so drang der Kurfürst darauf, daß Luther nicht wegen eines bloßen Widerrufs dorthin kommen solle, sondern Kardinal Cajetan möge ein Verhör und eine Art Gericht abhalten, jedoch keineswegs in inquisitorischer Manier, sondern mit »väterlicher Milde«. Auch Maximilian I. dachte inzwischen über die Luther-Sache, wie sie mittlerweile amtlich genannt wurde, ganz anders, nachdem ihm Friedrichs Gesandter am kaiserlichen Hof, der kursächsische Rat Degenhart Pfeffinger, Vortrag gehalten hatte. Der Kaiser meinte danach: »Wahrlich, die Sätze Eures Mönchs sind nicht zu verachten. Er wird ein Spiel mit den Pfaffen anfangen. Der Kurfürst schütze nur fleißig den Mönch, weil man seiner vielleicht einmal bedürfe.«

Und nun geschah das Unerwartete, Unwahrscheinliche: Rom brach tatsächlich mit seinen energischen Maßnahmen. Der Papst stimmte dem Vorschlag des Kurfürsten zu, er bevollmächtigte Cajetan, den widerspenstigen Mönch zu einem solch väterlich sanften Verhör nach Augsburg zu bitten, über ihn zu befinden, und dann wieder zurückreisen zu lassen.

Die Gründe für die überraschende Nachgiebigkeit Roms hatten recht wenig mit Luther und dafür viel mit dem Reichstag und der Stimmung der deutschen Fürsten und Stände zu tun. Die Bitten Roms um Truppen und eine große Reichssteuer, die den Türkenkrieg ermöglichen sollte, waren vorerst glatt abgelehnt worden. Leo X. war davon tief betroffen. Der geplante Kreuzzug war eine der außenpolitischen Lieblingsideen des Papstes, denn er kalkulierte richtig, daß es zu einer mächtigen Steigerung des politischen Ranges Roms kommen würde, wenn es gelänge, die europäischen Staaten gegen einen gemeinsamen Feind zusammenzuschließen. Mit der Zustimmung und dem Beitrag der Deutschen aber stand und fiel das ganze Unternehmen.

Nun wurden freilich in Augsburg auch die »Gravamina der deutschen Nation«, die Beschwerden Deutschlands gegen Rom mit solcher Heftigkeit und Leidenschaft vorgetragen wie kaum jemals zuvor. Die ersten Anschuldigungen und Vorwürfe, die schon auf den Konstanzer und Basler Konzilien des 15. Jahrhunderts erhoben wurden, waren bewegte Klagen der hohen Geistlichkeit darüber, daß sich die päpstlichen Übergriffe in die bischöfliche Gerichtsbarkeit häuften; ebenso begehrte man gegen die Praxis der Stellenbesetzung und den päpstlichen Steuerdruck auf. In die Beschwerden stimmten von Jahrzehnt zu Jahrzehnt immer häufiger auch die weltlichen Fürsten ein. Auf dem Augsburger Reichstag des Jahres 1518 wurde nun ganz offen von der unerträglichen Aussaugung Deutschlands durch das päpstliche Rom gesprochen und mit einem kaum noch verhüllten, drohenden Groll darauf hingewiesen, daß es jetzt nicht mehr nur um Beschwerden der Fürsten und Herren ging, sondern daß sich die Stimmung gegen Rom im ganzen deutschen Volk in einem ungeahnten Ausmaß zugespitzt und Formen des offenen Hasses angenommen habe. In Augsburg erreichte die deutsche Empörung ihren bisher höchsten Gipfel. Eine *Oratio dissuasoria* erschien, ein Flugblatt, dessen Heftigkeit, Zorn und Haß alles, was bisher vorgebracht worden war, übertraf.

Der Verfasser ist nicht bekannt. Wahrscheinlich stammt die Schrift von Friedrich Fischer, einem Domherrn aus Würzburg und engen Freund Ulrichs von Hutten; er dürfte die Flugschrift jedenfalls verteilt haben. Das heißt: Ein Verteilen war kaum nötig. In Augsburg riß man sich um den Text, in dem die deutschen Fürsten gemahnt werden, daß es für sie noch nie so unbedingt nötig gewesen sei, ihre Ehre, ihre Klugheit und die Einigkeit zu wahren: »Die christliche Herrschaft auszubreiten, die Macht des unreinsten Feindes zu brechen, der mit allen Kräften den Namen Christi auszulöschen versucht, ist eine fromme und heilige Sache und kann von niemandem getadelt werden, der lieber Christus als dem Türken dienen will. Aber unter diesem Vorwand das unwissende Volk auszuplündern, die Milch der Völker auszusaugen, sich satt zu trinken am Busen der Könige, ist ein Verbrechen, genauso wenig zu billigen wie das, was vom Türken geschieht – nicht wegen des Geldes, sondern weil es unerträglich ist, daß der Satan sich in einen Engel verwandelt, in den Becher der Frömmigkeit das Gift der Gottlosigkeit spritzt, damit das Volk – im Glauben, gottgefällig zu handeln – der Habsucht opfert, welche die Mutter der falschen Religion ist. Aus seiner eigenen Herrschaft strömen dem Papst Einnahmen zu, wie keinem christlichen Fürsten, und doch kaufen wir Pallia und schicken goldbeladene Esel nach Rom, errichten Galgen Christi, versprechen Geschenke, tauschen Gold für Blei und lassen uns überall Aderlässe, wollte sagen Ablässe gefallen. Wehe über die ungeheure, niemals befriedigte Habsucht! Wehe über die Gefräßigkeit der unreinen Hände, wie der Prophet sagt. In mir wühlt ein gerechter Schmerz ob des schändlichen Geizes, der die ganze Welt unter dem Schein der Religion befleckt.

Welcher Staat hat nicht vieles verloren? Welcher Fürst bewahrt noch

sein ererbtes Recht? Wo ist ein Kollegium von Priestern, das nicht befleckt ist? Wer hat die schlimmsten Unsitten, deren Namen bei unseren Vorfahren schon verpönt waren, in Deutschland eingeführt und hat Dinge gelehrt, die man anständigerweise gar nicht kennen kann? Täuschen, Betrügen, Meineide leisten, Testamente unterschieben, göttliche und menschliche Dinge profanieren, Streit und Prozesse ausspinnen, Friedliche aus ihrer Ruhe aufschrecken, kurz, Himmel und Erde vermischen? Diese scheußliche Flut ergoß sich aus dem römischen Unflat über den Erdkreis hin, so daß weder Schluchten noch Wälder, wo sonst nur wilde Tiere hausen, davon frei sind.
Ihr wollt den Türken schlagen? Ich billige Eure Absicht, aber ich fürchte sehr, Ihr irrt Euch in der Bezeichnung. Sucht ihn nicht in Asien, sondern sucht ihn in Italien. Gegen den asiatischen kann sich jeder Fürst selbst wehren; den andern aber zu bändigen, reicht die ganze christliche Welt nicht aus. Jener liegt mit seinen Nachbarn ab und zu im Kampfe und hat uns noch nicht geschadet; dieser wütet überall und dürstet nach dem Blut der Armen: Ihr könnt diesen Höllenhund nur mit Strömen von Gold besänftigen. Es bedarf dazu keiner Waffen, keiner Heere, weit mehr wird Geld vermögen, als Reiterscharen und Fußtruppen.
Beweine das Unglück Deines Jahrhunderts ob der übergroßen Sorglosigkeit der Bischöfe und Fürsten, die ihr Volk so schimpflich betrügen lassen. Die Tücke der Florentiner erfindet tausend Listen, und täglich werden fluchwürdigere ausgeklügelt, achte nur darauf: jeder Tag wird Neues gebären. Denkt an die deutsche Freiheit, werdet nicht tributpflichtig, zahlt keinen Zehnten!«

Damit erhielt zum erstenmal der Wittenberger Aufrührer durch eine öffentliche Angelegenheit Deutschlands massive Schützenhilfe. Es handelte sich dabei auch noch um die zentralste Sache, welche die Fürsten, die Reichsstände und das Volk bewegte. Die Hellhörigsten ahnten bereits, daß Luthers wüste Anklagen gegen die herrschende Ablaßpraxis theologisch nichts anderes formulierten, als was in den »Gravamina der deutschen Nation« politisch gebrandmarkt wurde. Die Fürsten und Stände Deutschlands sprachen offensichtlich von derselben Sache wie der rebellierende Mönch.

Verhör in Augsburg

Luther bricht Ende September von Wittenberg auf. Friedrich der Weise hat ihm für die Reise zwanzig Gulden gestiftet. Den Weg nach Augsburg legt er wieder zu Fuß zurück. Luthers Begleiter ist der Augustinerbruder und Magister Leonhard Beyer, der schon mit in Heidelberg gewesen war. Auf keiner seiner früheren Reisen ist Luther so düster gestimmt gewesen wie in diesem Herbst. Er rechnet mit dem Schlimmsten, auch Staupitz hat ihm voll Angst geschrieben: »Ich sehe nicht, was Dir anderes bevorstehen sollte als das Kreuz.«

In Nürnberg, wo die beiden Augustiner am 5. Oktober eintreffen, schließt sich ihnen Luthers alter Freund Wenzeslaus Link an. Luther wird mit seiner Aufregung nicht fertig, kurz vor Augsburg überkommt ihn ein Schwächeanfall. Er muß auf einen Wagen gebracht werden, und so fährt er in die Stadt ein: »Ich fürchtete mich sehr. Mein Gefühl war: Nun muß ich sterben. Und ich stellte mir den hochgeschichteten Scheiterhaufen vor Augen und sagte oft: Ach, was für eine Schande werde ich meinen lieben Eltern sein! Auf diese Weise ängstigte mich das Fleisch.« Andererseits denkt Luther aber auch keinen Augenblick daran, nachzugeben. Er schreibt von unterwegs: »Ich stehe fest. Es geschehe der Wille des Herrn! Auch zu Augsburg, auch mitten unter seinen Feinden, herrscht Jesus Christus. Es lebe Christus, es sterbe Martinus!«

Der Kurfürst hatte ihm allerdings einen Geleitbrief ausgestellt, der alle Sicherheiten enthielt und der – Luther hebt das kräftig hervor – ein »starker Rechtsschutz« ist. Zwei Tage nach der Ankunft berichtet er in einem Brief: »In der ganzen Stadt redet man von mir, und alle wollen den Herostratos sehen, der solch einen Brand entfacht hat. Ich gehe dahin, mich opfern zu lassen, wenn's dem Herrn gefällt. Lieber will ich zugrunde gehen, als widerrufen!« Tatsächlich reißt der Besucherstrom bei Luther kaum ab, bis hin zu vielen Domherren, Adligen und Bischöfen kann er Sympathie, Teilnahme und Bewunderung verzeichnen. Die Stimmung bei den Bürgern ist äußerst günstig; in Augsburg kann er feststellen, daß sich die deutsche Abneigung gegen die römische Kurie als starke Parteinahme für seine eigene Sache ausdrückt, er kann folgern, daß dies für das ganze Reich gelten dürfte.

Luther muß einige Tage warten. Der Kurfürst hat ihm untersagen lassen, ohne kaiserlichen Geleitbrief vor dem Kardinallegaten zu erscheinen. Am 11. Oktober wird Cajetan der Geleitbrief Maximilians I. vorgelegt. Luther erscheint am darauffolgenden Tag in Begleitung einiger Freunde zum ersten seiner insgesamt vier Verhöre. Ort der Gespräche ist das Fuggerhaus. Luthers Auftritt vor dem Kardinal läuft fast nach einem byzantinischen Zeremoniell ab, man hat Luther vorher genau instruiert: »Ich ging in aller Demut zu ihm, ließ mich zuerst auf die Knie nieder, fiel dann auf die Erde und streckte mich zum dritten völlig aus, und erst als der Kardinal mir dreimal gebot, aufzustehen, erhob ich mich demütig. Das gefiel dem Kardinal über die Maßen.«

Cajetan beginnt das Verhör recht freundlich: »Mit deiner Disputation vom Ablaß hast du das ganze Deutschland erregt. Darum widerrufe alles, wenn du ein Glied der Kirche sein und einen gnädigen Papst haben willst. Dann soll dir nichts geschehen.« Auf eine Disputation, so erklärt Cajetan mit aller Entschiedenheit, werde er sich mit Luther nicht einlassen.

Luther bittet nun überaus höflich, ihm seine Irrtümer zu nennen. Bei der Antwort läßt sich Cajetan, entgegen seinem Vorsatz, nun doch zu einem Disput verführen; er zitiert zwei Thesen Luthers und führt dagegen den Text der Bulle *Unigenitus* von Clemens VI. aus dem Jahr 1343 an. Luther pariert, wie zu erwarten ist, mit Verweisen auf das Neue Testament. Kaum jemals führt er während all seiner Kämpfe mit Rom, bei seinen Streitgesprächen und Texterklärungen etwas anderes ins Feld als Stellen der Heiligen Schrift.

Eben dies ist jedoch einer der fundamentalen Unterschiede – und er charakterisiert Wesentliches im Verhältnis der römisch-katholischen zur neuen Lehre. Für Cajetan gilt nicht die Schrift, sondern der Papst als höchste Autorität: »Du wirst widerrufen müssen, ob du willst oder nicht willst. Sonst werde ich allein schon wegen dieses einen Punktes alle deine Sätze verdammen.«

Am nächsten Tag erscheint Luther in verstärkter Begleitung, flankiert von etlichen Räten, dazu auch Generalvikar Staupitz – er ist eigens von Salzburg angereist –, einem Notar sowie dem bekannten Augsburger Patrizier Konrad Peutinger, Stadtschreiber, kaiserlicher Rat und Leiter der Augsburger Politik seit mehr als zwanzig Jahren. Luther überreicht Cajetan eine schriftliche Erklärung, in welcher er versichert, in keinem Punkt von den Lehren der heiligen römischen Kirche abzuweichen und ihr stets folgen zu wollen. Gerade deshalb aber sei ihm ein Widerruf nicht möglich, da er nicht wisse, inwiefern er etwas gesagt oder geschrieben hätte, das sich nicht mit dem decke, was die Kirche lehre. Sollte es aber doch anders sein, so müsse man ihm das beweisen. Er sei bereit, auch öffentlich seine Lehrmeinungen zu erörtern, zu erklären,

zu verteidigen. Schließlich bittet Luther, auch über diejenigen Fragen Schriftstücke anfertigen zu dürfen, über die der Kardinal und er am Vortag lediglich »mit Worten gefochten« hätten.
Immer noch liebenswürdig meint Cajetan: »Mein Sohn, ich habe mit dir nicht gefochten und will auch nicht mit dir fechten. Ich bin nur bereit, dich mit Rücksicht auf den durchlauchtigsten Fürsten Friedrich väterlich und gütig anzuhören, dich zu ermahnen und zu belehren.«
Staupitz setzt es aber dann doch durch, daß der Kardinal dem Wunsch Luthers nachgibt. Er darf also diejenigen Sätze, die der Legat als Teile einer »neuen und irrigen Theologie« angegriffen hat, schriftlich verteidigen.
Am nächsten Tag überreicht Luther seine Rechtfertigung. Sie gipfelt in einer Feststellung, die Luther seit Monaten immer wieder bekräftigt hat: daß seine Beweise sämtlich der Heiligen Schrift entnommen sind. Deshalb würden sie ihn zwingen und binden »in der Lehre, die ich ausgesprochen habe«, und aus demselben Grund bäte er demütig darum, »mir ein Licht zu zeigen, mit dessen Hilfe ich dies anders verstehen könnte und mich nicht zum Widerruf desjenigen zu nötigen, dem ich auch nach dem Zeugnis meines Gewissens zustimmen muß. Solange diese Beweisstellen feststehen, kann ich nichts anderes tun und weiß nur, daß man Gott mehr gehorchen muß als den Menschen.«
Auch hier also wieder das Grundschema: Luther beruft sich hartnäckig auf das Neue Testament und führt seine Texte gegen die Lehren der Kirche ins Feld. Sein Schriftverständnis steht gegen das Schriftverständnis der Papstkirche. Ohne allzu komplizierte Interpretationen erklärt Luther mit dem Pochen auf seinen Gehorsam gegenüber Gott, der wichtiger sei als der Gehorsam gegenüber den Menschen, die Papstkirche zu etwas Menschlichem: Dieser schroffe Gegensatz von Menschlichem und Göttlichem in der Auslegung ist der Eckstein der lutherischen Revolution.

Kardinal Cajetan ist an diesem Tag wie ausgewechselt. Verächtlich nimmt er das Schriftstück entgegen, wirft es sofort beiseite, fährt Luther mit einem »*Revoca* – Widerrufe!« an und führt langatmig und heftig eine Reihe von Erläuterungen, unter Berufung auf Thomas von Aquin, gegen Luther ins Feld. Luther bleibt aber beharrlich bei seiner Meinung, so daß ihn der Legat schließlich auf italienisch anschreit: »Bruder, Bruder, gestern warst du ganz vernünftig, heute aber bist du völlig verrückt!« Luther versucht mehrmals, zu einer Entgegnung anzusetzen, aber der Kardinal – so schildert es Luther in einem Brief an

Spalatin vom gleichen Abend – »donnerte, schnurrte allwege, hatte die Gewalt und herrschte allein. Schließlich begann ich auch zu schreien.« Nach längerem Hin und Her scheint Cajetan zu explodieren, er brüllt: »Verschwinde und komm mir nicht wieder unter die Augen, es sei denn zu einem Widerruf!«

Am Nachmittag bittet der Legat Staupitz zu sich und versucht ihn zu bewegen, Luther als seinen unmittelbaren Untergebenen zu einem Widerruf zu zwingen. Staupitz taktiert geschickt, er meint, Luther sei ihm »in der Heiligen Schrift und an Verstand« weit überlegen und so wäre es besser, wenn der Kardinal, der doch hier als Legat an Stelle des Heiligen Vaters anwesend sei, es selbst nochmals mit Luther aufnähme und ihn dahin wiese, wo er ihn zu haben wünsche. Cajetan macht eine brüske Bewegung: »Ich will mit dieser Bestie nicht mehr sprechen, denn er hat tiefliegende Augen und wunderliche Spekulationen in seinem Kopf!«

Der intensive Glanz von Luthers Augen wird übrigens von vielen Beobachtern erwähnt, und je nach dem Verhältnis zu Luther sprechen die Freunde von dem »hoheitsvollen« oder »Adlerblick«, die Feinde dagegen von dem »unheimlichen« oder »dämonischen« Blick. Luther erfährt erst später von seiner Charakterisierung durch Cajetan. Er selbst spart nicht mit ähnlichen Wendungen; nach Wittenberg schreibt er: »Der Kardinal ist vielleicht ein tüchtiger Thomist, aber kein klarer christlicher Denker. Deshalb eignet er sich für diese Sache genauso hervorragend wie der Esel zum Harfenspiel.«

In der abfälligen Wendung Luthers drückt sich trotzdem der große und entscheidende Gegensatz unverfälscht aus: Cajetan, der offizielle Vertreter der Kirche, ist als Thomist der Repräsentant jener scholastischen Theologie, die Luther bis aufs Messer bekämpft, die er als Zerstörung der Kirche und Verleugnung der Heiligen Schrift verdammt. Unter dieser Perspektive ist Cajetan für Luther kein Christ. Davon ist Luther buchstäblich besessen, und deshalb der Kontrast zwischen der ersten, so verständlichen Gedrücktheit und Angst, die Luther auf der Reise nach Augsburg zu schaffen macht, und dem unerhört freien, beinahe unverschämten, ja frechen Ton, den Luther vor Cajetan anschlägt. Das geht nicht nur auf Luthers Grobianismus zurück, diese derben Ausdrücke und der Ton gehören als Klangfarbe zu dem unerschütterlichen Selbstbewußtsein, mit dem Luther für seine Sache kämpft. Es gibt in der ganzen Geschichte kaum ein vergleichbares Beispiel für die revolutionäre Kraft, mit der hier ein einzelner, nur auf sich gestellt, einer gigantischen Institution gegenübertritt, einer Institution, die nicht nur die organisatorische Gestalt des Glaubens von Millionen darstellt, sondern die auch das gesamte Abendland in seiner politischen Form umfaßt. Und Luther verlangt für sich und seine Lehre gegenüber dieser Kirche und damit gegenüber dem ganzen Christentum nichts weniger als Ebenbürtigkeit!

Trotz seiner Freunde ist Luther auch tatsächlich bei dem Zusammenstoß mit Cajetan, also der ersten direkten Berührung mit einem offiziellen Repräsentanten des Papsttums, völlig allein. Luther hat von dieser ganzen Zeit geurteilt, daß er »von allem menschlichen Schutz alleingelassen war, vom Kaiser, vom Papst, vom Kardinallegaten, von seinem Fürsten, dem Herzog von Sachsen, vom Orden, von Staupitz, dem vertrautesten Freunde«. Die Übertreibung ist zwar deutlich, andererseits aber ist tatsächlich nur Luther selbst, er ganz allein, wild entschlossen, auf Biegen und Brechen zu seiner Sache zu stehen.

Staupitz macht sich keine Illusionen über die kritische Lage Luthers. Doch er versucht nicht, den Freund zum Nachgeben zu überreden: »Vergiß nicht, Bruder, daß du diese Sache im Namen unseres Herrn Jesus Christus angefangen hast.« Er entbindet ihn vom Ordensgehorsam: »Ich absolviere dich von der Obedienz gegen mich und empfehle dich Gott dem Herrn!« Damit ist Luther frei von den Pflichten, die ihm sein Gelübde auferlegt hat. Aber auch die Augustiner sind nicht mehr durch seine Person belastet; andererseits ist damit auch die Obhut des Ordens hinfällig.

Luther verfaßt eine Appellation, in der er den bisherigen Prozeßverlauf und den Gang der Verhöre schildert, läßt den Text dem Kardinallegaten überreichen und am gleichen Tag durch einen Freund an der Tür des Augsburger Doms anschlagen. In der Stadt kommt das Gerücht auf, daß Staupitz und Link eingekerkert werden sollen. Peutinger rät den beiden, sofort abzureisen. Sie brechen am 16. Oktober auf.

Luther bleibt vier Tage länger. In der Nacht zum 21. Oktober wird er wachgerüttelt, er soll umgehend aus der Stadt fliehen. Luther hat nicht einmal Zeit, sich anzuziehen. Ein Freund bringt ihn zu einem kleinen Seitentor der Stadtmauer. Luther stiehlt sich hinaus, schwingt sich auf das Pferd, das man ihm besorgt hat, und reitet los. Er hat nur Socken an, keine Stiefel, »keine Hosen, nur Kniehosen, kein Messer und keine Wehr, keine Sporen«, wie er nach Jahren etwas belustigt erzählt. Da er im Reiten ganz ungeübt ist, kommt er nur acht Meilen weit, bis Monheim bei Wemding, nördlich von Donauwörth. Dort fällt er von dem »hart trabenden Klepper« direkt auf die Streu und schläft sich erst einmal aus.

In Nürnberg erfährt er, daß der Papst tatsächlich seinen Legaten angewiesen hatte, Luther zu verhaften, und Cajetan im Besitz des Breves ist, als er mit Luther spricht. Luther reitet eilig weiter nach Norden. Im thüringischen Gräfenthal, westlich von Probstzella, begegnet ihm Graf Albrecht von Mansfeld, der schallend zu lachen beginnt, als er Luther in seiner Staffage auf dem Pferd sieht; er lädt ihn zu sich ein. Am 31. Oktober erreicht Luther die Mauern Wittenbergs, am ersten Jahrestag seiner Thesenverkündigung, so genau, als hätte er den symbolischen Bezug geplant, obwohl davon keine Rede sein kann: Luther hat zwar tatsächlich vorgehabt, an diesem Tag einzutreffen, aber nur deshalb, weil er hofft, auch den Kurfürsten und sein Gefolge zum Fest Allerheiligen in Wittenberg vorzufinden.

Die Mission des Karl von Miltitz

Luther wollte den Kurfürsten durch Spalatin so schnell wie möglich von dem Augsburger Verhör unterrichten. Er hatte genügend Anlaß zur Eile, denn auch Cajetan meldete sich mit einem Bericht bei Friedrich dem Weisen. Er verlangte vom Kurfürsten, die Sache mit dem »losen Brüderlein« endlich aus der Welt zu schaffen, Luther zu verhaften und nach Rom zu befördern oder ihn zumindest aus Sachsen hinauszujagen, denn »wenn ich meine Hände gewaschen und solche geschwinde List und Tücke unserem allerheiligsten Herrn bekannt gegeben habe, kann dieser schwere, bitterböse und giftige Handel nicht mehr lange dauern«.
Luther war eine kurze Zeit nicht sicher, ob er sich noch auf den Schutz seines Landesherrn verlassen konnte. Als er das Schreiben Cajetans vom kursächsischen Hof zur Stellungnahme erhielt, antwortete er mit einer eigenen ausführlichen Darstellung und beendete das Begleitschreiben mit der Versicherung: »Ich bin gottlob zur Zeit noch von Herzen fröhlich und danke Gott, daß sein lieber Sohn Jesus Christus mich armen Sünder für würdig erachtet, in dieser guten heiligen Sache Trübsal und Verfolgung zu leiden.«
Friedrich der Weise sorgte jedoch von diesem Moment an dafür, daß Luther damit rechnen konnte, Trübsal und Verfolgung nur in einem erträglichen Maß leiden zu müssen. Der Kardinallegat erhielt ein Schreiben, das wohl als klassisches Modell eines diplomatischen Textes gelten darf und den Ruf des Kurfürsten endgültig festigte, ein »Basilisk« und »alter Fuchs« zu sein; Verfasser des Schreibens war zwei-

fellos Spalatin. Friedrich der Weise teilte dem päpstlichen Legaten mit, er würde Luther weder nach Rom ausliefern noch des Landes verweisen. Er könne dies gar nicht tun, da Luther noch nicht als Häretiker verdammt worden sei. Deshalb hätte, wenn er seinen Professor Luther vertriebe, den Schaden nur seine geliebte Universität Wittenberg. Er müsse aber der Forderung Luthers beipflichten: entweder habe eine öffentliche Disputation vor einer unvoreingenommenen Instanz stattzufinden, oder Luther müsse eine schriftliche Begründung erhalten, aufgrund welcher Irrtümer er »für einen Ketzer erachtet und ausgeschrieen« werde.

Der Brief markiert eine neue Phase in der Entwicklung der Lutheraffäre. Spalatin beginnt seine *Annales Reformationis,* den großen Bericht über die Lutherrevolution, mit dem Abdruck dieses Schreibens des Kurfürsten. Luther selbst fühlt sich von einer zentnerschweren Bürde befreit: »Ich habe die wundervollen Worte unseres erlauchten Fürsten an den Herrn Legaten gesehen. Guter Gott, mit welcher Freude habe ich sie gelesen und wiedergelesen.« Die Meinung allerdings, Luther wäre durch solche Rückendeckung angeregt worden, einen neuen und höchst folgenschweren Schritt zu tun, würde den Tatbestand überzeichnen. Luther war schon nach seiner Rückkehr von Augsburg so kämpferisch wie nur je gestimmt. In seinem gedruckten Bericht über das Verhör durch Cajetan verspricht er, daß er den päpstlichen Dekreten, die ihm der Legat vorgehalten habe, noch ausführlich antworten werde, aber dieser Text werde ihm »wenig Gunst erwerben, besonders bei den römischen Hof-Fuchsschwänzen, denn das Herz ankert mir längst danach, so ein Spielchen zu haben und Krieg zu führen, wie Josua gegen die Männer von Ai Krieg geführt hat«.

Allerdings konnte sich Luther nach dem Brief Friedrichs des Weisen an den Kardinallegaten darauf verlassen, daß der Fürst sein Verhalten eher billigte als beanstandete. Der Papst würde den Bann aussprechen, daran gab es keinen Zweifel, Luther rechnete jeden Tag damit. Deshalb entschloß er sich – lange, bevor es soweit war – zum herausforderndsten Schritt, den er damals überhaupt tun konnte. Mit imperialer Überhebung verkündete Luther Ende November 1518 lauthals in aller Öffentlichkeit: »Am römischen Hof herrscht der wahre Antichrist!« Deshalb appelliere er an ein Konzil. Nur ein solches Gremium könne seine Sache noch entscheiden.

Papst Leo X. erhielt den Bericht seines Legaten aus Augsburg schon am 19. Oktober 1518. Cajetan hatte ihn eiligst nach Rom befördern lassen. Nach wie vor behandelte allerdings der Papst diese Angelegenheit als eine Affäre neben vielen anderen Affären, die weit höhere Aufmerksamkeit verdienten als der renitente Augustinermönch. Weder der Papst noch seine Berater konnten sich, so wie sie die Lage einschätzten, schon jetzt zum äußersten Mittel, zum Bann entscheiden. Ob die Kurie das ganze Ausmaß der Gefahr begriffen hatte, die von Luther drohte, ist fraglich. Noch fraglicher ist es allerdings, ob sie tatsächlich einen solchen Weitblick hätte besitzen können oder gar müssen. Und wenn dies der Fall gewesen sein sollte: Damals war noch nicht einmal Luther selbst imstande, alle revolutionären Konsequenzen seines Kampfes zu übersehen.

In Rom beschloß man im November, den Prozeß vorerst auf Eis zu legen. Man hätte sich wohl auch dann kaum anders entschließen können, wenn zu ahnen gewesen wäre, daß dieses Stillhalten fast zwei ganze Jahre dauern würde – bis zum September 1520, zwei allzu lange Jahre, in denen Luther ganze Heerscharen von Freunden, Anhängern, Sympathisanten, ja sogar die Mehrheit der Deutschen für sich und seine Sache gewinnen konnte.

Der Augsburger Reichstag hatte mit einer schockierenden Klarheit Friedrich den Weisen als den mächtigsten und einflußreichsten Herrscher Deutschlands präsentiert. Der Wunsch Maximilians I., seinen Enkel Karl (V.) bereits jetzt zum deutschen König wählen zu lassen und damit seine Nachfolge zu sichern, scheiterte an dem festen »Nein« Friedrichs des Weisen. Friedrich sperrte sich gegen jede Einschränkung des freien Wahlrechts der Kurfürsten, und dies würde präjudiziell geschehen, wenn sich der Kaiser in diesem Punkt durchsetzte. Der Widerstand Friedrichs wurde von Rom höchst beifällig aufgenommen, wenn auch aus anderen Gründen. Der Papst und mit ihm der Kurfürst von Trier samt einer Reihe anderer Herrscher dachten an einen anderen Nachfolger des Kaisers, an Franz I. von Frankreich.

Jedenfalls: Die Argumente und Urteile, die Entschlüsse und die Haltung Friedrichs des Weisen waren von kaum geringerer Bedeutung als diejenigen des Kaisers. Deshalb mußte die Kurie und der Papst in allen Angelegenheiten, die Sachsen und seinen Herrscher betrafen, so behutsam und taktvoll wie nur möglich verfahren. Die Kurie entschloß sich deshalb, einen Sondergesandten zu Friedrich dem Weisen zu schicken. Er wurde ausgestattet mit Briefen, Ablaßprivilegien für die Schloßkirche in Wittenberg, der Goldenen Tugendrose – der höchsten Auszeichnung, die der Papst zu vergeben hatte – und dem Auftrag, die Luther-Sache im Einvernehmen mit Kardinal Cajetan so zu regeln, daß der Ketzer ohne Lärm, auf gütlichem Weg, nach Rom gebracht wurde.

Leo X. entsandte seinen Kammerherrn Karl von Miltitz als Sondernuntius nach Deutschland. Miltitz war ein sächsischer Junker, stammte aus Meißen und hatte mit kräftiger Unterstützung eines einflußreichen Onkels im Jahre 1513 in päpstliche Dienste treten können. Der wendige Junker bewährte sich recht passabel als Pfründenjäger, er sprach viel und gern, erhöhte die Bedeutung seiner Person, indem er sich beharrlich überschätzte, besaß einen geschärften Blick für die guten Seiten des Lebens und hatte die bekömmliche Fähigkeit, seine Wunschvorstellungen schon als halbe Wirklichkeit zu nehmen.
Sicherlich könnte man es als ein weiteres Zeichen für die Fehleinschätzung der Luther-Sache durch Rom betrachten, daß die Kurie sich damit begnügte, einen Hofbeamten derart mittelmäßigen Zuschnitts, ja recht besehen einen Bruder Leichtfuß und Schaumschläger, nach Deutschland zu schicken. Aber auch im Falle des Karl von Miltitz muß gesagt werden, daß zu dieser Zeit kein Mensch in Europa – bestenfalls Luther selbst – eine Ahnung von den Dimensionen des bevorstehenden Umbruchs besaß.
Miltitz war erfüllt von seiner Mission. Es müßte ihm doch ein leichtes sein, den Gesprächsfaden mit Luther, der in Augsburg gerissen war, wieder zu knüpfen. Für den Kurfürsten hatte er ein Schreiben des Papstes mit, in dem Friedrich angehalten wurde, endlich gegen den »Sohn des Satans« die verlangten Maßnahmen durchzuführen. Die Goldene Rose, die seit dem 11. Jahrhundert bis heute der Papst jedes Jahr derjenigen Persönlichkeit verleiht, die sich besonders um die Kirche verdient gemacht hat, war keineswegs als eine Art Köder gedacht, sondern als Hinweis, daß der Apostolische Stuhl die Verdienste des Fürsten recht zu würdigen verstand. Daß Friedrich schon seit einigen Jahren mit dieser Ehrung liebäugelte, ist weniger wichtig als die Tatsache, daß er mit der Verleihung der Goldenen Rose nicht die Konsequenz verband, sich im Fall Luther anders zu verhalten als bisher.
Miltitz war durch Zufall für seinen Sonderauftrag ausgewählt worden. Im Sommer hatte sich die Universität Wittenberg mit der Bitte an ihn gewandt, sich bei der Kurie dafür einzusetzen, daß Luthers Angelegenheit in Deutschland verhandelt würde. Als im Spätherbst Miltitz in Augsburg eintraf, hatten sowohl Cajetan als auch Friedrich der Weise die Stadt längst verlassen. Anstatt nun dem Kardinallegaten nachzureisen, entschloß sich der Junker, zusammen mit Pfeffinger dem Kurfürsten nach Sachsen zu folgen; vorher ließ er die Goldene Rose ins Depot des Fugger-Bankhauses in Augsburg legen. Mit diesem Ent-

schluß, auf eigene Faust zu handeln, begann das kleine Possenspiel, das als Miltitziade in der Literatur bekannt ist.
Unterwegs, bei den Gesprächen in den Gasthöfen, stellt Miltitz erstaunt fest, daß es offensichtlich bei den Deutschen kein beliebteres Thema gibt als die Sache des Augustinerbruders Martinus. Und keine der Hohen Schulen im Reich ist zur Zeit berühmter als Wittenberg. Dieses Städtchen in einem Winkel des Reiches erstickt plötzlich fast unter dem Zustrom von Studenten aus allen Himmelsrichtungen. Im Jahre 1517 hatten sich 232 Studenten immatrikuliert, 1520 sind es mehr als das Doppelte, nämlich 579. Luther meint schon im Dezember 1518: »Wie sammelfleißige Ameisen umgeben sie mein Katheder.« Aber nicht nur Studenten strömen nach Wittenberg. Im August 1518 beginnt einer der namhaftesten jungen Humanisten Deutschlands seine Griechisch-Vorlesungen in Wittenberg: Philipp Melanchthon. Er ist von Tübingen gekommen, empfohlen von seinem Großonkel Reuchlin und von Spalatin. Zwischen Luther und Melanchthon springen sofort die Funken der Kongenialität über. Die Gemeinsamkeit der Glaubensüberzeugungen wird unverbrüchlich durch die engste persönliche Freundschaft. An Reuchlin schreibt Luther Ende 1518: »Unser Philipp Melanchthon ist ein bewundernswerter Mann, an dem geradezu alles übermenschlich ist, und trotzdem habe ich an ihm meinen vertrautesten Freund.«

Miltitz bekommt auch, mehr als ihm lieb ist, den brodelnden Zorn des Volkes gegen Rom zu spüren; er schätzt, daß weit über die Hälfte der Deutschen antirömisch eingestellt ist. Um so glücklicher und beschwingter ist er bei der Vorstellung, daß ausgerechnet ihm dasjenige gelingen könnte, was einem so bedeutenden Mann wie Cajetan in Augsburg mißlungen ist.
Der Hof des Kurfürsten ist Ende November auf Schloß Altenburg bei Leipzig eingetroffen. Miltitz kommt am 28. Dezember an und erhält eine Audienz. Friedrich der Weise gibt seinen Segen zu dem Vorschlag des päpstlichen Sondergesandten, ein Gespräch zwischen Luther und Tetzel zu arrangieren, und sie zu diesem Zweck nach Altenburg ein-, das heißt besser: vorzuladen. Miltitz meint richtig, der ganze Ärger sei nur durch Tetzels Auftreten ausgelöst worden. Er ist – weniger richtig – auch der Meinung, Luthers Rebellieren hätte nur mit dem leidigen Handel des Mainzer Erzbischofs und den Übertreibungen Tetzels zu tun. Luther nimmt die Einladung von Miltitz an. Tetzel dagegen, der sich nach Leipzig ins Dominikanerkloster zurückgezogen hat, lehnt

sie ab. Eine Reise in die ernestinischen Lande Sachsens sei wegen der Stimmung des Volkes gegen ihn lebensgefährlich.
Mit Luther trifft Miltitz vom 4. bis 6. Januar 1519 zusammen. Sie sehen sich in der Kanonikerwohnung Spalatins unterhalb des Schlosses. Beim Anblick Luthers ist der päpstliche Kämmerer ganz verblüfft: »Ho, seid ihr so jung? Ich dachte, ihr wäret ein alter, greiser Mann und hättet niemanden, der euch Beifall spendet. Jetzt aber würde ich mich wegen der Stimmung im Volk nicht getrauen, euch nach Rom zu bringen, selbst wenn ich 25 000 Schweizer Landsknechte hätte.« Miltitz geht recht behutsam vor. Luther habe zwar, so beginnt er sanft tadelnd, mit seinen Lehrsätzen »das Volk verführt« und so grassiere jetzt eine falsche Meinung vom Ablaß, aber Tetzel hätte ihm wirklich allen Anlaß zur Empörung gegeben. Miltitz schlägt Luther vor, den Erzbischof von Trier, und vielleicht auch noch denjenigen von Salzburg, um ein Urteil und um eine Entscheidung zu bitten.
Luther quittiert dieses Entgegenkommen damit, daß er sich bereit erklärt, an den Papst ein Schreiben zu richten, in dem er sich »ganz demütig unterwirft und bekennt, daß er zu hitzig und scharf gewesen« sei. Er verspricht auch, über die ganzen leidigen Punkte nichts mehr zu veröffentlichen und auch nichts mehr zu predigen, allerdings nur, wenn auch seine Gegner stillhalten würden. Miltitz wiederum beteuert, er würde sich dafür einsetzen, daß auch der Papst seine Zustimmung zu dem Urteilsspruch eines deutschen Bischofs gebe.
Schon am 6. Januar erhält Miltitz von Luther den versprochenen Brief an den Papst. Es ist das zweite Schreiben, das er an den Heiligen Vater richtet; ein drittes und letztes an Leo X. wird er im darauffolgenden Jahr verfassen. Luther schlägt in dem Brief einen betont unterwürfigen Ton an, bezeichnet sich selbst als »Hefe der Menschen und ein Stäubchen der Erde«, als »armes Schäflein, dessen Blöken die väterlichen, für Christus stellvertretenden Ohren Eurer Heiligkeit gnädigst verstehen mögen«. Das ist wohl alles ganz ehrlich gemeint und ohne jede Ironie; doch durchaus nicht im Sinne von Miltitz ist Luthers Versicherung: »Was soll ich tun, Heiliger Vater? Ich weiß überhaupt keinen Rat mehr. Ich kann die Macht Eures Zornes nicht ertragen und weiß doch nicht, wie ich davon loskommen könnte. Man verlangt von mir den Widerruf meiner Thesen. Wenn dadurch etwas erreicht werden könnte, wollte ich ihn unverzüglich leisten. Jetzt aber sind durch den Widerstand meiner Gegner und ihre Opposition meine Schriften viel weiter verbreitet worden, als ich jemals gehofft habe, und stecken zu tief in vielen Köpfen, als daß sie noch widerrufen werden könnten. Da

aber unser Deutschland heute an Geist und Bildung und Urteilskraft in einer wunderbaren Blüte steht, meine ich: Wenn ich die Kirche ehren will, muß ich vor allem darauf sehen, daß ich auf keine Weise irgend etwas widerrufe. Denn ein solcher Widerruf müßte zur Folge haben, daß die römische Kirche mehr und mehr in Mißachtung und in ein anklagendes Gerede käme.«
Luther verweigert also den Widerruf, um das Ansehen Roms zu stärken? Miltitz schickt diesen Brief gar nicht erst an die Kurie ab. Er fährt hinüber nach Leipzig zu Tetzel, brennt ein Feuerwerk von Vorwürfen ab, sogar in Anwesenheit des Ordensprovinzials. Er hält ihm schonungslos die monatlichen Summen vor, die er aus den Ablässen in die eigene Tasche gesteckt hat und die Miltitz aus den Quittungsbüchern der Fugger kennt. Tetzel hätte danach in einem Monat so viel kassiert, wie Miltitz in einem Jahr verdient. Als der Dominikaner sich zu wehren versucht, spießt Miltitz seinen unsittlichen Lebenswandel auf: Er, Tetzel der Mönch, habe doch zwei Kinder in die Welt gesetzt.
Tetzel gibt jede weitere Verteidigung auf. Und Miltitz ist überglücklich, ist davon überzeugt, damit diese Angelegenheit ganz aus der Welt geschafft zu haben, und berichtet dementsprechend stolz nach Rom. Leo X. antwortet Ende März 1519 und legt ein Schreiben an Luther bei. Der Text ist unerwartet freundlich, Luther wird als »lieber Sohn« bezeichnet, doch nichtsdestoweniger fordert ihn der Papst nun zum wiederholten Mal auf, nach Rom zu kommen und endlich den Widerruf zu leisten; er soll keine Zeit verlieren, das Reisegeld liege auch schon bereit.

Weder kommt es zu der Verhandlung vor dem Erzbischof von Trier, Richard von Greiffenklau, noch erfährt Luther etwas von dem Brief des Papstes, denn Miltitz zieht es vor, Luther den Inhalt zu verschweigen. Durch den Tod Kaiser Maximilians I. am 12. Januar 1519 hatte sich die politische Szenerie des Reiches vollständig verändert. Für die Kurie gab es jetzt noch erheblich triftigere Gründe, den Luther-Prozeß so gut wie völlig zu ignorieren. In keiner Reichsangelegenheit kam es stärker auf den sächsischen Kurfürsten an als bei der Wahl des neuen Königs und Kaisers. Diese Wechselbeziehung verschaffte Luther einen entscheidenden Freiraum. Nie arbeitete die Zeit so sehr für ihn wie in den beiden folgenden Jahren. Friedrich der Weise, dessen Stimme bei der Wahl des Nachfolgers des Kaisers den Ausschlag gab, wurde von Gesandtschaften aus allen Ländern geradezu überrannt, und das Wer-

ben der Kurie war womöglich noch leidenschaftlicher als dasjenige der Unterhändler Frankreichs, Englands oder jedes anderen Fürsten des Reiches.
Miltitz hatte immerhin begriffen, daß er jetzt bei der Luthermission mehr denn je alle Spannungen vermeiden mußte. Der Erzbischof von Trier hatte zunächst vorgeschlagen, man solle über Luther erst auf dem nächsten Reichstag verhandeln. Miltitz konnte ihn nach vielen Wochen dazu überreden, Luther im Juni in Koblenz anzuhören; Cajetan sollte dabeisein. Miltitz forderte am 3. Mai 1519 Luther auf, nach Koblenz auf den Ehrenbreitstein zu kommen. Als Friedrich der Weise von dem Projekt erfuhr, winkte er ab. Luther selbst antwortete vierzehn Tage später.
Der Brief ist voller Hohn, Luther ärgert sich, daß Miltitz ihn für so dumm einschätzt: »Ihr könnt Euch selbst denken, daß mich jedermann für einen Narren halten würde, wenn ich zu Euch reiste. Ihr habt selbst geschrieben, daß noch kein Befehl aus Rom gekommen ist und daß mich der Erzbischof noch nicht zitiert hat. Wozu sollte ich mich also in eine so große Gefahr begeben? Gegenwärtig bekommt niemand sicheres Geleit, am wenigsten ich, der so viele Feinde hat. Aber selbst wenn das alles, mein Lieber, nicht im Wege stünde, so will ich doch diese Sache nicht vor dem hochwürdigsten Herrn Kardinal Cajetan behandelt wissen: Ich will ihn durchaus nicht dabeihaben, er ist dessen auch nicht würdig, weil er mich zu Augsburg vom christlichen Glauben abzubringen versucht hat, und ich zweifle, ob er überhaupt ein katholischer Christ ist.« Im übrigen stehe ihm, Luther, in Leipzig ein Ereignis bevor, dessen Vorbereitungen es ihm zur Zeit ganz und gar unmöglich machten, an den Rhein zu kommen.

7 Das große Duell

Luther und seine Freunde bereiten sich schon monatelang auf dieses Ereignis vor. Johannes Eck hat seit der großen Schrift, die Karlstadt im Mai 1518 veröffentlichte, ständig die 406 Verteidigungssätze der Wittenberger Theologie vor Augen. Er ist von diesem Moment an der wichtigste, bedeutendste und rücksichtsloseste Gegner der »Lutherpest«. Sollte der Wittenberger Ketzer noch nicht ganz das Visier

geöffnet haben, so hat es Karlstadt für ihn getan. Dazu genügen zwei, drei Kernthesen aus seinem umfangreichen Verteidigungswerk: »Das Wort der Bibel steht sowohl über den Lehren der Kirche als auch über dem Zeugnis der ganzen Kirche. Wir leugnen nicht, daß der römische Papst neue Gesetze verkünden und ebenso davon dispensieren und sie auslegen kann; worüber aber der Herr und seine Apostel schon gesprochen haben, das soll der Papst nur bestätigen, anstatt neue Gesetze dazu erlassen.« Sollte diese klare Absage an Rom immer noch nicht deutlich genug sein, so dürfte ein anderes Wort von Karlstadt, aus seiner 365. These, genügend über die Einstellung der Wittenberger zu Rom sagen. Karlstadt lobt hier denjenigen Fürsten, der sich dem Bannfluch des Papstes widersetzt und verhindert, daß ein frommes Lamm vom »Rachen des Löwen Leo X.« verschlungen wird.
Kann man sich noch unmißverständlicher von Rom lossagen, muß es nicht schon jetzt alle Welt erkennen? Läuft nicht alles, was Eck von Luther, seinen Lehren, von den Meinungen seiner Anhänger erfahren hat, auf dieses »Los von Rom« hinaus? Läßt sich etwas Ungeheuerlicheres in der Christenheit denken als ein solcher Angriff auf die Oberhoheit des Stellvertreters Christi auf Erden, auf den römischen Papst?

Literarisches Klingenkreuzen

Johannes Eck veröffentlicht Mitte August eine Gegenschrift. Er fordert von Karlstadt, sich entweder dem Urteil einer der großen Universitäten zu unterwerfen – den Autoritäten in Rom, Paris oder Köln – oder die Entscheidung in diesem Kampf, den Eck noch sachte genug einen bloßen Streit nennt, dem Apostolischen Stuhl zu überlassen.
Karlstadt bleibt die Antwort nicht schuldig. Er akzeptiert den Vorschlag Ecks, ja er weitet ihn sogar aus: Er will das Urteil jedes beliebigen Gelehrten anerkennen, sofern er nur – das ist der Vorbehalt Karlstadts und die pausenlose Forderung Luthers nach einem öffentlichen Disput – in den Texten der Kirchenväter, die für die Thesen der Wittenberger als Autoritäten gelten können, beschlagen und sachkundig ist.
Eck ist während des Reichstages in Augsburg gewesen. Wenn er die Quintessenz des Verhörs Luthers durch Cajetan zieht, so ist auch bei dieser Gelegenheit alles auf die Weigerung Luthers hinausgelaufen, den Primat des Heiligen Vaters anzuerkennen. Eck, der klügste aller Luthergegner, derjenige mit der feinsten Witterung und einem untrüglichen Sinn für Vorgefühle, hat längst begriffen, worauf die Wittenber-

ger Sache hinausläuft, von der Luther selbst noch im Dezember 1518 meint, »sie hätte eigentlich noch nicht angefangen«. Nun, wenn das wirklich so sein sollte, dann will Eck gern dafür sorgen, daß jeder Christgläubige endlich begreift, was der Anfang gewesen ist und was das Ende sein wird.

Im gleichen Monat Dezember wirft Eck den Fehdehandschuh. Er fordert Karlstadt zu einem öffentlichen Redekampf heraus. Natürlich meint er damit Luther. Doch zum einen hat Eck mit Karlstadt schon unmittelbar literarisch die Klingen gekreuzt, zum anderen läuft gegen Luther der Ketzerprozeß, und Eck findet es weder angemessen noch mit der Würde seiner Stellung zu vereinen, den Häretiker geradewegs zu einem Disput in die Schranken zu bitten. In Augsburg hat er mit Luther schon ein Vorgespräch über solch eine öffentliche Disputation geführt. Erfurt oder Leipzig stehen zur Wahl. Das Thesenpapier, das Eck im Dezember publiziert, nimmt den Versammlungsort Leipzig schon vorweg. Die theologische Fakultät lehnt zwar zunächst den Antrag genauso ab wie der Kanzler der Universität, Bischof Adolf von Merseburg. Doch Herzog Georg von Sachsen entscheidet, daß die Disputation am 27. Juni 1519 – im Monat der Kaiserwahl Karls V. in Frankfurt – ihren Anfang nehmen kann, und zwar auf seinem Schloß, der Pleißenburg. Den Professoren seiner Universität schreibt er ins Stammbuch, daß er lieber alte Weiber zum Spinnen besolden würde, als Hunde zu füttern, die nicht bellen und sich vor einem Wolf fürchten.

Die zwölf Thesen Ecks sind der Form nach noch immer gegen Karlstadt gerichtet, doch ihr Inhalt läßt keine Fehldeutungen zu: gemeint ist Luther. Die letzte These Ecks richtet sich ausdrücklich gegen eine Behauptung, die nicht von Karlstadt, sondern von Luther stammt. Eck schreibt: »Ich erkläre, daß die römische Kirche schon vor dem Konzil von Nicäa über allen anderen Kirchen gestanden hat, und behaupte, daß der Inhaber des Heiligen Stuhles immer als Nachfolger des Petrus anerkannt und allgemeiner Statthalter Christi auf Erden gewesen ist.« Jede Unklarheit, die noch bestehen könnte, wird durch einen Brief Ecks an Luther beseitigt: »Weil Karlstadt Euer Vorfechter ist, Ihr aber die Hauptperson seid, der diese meinem geringen und schlechten Verstande nach falsche und irrige Lehre durch das ganze Deutschland aussprengt, deshalb geziemt es sich, daß Ihr selbst nach Leipzig kommt und entweder Eure Meinung verteidigt oder meine Meinung umstoßt. Aber wie gern wollte ich doch, daß Ihr Euer Gemüt ändert, dem Apostolischen Stuhl Gehorsam leistet, Leo X. als Christi Stellvertreter hörtet und nicht eigensinnig sein möchtet. – Ihr seht aus der überschickten Disputation, daß ich nicht so sehr gegen Karlstadt, als gegen Eure Lehren meine Sätze aufgestellt habe.«

Vorgefechte

Luther entschließt sich sofort zur Veröffentlichung von zwölf Gegenthesen. Dazu legt er einen offenen Brief an Karlstadt bei, an die Adresse Ecks gerichtet. Die Antwort kommt prompt. Luther kontert ebenfalls umgehend, er stellt noch eine dreizehnte These auf, in der ohne viel Winkelzüge der Primat des Papstes geleugnet wird: »Daß die römische Kirche angeblich über allen anderen steht, wird bewiesen aus den läppischsten Dekreten, die innerhalb der letzten vierhundert Jahre von den Päpsten erlassen worden sind und gegen welche die beglaubigte Geschichte von elf Jahrhunderten, der Text der Heiligen Schrift und das Dekret des Konzils von Nicäa, des heiligsten aller Konzile, zeugen.« Die Freunde Luthers sind schockiert, Karlstadt ist geradezu entsetzt, er jammert: Sogar die oströmische, die griechische Kirche hätte doch keinen Zweifel daran gelassen, daß dem römischen Bischof ein Vorrang zukäme.
Luther winkt ab. Er hat ein spöttisches Verständnis für die Sorgen Karlstadts, der im Moment weniger an die Wahrheit, als an seine päpstliche Pfründe zu denken scheint. Die kürzeste Antwort auf seine Ungeheuerlichkeiten erhält Luther von dem Dominikanerinquisitor Jakob von Hoogstraten: »Ist diese These richtig, so müssen die römischen Bischöfe Ketzer sein.« Anfang April schreibt Hoogstraten an den Papst, verurteilt die These Luthers als ganz offenkundig häretisch und bittet dringlich darum, endlich ein blutiges Strafgericht durchzuführen und diejenigen »mit wahrhaft löwengleichem Eifer« zu vernichten, die den christlichen Glauben zerstörten.
Luthers Antwort ist ein Muster für die wachsende Erbitterung, die Unversöhnlichkeit, ja den offen durchbrechenden Haß in den Kontroversen: »Geh hin, Du unsinniger blutdürstiger Mörder, der sich am Blut der christlichen Brüder nicht sättigen kann, erforsche und suche Roßkäfer in ihrem Mist und nicht fromme Christen, bis Du lernst, was Sünde, Irrtum, Ketzerei ist und was sonst noch zu der Kunst eines Ketzermeisters gehört. Denn ich habe keinen größeren Esel gesehen als Dich, unbeschadet dessen ob Du wirklich so viele Jahre Dialektik studiert und in ihr zugebracht hast, wie Du Dich rühmst. Wen kann es denn wundern, daß Du die christlichen Artikel frommer gottseliger

Männer als Unrecht und Ketzerei verdammst? Denn Du weißt nicht, was gegen die Schrift ist und deshalb verstehst Du noch weit weniger, was wirklich ketzerisch und verdammenswert ist. Deshalb ist es mir sehr lieb, ja ich bin darüber hocherfreut, daß ich von Dir, einem so blinden, verstockten Kopf, einem Bluthund und Feind der Wahrheit von rasendem Grimm, als Ketzer verdammt werde.«

Während der Vorbereitungen für den Redekampf auf der Pleißenburg entwickelt Luther seine eigene Position unverkennbar bis zur grundsätzlichen Verwerfung der etablierten Papstkirche. Aus der Bibel folgert er, daß »Kirche« nichts anderes sein könne und sei als die Gemeinschaft der Gläubigen und Heiligen, eine unsichtbare Vereinigung also und keine weltliche Organisation; ihr Oberhaupt ist deshalb auch nicht der Papst, sondern Jesus Christus. Einen Angriff des Leipziger Franziskaners Augustin von Alfeld wehrt Luther wenig später mit der Präzisierung ab: »Die Heilige Schrift redet ganz schlicht und nur auf eine einzige Weise von der Christenheit: als von der Gemeinschaft aller Gläubigen auf Erden. Die Christenheit ist eine geistliche Gemeinschaft der Seelen in einem Glauben und deshalb ist sie nicht an Rom gebunden und ist nicht materiell. Die Zeichen, an denen man äußerlich erkennen kann, wo diese Kirche in der Welt ist, sind Taufe, Sakrament und Evangelium – aber niemand sieht, wer heilig oder gläubig ist.«

In einem Brief markiert er die neue Lage, die durch die bevorstehende Disputation entstanden ist: »Die Sache geht gegen das Kirchenrecht, das heißt gegen die jämmerliche Verhunzung der heiligen Wissenschaft, was ich schon lange gewünscht, aber nicht selbst anzugreifen gewagt habe. Nun zieht mich Gott – und ich folge nicht mit Widerwillen. Wenn die römische Kurie schon über den Tod des Ablasses geklagt hat: was wird sie dann erst tun, wenn auch ihre Dekrete – will's Gott – das Leben aushauchen?« Kurz darauf setzt er in einem Schreiben an Spalatin eine Art Schlußpunkt: »Für meine Disputation sehe ich mich fleißig um in den Dekreten der Päpste, und ich weiß jetzt nicht, ob der Papst der Antichrist selbst ist oder sein Apostel. So jämmerlich wird nämlich Christus, das heißt die Wahrheit, von ihm in seinen Dekreten verfälscht und gekreuzigt.«

Die Eröffnung

Die Disputation sollte zwischen Karlstadt und Eck stattfinden. So gelehrt Karlstadt auch sein mochte, an Erfahrung und Schlagfertigkeit, an Scharfsinn und Gedächtnis stand er der Koryphäe aus Ingolstadt bei weitem nach. Luther wandte sich mehrfach an Herzog Georg mit der Bitte, ihn gleichfalls nach Leipzig einzuladen; auch Eck setzte sich beim Herzog dafür ein. Schließlich wurde für Karlstadt ein Geleitbrief ausgestellt, der ihm und allen seinen Begleitern Sicherheit garantierte, also auch Luther einschloß, falls er die Reise antrat.
Johannes Eck traf schon am 22. Juni in Leipzig ein, um am darauffolgenden Donnerstag an der Fronleichnamsprozession teilzunehmen. Am Freitag zog die Wittenberger Delegation durch das Stadttor, geleitet von rund zweihundert bewaffneten Studenten, im ersten der offenen Wagen Karlstadt, im nächsten Luther mit Melanchthon. Kaum in der Stadt, kam es zu einem Unfall, der sofort sinnbildlich ausgelegt wurde: »Als sie einzogen und vor die Tür am Kirchhof der Paulinerkirche kamen, da zerbricht dem Doktor Karlstadt sein Wagen, so daß er, der Doktor, herab in den Kot fiel. Aber Doktor Martinus und Herr Philippus Melanchthon fuhren vorüber, daß also die Leute sagten, die das sahen: Dieser wird obliegen – sie meinten Doktor Martin Luther – und der andere wird unterliegen.«
Die Planung und Eröffnung der Disputation, ihr Verlauf, die Teilnahme des Herzogs, das hohe Interesse, das sie weit über Sachsen hinaus überall in der gelehrten Welt geweckt hatte, verwandelten das ganze Ereignis fast in einen Staatsakt. Am Samstag wurden die Modalitäten abgesprochen, vier Notare als Protokollanten bestellt und vereinbart, daß ihr Bericht erst dann im Druck veröffentlicht werden sollte, bis eine Universität als Richter ihren Schiedsspruch abgegeben hatte. Am Montag, dem 27. Juni, fand als Einleitung der Disputation eine Versammlung der Universität im Fürstenkolleg statt. Anschließend formierte sich ein Festzug in die Thomaskirche, in der eine eigens komponierte zwölfstimmige Messe aufgeführt wurde. Dann erst ging es in die Hofstube der Pleißenburg, die mit zwei Kathedern und ausreichend vielen Bänken für die Hunderte von Zuhörern als Disputationssaal hergerichtet war. Nach der langen, über zwei Stunden dauernden Rede des Rektors, Petrus Mosellanus, über Wesen und Art einer Disputation und nach dreimaliger Intonation des Liedes »Komm, Heiliger Geist...« – dabei ließ sich die Versammlung auf die Knie nieder – gab ein Herold den Beginn des Disputs um zwei Uhr bekannt.

Am frühen Nachmittag um diese Zeit standen sich endlich Karlstadt und Eck auf den Kathedern gegenüber, Karlstadt noch immer sichtlich mitgenommen von dem Sturz – wegen des Schocks war vorsorglich ein Aderlaß durchgeführt worden –, Eck hochfahrend und die reine Verkörperung überlegenen Selbstbewußtseins. Er war berühmt für sein nahezu absolutes Gedächtnis, er war in der Lage, noch am nächsten Tag lange Ausführungen eines Disputanten wörtlich zu wiederholen und Stück für Stück auseinanderzupflücken. Eck weiß, daß aus seinem Mund das päpstliche Rom spricht, er weiß es schon so lange, daß er die unvergleichliche Fähigkeit entwickelt hat, sich beim Argumentieren so zu verstellen, wie er wirklich ist. Den Unterschied zu seinem Wittenberger Gegner kann jeder im Saal sofort erkennen, denn Karlstadt hat sich hinter ganzen Wällen von Büchern geradezu verschanzt, von der Assistenz etlicher gelehrter Theologen zu schweigen, während Eck es kaum für nötig hält, einen einzigen Text bei sich zu haben.
Vier Tage lang, auf sechs Disputationen, fechten die beiden Professoren. Karlstadt ist seinem Gegner nicht entfernt gewachsen, seine Stimme ist schwach, fast blockiert, er kramt ständig in einem Wust von Zetteln, läßt sich soufflieren und sucht Hilfe in seinen Folianten. Selbst wenn man die spätere Feindschaft Luthers mit Karlstadt in Rechnung stellt, bleibt vom Urteil Luthers über den Auftritt seines Gefährten noch genügend übrig: »Er legte zu Leipzig Schande statt Ehre ein, denn er ist ein unglückseliger Disputator von ungeschlachtem und stumpfem Geist.«
Luther hatte noch keine Gelegenheit bekommen, sich in die Kontroversen einzuschalten. Es schien fraglich, ob er überhaupt das Wort erhalten würde, zumal er mit den Vereinbarungen nicht einverstanden war und Schwierigkeiten machte. Entschieden war dies erst, als der damalige Wittenberger Rektor, Herzog Barnim von Pommern, Luther darum bat, am 29. Juni, dem Peter-und-Pauls-Tag, ihm in der Schloßkapelle »ein klein Sermönlein« zu predigen.
In Leipzig wurde den Wittenbergern keinerlei Sympathie oder gar Freundschaft bekundet. In den Kirchen behandelte man Luther fast wie einen Aussätzigen. Als er einmal die Paulinerkirche betrat, verschlossen die Dominikaner eilig die Monstranz mit den Hostien im Tabernakel, »damit das heilige Sakrament von dem Ketzer Luther nicht vergiftet wurde«, und flüchteten in die Sakristei. Trotzdem war der Andrang am 29. Juni derart groß, daß die Teilnehmer in die Hofstube, den Disputationssaal, wechseln mußten.
Luther ergriff in seiner Predigt den Stier bei den Hörnern. Der Peter-

und-Pauls-Tag drängte dazu. Luther wählte als Text die Stelle aus Matthäus 16, 18 f., aus der die römische Kirche die päpstliche Oberhoheit ableitet: »Du bist Petrus, auf diesen Felsen will ich meine Kirche bauen..., dir will ich die Schlüssel des irdischen Himmelreiches geben...« An die Adresse Ecks ging nun Luthers Auslegung: »Ja, es ist wahr, daß die Schlüssel dem heiligen Petrus gegeben worden sind, aber nicht ihm, der einzelnen Person, sondern der christlichen Kirche und dir und mir, zum Trost unserer Gewissen. Sankt Peter oder der Priester ist ein Diener an den Schlüsseln, die Kirche aber ist die Braut Christi, und ihr sollen sie mit der Gewalt der Schlüssel dienen.«

Der Eindruck dieser Predigt bei den Hörern war so tief, daß Eck voller Erregung gleich viermal in eigenen Predigten dagegen anging. Vor seiner Abreise schrieb er an Hoogstraten: »Am Tage St. Petri hatte Luther in Abwesenheit des Fürsten im Disputationssaale eine ganz hussitische Predigt voller Irrtümer gehalten. Ich habe daraufhin gleich am Tage der Heimsuchung Mariae und am folgenden Tag vor einer so großen und zahlreichen Gemeinde, wie ich sie noch nie gehabt, wider seine Irrtümer gepredigt und das Volk ganz aufgebracht, so daß es ein Grauen und einen Ekel vor Luthers Irrtümern hat.«

Der Hauptkampf

Eine Woche nach Beginn der Disputation, am 4. Juli, stirbt Tetzel im Leipziger Dominikanerkloster. Luther hat ihm noch einen versöhnlichen, wenn auch persönlich kühlen Trost- und Abschiedsbrief geschrieben: Tetzel solle sich nicht bekümmern, die ganze Sache hätte nicht seinetwegen – Tetzels – angefangen, sondern »das Kind hat einen ganz anderen Vater«. Tetzel wird vor dem Hochaltar der Dominikanerkirche bestattet.

Am gleichen Tag, dem 4. Juli, stehen sich Eck und Luther schließlich auf den Kathedern gegenüber. Der Saal ist brechend voll. Bis zum Ende steht jetzt die Disputation ganz im Zeichen der beiden großen Gegner. Die Unterschiede im Erscheinungsbild Ecks und Luthers fallen zahlreichen Teilnehmern auf. Eck ruht kalt, voll fragloser Sicherheit, in der unantastbaren Autorität der kirchlichen Dogmen und ähnelt, wie ein Zuschauer meint, dabei eher einem Metzgermeister als einem Gottesgelehrten. Er hat breite Backenknochen, ein fleischiges volles Kinn, wulstige Augenbrauen und schwere Tränensäcke. Im Disput ist er höflich, und sei es auch ätzend ironisch höflich zu Luther, dem

»ehrwürdigen Pater«, den er Freunden gegenüber »das Untier« nennt. Luther ist beim Disputieren nicht auf Winkelzüge der Ironie angewiesen, um eine gute Klinge zu schlagen. Ihm genügt die Wahrheit, wie er immer wieder sagt. Der Leipziger Rektor, der keineswegs zu den erklärten Freunden der Wittenberger zählt, berichtet von ihm: »Martinus ist zwar nur mittelgroß und hager, denn Sorgen und Studien haben seinen Körper erschöpft, so daß man fast alle Knochen an ihm zählen könnte. Aber er ist frisch und voll männlicher Jugendkraft, seine Stimme hell und klar, bewundernswert seine Gelehrsamkeit und die vorzügliche Kenntnis der Schrift, so daß er geradezu alles an den Fingern herzählen kann. Griechisch und Hebräisch beherrscht er gut genug, um über die Auslegungen der Heiligen Schrift urteilen zu können. Auch fehlt es ihm nicht an Redegabe, überdies steht ihm ein großer Vorrat an Wörtern und Sachen zur Verfügung. Vielleicht könnte man an ihm Urteilskraft und die rechte Anwendung derselben vermissen. Im täglichen Leben ist er sehr höflich und freundlich, seinem Wesen fehlt alles Finstere und Sauertöpfische. In Gesellschaft ist er lustig, voller Scherze, lebhaft und immer freudig, auch immer munteren und fröhlichen Gesichts, so arg ihn auch die Gegner bedrohen, so daß man ihm es geradezu ansieht, wie Gottes Wille und Kraft ihn bei seinem schwierigen Werk unterstützen. Allerdings ist er, und diesen Fehler bemängeln alle an ihm, im Tadeln rücksichtsloser und bissiger, als es für jemanden, der in der Theologie neue Wege sucht, ratsam und für einen Gottesgelehrten schicklich ist.«

Verglichen mit dem bisherigen Verlauf, bei dem Karlstadt eine Position nach der anderen räumen mußte, beginnt das große Duell in Leipzig erst am 4. Juli. Eck schiebt alles, was ihm als theologische Nebensächlichkeit erscheint, entschlossen beiseite und schlägt Luther vor, unmittelbar mit der Diskussion über den Rang der Kirche und die Stellung des Papstes zu beginnen. Luther ist einverstanden und erläutert kurz, daß er mit seinen Vorbehalten hinsichtlich des päpstlichen Primats keineswegs die tatsächliche Hoheitsgewalt des Heiligen Vaters in Frage stelle, sondern nur ihre Begründung: sie gehe auf keinen Fall, wie die römische Kirche und ihre Theologen lehrten, auf göttliche Einsetzung zurück. Aus dem Neuen Testament lasse sich eine solche Legitimation nicht ableiten.

Eck hält entgegen: So, wie im Himmel alles Gott untergeordnet ist, so hat Christus für die irdische Kirche ebenfalls ein Haupt eingesetzt und ihm alles untergeordnet, nämlich den Papst als Nachfolger von Petrus. Das würde nur von den Erzketzern nicht anerkannt, von der morgenländischen Kirche der Griechen, der Kirche in Jerusalem und ebenso von der hussitischen in Böhmen!

Luther versteht die Anspielung, ärgert sich über diese »luziferische Abschweifung« – dafür scheint er Ecks Bemerkung zu halten: »Wenn mir der vortreffliche Herr Dr. Eck immer das Böhmerland vorhält, dann will ich diese Sticheleien den Sophisten überlassen. Im übrigen: Nicht der Papst, sondern Christus ist das Haupt der Kirche. Im Matthäus-Evangelium hat er ausdrücklich versichert: ›Ich bin bei euch alle Tage bis an das Ende der Welt‹ (Matth. 28, 20).«

Das wiederum läßt Eck zu Recht nicht gelten und beruft sich auf diejenige Stelle des Evangeliums, die seit alters als Hauptbeleg für die Nachfolge Petri gilt, über die Luther erst kürzlich gepredigt und die Eck in einem ganz anderen Sinn ausgelegt hat: »Du bist Petrus, und auf diesen Felsen will ich meine Kirche bauen, und die Pforten der Hölle werden sie nicht überwältigen. Und dir will ich die Schlüssel des Himmelreiches geben. Was immer du auf Erden binden wirst, wird auch im Himmel gebunden sein, und was du auf Erden lösen wirst, wird im Himmel gelöst sein.« Aus dieser Stelle und der Wendung »Petrus – Fels« leitet Eck die Einsetzung aller folgenden Päpste ab. Luther dagegen will darunter nur den felsenhaften Glauben des Petrus an Christus als den Sohn Gottes verstehen – eine Interpretation, die sich zwar gezwungener ausnimmt als die Deutung Ecks, die aber Luther mit dem Argument zu stützen versucht, daß doch der Primat des Papstes nicht von Anfang an, nicht seit den Zeiten des Urchristentums bestanden hat. Bis zum Konzil von Nicäa im Jahre 325 sahen auch die großen anerkannten Kirchenväter im römischen Bischof nur einen Bischof unter ihresgleichen, der ihnen brüderlich nebengeordnet war. Eck versucht dieses Argument mit einem Wort des heiligen Bernhard von Clairvaux – also des berühmtesten Kirchenlehrers des zwölften Jahrhunderts – zu entkräften, doch Luther beharrt auf seiner inzwischen allgemein und allseits bekannten exklusiven Grundlage, der Heiligen Schrift: Ihr richtig verstandener Sinn stehe unbestreitbar und unanfechtbar über jedem Menschenwort.

Folgerichtig verbeißt sich nun Eck in dieses Prinzip Luthers. Wie leicht ist es, den vielen hundert Zuhörern deutlich zu machen, daß sich der Wittenberger Mönch allein mit Hilfe der Autorität der Heiligen Schrift zwar im Rahmen der Argumente behaupten kann, daß er damit aber auch in krassen Widerspruch zu sämtlichen Kirchenlehrern und Theologen gerät. Insbesondere aber dann, wenn Eck auf Konzilsbeschlüsse verweisen kann, in denen der Primat des Papstes unterstrichen und

bestätigt wird. Eck spricht vom Konzil zu Konstanz der Jahre 1414 bis 1418. Diese Versammlung war in erster Linie deshalb zusammengekommen, um die verheerende Kirchenspaltung, das jahrzehntelange Schisma, welches das Abendland zerriß, zu beenden.
Aus diesem Grund wurde zwar beschlossen, daß die Entscheidungen des Konzils auch für den Papst – das hieß damals für die beiden konkurrierenden Päpste – bindend seien. Eine gewisse Überordnung des Konzils war also nicht zu bestreiten. Gleichzeitig aber hatte dasselbe Konzil die Lehren des englischen Theologen John Wiclif aus dem 14. Jahrhundert verdammt und ebenso alle Lehren seines treuen Gefolgsmannes, des böhmischen Reformators Johannes Hus als ketzerisch erklärt und Hus deshalb verbrannt; und ketzerisch und deshalb zu verdammen sei auch der Lehrsatz von Hus gewesen, daß für einen Christen der Glaube an die Oberhoheit der römischen Kirche, der Glaube daran, daß die Kirche auf Erden eines einzigen Hauptes bedürfe, keine Bedingung sei, um die ewige Seligkeit zu erlangen: »Ich bitte den ehrwürdigen Pater um Vergebung, wenn ich den Böhmen feindlich bin als den Feinden der Kirche und wenn ich wiederholt in dieser Disputation auf sie zu sprechen komme. Die These des ehrwürdigen Paters kommt nämlich ihren Irrtümern sehr nahe. Das habe ich erwähnen müssen und nun werde ich gerne die Meinung des ehrwürdigen Paters anhören.«
Eck hat jetzt seinen Gegner auf dem gefährlichsten Gebiet, das es überhaupt gibt. Er hat Luthers Lehren in direkte Parallele gesetzt zu Thesen, die bereits als ketzerisch verdammt worden sind. Wird Luther das hinnehmen? Ecks Beweisführung war ein kluger Zug, nicht einmal besonders listig, denn er war nicht versteckt. Doch Luther reagiert nicht sofort. Ist er unempfindlich für die Gefahr, hat er nicht begriffen? Nun geschieht das Unerwartete. Nach einigem Zögern, nach etlichem Schwanken und kaum ernsthaft scheinenden Ausweichversuchen erklärt Luther plötzlich, herausfordernd direkt: »Unter den Sätzen von Johannes Hus, die das Konzil von Konstanz verdammt hat, sind viele grundsätzliche Artikel gewesen, welche die Kirche nicht verdammen kann – das ist gewiß. So zum Beispiel der Satz, daß die Seligkeit eines Christen nicht an die Unterordnung unter den Papst gebunden ist, sondern an die Zugehörigkeit zu der einen heiligen christlichen Kirche, deren Haupt Jesus Christus ist und sonst niemand.«
Im Saal ist es plötzlich beklemmend still. Eck blickt Luther an, scheint ihn ohne besonderes Interesse zu betrachten, kühl wie ein Objekt. Dann lächelt er kaum merklich. In das Schweigen bricht ein lauter Fluch Herzog Georgs: »Das walt die Sucht!«

Luthers Gesicht rötet sich. Er ist keineswegs von der Ruhe erfüllt, die er zu besitzen vorgibt, er scheint erst jetzt zu begreifen, wohin er sich hat locken lassen. Seit Monaten weiß er, was für ein Gegner ihm in Eck entgegentritt. Aber nie wird man stärker verblüfft, als wenn man mit allem gerechnet hat. Luther weicht jedoch auch jetzt keinen Fingerbreit zurück, obwohl er nicht mehr daran zweifeln kann, daß Eck ihn genau dorthin gebracht hat, wo er ihn von Anfang an hat hinbringen wollen. Martin Luther hat sich vor aller Welt und zum erstenmal ohne jede Einschränkung und Verklausulierung zu ketzerischen Lehren bekannt. Er hat dabei zugestanden, daß es sich um Lehrsätze handelt, die von einem Konzil als häretisch verworfen worden sind, von dem Konstanzer Konzil, auf dem von den Deutschen die Einheit der Kirche wiederhergestellt worden ist. Luther bestreitet also nicht nur die göttliche Stiftung des Papsttums, er bestreitet grundsätzlich und kategorisch die dogmatische Verbindlichkeit der allgemeinen Konzilien, er leugnet folglich die kirchliche Lehrgewalt, er vernichtet den römischen Kirchenbegriff, er setzt an die Stelle der kirchlichen Autorität die private Erkenntnis des einzelnen bei der Bibellektüre.

Eck hat recht, wenn er der Überzeugung ist, daß es sich bei jedem weiteren Wort nur um ein überflüssiges Wort handelt. Der Disput geht noch einige Tage weiter, aber er hat die Spannung verloren, ist kaum viel mehr als ein Geplänkel. Für Eck hat Luther genauso deutlich wie andere Ketzer vor ihm den völlig untauglichen Versuch unternommen, seine Sätze auf nichts anderes zu stützen als auf die Heilige Schrift – und das bedeutet nicht nur den Bruch mit der objektiven Instanz der Papstkirche, sondern es bedeutet, der subjektiven Beliebigkeit persönlicher Schriftdeutung alle Zäune niederzureißen.

Unbewußte Hussiten

Die Anhänger Luthers waren damals nicht gut auf Johannes Eck zu sprechen, und bei den protestantischen Kirchenhistorikern hat er auch im Verlauf vieler Jahrzehnte nichts hinzugewonnen: ein hinterhältiger, raffinierter, bösartiger, tückischer Mensch. Der Unmut über Ecks Meisterschaft und dialektische Überlegenheit im Disputieren führt dabei die Feder. Luther selbst ist mehr als unzufrieden gewesen. Der scharfsinnige Eck ist für ihn ein Mann, der einfach nicht den Anstand hat, eine fromme Seele zu besitzen.

An Spalatin schreibt Luther wenige Tage nach dem Ende des Leipziger

Schauspiels, man hätte mit der ganzen Angelegenheit nur Zeit verloren; lediglich die Verhandlungen über den päpstlichen Primat seien ertragreich gewesen – also gerade das, was Eck als seinen großen Triumph verbucht: »Sonst ist fast nichts mit Würde behandelt worden. Eck hat den Beifall, er triumphiert und herrscht, aber durch meine Veröffentlichung soll das ein Ende haben. Denn weil schlecht disputiert worden ist, werde ich die Resolutionen zu den Disputationsthesen nochmals drucken lassen. Diese Leipziger haben uns weder begrüßt noch besucht, sondern wie Erzfeinde behandelt; dem Eck dagegen haben sie das Geleite gegeben, waren immer um ihn, ehrten ihn mit Festmahlen und Einladungen, schenkten ihm einen Rock und einen kostbaren Überwurf, machten mit ihm einen Vergnügungsritt, kurz, sie taten alles Erdenkliche – um uns herabzusetzen und zu entehren. Da hast Du die ganze Tragödie. Sie hat schlecht begonnen und noch schlechter geendet. Ich beherrsche sonst meine Galle; aber hier kann ich nicht anders, als den Groll ausschütten, weil ich von Fleisch und Blut bin und sehen muß, daß die Unverschämtheit der Gegner und ihr giftiger Haß in einer so heiligen Sache übermäßig gestiegen ist.«
Seinen Zorn gegen Eck, »das unselige Ruhmtierchen«, das »in Leipzig herumkroch, armselig, schlüpfrig, stets in Furcht, zum Ziel zu kommen«, können auch die Jahre nicht mildern – wie überhaupt weder die Jahre noch sonst ein Ereignis bei Luther etwas mildern können. Selbst noch nach zwei vollen Jahrzehnten wird er bei der Erinnerung an Leipzig nur von den persönlichen Dingen erregt, kaum von den sachlichen Streitpunkten. Er sei schon gleich zu Beginn heftig erschrocken, als Karlstadt darauf beharrte, selbst die Disputation zu eröffnen: »Ich habe die Ehre genauso lieb wie ein anderer.« Luther kann diese Eitelkeit nicht fassen: »Er wollte mir zu Leipzig nicht die Eröffnung der Disputation einräumen, damit ich ihm nicht die Ehre vorwegnehme, die ich ihm doch gern gegönnt habe. Dabei hatte er den weitaus dankbarsten Stoff, während er mir die letzten Thesen Ecks über den Primat des Papstes und über Johannes Hus zur Bekämpfung überließ« – aber Luther hatte doch buchstäblich danach gezittert, mit Eck vor allem über diesen Punkt zu debattieren. Immer noch bezeichnet er Eck als »herrisch, ja unverschämt und zuchtlos, ein Mann von großem Verstand und zähem Gedächtnis, aber überaus anmaßend, weil er eine Zeitlang in Rom gewesen war; da hatte er prächtige Beispiele epikuräischen Lebens kennengelernt, so daß er weder nach dem Papsttum noch nach dem Evangelium etwas fragte.«
Das Leipziger Treffen stand von Anfang an im Zeichen eines Ringens,

über dessen Ausgang ein Schiedsspruch gefällt werden sollte, nicht anders, als handle es sich um ein Kampfturnier. Wägt man die katholischen Stimmen gegen die lutherischen ab, so gibt es keinen Zweifel: Eck hatte »gesiegt«. Worin aber bestand dieser Sieg? In nichts anderem als darin, daß Eck zeigen konnte, wie wenig Luther an einer reformerischen Kritik innerhalb der Kirche gelegen war, weil es ihm vielmehr um einen Vernichtungsangriff auf die Basis der römischen Kirche ging. Eck war es gelungen, Luther zu dem Eingeständnis zu bringen, er vertrete häretische Lehren. Bis zu diesem Augenblick hatte Luther solche Behauptungen immer entrüstet zurückweisen können. Nach der Leipziger Disputation war das nicht mehr möglich.

Eck hatte Luther gezwungen, Farbe zu bekennen. War Luther nicht aufmerksam genug, nicht geistesgegenwärtig gewesen?

Oder hatte er in diesem Moment des Disputs begriffen, daß für ihn früher oder später ja doch jener Augenblick kommen würde, den man die Stunde der Wahrheit nennt? Warum dann nicht schon jetzt, hier in Leipzig? Mit seinem Bekenntnis zu Lehren, welche die Kirche als ketzerisch verurteilt, hat er viel, wenn nicht alles verloren – vorausgesetzt, daß er die römische Position Ecks als Maßstab gelten läßt. Wenn er aber an seine eigenen Richtwerte denkt, hat er viel gewonnen. Nur deshalb bleibt er bei diesen Meinungen, die ihm während des Disputs scheinbar unbedacht entschlüpft sind: Auch Konzilien können irren – Luther beharrt darauf in aller Öffentlichkeit, steifnackig, mit einer geradezu wonnelosen Wut, die jetzt nicht aus seinem Inneren genährt wird, sondern aus dem Zustand der Sachen, gleichgültig, was sich daraus noch ergibt.

Luther ahnt seit Leipzig die Gewalt und die Tragweite des Umbruchs, den er auslöst und betreibt. Er ahnt auch die riesigen Gefahren. Leipzig hat alles Sekundäre beiseite geräumt: Ist es so, wie Luther sagt, daß der gläubige Mensch unmittelbar seinem Herrgott gegenüberstehen muß? Oder ist es so, wie Eck und das Papsttum sagen, daß durch Gottes Wille die päpstliche Kirche die Mittlerin ist zwischen Gott und den Menschen? Leipzig macht die theologische Brückenlosigkeit zwischen der Kirche und Luther sichtbar.

Wenn Luther recht hat, stürzt die ganze römische Kirche und die politische Ordnung, die in dieser Welt zu ihr gehört. Das schreckt Luther nicht. Den verstörten Spalatin tröstet er: »Ich beschwöre Dich, mein Spalatin, fürchte Dich doch nicht so sehr und zerfriß Dir das Herz nicht mit menschlichen Bedenken. Du weißt, wenn nicht Christus mich und meine Sache führen würde, wäre ich schon längst zugrunde gegangen. Ich halte noch viel zurück mit Rücksicht auf den Fürsten und die Universität, was ich ansonsten sagen würde gegen die Verderberin der Bibel und der Kirche, gegen Rom oder besser gesagt: gegen Babel. Mein Spalatin, die Wahrheit läßt sich nicht bekennen, ohne daß man dieses Tier beleidigt!«

Kaum etwas ist so bezeichnend für Luthers revolutionären Willen wie der rücksichtslose Freimut, mit dem er sich fast umgehend jene Lehren zu eigen macht und sich offen dazu bekennt, die ihm Eck als ketzerisch und des Scheiterhaufens würdig vorgehalten hat. In Leipzig wehrt sich Luther noch dagegen, bezeichnet Ecks Feststellungen als »unverschämte Lügen«. Kurz nach Leipzig aber übernimmt er die Forderung der Hussiten nach dem Laienkelch und verkündet laut: »Es wäre angebracht und erfreulich, wenn die Kirche durch ein Konzil verordnen würde, daß den Laien genauso wie den Priestern das Abendmahl wieder in beiderlei Gestalt gegeben wird.«

Luthers Vorschlag löst einen Tumult aus. Doch er macht ein erstauntes Gesicht, als er von allen Seiten das Schimpfwort »Böhme!« zu hören bekommt, nur um gleich wieder vom Lutherzorn überschwemmt zu werden: »Tatsächlich, ohne es zu wissen, habe ich in meinen Thesen bis jetzt die ganze Lehre des Johannes Hus verfochten und gehalten, und ebenso hat es Staupitz getan, kurz, wir sind alle unbewußte Hussiten, und Paulus und Augustinus sind es auch. Sieh nur, in was für Ungeheuerlichkeiten sind wir da geraten, ohne daß es uns dieser Böhme beigebracht hat! Ich weiß vor Überraschung gar nicht, was ich denken soll, angesichts dieses schrecklichen Gottesurteils über die Menschheit: Die evangelische Wahrheit liegt schon über hundert Jahre lang vor aller Augen – und wird verdammt, verbrannt – und man darf es nicht einmal bekennen! Fluch dieser Erde!«

Daß Luther durch Eck zu solchen Feststellungen getrieben wird, daß Luther dazu gebracht oder gezwungen worden ist, sich so stark wie noch nie zu exponieren, und daß Luther keinen Rückzug versucht – das macht die Bedeutung der Leipziger Disputation aus. Sie markiert einen Rubikon, Luther zieht die schwerwiegendsten Konsequenzen. Deshalb ist von ihr knapp und endgültig gesagt worden: »Sie bringt die Feuersbrunst!«

8 Das Schlüsseljahr 1520

Luther steht jetzt auf seinem eigenen Felsen. Dieser Triumph ist freilich vorerst auf reines Durchhalten reduziert, und das Durchhalten auf krassen Eigensinn. Wenn Luther von seinem eigenen Felsen spricht, meint er das nicht bildlich. Während der Leipziger Disputation ist ihm sein exponiertes Herausragen, das gleichbedeutend ist mit einer beklemmenden Vereinzelung, jählings bewußt geworden. Die Auseinandersetzungen darüber, ob die Papstkirche wirklich auf den »Felsen Petri« gebaut ist, bringen ihn dazu, für seine Auffassung eine genauso gegründete Gegen- und Widersacherposition zu beanspruchen: »Wo mir Fried und Ruhe nit will gelassen werden, so bitt' ich, daß sich niemand fürnehme, mich müde und matt zu machen. Mein Geist ist mir von Gott gegeben und steht deshalb so unerschütterlich, daß ich mir eher die ganze Welt zutraue, müde zu machen. Mein Fels, auf den ich baue, steht fest, wird mir auch nit wanken noch sinken, selbst wenn alle höllischen Pforten dawider streiten. Des bin ich gewiß.«

Dem Bildwort vom Fels, das eine lange alttestamentliche Tradition besitzt, bestreitet Luther nicht seinen gemeindegründenden Charakter, wohl aber seinen gemeinderechtlichen. Nur deshalb nimmt er so prononciert für sich in Anspruch, noch weit gesicherter auf einen »Felsen zu bauen« als die offizielle Papstkirche, nämlich aufgrund seiner eigenen Gemeinde- und Kirchenauffassung.

Dieses trotzige Selbstbewußtsein war nicht etwa nur ein Ergebnis des Leipziger Kampfes. Schon nach seinem ersten Treffen mit Miltitz versichert Luther im Hinblick auf die Gewalt, die der Papst nun einmal in der Welt besitzt, daß es sich dabei nur um äußerliche Dinge handelt, er selbst aber, Luther, sich seines eigenen »Felsens« gewiß sei. Er werde dafür genauso einstehen wie es Paulus, der Kirchenvater Athanasius in seinem rücksichtslosen Kampf für das nicäische Bekenntnis gegen die Arianer oder Augustinus getan hätten – und wenn er dabei ganz alleine bliebe. In einem Brief an Wenzeslaus Link vom 10. Juli 1518, also noch in einem Anfangsstadium seines öffentlichen Aufbegehrens, umreißt Luther seine Rolle mit einer ebenso entwaffnenden wie tapferen Unbefangenheit: »Ich bin vollständig ein Mann des Streites, ich bin nach dem Worte des Propheten Jeremias der Mann der Zwietracht.«

Die Leipziger Disputation erregt genau jenes fiebrige Interesse, das Eck befürchtet und das Luther nicht erwartet hat. Besonders erfreut ist

Luther über die Schützenhilfe, die er jetzt von der glanzvollsten Autorität der Humanistenwelt erhält, von Erasmus von Rotterdam. So zurückhaltend auch der Applaus ist: Luther in seinem verständlichen Eifer, Mitstreiter von Rang und Format zu gewinnen, täuscht sich über die Standfestigkeit des gefeierten, weltberühmten Gelehrten, auch über seine theologischen Grundlagen. Vorerst aber hinterließ die Mahnung von Erasmus, gegen Luther nicht so »leidenschaftlich vorzugehen«, einen erheblichen Eindruck.

Zwiespältiger muß auf Luther die begeisterte Zustimmung der böhmischen Hussiten wirken. Probst Wenzeslaus Rozdalowsky aus Prag schreibt in einem Brief: »Was einmal Johannes Hus in Böhmen gewesen ist, das seid Ihr, Martin, jetzt in Sachsen. Darum betet und seid stark im Herrn und hütet Euch vor den Menschen, verzaget auch nicht, wenn sie Euch Ketzer oder verbannt heißen, weil auch Christus und die Apostel gelitten haben und alle heutzutage leiden, die gottselig in Christus leben wollen.«

Luther hat sich inzwischen sowohl mit den gehässigsten als auch mit den doppeldeutigsten Titulaturen vertraut gemacht. In Leipzig versicherten sich die Leute auf den Straßen, daß Luther in Wahrheit ein »Teufelskind« sei. In seiner Reaktion darauf zeigt sich das besondere Rückgrat des Geächteten: »Von Tag zu Tag gefalle ich mir mehr und bin stolz darauf, wenn ich sehe, wie mein Name immer berüchtigter wird. Die Gegenwart urteilt schändlich, das Urteil der Nachwelt wird besser sein.« Ein schmächtiger Trost angesichts der Bedrohung, deren Endabsicht, wie das Beispiel von Hus bewies, der Tod auf dem Scheiterhaufen war. So formulierte es schon Luthers Bischof im Juli 1519: »Ich werde nicht eher ruhig schlafen, bis ich den Bruder Martin im Feuer brennen sehe.«

Eck schien sich für diesen ruhigen Schlaf der Romanisten und Papisten, wie sie Luther bezeichnete, wenn er gelegentlich sachlich gestimmt war, verbürgt zu haben. Unmittelbar nach dem Leipziger Treffen sandte der Ingolstädter Doktor ein großes Gutachten an die Kurie mit detaillierten Empfehlungen, wie gegen Luther weiter vorzugehen sei. Rom ließ sich mit der Antwort bis gegen Ende des Jahres 1519 Zeit. Dann aber hielt Eck das Schreiben in der Hand, in dem er gebeten wurde, selbst in die Ewige Stadt zu kommen und dem Heiligen Vater zu berichten.

Ein guter starker Zorn beflügelt

In den folgenden Monaten verläuft Luthers Leben äußerlich in scheinbarer Ruhe. Und doch ist es diejenige Zeit, in der er sich unter dem stärksten inneren Druck befindet, einem Druck, der ihn zu einer unglaublichen Produktivität antreibt. Ein Werk nach dem anderen erscheint; im Jahr 1519 sind es nach dem Schriftenverzeichnis zweiunddreißig, im darauffolgenden Jahr vierzig Titel. Die Zahlen selbst müßten, für sich genommen, nichts besagen, doch sie gewinnen an Substanz durch die Tatsache, daß im Jahr 1520 auch die vier bedeutendsten, die grundsätzlichsten Schriften Luthers erscheinen. Sie enthalten praktisch das ganze Programm seiner Revolution, liefern ihren dogmatischen, ethischen und politischen Grundriß. Trotz des Ranges dieser Texte scheint ihm alles druckreif aus der Feder zu strömen: »Ich habe eine rasche Hand und ein promptes Gedächtnis. Wenn ich schreibe, so fließt mir's nur so zu. Ich brauche nicht zu pressen und zu drücken.« Treibend dabei ist aber keine geniale Beschwingtheit, sondern besonders rasch gehen ihm die Sätze immer dann in die Feder, sobald »ein guter starker Zorn das Geblüt« erfrischt.

Das Leipziger Duell setzt sich in einer Flut polemischer Schriften und Gegenschriften fort. Kennzeichnend für die veränderte Tonlage ist die Polemik zwischen Luther und Hieronymus Emser, einem seiner früheren Lehrer. Emser entstammte einem schwäbischen Adelsgeschlecht, wurde im Jahr 1477 geboren und hatte Theologie und kanonisches Recht in Tübingen und Basel studiert. Zum Priester wurde er 1502 geweiht, seit 1514 stand er als Sekretär und diplomatischer Vertreter im Dienst Herzog Georgs von Sachsen. Bei Emser hatte Luther als Student in Erfurt gehört.

In ihrem Streit werden die vulgärsten Töne angeschlagen. Die Pamphlete Luthers gegen Emser übertreffen fast ausnahmslos alle seine übrigen Streitschriften an Grobheit und Hemmungslosigkeit; das gehässige Hin und Her zieht sich fast ein volles Jahrzehnt hin, bis zum Tod Emsers im Jahre 1527. Die Anfeindungen gingen bis ins Persönlichste. So empört sich Emser schon 1520 über eine private Attacke Luthers: »War es wirklich nötig, daß Du wegen eines Briefes, der über Dich die Wahrheit sagt, mir vor der großen Öffentlichkeit frühere Verfehlungen, und noch dazu meist angedichtete, vorhältst? Was meinst Du wohl, was mir alles von Deinen eigenen großen Schandtaten zu Ohren gekommen ist? Daß auch Du gefehlt hast und gefallen bist, muß ich derselben Ursache zuschreiben, die auch mich zu Fall gebracht hat, nämlich der Entartung jeder öffentlichen Zucht in unseren Tagen, wodurch die jungen Männer, so wie sie wollen, ohne Strafe leben und sich alles erlauben können.«

Nach dem Leipziger Disput veröffentlicht Emser eine Flugschrift, in der Luther rundweg der Hussitennachfolge bezichtigt wird. Luther antwortet unter Anspielung auf das Wappen Emsers, das einen Steinbock zeigt, mit der Gegenschrift »An den Bock zu Leipzig«; die Anspielung ist deshalb gerechtfertigt, weil Emser unter das Wappen, das er auf die Schrift setzen ließ, geschrieben hatte: »Hüt' Dich, der Bock stößt Dich!« Luther antwortet: »Hätte ich Dich, mein Emser, einen Bock gescholten, so hättest Du sicherlich ein oder zwei Bücher darüber geschrieben und mich mit allerlei Lügen, Läster- und Schmähworten, so wie es Deine Art ist, überschüttet. Da Du Dich aber nun selber als einen Bock bezeichnest, und zwar mit groben Buchstaben, damit es jedermann weiß, und nichts anderes drohst, als zu stoßen und sprichst: ›Hüt' Dich, der Bock stößt Dich!‹, so darf ich Dich wohl, so hoffe ich, auch mit Deiner eigenen Gunst und Gnade als einen Bock empfangen. Obgleich es für Dich nicht nötig gewesen ist, das auch noch aufs Papier zu schreiben, sieht man es an Deinem ganzen Wesen, daß Du ein Bock bist; und daß Du nichts anderes als stoßen kannst, beweisen mehr als genug Deine Büchlein und Reden. Meinst Du aber nicht, daß ich Deinem leichtfertigen Drohen antworten und sagen möchte: ›Lieber Esel, leck nicht!‹ Gott behüte vor dem Bock die Geißen, die ihre Hörner in Seide geflochten tragen; mit mir hat's, so Gott will, keine Not.«

Die Kämpfe mit seinen Gegnern spielen sich für Luther auf einem Terrain ab, das zwar unmittelbar neben dem Hauptgebiet seiner Veröffentlichungen liegt, aber doch ein wenig davon getrennt bleibt. Das betrifft vor allem seine zentralen, programmatischen Werke. Zunächst erhalten die Ablaßthesen im Herbst 1519 eine gewisse sozialrevolutionäre Fortsetzung durch Luthers »Sermon von dem Wucher«, den er in zwei Fassungen veröffentlicht. So als wollte er den bedrückenden Erscheinungen des Frühkapitalismus mit Vorwegnahmen des Frühsozialismus entgegentreten, verwirft er in dem Text grundsätzlich jenes Prinzip, von dem der Kapitalismus lebt: daß sich ein Geldbetrag, den jemand geborgt hat, durch den bloßen Zeitraum, durch die Zeit zwischen Gewährung und Rückzahlung um die Zinsen erhöht.

Die Fragen, die Luther dabei anschneidet, finden eine markante Fortsetzung in seinem herausragenden, klassisch gewordenen »Sermon von den guten Werken«. Die Anregung dazu verdankt Luther seinem Freund Spalatin; die Schrift erscheint Mitte 1520. Leitfaden sind die

Zehn Gebote, weil Luther nur das als ein »gutes Werk« gelten läßt, was Gott unmittelbar geboten hat – also nicht jene Verrichtungen, welche die römische Kirche traditionell als »gute Werke« bezeichnet wie das Beten, die Wallfahrten, das Fasten oder Almosengeben.

Luther hebt den Kontrast schroff heraus: An der Spitze der guten Werke steht die Arbeit des Menschen in seinem Beruf, gleichgültig, um welche Tätigkeit es sich handelt. Ausgangspunkt des Gläubigen ist das »erste und höchste, alleredelste gute Werk«, nämlich der Glaube an Christus. Dies vorausgesetzt, »werden alle Werke gleich, eines ist wie das andere; deshalb fällt der Unterschied zwischen ihnen, ob sie groß oder klein sind, kurz oder lang, viel oder wenig.« Bei der Erläuterung der Gebote stellt Luther fest: »Drei besonders nötige Werke sind in unserer Zeit und vor allem in diesem Land zu tun. Zum ersten: abzutun das grausame Wesen des Fressens und Saufens, und zwar nicht nur wegen des Übermaßes, sondern auch wegen der Kostspieligkeit; denn durch die Gewürze, Spezereien und dergleichen, ohne die sehr wohl gelebt werden könnte, ist ein großer Verlust von Gütern im Land entstanden und entsteht täglich weiter. Schon allein um diese Schäden zu beheben, die tief eingerissen und weit verbreitet sind, hätte die weltliche Gewalt genügend zu schaffen. Die Gewaltigen könnten damit Gott einen außerordentlichen Dienst erweisen und zugleich ihr Land gründlich bessern. Zum anderen ist es der überschwengliche Luxus der Kleider, mit dem so viel Gut durchgebracht und durch den doch nur der Welt und dem Fleisch gedient wird. Zum dritten muß der wuchersüchtige Zinskauf ausgemerzt werden, der in der ganzen Welt alle Länder, alle Leute und Städte verdirbt, verzehrt und verstört. Hier sollten die Herren weder schlafen noch faul sein, wenn sie Gott von ihrem Amt gute Rechenschaft ablegen wollen.«

Neben dem »Sermon von den guten Werken«, in dem sich bereits alle Merkmale einer weltzugewandten Sittlichkeit abzeichnen und der schon den wesentlichen Ansatz des berühmten, für den Protestantismus und die evangelisch-lutherische Kirche unersetzlichen »Großen Katechismus« Luthers aus dem Jahr 1529 bildet, ragt als gewaltiger Richtpfeiler der neuen Lehre die Kampfschrift »Von der Babylonischen Gefangenschaft der Kirche« (*De captivitate Babylonica ecclesiae praeludium*) heraus. Der Prozeß in Rom war inzwischen gegen Luther entschieden; er zweifelte nicht mehr daran. Aber auch ein anderes Ergebnis hätte nichts an seiner Entschlossenheit geändert, den Bruch mit Rom von sich aus endgültig zu vollziehen. Diese Trennung stellte für Luther nicht etwa nur eine bloße Absonderung und das Einschlagen eines eigenen neuen Weges dar: Sie war für ihn gleichbedeutend mit dem rücksichtslosesten Angriff auf Rom. Trennung hieß für Luther Vernichtung. Seine Lehre mußte sich, wenn sie eine praktische, eine öffentliche Wirkung haben sollte, als Zerstörung der papalen Kirche darstellen.

Dieses für Luther unerläßliche Prinzip äußerte sich in seiner ganzen Härte und seinem Vernichtungswillen erstmals in der Antwort, mit der Luther einen neuen Angriff von Silvester Prierias abwehrt. Luther erinnert sich an die Versicherung, mit welcher der Palastmeister dem Heiligen Vater seine erste Schrift überreicht hat, daß er sich nämlich in einem künftigen Streit selbst vor dem Satan nicht fürchten und gern feststellen würde, »ob jener Martin eine eiserne Nase oder einen ehernen Kopf hat und ob er nicht gebrochen werden kann«. Vorerst sieht es nicht danach aus, denn Luther trumpft auf, rühmt die griechisch-orthodoxe Kirche und die hussitische als selig, so wie alle selig sind, »die sich von der römischen Kirche abgesondert und dieses Babylon verlassen haben! Verflucht aber sind alle, die Gemeinschaft mit ihr haben. Ich für meine Person will mit dieser Schrift bekannt und bezeugt haben – da der Papst und die Kardinäle dieses unverschämte Lästermaul des Satans nicht zum Schweigen bringen und auf einen Widerruf dringen –, daß ich's in Zukunft mit der römischen Kirche nicht mehr halten, sondern sie übergehen und verleugnen will samt dem Papst und den Kardinälen als den Greuel der Verwüstung, der da steht an der heiligen Stätte (Matth. 24,15).

Nun fahre hin, du unseliges, verdammtes, lästerliches Rom! Der Zorn Gottes ist endlich über dich gekommen, wie du es verdient hast, weil du trotz so vieler Gebete, die für dich so lange Zeit ergangen sind, ohne Unterbrechung danach getrachtet hast, nur noch ärger zu werden. – Ich bin entschuldigt, sage und folgere aus diesen Worten Christi und Petri (Matth. 18,15–17/2.Petr.2,2–3): Wenn Fürsten, Bischöfe und andere Christen, sie seien, wer sie wollen, den irrenden Papst nicht ermahnen, strafen, beschuldigen und für einen Heiden halten, sind auch sie alle Lästerer des Weges der Wahrheit und Verleugner Christi, die samt dem Papst ewig verdammt werden sollen. Wenn das rasende Wüten des Papstes und der Kardinäle weitergeht, so scheint mir kein besserer Rat und keine bessere Arznei, als daß der Kaiser, die Könige und Fürsten sich rüsten, dieser Pest des Erdkreises ein Ende zu machen, und zwar mit Waffen, nicht mit Worten! Da wir Diebe hängen, Mörder köpfen, Ketzer verbrennen – warum greifen wir nicht noch weit mehr diese bösen Lehrer der Verderbnis: Päpste, Kardinäle, Bischöfe und das ganze Geschwürm des römischen Sodom, welches die Kirche Gottes ohne Unterlaß schändet, mit allen Waffen an und waschen unsere Hände in ihrem Blut, um uns und unsere Nachkommen aus dem schlimmsten Feuer zu erretten!«

In den Fesseln Babylons

Luther hatte seinen Freunden in der Mitte des Jahres 1520 angekündigt, daß er beabsichtige, bald ein neues »Liedlein von Rom« zu singen, »um das Otterngezücht noch mehr zu reizen«. Er wollte dieses Lied den Theologen singen, deshalb war es wie üblich in Latein geschrieben. Allerdings täuschte sich Luther, falls er wirklich beabsichtigte, den Leserkreis exklusiv zu halten. Seit der Veröffentlichung des Thesenpapiers am 31. Oktober 1517 mußte er wissen, daß jeder Satz, den er niederschrieb, die Öffentlichkeit umgehend erreichte; er hätte also genausogut Deutsch schreiben können. Im Titel bezeichnete er diese Schrift »Von der Babylonischen Gefangenschaft der Kirche« als ein »Vorspiel«; er kündigte an, dem Präludium bald auch den musikalischen Hauptteil folgen zu lassen. Es blieb bei dem Vorsatz, mit der Einschränkung, daß die Summe seiner vorherrschend theologischen Schriften der folgenden Jahre als Exposition des Themas gewertet werden könnte.
Das Buch ist Luthers wildester Angriff gegen das herrschende Kirchensystem, ein flammender Appell, sich endlich aus der gottlosen Tyrannei zu befreien, in welcher das Papsttum die ganze Christenheit gefangenhält, gefangen durch die Pervertierung der Sakramente, die Christus eingesetzt hat, und durch die Erfindung neuer, von denen in der Heiligen Schrift kein Wort zu entdecken ist. Luther bringt das Kunststück fertig, die Hemmungslosigkeit seiner Polemik, die schon nach den bisherigen Schriften unüberbietbar erschien, noch erheblich zu steigern. Er bedankt sich bei seinen Feinden für die gründliche Aufklärung, die sie ihm über die Schäden und Gebrechen der Kirche vermittelt hätten. Höhnisch zieht er aus seinen Erkenntnissen die Folgerung: Alles, was er bis jetzt über den Ablaß und den Papst geschrieben habe, könne verbrannt und durch die beiden Thesen ersetzt werden: »Ablässe sind eine Schändlichkeit der römischen Speichellecker. Das Papsttum ist eine wilde Tierhatz des römischen Bischofs.«
Hatte Luther bis dahin lediglich bestritten, daß dem Papsttum ein

göttliches Recht zukomme, so bestreitet er dem römischen Stuhl jetzt auch rücksichtslos jedes menschliche Recht: »Denn als ich die subtilsten Subtilitäten dieser Stutzer las, habe ich gelernt und bin jetzt sicher, daß das Papsttum die Herrschaft Babylons und die Gewalt Nimrods, des starken Jägers ist.« Das christliche Rom wird für Luther nunmehr vollständig wie früher das alte Rom zur Verkörperung der gottfeindlichen Stadt schlechthin; deshalb auch der Rückgriff auf die verkleidende Titulatur der Heiligen Schrift. Rom ist dort das verworfene, in Purpur und Gold gekleidete Weib, »die große Babylon, die Mutter der Hurerei und aller Greuel auf Erden« (Off. Joh. 17,4ff.). Rom-Babylon wird zum Symbol der widergöttlichen Gewalt für Luther, zum Inbegriff der an alles Irdische verfallenen Kirche.

Deshalb greift er die römische Kirche in ihrem Kern, in ihrer eigentlichen Substanz an: Er verwirft die katholische Sakramentenlehre und zerstört damit die Basis der Sakramentskirche. Er bestreitet der Firmung, Ehe, Priesterweihe und Letzten Ölung den sakramentalen Charakter. Er läßt nur die Taufe und das Abendmahl gelten, und die Buße lediglich mit erheblichen Vorbehalten. Luther schränkt sie auf Reue und Glauben ein, die Genugtuung streicht er vollständig. In seiner Bestimmung der Taufe wiederholt sich der Fundamentalansatz seiner ersten Ablaßthese: »Alles, was wir leben, soll Taufe sein und das Zeichen der Taufe durch das Wasser zur Erfüllung bringen.« Die Heilige Schrift kenne im Grunde als Sakrament nur das Wort Gottes; Taufe, Abendmahl und Buße seien nichts anderes als sakramentale Zeichen. Die Buße beruht nach Meinung Luthers zwar unbestreitbar auf göttlicher Stiftung, ihr fehlen aber die äußeren Merkmale eines Zeichens.

Luther hält sich strikt an die Weisung der Bibel, nach der das Abendmahl vom gläubigen Laien in beiderlei Gestalt zu empfangen sei. Die römische Kirche habe den Kelch unberechtigt und willkürlich nur den Priestern vorbehalten. Im übrigen erkläre die Heilige Schrift unzweideutig, daß der Leib und das Blut des Herrn im Brot und Wein des Abendmahls enthalten seien. Diese Frage wird dann bald zum Anlaß für ein ernstes Zerwürfnis unter den Anhängern Luthers. Es war trotz aller Bemühungen nicht zu beheben und führte zur ersten Glaubensspaltung der neuen Lehre, zur Separierung der später als reformierte Kirchen bezeichneten Gemeinden, insbesondere der Schweiz.

Die Natur der Inkorporierung von Leib und Blut des Herrn in Brot und Wein läßt Luther auf sich beruhen, aber gegenüber Zwingli und Calvin beharrt er fest auf der Realpräsenz Christi im Abendmahl. Wie dieses Geheimnis zu verstehen sei, darüber könne und müsse sich der Christ selbst, unbehelligt von bindenden und zwingenden Erklärungen, seine eigene Ansicht bilden. Die katholische Lehre von der Wandlung der Substanzen in der Eucharistie durch den Priester, das zentrale Glaubensgeheimnis des katholischen Abendmahls, lehnt Luther ab.

Der Titel von Luthers Buch ergibt sich aus den drei Gefangenschaften, in denen er die Kirche sieht: Gefangenschaft bedeutet es, das Abendmahl nur in einer Gestalt, als Brot, zu erhalten, an die Lehre von der Wandlung glauben zu müssen und die Messe als Opfer und gutes Werk einzustufen, obwohl sie doch nichts anderes sei, als eine Gnadengabe und Verheißung des Herrn. Luther beraubt damit die Messe ihres ganzen Wesens, so wie es durch die Jahrhunderte von der Kirche ausgebildet wurde, er beraubt in gleichem Maß den ganzen Priesterstand seiner Außergewöhnlichkeit.

Theologisch ist *De captivitate Babylonica ecclesiae* eine reine Revolutionsschrift. Dem Beichtvater des Kaisers, Johannes Glapion, verschlug es buchstäblich die Sprache. Zum erstenmal in der Kirchen- und Christentumsgeschichte wird die hierarchische Stellung des Priesters grundsätzlich als eine rein weltliche Machtposition charakterisiert und damit der Weihe und dem Verkündigungsauftrag völlig der Boden entzogen. Zu Luthers Vernichtung der Sakramentenlehre gehört zwangsläufig, daß er auch die Rechtfertigung des römischen Priestertums zerstört. Der Verdacht, daß Luther von den Sakramenten schließlich nur noch jenes unerläßliche Minimum anerkennt, das den organisatorischen Zerfall der Christengemeinde verhindert, hat einiges für sich. Denn Luther zerschlägt mit dieser Schrift die theologische Begründung der kirchlich-weltlichen Institutionen. Die Kirche als vorgebliche Heilsanstalt sei nichts anderes als Menschenwerk. Luther stuft damit das gesamte materielle Gut der Kirche als ein unrecht Gut ein. Die späteren Enteignungen des Kirchenbesitzes durch die evangelischen Fürsten und Landesherren haben hier ihre theologische Legitimation.

Luthers Generalangriff endet mit den Worten: »Ich setze diese Schrift getrost und freimütig den Gottlosen und denjenigen entgegen, die uns statt der göttlichen Lehren ihre eigenen Lehren hartnäckig und tyrannisch aufdrängen, ohne mich an ihren bornierten Ton zu kehren. Doch wünsche ich selbst ihnen einen gesunden Sinn und will ihre Schriften nicht geringschätzen und verspotten, sondern will sie nur von den rechten und echten Christen unterscheiden. Denn ich höre das Gerücht, daß schon wieder neue päpstliche Bullen und Bannsprüche gegen mich verfertigt worden sind, durch welche ich zum Widerruf gezwungen oder als ein Ketzer erklärt werden soll. Ist das wahr, so soll dieses Büchlein ein Teil meines künftigen Widerrufs sein, damit sie sich nicht beklagen, sie hätten ihre Tyrannei umsonst geschnaubt. Das übrige will ich demnächst mit Hilfe Christi an den Tag bringen, und zwar einen Widerruf, wie ihn der römische Stuhl bisher noch nicht gesehen und gehört hat, um meinen Gehorsam vollauf zu beweisen – im Namen unseres Herrn Jesu Christi, Amen!«

Luther kappt mit dieser Programmschrift jede Bindung an Rom, er setzt dem Papsttum ein neues Konzept der Christenheit entgegen. An seinem Text trennen sich auch die Geister derjenigen, die Luther bis jetzt als seine Gefolgschaft oder zumindest als sympathisierende Freunde angesehen hat. Viele, die bis zu diesem Moment in Luther den lang ersehnten Mann der kirchlichen Reform an Haupt und Gliedern sahen und feierten, waren entsetzt. Sie entdeckten in der Schrift von der »Babylonischen Gefangenschaft der Kirche« das wahre Gesicht Luthers: das Gesicht eines Mannes, der den Umsturz wollte. Dazu kam die Unsicherheit in der Einschätzung seiner Person. Ging es diesem Augustinereremiten wirklich nur um den reinen Glauben und um nichts anderes? Oder war nicht an der Maßlosigkeit seiner Polemik abzulesen, daß es sich bei Luther um einen Sklaven seiner Antriebe und Abneigungen handelte? Lag nicht auch der Verdacht nahe, sein Haß auf Rom hätte einiges mit den Reaktionen eines enttäuschten Liebhabers zu tun?

Erasmus von Rotterdam hatte sich zunächst zwar unverbindlich und mit leisem Spott, aber im ganzen doch recht wohlwollend zum Kampf Luthers geäußert. Jetzt aber erkannte er, daß Luther keine Reform der Kirche als Behebung von Schäden, daß er keinen Ausgleich beabsichtigte, daß er gar nicht darauf aus war, ihn deshalb nicht wollte, weil er ganz anderes im Sinn hatte. Auf eine Frage Friedrichs des Weisen hatte Erasmus geantwortet: »Luther hat in zwei Punkten gesündigt. Er hat dem Papst an die Krone und den Mönchen an die Bäuche gegriffen.« Doch jetzt verging ihm die Ironie, er wich mit dem Gros der deutschen Humanisten von Luther zurück, abgestoßen von diesem schrillen Hymnus der Ketzerei, der alles übertraf, was Häretiker bisher in der Kirche angestimmt hatten. Mit Erasmus trennen sich alle Bedächtigen, zu denen nicht nur die Zaghaften gehörten, von Luthers, des »räudigen Mönches« Weg der radikalen Empörung.

Einer seiner Anhänger, ein Priester und Klosterlehrer, der bis dahin jeden Schritt Luthers nach vorn im Geiste mitgemacht hat, wird von der »Babylonischen Gefangenschaft« bis ins Mark getroffen. Er bebt vor Zorn. Dann liest er die Schrift noch einmal, prüft die Bibelstellen, auf die sich Luther beruft, und plötzlich hat er das Gefühl, erst jetzt, zum erstenmal, alles richtig zu verstehen: »Die ganze Welt ist blind gewesen!« Er liest das Buch wieder und wieder, dann entschließt er sich, nach Wittenberg zu ziehen. Von diesem Augenblick an gehört er zu Luther, als wäre er mit diesem wilden Umstürzler verwachsen. Der Priester, Johannes Bugenhagen, wird zu einer der großen Gestalten der neuen Lehre.

Die »Babylonische Gefangenschaft« entfachte in der Christenheit Europas hellen Aufruhr. Selbst König Heinrich VIII. fühlte sich zu einer Gegenschrift angestachelt. Die Streitschrift *Assertio septem sacramentorum* trug dem englischen König reichlichen Beifall des Papstes ein; jeder, der die Schrift Heinrichs VIII. las, kam in den Genuß eines Ablasses von zehn Tagen. Im Jahr 1521 verlieh Leo X. dem König den Titel eines »Verteidigers des Glaubens« (*Fidei defensor*). Diese Auszeichnung wurde in England so hoch geschätzt, daß sich das Parlament im Jahre 1544 – als der König sein Land schon längst von der römischen Kirche getrennt hatte – dazu entschloß, den Titel für erblich zu erklären. Noch heute ist ein britischer Herrscher als König auch ein *Defensor of the Faith*.

Luther schrieb eine grobe Antwort, sie erschien sowohl in Lateinisch als auch in Deutsch: *Contra Henricum Regem Angliae* (Antwort deutsch auf König Heinrichs von England Buch). Der Untertitel »Lügen tun wir nicht, Wahrheit scheu ich nicht« schlägt ein Thema an, das nochmals am Schluß der Schrift entwickelt wird: »Euch Papisten wird das, was ihr vorhabt, nicht gelingen. Tut, was ihr wollt! Es soll diesem Evangelium, das ich, Martin Luther, gepredigt habe, weichen und unterliegen: Papst, Bischof, Pfaffen, Mönch, Könige, Fürsten, Teufel, Tod, Sünde und alles, was nicht Christus und in Christus ist. Davor soll nichts helfen.«

Von der Freiheit eines Christenmenschen

Dem Buch »Von der Babylonischen Gefangenschaft«, seiner unverhüllten Gewaltsamkeit, stellte sich nahezu besänftigend eine Veröffentlichung zur Seite, die trotz ihres begrenzten Umfangs ebenfalls zu den großen Programmschriften des Jahres 1520 zählt. Miltitz befürchtete, durch die Aktivitäten Ecks überspielt zu werden, und versuchte nochmals, direkt mit Luther und Melanchthon zu verhandeln und einen Ausgleich zu arrangieren. Er gab Luther den Rat, dem Papst erneut einen Brief zu schreiben und ein weiteres Mal zu erläutern, wie seine Entwicklung verlaufen sei und daß er nie beabsichtigt hätte, Leo X. persönlich anzugreifen. Die dem Brief beigefügte Schrift sollte eine Zusammenfassung seiner Lehrmeinungen sein.

Luther folgte der Empfehlung des Kammerherrn. Es handelt sich um das letzte Schreiben, das er an den Papst richtete. Die beigefügte Abhandlung »Von der Freiheit eines Christenmenschen« ist kaum doppelt so lang wie das Begleitschreiben; auch diese beiden Texte wurden in Latein und Deutsch gedruckt. So knapp der Umfang der Schrift auch ist: Sie enthält, wie Luther versichert, »die ganze Summe eines christlichen Lebens«.

Luther beginnt mit zwei Feststellungen, deren Paradoxie er dem ersten Brief des Paulus an die Korinther entlehnt: »Ein Christenmensch ist ein freier Herr über alle Dinge und niemandem untertan. Ein Christenmensch ist ein dienstbarer Knecht aller Dinge und jedermann untertan.« Hier wird die Freiheit des Christen in dem religiös elementaren Widersinn beschworen, daß auf dem grenzenlos scheinenden Feld der menschlichen Freiheit einzig und allein Gottes Entscheidung und sein Wille herrscht. Diesem Ratschluß des Allmächtigen beugt sich der gläubige Christ, und es ist dabei gleichgültig, ob er ihn als Willkür ansieht oder als Weisheit respektiert, denn es gehört zu seiner Freiheit, daß er sich beugt. In Luthers Sicht steht nicht dem Menschen der »freie Wille«, das *Liberum arbitrium*, zu, sondern nur Gott allein.

Diese Essenz christlichen Erdendaseins in lutherischer Perspektive läßt sich mit der Vernunft nicht fassen: es ist Glaube. In keiner anderen Schrift Luthers zeigt sich stärker, daß die neue Frömmigkeit von einem bedingungslosen Vertrauen zu Gott lebt, daß allein der Glaube zählt und daß dieser Glaube ein Wagnis ist. Gäbe es auch nur den Funken einer objektiven Garantie, so würde der Sinn des Glaubens zerstört. Deshalb ist die kleine Schrift »Von der Freiheit eines Christenmenschen« so überaus charakteristisch für den lutherischen Glauben. Es geht darin auch in einem exakten Sinn um jene Freiheit, die ein Unterscheidungsmerkmal zwischen Gläubigen und Ungläubigen ist. Beide sind der Sünde verfallen. Doch im Gegensatz zum Nichtchristen leidet der Christ unter der Sünde, und deshalb darf er auch auf Vergebung der Sünde hoffen; er ist *»simul peccator et iustus«*.

Solange der Christ vom Willen Gottes erfüllt ist, lebt er in »königlicher Freiheit«, wie Luther später, 1525, in seiner Streitschrift *De servo arbitrio* gegen Erasmus und seine Lehre vom freien Willen schreibt. Geht dies dem Christen verloren, so beginnt in ihm das Böse zu herrschen, und er verliert seine Freiheit. Dann freilich muß für ihn das göttliche Gesetz zu einem äußeren Zwang entarten. Dem anderen aber gibt der Glaube die Gewißheit der Freiheit, die Sicherheit seines Tuns: »Findet er sein Herz in der Zuversicht, daß sein Werk Gott gefalle, so ist es gut, und wenn es so gering wäre, wie einen Strohhalm aufzuheben.« Diese Freiheit war im christlichen Raum bisher unbekannt. Sie lebt von der Zuversicht, daß sich die Sicherheit im freien Handeln von selbst ergibt; ein solcher Christ tut alles »mit fröhlichem Herzen und ist ganz ein frei Gesell«.

Die Freiheit, von der Luther hier spricht, ist beileibe nicht gleichbedeutend mit Freiheit in der heute üblichen politischen Bedeutung. Luther spricht als Anwalt der entschlossenen Ansprüche der religiösen Gewissensfreiheit gegenüber den institutionell-irdischen Forderungen der römischen Kirche, die ihm als weltliche Gewalt entgegentritt. Deshalb handelt es sich bei seinem Beharren und Pochen auf religiöse Freiheit auch um eine eminent politische Freiheit, die das strikte Gegenteil von politischer Unterwürfigkeit ist. Hier findet sich kein Funke von Untertänigkeit. Luther hat sowohl theologisch-theoretisch als auch durch sein Handeln Freiheitsbestrebungen ausgelöst, deren Gewalt und Fernwirkungen von einer revolutionären Kraft leben, der sich kaum etwas zur Seite stellen läßt. Die Hochstimmung eines Aufbruchs, die ihn und seine Anhänger viele Jahre erfüllt hat, ist ihrer Substanz nach identisch gewesen mit dem unerhörten Gefühl der Befreiung, das in den unterschiedlichsten Formen sowohl für die ganze Renaissance als auch für den Humanismus charakteristisch war.

Wäre dafür noch ein ergänzender Beweis nötig gewesen, so hatte ihn Luther in dem Begleitschreiben an den Papst geliefert. Er versichert dem »Allerheiligsten in Gott Vater Leo X.« zwar, daß er in diesen ganzen Streit nur »durch einige wüste Menschen unserer Zeit« geraten sei, dabei aber »allezeit das Beste von Dir gesagt habe und wider Deine Person nie nichts Böses habe unternommen«. Doch dann beginnt der echte Luther: »Das aber ist wahr: Ich hab frisch angetastet den Römischen Stuhl, den man nennet Römischen Hof, von dem Du selbst wie jedermann auf Erden bekennen mußt, daß er ärger und schändlicher als jemals ein Sodom, Gomorrha oder Babylon gewesen ist. Und so viel ich merke, ist seiner Bosheit hinfort weder zu raten, noch zu helfen. Es ist dort alles überaus verzweifelt und grundlos geworden.

Dir selbst ist es nicht verborgen geblieben, wie seit vielen Jahren aus

Rom in alle Welt nichts anderes als Verderben des Leibes, der Seelen, der Güter und die allerschändlichsten Exempel aller bösen Stücke hinausgeschwemmt worden und überall eingerissen sind. Das liegt alles offensichtlich zutage und ist jedermann bewußt. Die Römische Kirche, die vor Zeiten die allerheiligste war, ist jetzt eine Mordgrube über allen Mordgruben geworden, ein Bubenhaus über allen Bubenhäusern, ein Haupt und ein Reich aller Todsünden und Verdammnis, das kaum auszudenken ist. Diese Bosheit könnte nicht mehr zunehmen, auch wenn der Antichrist selbst käme. Indessen sitzt Du, Heiliger Vater Leo, wie ein Schaf unter den Wölfen, wie Daniel unter den Löwen und Ezechiel unter den Skorpionen. Was kannst Du einziger gegen so viele Wilde? Und wenn Dir auch drei oder vier gelehrte Kardinäle zufielen, was wäre das unter solchen Haufen? Ihr müßtet vorher durch Gift untergehen, ehe Ihr Euch vornehmen könntet, der Sache zu helfen. Es ist aus mit dem Römischen Stuhl, Gottes Zorn hat ihn überfallen ohne Aufhören. Er ist den allgemeinen Konzilien fremd, er will sich weder unterweisen, noch reformieren lassen und vermag sein wütendes, unchristliches Wesen nicht zu hindern.
O wollte Gott, daß Du dieser Ehre – so nennen es Deine allerschändlichsten Feinde – entledigt wärest, denn mit solcher Ehre sollte nur Judas Ischarioth und seinesgleichen, die Gott verstoßen hat, geehrt sein. O Du allerunseligster Leo, der Du sitzest in dem allergefährlichsten Stuhl. Rom ist vor Zeiten eine Pforte des Himmels gewesen, und ist nun ein weit aufgesperrter Rachen der Hölle.
Siehe, mein Heiliger Vater, das ist der Grund und die Ursache gewesen, warum ich so hart gegen diesen pestilenzischen Stuhl gestoßen habe. Gegen Deine Person habe ich mir vorgenommen, so wenig zu wüten, daß ich gehofft hatte, ich würde mir bei Dir Gnade und Dank verdienen, und es würde anerkannt werden, wie ich zu Deinem Besten gehandelt habe, wenn ich Deinen Kerker, ja Deine Hölle nur frisch und scharf angreife. Da ich nun gesehen habe, daß dem Römischen Hof nicht zu helfen ist, Kost und Mühe verloren war, hab ich ihn verachtet und einen Urlaubsbrief geschenkt und gesagt: Ade, liebes Rom, stink weiter, was da stinkt, bleib unrein für und für, was unrein ist – und hab mich also begeben in das stille Studieren der Heiligen Schrift. Ich bin dem Hader feind, will niemanden aufregen oder reizen; ich will auch ungereizt sein. Werde ich aber gereizt, dann werde ich – so Gott will – weder sprachlos noch schriftlos sein.«
Das sind Formulierungen, das ist eine Sprache, Haltung und Herablassung, die allenfalls dem Papst selbst gegenüber einem einfachen,

sündigen Christen zugestanden wäre. Fast beiläufig hatte Luther auch die Versicherung eingeflochten: »Daß ich meine Lehre widerrufen sollte, da wird nichts draus. Das sollte sich niemand vornehmen, wenn er die Sache nicht in ein noch größeres Gewirre treiben will. Dazu mag ich auch keine Regel oder Vorschrift leiden, nach der ich die Heilige Schrift auslegen soll – dieweil das Wort Gottes, das alle Freiheit lehrt, nicht gefangen sein darf.«

Trompetenstoß zum Angriff

Dieses Lehren der Freiheit führte Luther auch die Feder bei der letzten großen Schrift des Jahres 1520, seiner populärsten, politischsten und berühmtesten, die wie keine andere im Deutschland der damaligen Zeit stärker aufrüttelte und die Empfindungen von Millionen in klar formulierte Sätze brachte: »An den christlichen Adel deutscher Nation, von des christlichen Standes Besserung«. Ursprünglich sollte es sich nur um ein Flugblatt handeln. Luther war dazu ermuntert worden von Ulrich von Hutten, dem leidenschaftlichsten, kämpferischsten und selbstbewußtesten unter den jungen deutschen Humanisten. Hutten war fünf Jahre jünger als Luther, in Rom und Italien hatte er sich geradezu vollgesogen mit Haß gegen die Kirche, Papst Julius II. hatte er lange vor Luther geschmäht als »diese Pest des Menschengeschlechts, den Ablaß- und Bullenhändler, dessen Arbeit der Tod, dessen Erholung die schändlichste Ausschweifung war«. Kein anderer setzte sich so rücksichtslos für die Freiheit ein wie Hutten, und Freiheit hieß damals höchst konkret: Freiheit gegenüber den unrechten Bedrückungen der Obrigkeit, sei sie kirchlich, sei sie weltlich.
Hutten gehörte in diesen Jahren zum Hof des Erzbischofs Albrecht von Mainz. Die Ablaßquerelen interessierten ihn zunächst nicht, doch schon 1518 versuchte er einen ersten Kontakt mit Luther herzustellen; er bot ihm an, falls die Bedrängnisse zu groß würden, sich in den Schutz seines Freundes Franz von Sickingen zu begeben. Luther erreichte dieses Angebot nicht.
Zwei Jahre später erhält er von Hutten ein Schreiben, datiert vom 4. Juni 1520: »Es heißt, Du bist in den Bann getan. Wie groß, o Luther, wie groß bist Du, wenn das wahr ist! Sei stark! Doch sieh Dich vor und halte Augen und Sinn auf die Feinde gerichtet! Aber was mahne ich, so es nicht nottut. Mich hast Du zum Helfer, wie es auch kommt, deshalb kannst Du mir alle Deine Pläne ruhig anvertrauen. Wir wollen für die

gemeine Freiheit fechten, wir wollen unser so lange geknechtetes Vaterland befreien. Gott ist auf unserer Seite: und Gott ist für uns – wer will gegen uns sein?« Noch einmal bietet Hutten ihm den Schutz Sickingens an. Luther ist hocherfreut über die Offerte, sie zeigt ihm, daß er mit dem Beistand der deutschen Reichsritterschaft rechnen kann, doch lehnt er vorerst ab. Nicht, daß er die Gefahren unterschätzen würde, die ihm auch in Wittenberg drohen, aber er glaubt, die Entwicklung so wie bisher abwarten zu können. Hutten fürchtet allerdings um die Standfestigkeit Luthers: »Stachelt ihn auf, wenn er lässig wird! Sprecht ihm zu, wenn er leidet. Drängt Euch um ihn, wenn er nachgibt! Stützt ihn, wenn er wankt! Tröstet ihn, wenn er klagt! Franz von Sickingen wird ihn schützen, wenn er seinem Fürsten nicht mehr vertraut. Ich höre, daß man diesem zusetzt, ihn lebendig nach Rom zu bringen. Und das würde Deutschland dulden?«

Luther hatte schon einige Zeit mit dem Gedanken gespielt, alles, was irdische Macht besaß, von den Königen bis zum geringsten Adel, durch eine Flugschrift aufzumuntern, »daß den Buben von Rom die Straße niedergelegt würde«. Die Schrift erschien am 12. August 1518. Inhaltlich ist eine genaue Kenntnis der »Gravamina der deutschen Nation« nicht zu übersehen. Luther macht außerdem kein Hehl aus seiner Kenntnis der wesentlichsten Schriften Ulrichs von Hutten. Im übrigen waren auch dieses Mal selbst die Freunde entsetzt über die schockierende Entschiedenheit von Luthers Angriffen. Staupitz riet nach der Lektüre dringend von einer Publikation ab, auch Luthers Intimus Johannes Lang war zutiefst erschrocken über diesen »Trompetenstoß zum Angriff«, mit dem an die deutsche Nation appelliert wurde, gegen Rom Front zu machen.

Luthers Sendbrief enthielt ein vollständiges Programm, um die Gesellschaft zu ändern, eine neue Kirche zu bauen und mit der römischen Papstkirche endgültig zu brechen und sie zu vernichten – ein Programm, das weit nach vorn gerichtet war und Perspektiven entwarf, die verwegene Schlußfolgerungen aus der Lage Deutschlands zogen und wegweisend für die nächsten Jahrzehnte wurden. In dem reißenden Absatz konnte Luther die handgreifliche Bestätigung dafür sehen, daß er die Meinungen der großen Mehrheit des Volkes aussprach. Innerhalb weniger Tage war die ganze Auflage von 4000 Exemplaren vergriffen. Der Drucker hatte große Mühe, mit der Auslieferung nachzukommen. Gerade bei dieser Schrift schien es, als hätte sich der lodernde Zorn des Wittenberger Rebellen, als hätten sich seine flammenden Appelle von ihm gelöst, wären eine Sache für sich geworden und

trieben jetzt durch das Reich mit den empfindungslosen Motiven eines Sturms.
Eine Woche später, als Luther das gewaltige Echo registriert, schreibt er an Wenzeslaus Link nach Nürnberg: »Wer weiß, ob nicht der Geist mit seiner Gewalt mich treibt! Von Rache rede ich nicht, der Herr möge es verzeihen! Es wird wirklich nicht das von mir betrieben, daß ich einen Aufruhr anzettle.« Doch gerade die Häufigkeit, mit der Luther solche Versicherungen abgibt, zu denen ihn niemand genötigt hat, macht mißtrauisch. Daß er keinen Aufruhr beabsichtigte, mochte so in der besänftigenden, entschuldigenden Perspektive Luthers aussehen; solche Wendungen passen gut zu den Erklärungen, die Luther fast allen seinen Kampfschriften hinterherschickte. Doch als Aufruhr war gerade diese Schrift an den deutschen Adel gemeint. Von der fiskalischen Auspressung Deutschlands hatte er schon wenige Monate vorher geschrieben: »Mich wundert, daß Deutschland, das zur Hälfte, wenn nicht noch mehr, geistlich ist, noch einen Pfennig hat für diese unaussprechlichen, unzähligen, unerträglichen römischen Diebe, Buben und Räuber. Wenn nicht die deutschen Fürsten und der Adel mit tapferem Ernst in nächster Zeit etwas dagegen tun, so wird Deutschland noch wüst werden und die Deutschen werden sich selbst fressen müssen.«
Als Aufruhr wurde die Schrift an den Adel deutscher Nation auch gelesen, Aufruhr kündigen schon die verhaltenen Eingangssätze an, die sich auf ein Bibelwort stützen: »Die Zeit des Schweigens ist vergangen, die Zeit zu reden ist gekommen. Ich hab zusammengetragen etliche Stücke des christlichen Standes Besserung belangend und dem christlichen Adel deutscher Nation vorzulegen, ob Gott doch wollte durch den Laienstand seiner Kirche helfen.« Luthers Rede richtet sich in dieser Schrift allerdings nicht in engerem Sinn an den Adel allein, sondern an alles, was zur weltlichen Obrigkeit gehört und deren Spitze der Kaiser darstellt; dem Kaiser ist auch die Schrift gewidmet.
Die Zustände in Deutschland, so hebt Luther ohne Einschränkungen hervor, sind so verkommen, daß nur noch ein allgemeines Konzil in der Lage ist, eine Änderung zu bewirken. Mit diesem Konzil meint Luther aber nicht etwa eine jener Versammlungen, die bis dahin mit dem Wort »Konzil« bezeichnet worden sind: »Wenn es die Not fordert und der Papst der Christenheit zu einem Ärgernis wird, dann soll, wer es am ehesten kann, als ein treues Glied des Körpers dazu beitragen, damit ein rechtes freies Konzil zustande kommt. Das vermag niemand besser als das weltliche Schwert, besonders weil diejenigen, die es führen, auch

Mitchristen sind, Mitpriester, mitgeistlich, mitmächtig in allen Dingen, und sie sollen ihr Amt und ihr Werk, das sie von Gott über jedermann haben, frei ausüben, wo es not und nütze ist, es frei auszuüben. Wäre es nicht, wenn in einer Stadt ein Feuer ausbräche, ein widernatürliches Verhalten, daß jedermann still hielte und brennen ließe, was da brennen mag, nur deshalb, weil sie nicht die Macht des Bürgermeisters hätten oder das Feuer vielleicht im Haus des Bürgermeisters ausbricht? Ist hier nicht ein jeder Bürger schuldig, die anderen zu bewegen und zu rufen?«

Das richtet sich an alle in Deutschland, die sich verantwortlich fühlen und die Verantwortung übernommen haben. Das gilt aber auch für jeden einzelnen Menschen, für jeden Christen. Denn Luther erklärt kategorisch, daß die Heilige Schrift keine hierarchischen Trennungen zwischen Klerikern und Laien kennt und jeder auf seine Weise in der Welt Verantwortung trägt: »Man hats erfunden, daß Papst, Bischöfe, Priester, Klostervolk der geistliche Stand genannt wird, und Fürsten, Herren, Handwerks- und Ackersleute der weltliche Stand. Welches ein gar fein Komment und Gleißen ist, doch soll darob niemand schüchtern werden. Und das aus diesem Grund: alle Christen sind wahrhaftig geistlichen Standes und ist unter ihnen kein Unterschied als derjenige des Berufs. Das kommt daher, daß wir eine Taufe, einen Glauben, ein Evangelium haben und gleiche Christen sind. Was aus der Taufe gekrochen ist, das kann sich rühmen, schon geweiht zu sein als Priester, Bischof, Papst, wenn es auch nicht jeglichem geziemt, ein solches Amt auszuüben. Daß aber Papst oder Bischof salbt, ordiniert, weiht, Platten macht, Kutten anzieht, das mag einen Gleißner oder Ölgötzen machen, das macht aber nimmermehr einen Christen oder geistlichen Menschen.«

Gott hat es nur den weltlichen Obrigkeiten zugestanden, Recht zu üben, die Bösen zu strafen und die Guten zu schützen. Ein geistliches Recht hat für Luther auf der Welt keinen Platz. Den Entscheidungen der weltlichen Gewalten hätte sich deshalb der Papst genauso zu fügen wie der einfache Klosterbruder. Luther zerschlägt jetzt die letzten Reste der römischen Kirchenhierarchie, nachdem er schon in seinen früheren Schriften das religiöse Fundament genauso abgetragen hatte wie das jurisdiktionelle. Er will nur noch das erhalten, was sich mit seiner biblisch-theologischen Perspektive verträgt. Das Ziel ist in diesem Jahr 1520 ganz offensichtlich eine eigene deutsche Kirche, die absolut frei ist von Rom: »Darum lasset uns aufwachen, liebe Deutsche, und Gott mehr als die Menschen fürchten, damit wir nicht das Schicksal aller armen Seelen teilen, die so kläglich durch das schändliche, teuflische Regiment der Römer verlorengehen. – Da Welschland nun ausgesogen ist, kommen sie nach Deutschland und heben fein säuberlich mit demselben an, damit Deutschland bald dem welschen gleich wird. Wie kommen wir Deutschen dazu, daß wir solche Räuberei und Schinderei unserer Güter von dem Papst leiden müssen? Wenn das Königreich von Frankreich sich dieser Dinge erwehrt hat, warum lassen wir Deutschen uns dann so narren und äffen?

Weil ein solch teuflisches Regiment nicht nur eine öffentliche Räuberei, Betrügerei und Tyrannei der höllischen Pforte ist, sondern auch die Christenheit an Leib und Seele verdirbt, sind wir hier schuldig, allen Fleiß anzuwenden, um solchem Jammer und solcher Zerstörung der Christenheit zu wehren. Wollen wir gegen die Türken kämpfen, so laß uns hier beginnen, wo sie am allerärgsten sind. Henken wir mit Recht die Diebe und köpfen die Räuber: warum sollen wir dann den römischen Geiz freilassen, welcher der größte Dieb und Räuber ist, der jemals auf Erden gekommen ist?«

Die praktischen Vorschläge Luthers laufen auf ein restloses Abtragen des Kirchengebäudes hinaus: Abschaffung des Zölibats, Ehe-Erlaubnis für die niedere Geistlichkeit, Einstellung aller Zahlungen an Rom, Einsetzung der Bischöfe im eigenen Land, Aufhebung der kirchlichen Gerichtsbarkeit, des geistlichen Besitzes und der geistlichen Lehen, freie Wahl und Entlassung der Pfarrer durch die Gemeinden – also gemäß urdemokratischer Grundsätze –, Auslegung der Bibel durch jeden einzelnen Christen, mithin nicht mehr nur durch die Organe der römischen Kirche, Streichung fast aller Kirchenfeiertage, Verbot der Ablässe und Wallfahrten und schließlich auch der Eide, die dem Papst zu leisten sind. Die Funktion des Papstes soll sich in Zukunft auf eine Art Schiedsrichter bei Differenzen zwischen den hohen Kirchenfürsten beschränken. Der Papst ist grundsätzlich dem Kaiser untertan, alle seine zusätzlichen Titel, vor allem diejenigen, die sich aus den weltlichen Eroberungen des Kirchenstaates ergeben, sind zu tilgen.

Luther macht außerdem detaillierte Vorschläge für die Änderung der Erziehung, des Bildungswesens, der Universitäten, der Armenpflege, der Kapitalspekulationen – »hier muß man wahrlich auch den Fuggern und ähnlichen Gesellschaften einen Zaum ins Maul legen« – und schließlich nicht zuletzt für denjenigen Bereich, dessen Umfang heute mit der Formel von der sozialen Gerechtigkeit umrissen wird: »Wer arm sein will, soll nicht reich sein. Will er aber reich sein, so greife er mit seiner Hand an den Pflug und suche es sich selbst aus der Erde. Es ist genug, daß die Armen geziemend versorgt werden, damit sie nicht Hungers sterben oder erfrieren. Es fügt sich nicht, daß einer auf Kosten der Arbeit eines anderen müßig gehe, reich werde und wohl lebe, während andere schlecht leben, wie es jetzt übler Mißbrauch ist. Denn Sankt Paulus sagt: Wer nicht arbeitet, soll auch nicht essen. Es ist niemandem von Gott gestattet, von den Gütern anderer zu leben mit Ausnahme der predigenden und leitenden Priester wegen ihrer geistlichen Arbeit. Wie auch schon Christus zu den Aposteln sagte: Ein jeder Arbeiter ist seines Lohnes wert.«

Luther endet die Schrift mit einem Appell, der die Umkehrung einer jahrhundertealten Ordnung bedeutet: »Der Papst hat die griechische Kirche und den Kaiser zu Konstantinopel – den erblichen römischen Kaiser – seines Reiches und seines Namens beraubt und den Deutschen zugewendet, ihnen den Namen und Titel desselben zugeschrieben, damit sie des Papstes Knechte würden. So ist nun der deutsche Kaiser auch römischer Kaiser und darf dennoch Rom nicht innehaben, er muß dazu allezeit in des Papstes und der Seinen Mutwillen hangen und weben, so daß wir den Namen haben, und sie das Land und die Städte. Allezeit haben sie unsere Einfältigkeit mißbraucht für ihren Übermut und ihre Tyrannei, und so nennen sie uns tolle Deutsche, die sich äffen und narren lassen, wie sie wollen. – Obwohl wir der Päpste Bosheit keinen Anlaß gegeben haben, haben wir doch aufgrund päpstlicher Tücke und Schändlichkeit entsetzlich viel Blut vergossen und mit der Unterdrückung unserer Freiheit, mit dem Raub aller unserer Güter, besonders der Kirchen und Pfründen, mit dem Erdulden unsäglicher Betrügerei und Schmach ein solches Reich leider allzu teuer bezahlt. Wir haben des Reiches Namen, aber der Papst hat unser Gut, unsere Ehre, unseren Leib, unser Leben, unsere Seele und alles, was wir haben. Als wir vermeinten, Herren zu sein, sind wir Knechte der allerlistigsten Tyrannen geworden – wir haben den Namen, Titel und das Wappen des Kaisertums, aber der Schatz, die Gewalt, das Recht und die Freiheit desselben hat der Papst. So frißt der Papst den Kern und wir spielen mit den ledigen Schalen.

So helf uns Gott, der uns dieses Reich durch listige Tyrannen zugeworfen und zu regieren befohlen hat, damit wir auch dem Namen, Titel und Wappen Folge tun und unsere Freiheit erretten, und die Römer einmal sehen lassen, was wir durch sie von Gott empfangen haben. Rühmen sie sich, sie hätten uns das Kaisertum zugewendet: wohlan, so sei es also, der Papst gebe Rom her und alles, was er vom Kaisertum hat; er lasse unser Land frei von seinem unerträglichen Schätzen und

Schinden, er gebe uns wieder unsere Freiheit, unsere Gewalt, unser Gut, unsere Ehre und Leib und Seele, und er lasse ein Kaisertum sein, wie es einem Kaisertum gebührt. – Darum laßt den deutschen Kaiser recht und frei Kaiser sein, und weder seine Gewalt, noch sein Schwert durch so blinde Vorwände der päpstlichen Heuchler niederdrücken, als sollten sie – vom Schwert ausgenommen – in allen Dingen regieren.«

Meine Demut soll ein Ende haben

Mit dieser Schrift hat sich Luther vom Schatten Roms befreit, der seit dem Verhör Cajetans in Augsburg über ihm lag; er war von diesem Schatten unentwegt verdunkelt gewesen, und wußte doch, daß er hinaus ins Freie, ins Helle mußte. Der Sendbrief an den »Christlichen Adel deutscher Nation« war sein Durchbruch in die Freiheit, und es war eine erklärt politische Freiheit, keineswegs nur eine geistliche, die sich um die Realität des Tages nicht kümmerte. Luther war es damit gelungen, endgültig alle Verbindungen zu seinen eigenen konventionellen Überzeugungen zu zerreißen. Er wußte schon bei der Niederschrift, daß von diesem Moment an nichts mehr so sein würde, wie es einmal gewesen war. Er hatte eine Grenze, die tabuisiert war, überschritten, er hatte sie dadurch zerbrochen, er hatte die Vergangenheit aus den Angeln gehoben.
Die leidenschaftliche Zustimmung der Deutschen war Luther diesmal weniger wichtig als der helle Beifall, der ihm auch aus den Kreisen des Adels und vieler Fürsten entgegenschlug. Die Drohungen, die sich jetzt beängstigend häufen, scheinen ihn nicht mehr im Innersten zu treffen. Er weiß zwar, daß ihm nunmehr in Deutschland viele Herren einen sicheren Schutz garantieren würden, wenn sein Kurfürst sich nicht mehr dazu in der Lage sehen sollte. Aber »durch Gewalt und Bann ist nichts anderes zu erwarten, als daß Deutschland ein zweites Böhmen wird. Denn wie die Römer selber wissen, sind die deutschen Geister trotzig, besonders gegenwärtig, wo die Laien anfangen, klug zu werden. Ich denke, daß solche Sätze die unwissenden und furchtsamen Römlinge mächtig zusammenfahren lassen. Was mich betrifft, die Würfel sind gefallen. Verächtlich ist mir die römische Gunst oder Wut: Ich will in Ewigkeit mit ihnen nicht versöhnt sein, noch etwas gemein mit ihnen haben. Sollen sie das Meinige verdammen und verbrennen. Ich will, wenn ich nur Feuer finde, das ganze päpstliche Recht, diese Ketzerbrut, vor allem Volk verdammen und den Flammen übergeben,

und ein Ende soll haben meine bisher so lange vergebens bewiesene Demut, mit der sich, so will ich es, die Feinde des Evangeliums nicht länger blähen sollen.«

Seit 1517 hat Luther mit jeder seiner Schriften aufs neue bewiesen, daß der Zorn von Inbrunst lebt. In dem Schlüsseljahr 1520 scheint er zu erkennen, wie sehr auch die politische Kraft im Glauben wurzelt. Jetzt fragt sich Luther nicht mehr, ob ihm der Umsturz der Kirche gelingt. Er weiß, daß er ihm gelingt. Der Umsturz ist die Voraussetzung für die Neugründung der Kirche aus dem wahren Geist Gottes. Diese Überzeugung ergibt sich aus Luthers Lehre von der Rechtfertigung des Sünders nicht durch die Gewalt eines Priesters, der die Sünde vergibt, sondern kraft seines Glaubens, wie es Christus verheißen hat.

Damit allein zertrümmert Luther die alte Kirche – und nicht mit diesen oder jenen Thesen gegen kirchliche Mißstände. Rom hat, so eifert Luther, alles an sich gezogen und geraubt, was den Christen, jedem einzelnen Christen gehört. Luther will es in die Hände der Gläubigen zurückbringen. Er nimmt die Vergebung aus der Hand des Priesters und legt sie in die Hand des gläubigen Christen: Gevatter Schuster und Gevatter Schneider verstehen das Wort der Heiligen Schrift genauso gut wie der geweihte Priester, sie können es ebenso gut auslegen wie er – wenn nicht besser. Dieser »Schatz« der Kirche gehört nicht der Kirche, sondern den Christen, und ebenso gehören ihnen alle anderen Schätze und Güter Christi, seien sie geistlich, seien sie irdisch. Ihre Bindung an Sakramente und andere Akte, bis hin zu den geringsten kurialen Rechten ist ein Raub an dem, was Christus unmittelbar allen Menschen gegeben hat, die ihm folgen wollen: ein Raub an dem Schatz des Himmels, der sich aus der freiwilligen Armut und der Nachfolge ergibt.

Weil das die schändlichste aller Räubereien war, stülpt Luther dieses »größte aller Verbrechen, so die Welt gesehen«, um und raubt das Geraubte zurück – nicht nur bildlich gesprochen: Er enteignet die römische Kirche buchstäblich, kassiert ihre Rechte am Besitz der geistlichen Schätze, ihre irdische Macht, ihre weltlichen Güter, ihre juristische Gewalt, ihre finanziellen Einkünfte. Was bleibt nach einer derart umfassenden Enteignung von der römischen Kirche übrig? In der Sicht Luthers so gut wie nichts. Dafür aber hat der Christ erstmals wieder alles gewonnen, was ihm zusteht. In der Gegenperspektive, also in der Sicht der katholischen Kirche, hat er damit allerdings nur ein Phänomen gewonnen, das sie nicht ohne Grund und in kaum polemischer Absicht einen »Glauben als subjektives Erlebnis« – und eben nicht als Neugeburt aus dem Apostolischen bezeichnet. Und verloren hat dieser Christ Zentrales vom Mysterium Gottes und des Heilands. Doch Luther sieht das anders. Er lehnt es ab, diesen Glauben des Christen als einen innerlichen, nur privaten Seelenprozeß zu kennzeichnen und in die Unverbindlichkeit, in die Beliebigkeit abzuwerten: Er trägt das gewaltige Fundament der objektiven Kirche ab, er setzt an seine Stelle die Individualität des einzelnen Menschen, samt seinen Rechten, seiner Würde, seiner ganzen sündigen Einsamkeit, Verlorenheit, Nichtigkeit vor Gott. Die Gläubigen, die Luthers Tat zunächst als eine ungeheure Befreiung erlebten, spürten vor allem, wie der Druck der geistlich-kirchlichen Abhängigkeit nachließ. Die Schmerzen des quälenden Zwanges zur persönlichen Entscheidung, zur Selbständigkeit, zur Verantwortung und kaum zu ertragenden »Freiheit des Christenmenschen« begannen sie erst zu spüren, als die Revolution Luthers beendet war. Die Protestanten haben mit dieser Forderung bis in unsere Tage zu tun und werden damit zu tun haben, solange Luther »lebt«.

Der Bann wird angedroht

Während Luthers Produktionskraft fast schon Exzesse feiert, während er ein literarisches Projektil nach dem anderen in Richtung Süden feuert, betätigt sich Doktor Eck in der Ewigen Stadt auf seine Weise. Schon im Juni 1520 liegt, nach kräftiger Mitarbeit von Prierias und Cajetan, der Text der päpstlichen Bulle *Exsurge Domine,* die Luther den Bann androht, reif zur Unterschrift vor. Daß an diesem Schriftstück seit Monaten gearbeitet, daß es auch wirklich unterzeichnet, nach Deutschland gebracht und hier verkündet wird, daran gibt es für Luther nichts wirklich zu zweifeln. Er rechnet auch nicht mit irgendwelchen Erfolgen der Bemühungen von Miltitz, dessen Eifer kaum nachgelassen hat und der seine Mission jetzt nur noch überwiegend als eine Rivalität gegenüber Eck ansieht.
Im September kommt Eck mit der Bulle nach Deutschland. Die Nachricht, daß sie ausgefertigt und vom Papst signiert worden ist, kursiert allerdings schon früher, auch in Wittenberg und am kurfürstlichen Hof. Friedrich der Weise läßt sich davon nicht beeindrucken. Nach wie vor beharrt er darauf, daß Luther erst Gelegenheit erhalten müsse, zu seinen Lehren gehört zu werden. Rom besitze kein Recht, auf diese Weise ein Urteil zu fällen und von den Obrigkeiten des Reiches dann

einfach zu verlangen, für die Vollstreckung zu sorgen. Juristische Einwände werden wenig später sogar aus der Umgebung des Kaisers laut. Hieronymus von Enndorf, einer seiner Räte, bemängelt die massiven Eingriffe der Bulle in die Rechte des Kaisers; das könne auf keinen Fall hingenommen werden.
In den Westgebieten des Reiches wurde die Bulle von dem päpstlichen Nuntius am kaiserlichen Hof, Hieronymus Aleander, verkündet und durchgeführt. Für die übrigen Gebiete, zumal die Bistümer Brandenburg, Meißen und Merseburg, war Eck zuständig. Leo X. hatte ihn noch ermächtigt, aufgrund seiner Kenntnis der Lage nach eigenem Gutdünken auch die Namen einiger Parteigänger Luthers mit auf die Bulle zu setzen. Für Eck war dabei nicht allein der Grad der Ketzerei ausschlaggebend, sondern auch seine persönlichen Feindschaften, und so wurden neben Luther auch Karlstadt und dem Wittenberger Professor Johann Dolzig der Bann angedroht, ferner dem Zwickauer Pfarrer und Prediger Johann Wildenauer, der aus Eger stammte, dem Augsburger Domherrn Bernhard Adelmann, dem Nürnberger Ratsschreiber Lazarus Spengler und schließlich dem berühmten Humanisten und Nürnberger Patrizier Willibald Pirckheimer, der eine ätzende Satire gegen Eck geschrieben hatte.
Die Eingangssätze der Bulle sind von bemerkenswerter Feierlichkeit: »Erhebe dich, Herr, und richte deine Sache, gedenke der Schmach, die dir von den Toren widerfährt den ganzen Tag; neige dein Ohr unserer Bitte: denn es sind Füchse aufgestanden, deinen Weinberg zu verwüsten, dessen Kelter du allein getreten hast. Bei deiner Auffahrt zum Vater hast du die Fürsorge, das Regiment und die Verwaltung dem Petrus übergeben als einem Haupt und deinem Statthalter sowie seinen Nachfolgern – entsprechend der triumphierenden Kirche. Ein Wildschwein aus dem Walde will ihn verwüsten und ein schrecklich wildes Tier weidet ihn ab. Erhebe dich, Petrus, und nimm dich der Sache deiner Kirche an, steh wider die lügnerischen Lehrer auf, deren Zunge Feuer sprüht und tödliches Gift, deren Herz voll bitteren, zornigen Gezänkes steckt. Erhebe dich, Petrus, erhebt euch, ihr Heiligen alle mitsamt der ganzen christlichen Kirche!«
Aus den Schriften Luthers werden insgesamt einundvierzig Sätze und Behauptungen zitiert und als »pestilenzialisches Gift« verdammt. Die Bücher, Schriften und Predigten Luthers werden verboten, alle Exemplare sollen zusammengetragen und »öffentlich und feierlich in Gegenwart der Geistlichkeit und der Laien« verbrannt werden. Sobald die Bulle in Meißen, Brandenburg und Merseburg verkündet ist, erhält

Luther nochmals eine Frist von zwei Monaten, um den Widerruf zu leisten. Hält er die Bannfrist nicht ein oder weigert er sich, »so wird er verdammt mit allen, die ihm anhängen. Man soll ihn gegen eine Belohnung festnehmen und nach Rom bringen, zum mindesten aber aus dem Lande jagen. Dasjenige Land aber, das ihm Herberge gibt, soll dem Interdikt verfallen sein.«
Seit der Mitte des Jahres 1520 rechneten die Beteiligten in den nächsten Wochen mit einer dramatischen Zuspitzung. Friedrich der Weise gab seinem bedrängten Professor den Rat, sich noch vor dem Eintreffen und der Plakatierung der Bulle unmittelbar an den Kaiser zu wenden und darum zu bitten, nochmals gehört zu werden. Staupitz hatte die Empfindung, daß ihm die Verwicklungen mit Luther über den Kopf wuchsen. Er trat von seinem Amt als Generalvikar zurück, suchte zusammen mit Wenzeslaus Link nochmals Luther auf und bat ihn – im Auftrag des Augustiner-Konvents – erneut an den Papst zu schreiben; die ursprüngliche Anregung dazu stammte von Miltitz. Der Brief Luthers war sein Begleitschreiben zu der Schrift über die »Freiheit eines Christenmenschen«. Bei dieser Gelegenheit sahen sich Luther und Staupitz zum letzten Mal.

Die Empfehlung Friedrichs des Weisen, Luther möge sich an den Kaiser wenden, war kein Verlegenheitseinfall, sondern hatte gute Gründe. Kaiser Maximilians Enkel Karl war seit 1516 König in Spanien. Eine der wichtigsten Voraussetzungen, um die erste Zeit seiner Regierung erfolgreich zu bewältigen, war eine Beilegung der Feindschaft und Auseinandersetzungen mit Frankreich, die sich für Maximilian I. zu einer lästigen, wenn auch nicht zu beseitigenden Konstante der Politik entwickelt hatten. So wurde mit König Franz I. der Vertrag von Noyon ausgehandelt; Spanien und Frankreich sollten durch die Verheiratung Karls mit Louise, der Tochter des französischen Königs, miteinander verbunden werden. Zusätzlich trat Franz I. erneut in entschiedener Form von seinen Ansprüchen auf Neapel zurück, ließ sich diese Bekräftigung allerdings reichlich vergolden. Außerdem wurden allgemeine Friedensinitiativen vereinbart und beschlossen, mit den Vorbereitungen für einen gemeinsamen Türkenfeldzug zu beginnen. Der Kaiser stimmte diesen Vereinbarungen zu.
Die Partner täuschten sich nicht darüber hinweg, daß damit lediglich ein Waffenstillstand geschlossen worden war, der jedem etwas eintrug, wenn auch nur für kurze Zeit. Der Kaiser sah in den letzten Jahren eine seiner vorrangigsten Aufgaben darin, die Nachfolge Karls zu sichern.

Karl selbst war von klein auf vollständig unter dem Gesichtspunkt erzogen worden, daß er dazu bestimmt sei, einmal das größte Erbe Europas zu übernehmen. Franz I. dagegen trat seit 1517 sehr energisch und siegesgewiß als Anwärter auf die deutsche Kaiserkrone auf. Seine kräftigste Stütze dabei war der Papst. Leo X., der sich in der Regel nicht einmal durch seine eigene Sorglosigkeit aus der Ruhe bringen ließ, verursachte die Vorstellung, daß Karl – König von Spanien, Sizilien und Neapel – an der Spitze des Heiligen Römischen Reiches Deutscher Nation den Kirchenstaat von Süden und Norden in der Zange halten würde, gewaltiges Unbehagen. Dieselben Beklemmungen hatte der französische König bei dem Gedanken einer ähnlichen Umfassung und Einkreisung durch die Universalmonarchie der Habsburger: vom Süden, Osten und Norden.

Die Unterstützung Frankreichs durch den Papst wurde allerdings durch die Hoffnungen gemindert, die Leo X. auf Friedrich den Weisen setzte. Der Kurfürst hatte eine vorzeitige Verpflichtung abgelehnt, sich schon vor der eigentlichen Wahlprozedur auf den Kaiserenkel Karl festzulegen. Eben dies hatte Luther nicht zuletzt die Verschleppung seines Ketzerprozesses beschert. Die Konkurrenzen, Interessenverbindungen und -überschneidungen, das ganze verwickelte Geschäft der Wahlvorbereitungen weitete sich innerhalb dieser zwei Jahre zu einem skrupellosen Bestechungsunternehmen aus; es wurde zum gewichtigsten politisch-finanziellen Poker der europäischen Geschichte. Die Höhe der Subsidien, die der französische König den deutschen Kurfürsten anbot, überstieg alles, was bis dahin üblich gewesen war. Ausschlaggebend aber wurde schließlich die Haltung Jakob Fuggers. Die Schuldscheine der Habsburger, die sich seit Jahr und Tag bei dem Augsburger Financier in der »Goldenen Schreibstube« ansammelten, würden sich in wertloses Papier verwandeln, falls der französische König an die Spitze des Reiches trat. Dem Bankhaus Fugger wäre in diesem Fall die Zweitklassigkeit sicher, wenn es nicht gar an den Rand des Bankrotts geriete.

So begann Jakob Fugger den Kurfürsten Bürgschaften und Bestechungsgelder in schwindelnder Höhe anzubieten. Die Herren begriffen rasch die Regeln dieses einfachen Spiels und trieben den Preis für ihre Stimmen laufend höher, allen voran Kurfürst Joachim von Brandenburg und sein Bruder, der Mainzer Erzbischof, der das Gewicht seiner Stimme sogar zu verdoppeln versuchte, auf 220000 Gulden. Zu Beginn dieser Auktion der politischen Macht wurde der Wert der Königskrone auf eine halbe Million geschätzt. Nach etlichen Monaten hatte man die

Summe von 720000 Gulden erreicht. Das Bieten und Aufstocken dauerte praktisch bis zum Tag der Wahl am 28. Mai 1519. Joachim von Brandenburg schlug sich zu guter Letzt doch noch auf die Seite des französischen Königs. Die übrigen Kurfürsten blieben jedoch fest; ausschlaggebend wurde sowohl das Geld der Fugger als auch der Entschluß Friedrichs des Weisen, die eigene Wahl abzulehnen und für Karl V. zu stimmen. Die Endabrechnung, die in einer Kladde des Fuggerschen Kontors in Augsburg unter dem Titel »Was Kaiser Carolus dem V. die römische Königswahl kostete« sorgfältig alle Einzelheiten verzeichnete, belief sich auf die kaum faßliche Summe von 851918 Goldgulden.

Scheiterhaufen brennen

Je unangenehmer der junge Kaiser die Abhängigkeit von den Fuggern empfand, um so stärker fühlte er sich damals Friedrich dem Weisen verpflichtet. Auch davon profitierte Luther, und der Kurfürst vermutete nicht unzutreffend, daß des Kaisers Gedächtnis zumindest bis zum ersten seiner Reichstage nicht nachlassen würde. Luther hatte Ende August 1520 an den Kaiser geschrieben. Eine Zeitlang versuchte er noch mit der Illusion zu spielen – ohne sich deshalb im Ernst selbst betrügen zu wollen –, die Bannbulle sei eine Fälschung. Als er sie dann in der zweiten Oktoberwoche in der Hand hielt, seufzte er: »O daß doch Kaiser Karl ein Mann wäre und sich über diese Teufel hermachte!« Luther entschloß sich, einige Zeit noch so zu tun, als sei sie »eine erlogene und erdichtete Bulle, obwohl ich glaube, daß sie wahrhaftig vom Papst herkommt«. Nach außen hin reagierte er gelassen, ruhig, grenzenlos überlegen: »Endlich ist die römische Bulle mit Eck angekommen. Aber ich verlache sie nur und greife sie jetzt als gottlos und lügenhaft an. Was meine Person betrifft, so bin ich unbesorgt: es geschehe, was Gott will! Ich freue mich aber doch von ganzem Herzen, daß ich für die beste Sache leiden darf, obwohl ich solcher heiligen Plage nicht wert bin. Schon bin ich viel freier, weil ich jetzt ganz sicher bin, daß der Papst als der Antichrist und des Satans Stuhl handgreiflich erfunden worden ist. Du glaubst kaum, wie sehr mir das gefällt. Nie bin ich stolzer, niemals kühner, als wenn ich höre, daß mich die Doktoren, die Bischöfe, die Fürsten hassen. Sie werden dereinst erkennen, wen sie da verworfen und verfolgt haben.«

Aber Luther ermißt auch die ungeheure Gefahr, in die ihn das römische

Urteil bringt. Staupitz, im sturmentrückten Benediktinerkloster St. Peter in Salzburg, war zu ehrlich und von Luthers Sache überzeugt, um sich auch nur mit einem einzigen Wort von seinem Schüler und Freund zu distanzieren. Aber er war kein Kämpfer, kein Revolutionär, vor allem aber auch keine Märtyrernatur: »Ich hoffte, Frieden zu finden, und da kommt diese dunkle Versuchung. Da ich aber außerstande bin, etwas zu widerrufen, was ich nicht selbst behauptet habe, bat ich den Kardinal, mich als entschuldigt zu betrachten. Martin hat Schweres angefangen und handelt mit großem Mut, von Gott erleuchtet. Ich aber stammle wie ein Kind und verlange nur nach Milch.«
Für Luther dagegen konnte es keinen Frieden geben, ohne seinen Kampf bis zur letzten Konsequenz durchzustehen. Spalatin versicherte er, nachdem er die Bulle erhalten hatte: »Man muß beten um den Geist der Tapferkeit.« Zu Beginn des Jahres 1521 schreibt er tiefbewegt an Staupitz: »Als wir in Augsburg waren, sagtest Du zu mir: ›Lieber Bruder, bedenke, daß Du dieses alles im Namen unseres Herrn Jesus Christus angefangen hast!‹ Dieses Wort habe ich nicht als ein Wort von Dir selbst, sondern als von Gott durch Dich gesprochen angesehen und gut im Gedächtnis bewahrt. Also bitte ich Dich nun mit Deinem eigenen Wort: Bedenke auch Du, daß Du solch ein Wort zu mir gesagt hast. Bisher ist in der ganzen Sache nur gescherzt worden. Jetzt wird es ernst.«
Mit dem Bann wurde es tatsächlich unwiderruflich Ernst. Es gab kein Zurück und konnte kein Zurück geben. Luther hatte deshalb nur die Wahl zwischen einem ›Vorwärts‹ oder dem Untergang. Alles, was er bis zu diesem letzten Schritt Roms unternommen hatte, stand schon unter dem Zeichen des endgültig Vollzogenen. Denn widerrufen würde er nicht. Darüber gab es keinen Disput. Luthers ständig wiederholten Beteuerungen zu diesem Punkt wären unnötig gewesen; nur mit Rücksicht auf die unerläßliche Selbstbestätigung in einer Lage, in der er sich noch immer so gut wie allein fühlte, waren sie angebracht.
Die Gefährlichkeit der Situation wurde auch dadurch kaum gemindert, daß Aleander und Eck größte Schwierigkeiten hatten, die Bulle ordnungsgemäß zu vollziehen. Luthers Aufbegehren war inzwischen beinahe schon zu einer Angelegenheit der meisten Deutschen geworden, so schwankend und wenig einhellig auch die Reaktionen insgesamt sein mochten und so wenig sich die wesentlichen Motive der Zustimmung mit den Beweggründen Luthers deckten. Willibald Pirckheimer und Lazarus Spengler wurden von der Androhung des Bannes so schwer getroffen, daß sie eine gemeinsame Erklärung formulierten, in der sie

sich als treue Söhne der Kirche bekannten und versicherten, den Lehren Luthers nicht zu folgen. Spengler änderte allerdings seine Meinung wenig später. Die Öffentlichkeit konnte auf die Bulle anders reagieren – freimütig, weil nicht unmittelbar betroffen. Hutten gab dafür den Ton an. Er hatte ohnedies nichts mehr zu verlieren, denn dem Erzbischof von Mainz war vom Papst schon befohlen worden, Hutten gefesselt nach Rom zu schicken. Hutten veröffentlichte ein Exemplar der Bulle zusammen mit einem besonders aggressiven, höhnischen Kommentar. Und Hohn schlug den päpstlichen Gesandten fast überall in Deutschland entgegen.

Verhältnismäßig einfach lief das Verfahren lediglich in Löwen und Köln ab. Komplikationen aber gab es sogar in Mainz. Hier war der Scheiterhaufen mit den Büchern Luthers schon aufgeschichtet, da überfielen den Henker plötzlich Skrupel, und er richtete an das umstehende Volk die Frage: »Sind denn diese Schriften wirklich rechtmäßig als ketzerisch verurteilt?« Als ihm ein vielstimmiges »Nein« entgegenscholl, weigerte er sich, den Scheiterhaufen anzuzünden; er könne nur das verbrennen, was den Gesetzen entsprechend verdammt worden sei. Aleander, der anwesend war, konnte sich in dem aufbrandenden Tumult kaum retten und wurde beinahe gesteinigt. Das Autodafé fand dann am nächsten Tag statt, nachdem sich der Erzbischof persönlich um die Vorbereitungen bemüht hatte.

Weit schlimmer erging es Doktor Eck. Die Universität Erfurt lehnte eine Publikation der Bulle ab. In der Stadt wurden Eck die Plakatdrucke gewaltsam abgenommen und in die Gera geworfen. In Leipzig, der Stadt seines Triumphes von 1519, mußte er im Dominikanerkloster Schutz suchen. Die Bulle wurde abgerissen oder mit Dreck beworfen; in anderen Städten des Bistums Meißen ging es ähnlich zu. Friedrich der Weise blieb wie bisher in der Sache völlig neutral, weigerte sich aber entschieden, Luthers Schriften »unverhöret und unüberwunden verbrennen« zu lassen.

Luther aber entschloß sich jetzt, ohne alle diplomatischen Rücksichten auf den sächsischen Hof so zu antworten, wie es seinem Temperament entsprach. In seinem Pamphlet »Wider die Bulle des Antichrist« hob er mit allem Nachdruck die volle Verantwortung des Papstes für die Bulle hervor, die es nur verdiene, »daß alle wahren Christen sie mit Füßen treten und dem römischen Antichrist und seinem Apostel Doktor Eck mit Schwefel und Feuer zurückschicken. Wenn der Papst diese Bulle nicht widerruft und verdammt, wenn er Doktor Eck und seine Gesellen nicht bestraft, so soll niemand daran zweifeln: Der Papst ist Gottes

Feind, Christi Verfolger, der Christenheit Zerstörer und der wahre Antichrist. Denn bisher ist noch niemals der christliche Glaube, öffentlich bekannt, so verdammt worden wie durch diese höllische, verfluchte Bulle.«

Nach außen hin versucht Luther auch weiter, den Eindruck souveräner Gelassenheit, ja Erhabenheit zu erwecken, so wenn er einmal – scheinbar ferne allem hektischen Gezänk – versichert, daß die ganze Angelegenheit doch recht lästig sei: »Ich sehe mich gezwungen, aus reinem Überdruß an der Sache kurz zu werden.« Doch wer glaubt ihm das, ihm, der in rascher Folge eine Verteidigungsschrift nach der anderen drucken läßt und gegen die Bannbulle in alle Register der Erbitterung und des Zornes greift? Als er von den Verbrennungen seiner Schriften hört, entschließt er sich zu derselben Demonstration, zu einem Autodafé eigener Zuständigkeit. Was dem Papst als rechtens erschien, das sollte Luther, dem Todfeind des Stuhles Petri, billig sein.

Melanchthon entwirft die Einladung und heftet sie am 10. Dezember an der Tür der Wittenberger Stadtkirche an. Alle, die vom »Eifer für die evangelische Wahrheit ergriffen« sind, insbesondere die fromme studierende Jugend, werden gebeten, sich um neun Uhr außerhalb der Stadtmauer bei der Kapelle zum Heiligen Kreuz einzufinden, um an einem »frommen und religiösen Schauspiel« teilzunehmen: »Nach altem, apostolischem Brauch sollen die gottlosen Bücher der päpstlichen Konstitutionen und der scholastischen Theologie verbrannt werden; denn die Verwegenheit der Feinde des Evangeliums ist so weit fortgeschritten, daß sie die frommen und evangelischen Bücher Luthers verbrannt haben.«

Der Scheiterhaufen ist in der Nähe des Elstertores vorbereitet. An dieser Stelle werden gewöhnlich die Kleider derjenigen verbrannt, die an der Pest gestorben sind. Luther hat unter anderem von seiner Bibliothek die Folianten dreier Ausgaben des *Corpus iuris canonici*, der zusammengefaßten Rechtsquellen des Mittelalters zum Scheiterhaufen bringen lassen, dazu noch eine Reihe scholastischer, kanonischer Werke und Streitschriften seiner Gegner. Vor einer gewaltigen Menschenmenge tritt er an den Holzstoß, ein Magister entzündet die Scheite, und Luther wirft die Bannbulle in die aufzüngelnden Flammen: »Weil du den Heiligen Gottes, den Messias, betrübt hast, verzehre dich Gott in diesem Feuer!« Tags darauf spricht Luther in der Universität vor Hunderten von Hörern: »Die Verbrennung des Kirchenrechts und der Dekretalen war nur ein Spiel. In Wirklichkeit müßte der päpstliche Stuhl samt aller seiner Lehren und seiner Greuel verbrannt werden. Wenn ihr nicht von ganzem Herzen dem gotteslästerlichen Regiment des Papstes widersprecht, könnt ihr nicht selig werden. Entscheidet euch!«

Wie viele würden sich so entscheiden wie Luther, der doch selbst bekannte, daß er die Bücher des Papstes nicht jubilierend, leichten Herzens, sondern »zitternd und betend« verbrannt hätte? Der Bann des Heiligen Vaters, Luthers unerhörte Provokation, von der Anmaßung einer ebenbürtigen Gegenposition aus mit der Verbrennung des Kirchenrechts, der scholastischen Lehrbücher und der Bulle zu antworten – das war nicht das Ende, sondern das war erst der Auftakt des Riesenkampfes um die Macht des Papstes und der römischen Kirche. Viele, die sich bis zu den Ereignissen des Jahres 1520 von Luther bestätigt fühlten, trennten sich von ihm, abgestoßen von seiner ruchlosen Selbstsicherheit, wie sie ihm vorwarfen, und weil er in Momenten, die Klugheit verlangten, seinen Kopf dazu benützte, um gegen die Wand zu rennen. Hatten nicht die Bedächtigeren seiner Freunde wie Spalatin recht mit ihren Warnungen, daß alles, was zu weit geht, an Wirkung verliert? Mitunter – so schien Luther ständig entgegenzuhalten –, nicht aber, wenn man weit genug ging, und er, Luther, ging immer so weit, wie es ihm überhaupt nur möglich war. Das gehörte zu der eigenen Natur seines Kampfes gegen die Kirche, eines zumeist unendlich einsamen Kampfes in dem »armen Stüblein« des Wittenberger Klosters, »daraus er das Papsttum gestürmet«, wie er im Rückblick feststellte. Insgesamt aber war das Unterfangen eines einzelnen Mönches, diesen gigantischen Bau zu stürzen, viel zu vermessen, als daß ihm gerade jetzt, da es »Ernst« wurde, da es wirklich um Leben und Tod ging, die Mitkämpfer in Scharen zugeströmt wären. Oder sollte gerade diese Vermessenheit das Unerwartete eintreten lassen?

9 Der schwere Gang

Da Luther innerhalb der gesetzten Frist nicht widerrufen hat, ist der Bann des Papstes unausweichlich. Doch damit ist das Schicksal des rebellischen Mönches keineswegs schon so endgültig entschieden, wie es noch ein Jahrhundert früher der Fall gewesen wäre. Durch seine Lehren, seine Appelle, seine Kampfschriften, die er wie Fackeln hinausgeschleudert hatte, war Deutschland fast schon in Brand gesetzt – als hätte das ganze Land nur auf sein Kommen gewartet. Was jetzt zu entscheiden war, ging weit über die Angelegenheit eines einzelnen aufsässigen Menschen hinaus, und deshalb ging es auch nicht mehr allein um seinen Kopf und Kragen. Luther focht zwar immer noch nur auf sich gestellt, aber er war trotzdem längst kein einzelner mehr. Das zeigte sich schon an seinem kaum noch zu begreifenden Ruhm. Niemand in Deutschland war so bekannt, so bestaunt, so gefeiert, ja auch so geliebt – und so verhaßt.

Die besten Dokumente über die Stimmung im Reich stammen von einem seiner unerbittlichsten Gegner, dem päpstlichen Nuntius Hieronymus Aleander. In regelmäßigen Depeschen nach Rom berichtet er dem Papst; da heißt es: »Eure Herrlichkeit können sich von der Erregung in Deutschland nicht entfernt eine Vorstellung machen. Ich habe die Geschichte dieser Nation und ihrer Ketzereien, Kirchenspaltungen und Konzilien genügend studiert, aber noch nie war es so wie jetzt. Die Empörung Heinrichs IV. gegen Papst Gregor VII., die hier in Worms, der alten Brutstätte der Zerwürfnisse, namentlich mit dem Klerus, begann, war dagegen noch lieblich wie Veilchen und Rosen, da fast ganz Deutschland und der Sohn des Kaisers selbst für den Papst waren. Jetzt aber weiß ich nicht, wer für uns ist, außer dem Kaiser, wenn er uns nicht aus Furcht vor der Volksbewegung oder auf den schlimmen Rat seiner Umgebung hin im Stich läßt. Sonst aber haben wir alle Welt zu Feinden, und diese tollen Hunde, die Deutschen, sind ausgerüstet mit den Waffen des Geistes und des Armes, und wissen sich trefflich zu rühmen, daß sie nicht mehr die unverständigen Bestien seien wie ihre Vorfahren, daß sie den Tiber in ihren Rhein abgeleitet hätten und Italien den Schatz der Wissenschaften an sie verloren habe. In Augsburg verkaufte man vor einiger Zeit das Bild Luthers mit dem Heiligenschein, hier wurde es ohne denselben feilgeboten, und zwar unter so großem Zudrang, daß im Nu alle Exemplare verkauft waren, ehe ich mir eins beschaffen konnte. Gestern sah ich auf ein und demselben Blatte Luthern mit einem Buch in der Hand und Hutten mit der Hand am Schwerte abgebildet; darüber stand in schönen Lettern: ›Den Vorkämpfern christlicher Freiheit, M. Luthern und Ulrich von Hutten‹; jeder war unten noch in einem Vierzeiler verherrlicht: den Hutten aber läßt der Dichter mit dem Schwerte drohen. Ein Edelmann zeigte mir ein solches Bild, es haben sich aber keine weiter auftreiben lassen.

All die vielen und großen Gefahren, denen ich stündlich ausgesetzt bin, kann und will ich nicht aufzählen: man glaubt mir doch nicht eher, als bis ich, was Gott verhüte, gesteinigt oder in Stücke gehauen bin von diesen Leuten, die, wenn sie mir auf der Straße begegnen, unfehlbar mit der Hand nach dem Schwertgriffe fahren, mit den Zähnen knirschen und mir mit einem deutschen Fluch eine Todesdrohung zurufen. Erst gestern noch erzählte mir der Bischof von Sitten, daß seine Leute, so oft ich über den Platz vor seiner Wohnung gehe, regelmäßig an allen Menschen diese Haltung beobachtet hätten.«

Aleander ist ein bedingungsloser Verfechter der römischen Interessen, er ist ein kluger und bei aller robusten Parteinahme auch ein feinfühliger Beobachter: »Alle Bischöfe sind zuverlässig. Sie schaden uns aber nur, weil sie ihre üppige Lebensweise und ihr prunkvolles Auftreten beibehalten. Dadurch steigern sie beständig den Haß der Deutschen gegen die gesamte Geistlichkeit – und dieses Volk ist doch ohnehin schon seit alten Zeiten fast naturgemäß von der grimmigen Feindschaft gegen den Klerus erfüllt gewesen.« Ein Extrakt der Aleander-Depeschen zeigt auch, wie weitsichtig der Nuntius in der Einschätzung der Gefahren ist, die von Luther ausgehen. Aleander meint, Luther beabsichtige, wie aus seinem Buch »Von der Babylonischen Gefangenschaft der Kirche« zu erkennen sei, »allen Gehorsam zunächst gegen die geistlichen, sodann aber auch insgeheim gegen die weltlichen Fürsten zu ertöten. Deshalb muß die Folge seiner Lehre, wenn dieselbe bei der Entzweiung des Kaisers und des Papstes weitere Verbreitung findet, der allgemeine Ruin sein. – Die Gefahr ist so groß, daß, wenn der gute Kaiser – ganz davon zu schweigen, daß er uns Hindernisse bereiten könnte – nur die geringste Nachgiebigkeit zeigte, ganz Deutschland vom römischen Stuhl abfallen würde.« Hier nimmt Aleander vorweg, was wenige Jahrzehnte später fast schon Wirklichkeit ist, und er nimmt noch weit mehr vorweg in einer mündlichen Verheißung: »Möget ihr Deutschen auch das Joch der römischen Knechtschaft abwerfen, so werden wir dennoch dafür sorgen, daß ihr euch untereinander mordet und im eigenen Blute untergeht!«

Zu Beginn des Jahres 1521 bricht Aleander in die Klage aus: »Gegen uns erhebt sich eine Legion armer deutscher Edelleute, die nach dem Blute des Klerus dürstet und unter Huttens Führung am liebsten gleich über uns herfiele. Jetzt ist ganz Deutschland in hellem Aufruhr; neun Zehntel erheben das Feldgeschrei ›Luther!‹, und für das übrige Zehntel, falls ihm Luther gleichgültig ist, lautet die Losung wenigstens ›Tod dem römischen Hof!‹, und jedermann verlangt und schreit nach einem Konzil auf deutschem Boden.«

Das Feldgeschrei »Luther!« – diese drei Worte machen deutlich, wie sehr sich die Sache des Augustinermönches in eine hochpolitische, überaus gefährliche, explosive Angelegenheit verwandelt hatte. Nuntius Aleander sieht das ganz richtig, und so sehen es auch diejenigen, denen es vielleicht nicht so sehr um den Mann Luther geht, sondern um ganz andere Dinge, für die sein Name als Deckung und seine Person als Werkzeug dienen muß. In der gleichen Weise sehen es diejenigen, für die Luther seit seinem Streit mit Tetzel niemals nur ein einzelner Mönch gewesen ist, sondern die Verkörperung eines allgemeinen Unmuts, eines jahrzehntelang aufgestauten Zorns und deshalb unmittelbar die verkörperte Stimmung und die Stimme des deutschen Volkes. Sie alle, auch seine Feinde, sind zu Beginn des Jahres 1521 davon überzeugt, daß die Luther-Sache, die *Causa Lutheri*, wie sie offiziell heißt, eine Sache des ganzen Reiches ist, daß sie als ein Problem der reichsrechtlichen Zuständigkeit vor den Reichstag gehört und vor dem Kaiser verhandelt werden muß. Der Kaiser hat sie zu entscheiden.

Geistliche gegen weltliche Gewalt

Das hat auch Luther verlangt. Der Bann, der ihm angedroht worden ist und den der Papst endgültig am 3. Januar 1521 ausspricht, bedeutet weder für den Wittenberger Mönch noch für die Fürsten und am wenigsten für die Deutschen das letzte, das endgültige Wort. Luther hatte sich unmittelbar an den Kaiser gewandt, hatte ausdrücklich an Kaiser und Reich appelliert, seine Sache zu entscheiden. Aber er will vorher gehört werden, er verlangt, daß man ihm Gelegenheit gibt, sich zu rechtfertigen. Luther weiß im übrigen, daß der Zahl seiner Feinde eine mindestens ebenso große Zahl von Freunden und Sympathisanten gegenübersteht. So notiert auch der Frankfurter Gesandte leicht verzweifelt von den langwierigen Verhandlungen bei den Reichsständen: »Der Mönch macht viel Arbeit: ein Teil möchte ihn ans Kreuz schlagen, und ich fürchte, er wird ihnen schwerlich entrinnen; nur ist zu besorgen, daß er am dritten Tag wiederaufersteht.«
Die Wünsche und Forderungen und die hemmungslosen Angriffe des Ketzers Luther auf die römische Kirche wären eine gleichgültige, ja sogar eine belanglose Sache gewesen, wenn dabei nicht der empfindlichste Punkt des Verhältnisses zwischen der weltlichen und der geistlichen Gewalt im Reich berührt worden wäre. Die Einsprüche und Interdikte,

die vielfachen Übergriffe der Kirche in die Territorien der Reichsfürsten, die Rom aus dem Kirchenrecht ableitete, wurden von den Landesfürsten seit langem als ein unerträgliches, empörendes Hineinregieren empfunden. Der Zorn darüber steigerte sich um so mehr, je stärker sich in diesen Jahren das Prinzip der territorialstaatlichen Oberhoheit, das sich in den Fürsten verkörperte, als souveränes Regierungsprinzip der Landesherren durchsetzte.

Im Reich prägte dieser Grundsatz nicht nur das Verhältnis der Fürsten zum Kaiser, sondern in steigendem Maß auch dasjenige gegenüber der geistlichen Gerichtsbarkeit der Kirche und ihrer daraus gefolgerten und praktizierten Gewalt. Vor allem deshalb war die Luther-Sache von einer so hohen Brisanz. Unter dem Gesichtspunkt des Reiches und seiner Stände ging es dabei nicht so sehr um das Problem, gegen welche Lehren der Kirche Luther im einzelnen verstoßen hatte oder nicht. Es ging darum, daß die römische Kirche in dieser Angelegenheit einen Spruch über den Kopf des Herrschers, des sächsischen Kurfürsten, hinweg gefällt hatte. Dies hinzunehmen war Friedrich der Weise nicht gewillt, er allein war Luthers Gerichtsherr. Der Kurfürst wußte sich dabei eins mit der Mehrheit der anderen Herren, die seit vielen Jahren auf nichts empfindlicher reagierten als auf das, was sie als Mißbrauch der geistlichen Gewalt bezeichneten.

In der Angelegenheit Luthers, in seiner Person, verkörperte sich jetzt der Kern aller deutschen Beschwerden gegen die Kirche und das Papsttum. Luther seinerseits hatte dasselbe schon in seiner Schrift »An den christlichen Adel deutscher Nation« auf einen scharfen Nenner gebracht. Die »Gravamina der deutschen Nation« waren auf dem Augsburger Reichstag 1518 mit einer unerhörten Wucht vorgetragen worden. Drei Jahre später, vor dem Reichstag in Worms, hatte die Entwicklung ihre bis dahin gefährlichste Wende genommen; die Beschwerden richteten sich jetzt nicht mehr nur gegen das Papsttum, sondern gegen die Geistlichkeit überhaupt: Die Laien standen in Front gegen den Klerus, die weltliche Gewalt befand sich in schroffem Gegensatz zur geistlichen Gewalt.

Seit August 1518 hatte die Kurie wiederholt und ohne Erfolg versucht, die Vorladung Luthers nach Rom durchzusetzen, den »gottlosen Mönch« verhaften und gefesselt ausliefern zu lassen. Als Kaiser Maximilian das abgelehnt und den sächsischen Kurfürsten dringlich gemahnt hatte, Luther sorgfältig zu schützen, billigte er ausdrücklich, daß die Angelegenheit in der Hand Friedrichs des Weisen blieb. Luther

war sächsischer Untertan. Sein Kurfürst besaß das sogenannte *privilegium de non evocando,* das in der Goldenen Bulle des Jahres 1356 sämtlichen Kurfürsten des Reiches gewährt worden war. Dieses Privileg bestätigte den Kurfürsten für ihre Territorien die uneingeschränkte, also höchste richterliche Autorität. Seit der Goldenen Bulle besaßen weder der Kaiser noch der Papst das Recht, Prozesse aus einem kurfürstlichen Territorium an sich zu ziehen.
Ob Luther diese Verhältnisse bis in die juristischen Feinheiten überblickte oder nicht, ist unerheblich. Sein Appell an Kaiser und Reich traf aber den Nerv der Sache. Das war auch genügend Grund dafür, warum Sachsens Kurfürst den Fall Luther jetzt offen zu seinem eigenen machte: nicht als eine religiöse, theologische Streit- und Glaubensfrage, sondern als eine rechtliche Differenz. Vor allem deshalb setzte er es durch, daß sein Untertan Luther, Mönch und Professor seiner Universität Wittenberg, nach Worms zitiert wurde.
Friedrich der Weise hatte sich bis dahin noch mit keinem einzigen Wort zu den Lehren Luthers geäußert, hatte weder Sympathie noch Unwillen gezeigt, hatte Luther noch nie persönlich gesprochen oder ihn überhaupt gesehen. Nach außen hin verhielt er sich strikt neutral. Das ist deshalb so bemerkenswert, weil jeder die ungewöhnlich tiefe Frömmigkeit des Kurfürsten kannte. Seine riesige Sammlung von mehr als 5000 Reliquien im Wittenberger Allerheiligenstift war berühmt in ganz Europa. Er hatte 1493 eine Wallfahrt ins Heilige Land unternommen, sein Christentum war unerschütterlich fest in der römischen Kirche verankert.
Andererseits aber gab es keinen Landesfürsten des Reiches, dessen Rechtsgefühl entschiedener ausgeprägt gewesen wäre. Was Friedrich an der Luther-Sache vor allem irritierte, war die Einseitigkeit des kirchlichen Verfahrens: Die Ankläger waren zugleich die Richter. Wenn Luther forderte, daß seine Sache vor einer neutralen Instanz verhandelt werden müßte, so sprach er die Meinung und Überzeugung des Kurfürsten aus. Deshalb hatte Friedrich der Weise schon im Jahr 1518 von Kardinal Cajetan in Augsburg verlangt, der Papst solle die Luther-Sache in die Hände deutscher Bischöfe und einer deutschen Universität legen, die nicht Partei sei. Von dieser Auffassung wich der Kurfürst um keine Haaresbreite ab. In den Jahren 1519 und 1520 setzte sich dann bei ihm die Meinung durch, daß ein Lutherprozeß vor den deutschen Reichstag gehöre und vor kein anderes Gremium.
Friedrich der Weise blieb konsequent. In dieser Situation kam es ihm – und damit auch Luther – noch besonders zugute, daß es keinen Fürsten

im Reich gab, der mehr Macht besaß und angesehener war als er. Der junge Kaiser hatte tatsächlich nicht vergessen, wie Friedrich erst vor einem Jahr durch den Verzicht auf eine Gegenkandidatur seine Wahl zum Kaiser erleichtert hatte. Und so setzte es der Kurfürst im Herbst 1520 unmittelbar bei Karl V. durch, daß Luther vor den Reichstag geladen wurde. Karl V. ermächtigte den Kurfürsten schriftlich dazu, daß Luther in seiner Begleitung nach Worms kam.

Zu dieser geplanten gemeinsamen Reise kam es jedoch nicht. Friedrich der Weise zog mit seinem Gefolge allein nach Worms und traf dort am 5. Januar 1521 ein, zwei Tage, nachdem der Papst die Bannbulle *Decet Romanum Pontificem* gegen Luther erlassen hatte. Drei Wochen später, am 27. Januar, wurde der Reichstag durch den Kaiser nach einer Messe im Dom feierlich im Rathaus, dem Bürgerhof, eröffnet. Der Kurfürst trat in diesen Wochen kaum in den Vordergrund. Er hielt sich vollständig an die klugen Ratschläge seines Sekretärs Georg Spalatin und konnte mit Genugtuung feststellen, wie gut die Stimmung der Reichsstände in dieser Angelegenheit war, die sich unversehens aber stetig mehr und mehr zur Hauptangelegenheit des ganzen Reichstages entwickelte. Die Reichsstände lehnten am 15. Februar geschlossen ein Edikt gegen Luther ab, das der Kaiser nach einer Vorlage Aleanders entworfen hatte. Die Sitzung war die turbulenteste des ganzen Reichstages. Aleander notiert einigermaßen entsetzt, der Kurfürst von Sachsen sei mit seinem brandenburgischen Kollegen fast handgreiflich geworden, und der Kurfürst Ludwig V. von der Pfalz – sonst sehr still und seinem Beinamen »der Friedfertige« verpflichtet – hätte wie ein Stier gebrüllt. Er und der sächsische Kurfürst seien schließlich unter Protest aus dem Saal gegangen.

Im Gegensatz zu dem kaiserlichen Edikt verlangten die Reichsstände, daß Luther vor ihnen verhört und ihm dazu ausdrücklich freies Geleit zugesichert werden sollte. Der Kaiser fertigte am 6. März die Vorladung Luthers aus, er unterschrieb den Geleitbrief eigenhändig. Der Druck der Reichsstände war dafür entscheidend, aber der Kaiser erinnerte sich dabei auch an die Empfehlung, die ihm sein Gesandter, den er im Jahr zuvor nach Rom geschickt hatte, am 12. März übermittelte: »Ew. Majestät müssen nach Deutschland gehen und daselbst einem gewissen Martin Luther einige Gunst angedeihen lassen. Er befindet sich am Hofe von Sachsen und flößt durch die Sachen, die er predigt, dem römischen Hofe Besorgnis ein.«

Luther als Schachfigur in den Partien zwischen Kaiser und Papst – das hatte Maximilian I. bald erkannt, das erkannte sein Enkel und vor allem auch dessen Freund und oberster Minister, Wilhelm von Croy, Herr von Chièvres, der die Erziehung des Kaisers geleitet hatte. Als Nuntius Aleander mit der Bannandrohungsbulle am kaiserlichen Hof erschien, nickte Chièvres gelassen: »Der Kaiser wird sich dem Papst gefällig erweisen, wenn sich auch der Papst gefällig zeigt und die Feinde des Kaisers nicht mehr unterstützt.«

Aleander ist empört über die Einladung Luthers nach Worms. Doch die Räte des Kaisers hatten ihm schon früher, als er von den ersten Vorladungsplänen erfahren und sich dagegen gestemmt hatte, nüchtern zu bedenken gegeben, die Lage sei nun einmal so, daß man über einen Deutschen, ohne ihn zu verhören, nicht *»sine magno scandalo«* ein Urteil fällen könne. Und jetzt bekommt Aleander das kalte Wort zu hören: »Sorgt nur dafür, daß euer Papst nicht immer unsere Pläne durchkreuzt. Dann soll Seine Heiligkeit alles erhalten, was er von uns verlangen kann – widrigenfalls man ihn in derartige Verlegenheiten stürzen wird, daß er Mühe haben soll, herauszufinden.«

Luther wurde in dem kaiserlichen Brief für die Hin- und Rückreise nach Worms sicheres Geleit zugesagt, und zwar für die Dauer von einundzwanzig Tagen. Den Reichsständen war das noch nicht genug. Sie waren wegen des bisherigen Sitzungsverlaufs in großer Erregung: Der Kaiser, kräftig und ausdauernd unterstützt von Nuntius Aleander, hatte sämtliche Beschwerden, alle »Gravamina der deutschen Nation« ohne jedes Entgegenkommen zurückgewiesen. Die Reichsstände verlangten jetzt vom Kaiser einen neuen Geleitbrief – der Text des ersten Schreibens ist unbekannt, es ist verlorengegangen –, er wurde von der Kanzlei in einer betont höflichen Form ausgestellt, gerichtet an den »ehrsamen, unseren lieben, frommen Doktor Martin Luther«; unterschrieben hatte der Kaiser und der Erzkanzler des Reiches, Kardinal Albrecht von Mainz. Nuntius Aleander war hell entsetzt: »Diesen Titel gibt man einem offenkundigen Ketzer gegen Gott und alle Vernunft. Auf meine Beschwerde erwiderte man, das sei nun einmal der Stil, und wenn man eine schroffe Fassung hätte wählen wollen, so hätte das einfach geheißen, er solle nicht kommen.«

Als Zweck der Vorladung Luthers nach Worms wurde in dem Zitationsschreiben angegeben, es geschehe, um wegen »der Lehren und Bücher, die von Dir seit einiger Zeit ausgegangen sind, Erkundigung von Dir zu empfangen«.

Außerdem erging die Weisung, das Geleitschreiben nicht durch einen gewöhnlichen berittenen Boten Luther zustellen zu lassen; es wurde vielmehr feierlich durch den Reichsherold Kaspar Sturm und einen Diener überbracht. Der Herold hatte Luther auch auf der Rückreise das Geleit zu geben.

Triumphzug nach Worms

Der Reichsherold brach mit dem Diener am 15. März von Worms nach Wittenberg auf, erreichte die Stadt am 26. März, dem Dienstag der Karwoche, und überreichte Luther die Vorladung: der erste dramatische Höhepunkt. Würde Luther annehmen oder ablehnen?

Gegen Ende des vergangenen Jahres hatte er noch kategorisch versichert, er würde einer Ladung nach Worms folgen. Doch wenn sich auch die Stimmung in Deutschland ununterbrochen zu seinen Gunsten steigerte und sich beinahe schon einem Siedepunkt näherte, so hatte andererseits in den letzten Monaten die Entschlossenheit bei der Kurie, des Ketzers mit allen Mitteln endlich Herr zu werden, ebenfalls zugenommen. Das galt auch für die strikt römisch ausgerichteten Teile der Geistlichkeit im Reich und vor allem für den Kaiser selbst. Rom hatte bis zuletzt versucht, die Einladung Luthers nach Worms zu hintertreiben. Jetzt erhoffte es sich wenigstens eine Ablehnung, genauso wie Nuntius Aleander, der bei der Vorstellung, daß »dieses Ungeheuer« vor Kaiser und Reich auftreten könnte, geradezu bebte: »Wir befinden uns diese ganze Zeit über in einer solchen Wirrsal, daß wir in Wahrheit nicht wissen, wo aus noch ein: denn wenn Martin kommt, droht das Schlimmste.«

Dem Kaiser war die Angelegenheit inzwischen mehr als lästig. Er hatte bei den Verhandlungen bald gemerkt, daß die Reichsstände den Mönch als ihre beste Waffe gegen die kaiserliche Politik in Deutschland benützten. Selbst die Räte des sächsischen Kurfürsten waren sich nicht sicher, wie Luther reagieren würde, und deshalb wäre auch Friedrich der Weise keineswegs verblüfft gewesen, wenn er den Reichsherold ohne Luther wieder in Worms hätte einreiten sehen.

Doch Luther nimmt die Einladung an. Äußerlich die Ruhe selbst, bleibt er das Osterfest über noch in Wittenberg, predigt am Gründonnerstag, am Karfreitag und den drei österlichen Feiertagen morgens und nachmittags in seiner Kirche, spielt mit keinem Wort oder nur verschlüsselt auf die Ladung nach Worms an. Der Magistrat stellt ihm einen Wagen, ein »Rollwäglein« samt Bespannung für die Reise. Luther bricht am 2. April auf. Begleitet wird er von einem Ordensfreund, dem Lizentiaten Nikolaus von Amsdorf, einem jungen gelehrten Edelmann aus Pommern, Peter Swaven, sowie von seinem Klosterbruder Johann Pezensteiner. Der Herold des Kaisers reitet voraus, im Wappenrock mit dem Reichsadler und der Fahne.

Die Reise geht nicht überstürzt, aber auch nicht besonders gemächlich vonstatten. Am meisten wird sie durch die Aufenthalte in fast allen Städten und Dörfern behindert. Jeder will Luther sehen, ihm zurufen, zujubeln, oder ihn einfach nur anstarren. Abordnungen reiten ihm entgegen, die Ratsherren empfangen ihn wie einen regierenden Fürsten, Luther wird gefeiert wie ein Held und ein Heiliger zugleich. In Leipzig kredenzt ihm der Rat einen Ehrentrunk, in Naumburg ist Luther Ehrengast des Stadtoberhaupts, in Weimar wird ihm ein Zehrgeld des Herzogs überreicht. Am 6. April, einem Sonnabend, kommt der kleine Zug nach Erfurt. Die Universität, an der Spitze Rektor Crotus Rubeanus, hat beschlossen, Luther einen großen Empfang zu bereiten. Eine gewaltige Delegation, vierzig Professoren und Studenten zu Pferd, angeführt von Crotus Rubeanus, zieht Luther entgegen und holt ihn ein. Die Stadt bietet ihm Asyl an, eine großzügige, wenn auch unnötige, weil durchaus symbolische Geste, wie die Herren wohl wissen.

Crotus Rubeanus hält eine überaus feierliche Begrüßungsrede: Luther ist der Gottgesandte, er ist der Rächer der Lüge in dieser Zeit, die den Menschen den Glauben geraubt und zerstört hat – wohlgesetzte Worte in dem gehobenen Stil, der einem solchen Ereignis angemessen ist und einem der berühmtesten Humanisten des Jahrhunderts zweifellos anstehen. Crotus Rubeanus fühlt sich Luther vor allem menschlich sehr nahe; seine Lehren betrachtet er reserviert. Wenige Jahre später nimmt Rubeanus bei Kardinal Albrecht von Mainz eine Stelle als Rat an, wird Kanonikus an der Stiftskirche in Halle und beschließt sein Leben geruhsam als fester Anti-Lutheriker und Domherr in Halberstadt; Revolutionen sind nicht seine Sache.

Die Antwort, die Luther dem Freund auf seine Begrüßungsworte gibt, ist würdig: Er, Luther, habe eine solche Ehrung nicht verdient, er habe sie nicht erwartet, doch er nehme sie dankbar an als ein Zeichen der Liebe.

Die Straßen in Erfurt sind voller begeisterter Menschen. Sie säumen den ganzen Weg bis zum Augustinerkloster. Für Luther ist es ein wahrer Triumphzug, der gekrönt wird von dem Empfang durch den Prior, seinen alten Freund und Mitstreiter Johannes Lang. Luther wird von allen Seiten gebeten, am nächsten Tag, dem Weißen Sonntag, in der Klosterkirche zu predigen. Die Kirche ist überfüllt, mitten in der

Predigt beginnt das Holz der Empore zu ächzen und zu krachen. Jeder glaubt, sie würde einstürzen, der Schrecken schlägt um in Panik, etliche schlagen die Fenster ein, um in den Kirchhof hinauszuspringen – doch Luther hebt die Hand und sagt laut und ruhig: »Fürchtet nichts! Das ist der Teufel, der mich abhalten will, das Evangelium zu predigen. Aber es soll ihm nicht gelingen.« Die Empore stürzt nicht ein.
Wiederholt wird Luther auf der Reise gebeten, ja genötigt, zu predigen; so in Gotha und in Eisenach. Unterwegs erfährt er, daß an allen Kirchentüren von Worms ein kaiserliches Sequestrationsmandat, unterzeichnet am 10. März, angeschlagen ist, in dem die Einziehung und Vernichtung seiner Bücher und die Bestrafung derjenigen, die sie verbreiten, befohlen wird. Das Edikt wird in ganz Deutschland verbreitet. Ein schlechteres Omen könnte es kaum geben, und so mischen sich in den Jubel, mit dem Luther überall begrüßt wird, zunehmend warnende Stimmen.
Luther muß immer öfter an das Schicksal von Johannes Hus in Konstanz denken; auch er hatte einen Geleitbrief des Kaisers. Luther erinnerte daran schon am 29. Dezember 1520 in einem Brief an Spalatin. Der Freund hatte sich erkundigt, ob er denn einer Vorladung nach Worms nachkommen würde. Luther antwortet: »Ich werde einer Vorladung, soweit es an mir liegt, folgen; wenn ich nicht gesund sein sollte, lasse ich mich krank hinführen. Denn daran gibt es keinen Zweifel: ein Ruf des Kaisers bedeutet, daß ich von Gott gerufen werde. Da sie aber die Vorladung gewiß nicht deshalb betreiben, um von mir eines Besseren belehrt zu werden, werden sie wahrscheinlich Gewalt anwenden; dann muß ich meine Sache dem Herrn anbefehlen. Denn der Gott, der die drei Jünglinge im Feuerofen des Königs von Babylon beschützt hat, lebt und regiert noch. Will er mich nicht schützen, so ist mein Haupt eine Kleinigkeit im Vergleich mit Christus, der zur höchsten Schmach, zum allgemeinen Ärgernis und zu vieler Verderben zu Tode gemartert wurde. Hier darf es keine Rücksicht auf Gefahr oder Wohl und Wehe geben. Hier gibt es vielmehr nur eine Sorge: daß wir das Evangelium, mit dem wir angetreten sind, nicht dem Spott der Gottlosen preisgeben; daß wir den Feinden keinen Anlaß zum Triumph über uns geben; daß wir uns nicht fürchten, unser Blut für das Evangelium zu vergießen. Vor solcher Feigheit bei uns und solchem Triumph bei ihnen bewahre uns Christus in seiner Barmherzigkeit!«
Luther schließt mit der Hoffnung, daß der Kaiser seine Herrschaft nicht damit beginnen möge, »daß er mein oder eines anderen Blut zum Schutz der Gottlosigkeit vergießt. Soll's aber trotzdem gesche-

hen, daß auch ich wie Johannes Hus nicht nur der Priesterschaft, sondern auch der Welt in die Hände falle, so geschehe des Herrn Wille. Damit habt Ihr meine Meinung und meinen Willen. Erwartet alles von mir, aber nicht Flucht und Widerruf. Ich will nicht fliehen, noch viel weniger widerrufen.«

Dem Reichsherold sind inzwischen ebenfalls starke Bedenken gekommen, ob die Sicherheit Luthers in Worms garantiert ist. Am 16. April erreichen sie Frankfurt, Luther steigt am Kornmarkt ab, im Gasthof zum Strauß. Der Reichsherold wendet sich an seinen Schützling, der äußerlich beinahe harmlos vergnügt wirkt, sich um keine große Politik zu kümmern und keine Rücksicht auf sich selbst zu kennen scheint und wie ein unbeschwerter junger Mann in der Herberge die Laute spielt: »Herr Doktor, wollt Ihr wirklich weiterziehen?« Luther sieht ihn erstaunt an: »Ja, ungeachtet, daß man mich in den Bann getan und das in allen Städten veröffentlicht hat. Ich will mich an das kaiserliche Geleit halten.«

Als er in Oppenheim eintrifft, begrüßt ihn Martin Butzer. Er warnt ihn dringend davor, nach Worms zu gehen, bittet ihn inständig, die Einladung Franz von Sickingens anzunehmen und zu ihm auf die Ebernburg zu kommen, in die »Herberge der Gerechtigkeit«, in der so viele Parteigänger Luthers Zuflucht und Schutz finden. Dort will sich der Beichtvater des Kaisers, Jean Glapion, mit ihm beraten. Luther weist Butzer ab, es gibt für ihn keinen Zweifel, daß auch dieser Plan nur ein letzter Versuch ist, ihn von Worms fernzuhalten: »Ich ziehe weiter; hat des Kaisers Beichtvater etwas mit mir zu reden, so kann er das wohl in Worms tun.«

Noch einmal schreibt er an Spalatin; er ist sich der dramatischen Konstellation des Auftritts, der ihm in Worms bevorsteht, völlig bewußt. Der Brief ist vom Sonntag *Misericordias Domini*, dem 14. April: »Hus ist verbrannt worden, aber nicht die Wahrheit mit ihm«, und dann spielt er auf zwei Stellen des Neuen Testaments an: »Christus lebt, und wir wollen nach Worms, auch wenn alle Pforten der Hölle und die Gewaltigen der Luft sich widersetzen!« Spalatin hat das später in eine Fassung gebracht, die berühmt geworden ist. Luther habe mit aller Macht nach Worms hineingewollt, »selbst wenn so viele Teufel drinnen wären als Ziegel auf den Dächern«.

Gegen Ende seiner Reise hat Luther wahrscheinlich sein wohl gewaltigstes und bewegendstes Lied gedichtet und komponiert: »Ein feste Burg ist unser Gott, ein gute Wehr und Waffen«. Gedruckt erscheint es erstmals im Jahre 1529. Der Text läßt sich tatsächlich als Kommentar zu der Reise nach Worms lesen, so etwa der Beginn der dritten Strophe: »Und wenn die Welt voll Teufel wär und wollt uns gar verschlingen, so fürchten wir uns nicht so sehr, es soll uns doch gelingen.« Vor allem der Schluß, in seiner dichten Form fast ein Hauptstück der Theologie Luthers, seines Glaubens, seiner unerschütterlich tapferen Haltung, die auf nichts anderem ruht, als auf dem Fels des Evangeliums – so findet Luther auf der Reise nach Worms auch den neuen Namen für seine Sache, die »evangelische« Sache –: »Das Wort sie sollen lassen stahn und kein' Dank dazu haben; er ist bei uns wohl auf dem Plan mit seinem Geist und Gaben. Nehmen sie den Leib, Gut, Ehr, Kind und Weib: Laß fahren dahin, sie habens kein Gewinn, das Reich muß uns doch bleiben.«

Das erste Verhör

Wenig später, am 16. April, trifft Luther in Worms ein, am Vormittag. Hundert Reisige, die wahrscheinlich Franz von Sickingen geschickt hat, geben ihm bis zum Stadttor das Geleit. Viele Herren aus der Umgebung des sächsischen Kurfürsten reiten Luther entgegen. Er sitzt mit seinen Freunden in dem offenen Wagen, die Mönchskappe auf dem Kopf. Als der Türmer des Doms den Zug in der Ferne erkennt, meldet er die Ankunft durch Trompetenstöße. Im Nu sind die Straßen überfüllt. Acht Berittene halten sich in der Stadt um Luthers Wagen. Der Zug kommt nur langsam voran. In einem Bericht heißt es: »Gegen zweitausend Menschen haben ihn umgeben bis zu seiner Herberge. Viele stiegen auf die Dächer und Häuser, um Doktor Martinus zu sehen.«

Auch Nuntius Aleander schildert, wie er »aus dem hastigen Rennen des Volkes entnahm, daß der große Ketzermeister seinen Einzug hielt«. Vorher empört er sich noch darüber, »daß der schurkische Herold, der ihn geleitet, in seiner heftigen Feindschaft gegen uns sich rein toll benimmt, denn er macht aus der Reise Martins einen Triumphzug«. Aleander ist zu klug, als daß er nicht wüßte, wie wenig sich Luthers spektakuläre Reise und sein Empfang in Worms mit solchen Bemerkungen erklären läßt. Der Nuntius hebt auf seine Weise nur etwas tatsächlich höchst Erstaunliches ins Bewußtsein: Dieses deutsche Reich ist nach wie vor bis in den letzten Winkel katholisch. Die Kirche bestimmt unverändert den Ablauf des täglichen Lebens, niemand denkt daran, sich von dieser Kirche abzuwenden oder sie gar vollständig zu vernichten – mit Ausnahme dieses einen Augustinermönchs. Eben diesem Mann schlägt aus dem ganzen Reich eine ungeheure Woge des Staunens, der Sympathie und Bewunderung entgegen, demselben Mann, den das Oberhaupt der regierenden und alles beherrschenden Kirche soeben erst zu einem satanischen Ketzer erklärt, ihn verdammt und geächtet hat.

Aleander berichtet weiter, und nun bekommt bare Verständnislosigkeit die Gewalt über ihn, durchsetzt mit trüben Befürchtungen: »Beim Verlassen des Wagens schloß ihn ein Priester in seine Arme, rührte dreimal sein Gewand an und berühmte sich im Weggehen, als hätte er eine Reliquie des größten Heiligen in Händen gehabt; ich vermute, es wird bald von ihm heißen, er tue Wunder. Dieser Luther, als er vom Wagen stieg, blickte mit seinen dämonischen Augen im Kreise umher und sagte: ›Gott wird mit mir sein!‹«

Luther ist im Johanniterhof in der Kämmerergasse untergebracht. Er wohnt in der Nähe des Quartiers, das Friedrich den Weisen und seine engsten Vertrauten beherbergt; der Name dieser Unterkunft ist nicht bekannt, sie kann nicht weit vom Dominikanerkloster entfernt gewesen sein, in dem der Kurfürst seinen Bruder Johann mit dessen Gefolge untergebracht hat. Spalatin wohnt in der Herberge des Kurfürsten.

Das erste Verhör Luthers vor dem Kaiser und den Reichsständen findet schon am darauffolgenden Tag in der Residenz des Bischofs statt. Luther wird vom Reichserbmarschall Utz von Pappenheim und dem Herold Kaspar Sturm abgeholt. Die Straßen sind von Neugierigen blockiert, die Menschen drängen sich, lüstern und strahlend, besorgt und im prickelnden Vorgefühl einer Erwartung, die binnen kurzem Erfüllung finden muß. Luther kann nur auf Seitenwegen das bischöfliche Palais erreichen. Er ist guter Stimmung. Im Vorsaal gibt es einen kurzen Aufenthalt, viele Freunde begrüßen ihn. Als er sich durch die dicht an dicht stehenden Menschen drängt, soll ihm angeblich der »Vater der Landsknechte« Georg von Frundsberg freundlich und respektvoll zugeredet haben: »Mönchlein, Mönchlein, du gehst einen schweren Gang, einen Stand zu tun, dergleichen ich und mancher Oberst auch in unseren allerernstesten Schlachtordnungen nicht getan haben. Bist du aufrechter Meinung und deiner Sache gewiß, so fahre in Gottes Namen fort und sei nur getrost. Gott wird dich nicht verlassen!« Die Episode ist nicht sicher belegt, aber Frundsberg ist mit Luther in Worms zusammengekommen; die Szene reflektiert jedenfalls die Sachlage.

Als Luther den Saal betritt, in dem ihn der junge Kaiser und die

Reichsstände erwarten, wirkt er heiter. Nuntius Aleander, der bei den Verhören selbst nicht anwesend ist, berichtet es so: »Der Narr ist lächelnd eingetreten!« Luther sieht sich frei um, blickt nach links, nach rechts, steht dann vor dem Kaiser und dessen Bruder, Erzherzog Ferdinand, steht vor sechs Kurfürsten und etwa achtzig weiteren Fürsten, darunter achtundzwanzig Herzöge, elf Markgrafen, dreißig Bischöfe, ferner vor zweihundert regierenden Herren, nicht gerechnet die übrigen Zuhörer, die in die Hunderte gehen – ein lebendes Bild an der Peripherie eines welthistorischen Ereignisses. In diesem Tribunal, das die Bezeichnung »Kaiser und Reich« trägt, verkörpert sich das ganze Deutschland. Luther weiß, daß er hier der deutschen Nation gegenübersteht.

Das erste Verhör dauert nicht lange. Zunächst macht ihn der Reichserbmarschall darauf aufmerksam, daß er nichts anderes tun dürfe, als die Fragen, die an ihn gestellt werden, zu beantworten. Dann übernimmt der Offizial – der bischöfliche Stellvertreter bei der Ausübung der kirchlichen Gerichtsbarkeit – des Erzbischofs von Trier, Dr. Johannes von der Ecken, die Verhandlungsführung. Er legt zwei Packen Bücher, etwa zwanzig Stück, auf eine Bank vor Luther und beginnt feierlich, zuerst lateinisch, dann deutsch: »Martin Luther, die kaiserliche Majestät hat dich aus zwei Gründen hierher beschieden. Zunächst, um zu erfahren, ob du dich hier öffentlich zu diesen Büchern bekennst, die unter deinem Namen verbreitet worden sind. Tust du dies, so sollst du zweitens erklären, ob du ihren Inhalt aufrechterhalten oder etwas davon widerrufen willst.«

Luther öffnet schon den Mund, um zu antworten, da meldet sich sein juristischer Beistand, der kursächsische Rat Hieronymus Schurff, und verlangt, daß zunächst jeder Titel vorgelesen werde. Danach beginnt Luther, er spricht leise, viel zu leise, so daß ihn kaum die nächste Umgebung versteht. Er wirkt plötzlich unsicher und befangen. Viele der Zuhörer sind überzeugt, er sei ängstlich und verwirrt. Sicher ist es kaum vorzustellen, daß Luther völlig frei ist von Beklemmung und einer gewissen Angst, doch ebenso sicher ist es nur die erste Furcht eines Menschen, der sich keine Angst einjagen läßt: »Die genannten Bücher muß ich als die meinen bezeichnen und ich werde niemals eines verleugnen.« Die zweite Frage aber könne er nicht so ohne weiteres beantworten. Da es sich dabei um den Glauben und das Seelenheil handle und um das Größte im Himmel und auf Erden, nämlich um Gottes Wort, »darf ich mich nicht dreist der Gefahr aussetzen, daß ich ohne Vorbereitung etwas behaupte, wodurch ich entweder meiner

Sache oder aber der Wahrheit etwas vergeben könnte, denn beides würde mich in das Wort Christi verstricken, wo er sagt: Wer mich vor den Menschen verleugnet, den will auch ich verleugnen vor meinem himmlischen Vater (Matthäus 10,32). Deshalb bitte ich in Demut Eure kaiserliche Majestät um Bedenkzeit, damit ich, ohne das Gotteswort zu verletzen und meine Seele zu gefährden, die rechte Antwort auf die Frage geben möge.«

Der Kaiser, die Kurfürsten und die übrigen regierenden Herren ziehen sich zu einer kurzen Beratung zurück. Danach setzt der Offizial zu einer längeren Rede an, nicht übermäßig freundlich, zu Recht etwas unwillig und leicht erstaunt: Luther habe doch mehr als genug Zeit für die Vorbereitung gehabt, er habe genau gewußt, zu welchem Zweck er vor Kaiser und Reich geladen worden sei. Deshalb müsse man sich billig verwundern, daß er seine Antwort nicht bereit habe; er besitze keinerlei Recht auf weitere Bedenkzeit. In der Glaubensfrage werde ihm grundsätzlich kein Aufschub gewährt, denn das würde nur zusätzliche Gefahr und weiteres Ärgernis für die Gläubigen bringen. Dessenungeachtet sei ihm aus reiner kaiserlicher Milde und Gnade bis morgen nachmittag um vier Uhr noch eine Frist gewährt worden. Er müsse dann aber frei sprechen und dürfe keine schriftliche Erklärung vorlegen. Luther solle im übrigen wohl bedenken, daß er gegen Seine Heiligkeit, den Papst, und gegen den Stuhl Petri geschrieben und viele ketzerische Lehren verbreitet habe. Daraus sei so viel Übel entstanden, daß ein Brand entstehen werde, wenn man nicht schleunigst vorbeuge; geschehe dies nicht, dann könnte das Feuer weder durch Luthers Widerruf noch durch die Macht des Kaisers gelöscht werden. »Und deshalb«, so endet der Offizial, »ermahne ich dich hiermit, deinen Sinn zu ändern.«

Damit ist das Verhör geschlossen und Luther entlassen. Die Enttäuschung über ihn ist allgemein, auch bei seinen Freunden. Abgesehen von dem farblosen Eindruck, den Luther gemacht hat: Niemand kann sich seine Bitte um Aufschub und Bedenkzeit erklären. Bei seinen Gegnern werden neue Hoffnungen wach, daß er sich möglicherweise doch zu einem Widerruf entschließen könnte.

Luther hat weder am Abend dieses ersten Tages noch später eine Erklärung für seine Bitte gegeben. Daß er widerrufen könnte – mit diesem Gedanken hat er keine Sekunde lang gespielt. Er schreibt noch am gleichen Abend an den Wiener Humanisten Johannes Cuspinian; ein Verwandter, den er an diesem Tag in Worms getroffen hat, ermutigt ihn dazu. Es sind nur zehn kurze Zeilen: Er habe sich vor

Kaiser und Reich zu seinen Büchern bekannt. Er sei zum Widerruf aufgefordert worden und hätte eine Bedenkzeit erhalten: »Aber ich werde auch nicht ein Tüpfelchen widerrufen, nicht in Ewigkeit, um der Gnade Christi willen.« Man braucht nicht so weit zu gehen und die Vermutung zu äußern, daß der Effekt eines wiederholten Auftretens vor der ganzen Nation, dieses unstreitig vorhandene Spannungs- und Steigerungsmoment in der Verzögerung von Luther beabsichtigt war. Aber ein solches Verdichtungselement ist zweifellos vorhanden; ebenso eindeutig ist allerdings, daß bis heute kein plausibler Grund für die Bitte Luthers um Aufschub ausfindig zu machen ist.

»Gott helfe mir, Amen«

Der Andrang beim ersten Verhör war so stark gewesen, daß die Sitzung am nächsten Tag in einen weit größeren Saal des Bischofshofes verlegt wird. Trotzdem ist das Gedränge noch größer als am Vortag, sogar die Fürsten haben Mühe, ihren Sitz zu bekommen. Luther muß zwei Stunden warten, weil sich das Ende der vorangehenden Verhandlung des Kaisers verzögert. Die Sympathien der deutschen Landsleute sind so augenfällig wie nur möglich. Herzog Erich von Braunschweig läßt ihm durch das Gedränge eine silberne Kanne mit Einbecker Bier zur Stärkung schicken. Als Luther endlich gerufen wird und hineingeht, klopft ihm Georg von Frundsberg anerkennend auf die Schulter. Im Saal werden wegen der anbrechenden Dämmerung die Fackeln entzündet.

Der Trierer Offizial unterstreicht zu Beginn des Verhörs noch einmal, daß Luther nur wegen des Kaisers Güte eine Bedenkfrist erhalten hat. Sie sei grundsätzlich unnötig gewesen, »denn man sollte doch annehmen, daß jeder in Glaubenssachen so sicher ist, um zu jeder beliebigen Zeit Rede und Antwort stehen zu können – wieviel mehr ein so bedeutender und erfahrener Lehrer der Theologie wie du! Willst du nun die von dir anerkannten Bücher alle verteidigen oder willst du etwas widerrufen?«

Luther antwortet frei, so wie es verlangt ist. Seine Stimme ist diesmal stark und klar, sie ist bis in den letzten Winkel des Saales zu hören. Von Unsicherheit oder der vermuteten Zaghaftigkeit findet sich keine Spur an dem energischen Mann in der schwarzen Kutte und den intensiv leuchtenden Augen. Luther strahlt eine gewaltige, fast fröhliche Gelassenheit und Kraft aus.

Er bekennt sich ohne Abschweifungen zu seinen Schriften. Dieses Bekenntnis dehnt er auch auf die zweite Frage aus, die ihm am Vortag vom Offizial gestellt worden ist: ob er zu dem Inhalt der Bücher stehe. Er spricht zunächst über die Art seiner Werke, teilt sie in drei Gattungen ein: erbauliche Schriften über den christlichen Glauben und die christlichen Sitten, also Lehrschriften; zweitens Schriften gegen »das Papsttum und die Dinge der Papisten als diejenigen, die mit ihren grundschlechten Lehren und Beispielen den christlichen Erdkreis an Geist und Leib verheert, verwüstet und verdorben haben«, und schließlich seine Streitschriften. Einen Widerruf bei den Büchern der beiden ersten Gattungen lehnt er rundweg ab, entwickelt aber bei der zweiten Kategorie, den Kampfschriften gegen Rom, die Gründe besonders ausführlich. Es lasse sich nicht nur nicht leugnen, sondern es sei durch »die Klage aller« mehr als genug bewiesen und bezeugt, »daß die Gesetze des Papstes und die Menschenlehren die Gewissen der Gläubigen elend in Fesseln geschlagen, mißhandelt und zu Tode gemartet haben und daß vor allem in dieser ruhmreichen deutschen Nation Hab und Gut von unglaublicher Tyrannei ohne Ende und auf unwürdige Weise verschlungen worden sind und noch verschlungen werden«. Würde er diese Schriften verleugnen, so würde er nichts anderes tun, als selbst diese Tyrannei »noch stärken und solcher Impietät und gottlosem Wesen nicht allein die Fenster, sondern auch Tür und Tor aufstoßen, damit es weiter und freier toben und schaden wird, als es sich bis jetzt hat unterstehen dürfen. Mein lieber Gott, was für ein großer Schanddeckel der Bosheit und Tyrannei würde ich sein!«

Auch bei der dritten Gattung seiner Bücher lehnt er einen Widerruf ab, jedoch sei er in diesen Schriften, »das bekenne ich frei, etwas heftiger und schärfer gewesen, als es sich gemäß der Religion und meinem Beruf gebührt; denn ich mache mich nicht zu einem Heiligen, auch disputiere ich nicht von meinem Leben, sondern von der Lehre Christi«. Luther schließt mit einer Beteuerung, die bei den Anwesenden einige Mißverständnisse wecken könnte: Wenn irgend jemand in der Lage sei, ihn aufgrund der Heiligen Schrift eines Besseren zu belehren, sei er freudig bereit, allen Irrtum zu widerrufen und als erster die eigenen »Büchlein ins Feuer zu werfen. Solches sage ich, um der deutschen Nation, meinem lieben Vaterland, meinen schuldigen Dienst nicht zu entziehen.«

Nach einer kurzen Beratungspause wirft der Offizial in einem verhalten zornigen Ton Luther vor, er hätte die Frage, die ihm gestellt wurde, nicht beantwortet. Sein Wunsch, mit Hilfe der Heiligen Schrift eines

Irrtums überführt zu werden, sei nichts anderes als der alte Ketzerbrauch. In seinen Lehren würden sich eine ganze Anzahl von Sätzen finden, die schon frühere Konzilien als häretisch verdammt hätten. Und was verurteilt ist, darf überhaupt nicht neu in Zweifel gestellt und diskutiert werden: »Martinus, du erhoffst dir vergeblich eine Disputation über Dinge, die du ausdrücklich zu glauben verpflichtet bist. Gib endlich eine einfältige, runde und richtige Antwort darauf, ob du widerrufen willst oder nicht.«

Luther besinnt sich nur kurz: »Weil denn Eure kaiserliche Majestät, Kur- und Fürstlichen Gnaden eine schlichte, einfältige, richtige Antwort begehren, so will ich eine geben, die weder Hörner noch Zähne hat: Wenn ich nicht mit Zeugnissen der Heiligen Schrift oder mit öffentlichen, klaren und hellen Gründen und Ursachen überwunden und widerlegt werde – denn dem Papst oder den Konzilien allein glaube ich nicht, weil es feststeht, daß sie sich häufig geirrt und sich auch selbst widersprochen haben –, bin ich durch die Schriftworte, die ich angeführt habe, gebunden. Und solange mein Gewissen durch Gottes Worte gefangen ist, kann und will ich nichts widerrufen, weil es gefährlich ist und die Seligkeit bedroht, etwas gegen das Gewissen zu tun. Gott helf mir, Amen.«

Der Schlußpassus Luthers ist bis zu Beginn unseres Jahrhunderts in der berühmten Fassung überliefert worden: »Hier stehe ich! Ich kann nicht anders! Gott helfe mir! Amen.« Diese Worte hat Luther nicht gesprochen. Trotzdem geben sie in der denkbar kürzesten und eindrucksvollsten Form wieder, in welcher Verfassung Luther vor Kaiser und Reich, vor Deutschland und der Christenheit stand: unbeugsam, entschlossen, kühn. Sie geben wieder, daß Luther von seiner Einsicht, von seinem Glauben, von seinem Gewissen zu dieser Haltung und seinem Bekenntnis gezwungen ist, so daß er sich gänzlich unfähig erklärt, etwas anderes tun zu können. Er spielt ja nicht irgendeine Rolle hier in Worms, trägt sie nicht wie ein Habit, das er von den Schultern nehmen und ablegen kann. Die zeitgenössische Wendung: »Gott helfe mir, Amen« besitzt nur die besiegelnde Funktion, die landläufig war.

Im Saal ist es völlig still. Der Offizial unterbricht die Spannung, er herrscht Luther an: »Laß dein Gewissen fahren, Martin, du bist im Irrtum!« Wenig später befiehlt der Kaiser plötzlich, die Verhandlung zu schließen. Er steht brüsk auf und verläßt den Saal. Karl V. murmelt, er hätte genug. Dann seufzt er leise, als sei ihm die Fähigkeit dieses Mönchs, sich sein Dasein auf Erden durch überflüssige Komplikationen zu erschweren, ganz unbegreiflich. Der Kaiser hatte schon beim ersten

Verhör abfällig bemerkt: »Dieser da wird mich nicht zum Ketzer machen!«
Nun bricht ein Tumult los, jeder spürt es, daß der Mut des kleinen knochigen Mönchs, der es gewagt hat, vor der ganzen Nation dem Kaiser des christlichen Abendlandes Auge in Auge zu trotzen, eine Revolution auslösen wird. Inmitten des gewaltigen Lärms wird Luther von Freunden umringt und hinausbegleitet. Bevor er den Saal verläßt, reißt er einen Arm hoch – spreizt die Finger – ein alter Brauch der deutschen Landsknechte, wenn ihnen bei Kampfspielen ein besonders guter Hieb gelungen ist.
Auch draußen, in dem Getümmel, bricht eine allgemeine Erregung durch. Irgend jemand aus der Menge preist die Mutter selig, die einen solchen Mann zum Sohne hat. Auf dem Weg zu Luthers Quartier sind aber auch die Drohungen und zischenden Rufe spanischer Adliger zu hören: *»Al fuego, al fuego!* Ins Feuer mit ihm!« Spalatin ist an Luthers Seite. Langsam beginnt sich auch bei Luther die gewaltige Anspannung zu lösen. Noch einmal versichert er seinem Freund: »Und wenn ich tausend Köpfe hätte, ich würde sie mir lieber alle abhauen lassen, als zu widerrufen!« Als Luther in den Johanniterhof kommt, wirft er beide Arme in die Luft »und schreit mit fröhlichem Angesicht: ›Ich bin hindurch, ich bin hindurch!‹«

10 Auf der Wartburg

Luther war keineswegs hindurch. Er hatte sich lediglich gut geschlagen, sogar ausgezeichnet geschlagen. Er hatte seine Sache vor Kaiser und Reich so vertreten, wie er sie nicht überzeugender hätte vertreten können. Jetzt war die Zerreißprobe des Gegenüberstehens und die gewaltige Anspannung vorbei. So großartig aber auch sein Auftritt wirkte: entschieden war die *Causa Lutheri* damit noch lange nicht. Der wirkliche Kampf begann erst nach dem Reichstag zu Worms.
Am 24. und 25. April versuchten die Stände noch einmal, Luther in langen Gesprächen von seiner starren Haltung abzubringen. Er war aufs höchste überrascht, wie sanft mit ihm dabei umgegangen wurde: »Noch nie ist mit mir in so bescheidener, gütiger Weise gehandelt worden.« Der Erzbischof und Kurfürst von Trier, der badische Kanzler

Hieronymus Vehus, Herzog Georg von Sachsen, der Kurfürst von Brandenburg, Markgraf Joachim, Konrad Peutinger und der Straßburger Gesandte Hans Bock, die Bischöfe von Brandenburg und Augsburg, der Humanist und Theologe Johannes Cochläus, ein Freund Aleanders und seit diesem Reichstag neben Johannes Eck der gefährlichste Gegner Luthers – sie alle bemühten sich, Luther zu einer Teilrevision zu bewegen, insbesondere auf theologischem Gebiet. Wenn er diejenigen Schriften, die als unhaltbar und ketzerisch eingeschätzt würden – dabei mußte insbesondere an die »Babylonische Gefangenschaft der Kirche« gedacht werden –, widerrufe, könnten die anderen Texte gerettet werden. Sollte Luther in diesem Bereich Zugeständnisse machen, dann schien es denkbar, daß man sich auf politischem Feld mit ihm einigte, dann wäre es möglich, die ständische Position der *Gravamina* mit dem antikurialen und antirömischen Kampf Luthers in gewisse Dekkung zu bringen. Das lag auch ganz im Interesse der Reichsstädte, die jetzt stärker denn je um ihr politisches Mitspracherecht rangen – Luther hätte in vielfacher Hinsicht eine Stärkung des ständischen und städtischen Interesses, die inneren Angelegenheiten des Reiches zu dominieren, bewirkt.

Die Sorge der Stände um die Einheit der Kirche, die Rettung des ungenähten Rockes Christi, ist begründet und ehrlich. Sie dringen geduldig in Luther, auch unter dem politischen Aspekt sein Gewissen zu befragen und nicht zu vergessen, was er der brüderlichen Liebe schuldig sei. Der Erzbischof von Trier spricht lange unter vier Augen mit ihm. Doch so sehr Luther die Argumente zusetzen, so fest bleibt er auch; nicht aus Starrsinn oder Trotz – er betont selbst, daß die Heilige Schrift den Eigensinn verboten hätte –, sondern weil er wirklich nicht anders kann, weil er sein Gewisen durch die Worte Gottes gefangen sieht *(»capta conscientia in verbis Dei«)*, wie er vor dem Reichstag bekannt hat, und er deshalb auf der Heiligen Schrift, auf seinem theologischen Schriftprinzip *sola scriptura* beharren muß. Die Wahrheit ist unteilbar: »Von der Heiligen Schrift kann ich nicht weichen, kann ich nichts hergeben. Sie ist nicht mein, sondern unseres Herrgotts!« Luthers Unbeugsamkeit ist beachtlich, doch auch die hartnäckigen Versuche der Stände sind nicht nur wegen ihrer Hoffnungen bemerkenswert, sondern auch wegen der hohen Einschätzung, die dem Wittenberger Mönch hier zuteil und in dem Ringen der Stände mit ihm und um ihn deutlich wird.

Am 26. April reist Luther aus Worms ab.

Das heidnische, tyrannische, neronische Edikt

Die Dämmerung drängt Schatten in die Täler, verschleiert die Konturen der Bäume, läßt die Entfernungen und den Weg verschwimmen, der sich durch das Gehölz und den düsteren Wald windet. Das Holpern der Wagenräder wird plötzlich von klappernden Hufen und Waffengeklirr übertönt. Der Fuhrmann reißt die Zügel an, ein Haufen Reiter umstellt den Wagen, der Augustinerbruder Pezensteiner kann abspringen und in den Wald fliehen. Luther wird vom Wagen gehoben und fortgebracht, während Nikolaus von Amsdorf den Räubern wüste Schimpfworte hinterdreinschickt.

Kurz vor Mitternacht nähern sich die Reiter Eisenach, sie liefern ihren Gefangenen auf der Wartburg ab. Der Überfall ist perfekt, wie geplant, abgelaufen – ganz so, wie er perfekt geplant worden ist. Noch vor der Abreise von Worms hatten die Räte am sächsischen Hof beschlossen, Luther bis auf weiteres der Öffentlichkeit zu entziehen, ihn auf der Rückreise nach Wittenberg »auszuheben«. In die Details wurde der Kurfürst genausowenig eingeweiht wie sein Bruder, Herzog Johann. Die Herren sollten die Möglichkeit behalten, reinen Gewissens beteuern und notfalls beeiden zu können, nicht zu wissen, was mit Luther geschehen sei. Hieronymus Aleander hatte schon ein untrügliches Gespür für die besondere Art höherer Durchtriebenheit des Kurfürsten, des »fetten Murmeltiers mit dem schiefen Blick«, des »sächsischen Drachens«, der da »so frech sein Haupt erhebt«, wie er in Worms beklagte.

Luther und Nikolaus von Amsdorf waren über die Einzelheiten informiert worden. Der kaiserliche Herold Kaspar Sturm wurde vorzeitig, schon im hessischen Friedberg, aus der Begleitung entlassen und zurückgeschickt. In Frankfurt schrieb Luther seinem Freund Lucas Cranach: »Ich laß mich eintun und verbergen, weiß aber selbst noch nicht, wo. Und obwohl ich viel lieber von den Tyrannen den Tod erlitten hätte, darf ich doch den Rat guter Leute nicht verachten.« Das Verschwinden Luthers ließ die wildesten Gerüchte wuchern. Viele in Deutschland glaubten an einen Meuchelmord, andere berichteten, er sei von Sickingen und seinen Freunden entführt worden und bereite einen allgemeinen Aufstand vor. Eine solche Vermutung war keine Phantasterei, sie hatte solide Gründe für sich. Erzbischof Albrecht von Mainz konnte in dem Schreiben eines seiner Vertrauten lesen: »Luther haben wir, so wie wir es wollten, verloren. Aber das Volk ist darüber so erregt, daß ich vermute, wir werden kaum unser Leben retten, wenn wir ihn nicht mit angezündeten Laternen überall suchen und zurückrufen.« Aleander, dem man kurze Zeit die Verantwortung für die mutmaßliche Ermordung Luthers zuschob und der deshalb wieder einmal »in der größten Gefahr schwebte«, kam der Wahrheit am nächsten, als er nach Rom schrieb: »Ich glaube, Luther wird in Wittenberg oder mit Vorwissen des Kurfürsten auf der Burg eines seiner adligen Anhänger bleiben.«

Der Schachzug des kursächsischen Hofes, Luther, den Stein des Anstoßes, einige Zeit aus dem Weg zu nehmen, der allgemeinen Sicht zu entziehen, war gut durchdacht. Die Haltung des Kaisers hatte sich durch das Auftreten Luthers in Worms vollständig verhärtet. Die weitere Behandlung dieses Ketzers war nach Abschluß des Reichstages nicht mehr von so vielen, unvermeidlichen Rücksichten abhängig wie zuvor. Von dem Auftritt Luthers war der junge Herrscher immerhin stark genug bewegt worden, um sich zu der ersten ganz persönlichen Stellungnahme seines Lebens gedrängt zu fühlen. Aleander berichtet einige Tage später, der Kaiser hätte »in großer Erregung, indem er die Hand aufs Herz legte, zu seinem Beichtvater Glapion gesagt: ›Ich verspreche euch: wenn erst das neue Mandat zustande gekommen und veröffentlicht ist, dann lasse ich den ersten, bei dem eine Schrift oder ein Bildnis Luthers gefunden wird, an diesem Fenster – an das sich der Kaiser in diesem Augenblick anlehnte – aufhängen!‹«

Unmittelbar nach dem zweiten Auftritt Luthers in Worms schrieb Karl V. in Französisch eine Erklärung nieder. Am Morgen des 19. April 1521 bat er die Reichsstände zu sich. Karl V. wollte die reichsrechtlichen Folgerungen durchsprechen, die sich aus dem Auftreten und der Widerrufsverweigerung Luthers ergaben. Die Stände erbaten einige Bedenkzeit. Karl V. war einverstanden, nahm ein beschriebenes Blatt in die Hand und sagte: »Ich will Euch aber auch meine eigene Meinung vortragen. Ich habe nachgedacht und überlegt, und dann habe ich es so niedergeschrieben. Es ist in Französisch, doch ich lasse es Euch ebenso auf Deutsch vorlesen: Ihr wißt, ich stamme von den allerchristlichsten Kaisern der edlen deutschen Nation ab, von den katholischen Königen Spaniens, den Erzherzögen Österreichs, den Herzögen von Burgund, die alle bis zum Tode getreue Söhne der römischen Kirche gewesen sind, immer Verteidiger des katholischen Glaubens, der geheiligten Bräuche, Dekrete und Gewohnheiten des Gottesdienstes und die mir das alles nach ihrem Tode als Vermächtnis hinterlassen haben und nach deren Beispiel ich auch bis heute gelebt habe. Aus diesem Grunde bin ich entschlossen, an allem festzuhalten, was meine Vorgänger sowohl auf dem Konstanzer Konzil, als auch auf anderen verordnet haben. Denn es ist sicher, daß ein einzelner Bruder irrt, wenn er mit seiner Meinung gegen die Meinung der ganzen Christenheit steht, da sonst die Christenheit mehr als tausend Jahre bis heute geirrt haben müßte. Deshalb bin ich entschlossen, in dieser Sache meine Königreiche und Herrschaften, Freunde, Leib und Blut, Leben und Seele einzusetzen. Denn das wäre eine Schande für uns und für Euch, Ihr Glieder der edlen, gerühmten deutschen Nation, wenn in unserer Zeit durch unsere Nachlässigkeit auch nur ein Schein der Häresie und eine Minderung der christlichen Religion in die Herzen der Menschen einzöge, zu unserer und unserer Nachfolger ewigen Unehre. Nachdem wir gestern hier die hartnäckige Antwort Luthers gehört haben, erkläre ich Euch, daß ich es bedaure, so lange gezögert zu haben, gegen ihn und seine falsche Lehre vorzugehen. Ich werde ihn nie wieder hören; er soll sofort entsprechend seinem Geleit zurückgeführt werden: doch ohne zu predigen, ohne das Volk in seiner schlechten Lehre zu unterweisen und ohne es darauf anzulegen, daß eine Volksbewegung ausbreche. Ich werde ihn aber als einen notorischen Ketzer betrachten und so gegen ihn vorgehen. Euch aber ersuche ich, daß Ihr Euch in dieser Sache als gute Christen zeigt, wie Ihr es zu tun gehalten seid und wie Ihr es versprochen habt.«

Aleander berichtet, daß »viele der Fürsten bleich wie der Tod« wurden. Das Bekenntnis des Kaisers umreißt in aller Härte und Bestimmtheit jene Position, die Luther in Zukunft neben der Papstkirche als politischen Feind berücksichtigen muß. Er hat mit dem Kaiser nicht nur den stärksten, den unbedingtesten Vertreter der römischen Kirche im deutschen Reich gegen sich, er hat mit Karl V. auch die weltliche Obrigkeit gegen sich, der gegenüber jeder Christ – wie Luther so häufig und scheinbar ohne den Schatten eines Zweifels betont hat – absoluten Gehorsam leisten muß.

Nuntius Aleander erhielt den Auftrag, das Edikt gegen Luther zu entwerfen. Am 8. Mai lag der Schriftsatz vor. Der Kaiser entschloß sich, erst nach Schluß des Reichstages am 25. Mai den Text vortragen zu lassen. Er unterzeichnete das Edikt, in dem die Reichsacht über Luther verhängt wurde, am darauffolgenden Tag. Die meisten Fürsten waren bereits abgereist, der Kaiser hatte von den Ständen die gewünschte Truppenunterstützung für den geplanten Romzug erreicht, die Lutherangelegenheit war damit frei von allen Möglichkeiten, noch als Druckmittel benützt zu werden. Obwohl das »Wormser Edikt« erst am 26. Mai publiziert wurde, blieb als Datum des Erlasses der

8. Mai stehen. Das Edikt wurde nicht in den Reichstagsabschied aufgenommen – ein korrektes Verfahren, weil die *Causa Lutheri* kein ordentliches Beratungsobjekt gewesen war.

Der lange Text dieses »tyrannischen, beinahe heidnischen und neronischen Edikts«, wie es Luther nennt, trägt deutlich die Handschrift Aleanders, zumal in den wichtigsten Partien: »Wenn wir, Karl V. von Gottes Gnaden erwählter Römischer Kaiser, die Ketzereien, die innerhalb dieser Jahre in der deutschen Nation entsprungen sind und die vormals durch die heiligen Konzilien und die Satzungen der Päpste mit Einwilligung der Kirche wahrlich verdammt und jetzt von neuem aus der Hölle herausgezogen worden sind, tiefer einwurzeln lassen und durch unsere Versäumnisse verhängen und dulden, so würde unser Gewissen merklich beschwert und unseres Namens ewige Glorie im glückseligen Eingang unserer Regierung mit einem dunklen Nebel umfangen.

Da niemandem unbekannt geblieben ist, wie weit die Irrungen und Ketzereien eines Mannes, genannt Martin Luther, Augustinerordens, vom christlichen Weg abweichen, und die er in der christlichen Religion und Ordnung der durchlauchtigsten deutschen Nation einzuführen und sie dadurch zu beflecken sich untersteht, ist unser Heiliger Vater, Papst Leo X., dazu bewegt worden, denselben Luther anfangs väterlich und milde zu warnen und zu ermahnen, von diesen bösen Anfängen abzustehen und die ausgebreiteten Irrtümer zu widerrufen. Als er das unterlassen und dazu noch obendrein je länger je Böseres geübt hat, hat Seine Heiligkeit alle seine Schriften als schädlich verdammt und daneben denselben Luther als einen Sohn der Ungehorsamkeit und Bosheit und als einen Zertrenner und Ketzer gebannt. Trotzdem hat sich Martin Luther nicht gebessert, sondern ist durch viele Bücher wie ein Wütender in eine offenbare Unterdrückung der heiligen Kirche verfallen, durch Wiederholung alter und Behauptung neuer Ketzereien und Gotteslästerungen. So untersteht er sich auch, die weltlichen Laienpersonen zu bewegen, ihre Hände im Blut der Priester zu waschen und bezeichnet den obersten Priester unseres christlichen Glaubens, den Nachfolger des Heiligen Petrus mit verleumderischen und schändlichen Worten und verfolgt ihn mit vielen unerhörten Fehdeschriften und Schmähungen. Insbesondere verachtet er auch die Autoritäten der heiligen Väter und nimmt Gehorsam und Regierung gänzlich hinweg. Alles, was er schreibt, gereicht und dient zu Aufruhr, Zertrennung, Krieg, Totschlag, Räuberei und Brand und völligem Abfall vom christlichen Glauben.

So wie er ein freies, eigenwilliges Leben lehrt, das von allem Gesetz ausgeschlossen und ganz viehisch ist, so ist er selbst ein freier, eigenwilliger Mensch, der alle Gesetze verdammt und unterdrückt – so wie er kein Entsetzen und keine Scheu davor gehabt hat, die päpstlichen Dekrete und geistlichen Gesetze öffentlich zu verbrennen. Wenn er das weltliche Schwert nicht mehr gefürchtet hätte als den Bann des Papstes, so hätte er dem weltlichen Recht noch viel Übleres angetan. So hat dieser einzige – nicht ein Mensch, sondern der böse Feind in Gestalt eines Menschen mit angenommener Mönchskutte, die höchst verdammten Ketzereien vieler Ketzer in eine stinkende Pfütze gesammelt und selbst neue dazu erdacht, unter dem Anschein, als predige er den Glauben.

So haben wir zu ewigem Gedächtnis dieses Handels, zur Vollstreckung des Dekrets, der Sentenz und Verdammung laut der Bulle unseres Heiligen Vaters Papst den gedachten Martin Luther als ein von Gottes Kirche abgesondertes Glied und einen verstockten Zertrenner und offenkundigen Ketzer zu halten erkannt und erklärt. Und gebieten bei unserer und des Reiches Acht und Aberacht, daß ihr sämtlich den Martin Luther nicht hauset, hofet, ätzet, tränket, noch ihm mit Worten oder Werken heimlich oder öffentlich keinerlei Hilfe, Anhang, Beistand noch Vorschub beweiset . . .«

Die Acht und Aberacht gilt auch für seine »Mitverwandten, Anhänger, Enthalter, Fürschieber, Gönner und Nachfolger«; sämtliche Schriften Luthers sind ohne Ausnahme zu verbrennen, außerdem darf in Zukunft kein einziges Druckwerk ohne eine behördliche Erlaubnis erscheinen. »Danach«, so endet das Edikt, »wisse sich jedermann zu richten.«

Am 29. Mai 1521 werden in Worms die Schriften Luthers öffentlich verbrannt. Die Kirche hatte einen Sieg errungen, zumindest einen Etappensieg. In einer Flugschrift der Zeit heißt es dagegen: »Es ist ein blutdürstig wälsches Süpplein, uns Deutschen zugerichtet. Gott gebe, daß es ihnen nicht gelinge.«

Junker Jörg

In den folgenden Monaten wäre es für Friedrich den Weisen nicht möglich gewesen, Luther wie bisher in Wittenberg lehren zu lassen. Luther hatte sich keinen Augenblick gegen den Plan des Untertauchens gesperrt. In den ersten Tagen atmet er auf der Wartburg tief durch:

»Ist hier nicht das Wort des Moses erfüllt: Ihr werdet stille sein und der Herr wird für euch streiten?« Dann aber fällt ihn die Ungeduld an, die Unfähigkeit setzt ihm zu, mit der erzwungenen Einsamkeit fertig zu werden. Er hätte jetzt unter geradezu idealen Bedingungen jene Abgeschiedenheit und Ruhe gehabt, die er so oft, vorgeblich, als sein wahres Lebenselement gerühmt hatte. Die Burg besaß schon damals eine einzigartige mythische Würde, hier war es vor dem Landgrafen Hermann von Thüringen zu dem sagenhaften Sängerkrieg zwischen Heinrich von Ofterdingen, Walther von der Vogelweide, Wolfram von Eschenbach und Reinmar von Zweter gekommen. Auf der Wartburg hatte die Landgräfin Elisabeth gelebt, die Heilige, die als *»soror in saeculo«* den Armen der Welt diente, die Patronin des Deutschen Ordens. Die Wartburg wurde immer wieder als »Mittelpunkt des Reiches« gerühmt.

Luther befand sich hier als Gast des Schloßhauptmannes Hans von Berlepsch und des Ritters Sterbach. Als fremder Edelmann, als Ritter Georg oder Junker Jörg war er mit den Reisigen gekommen. Der Vollbart, den er sich wachsen lassen mußte, veränderte sein Gesicht bald vollständig, auch die große Tonsur, die »Platte«, verschwand, so daß er von der Wartburg aus gelegentlich Eisenach besuchen, Wanderungen unternehmen oder von den Herren auf die Jagd mitgenommen werden konnte. In seiner Begleitung befand sich immer ein bewaffneter Knecht, der über jeden seiner Schritte wachte. Das Inkognito Luthers blieb lange Zeit gewahrt. Erst nach Monaten sickerte die Wahrheit durch, nicht zuletzt durch Luther selbst, der sich mit der erzwungenen Abgeschiedenheit überhaupt nicht abfinden konnte. Schon nach einer Woche schrieb er: »Ich bin ein wunderlicher Gefangener, denn mit Willen und wider Willen sitze ich hier: mit Willen, weil's der Herr so will – wider Willen, weil ich lieber öffentlich für das Wort eintreten möchte; aber ich bin's nicht wert gewesen.«

An den Jagdausflügen, dieser »wichtigen Verrichtung müßiger Leute«, liegt ihm nichts. Über die äußeren Bedingungen kann er sich zwar nicht im geringsten beklagen, trotzdem schwingt durch alle seine Briefe ein bitterer Unmut über sein »Patmos« hoch auf dem Berg über Eisenach, wo er seine Tage zubringen muß »in der Region der Luft und im Land der Vögel« – ein bemerkenswerter Vergleich mit der kleinen griechischen Insel, auf welcher der Evangelist Johannes als Verbannter gelebt und hier seine Apokalypse, die »Offenbarung« geschrieben haben soll: »Ich, Johannes, der auch euer Bruder und Mitgenosse in der Trübsal ist und im Reiche und in der Geduld Christi, war um des

Wortes Gottes und des Zeugnisses für Jesus willen auf der Insel, die Patmos heißt« (Off. 1,9).
Zehn Monate bleibt Luther auf der Wartburg, und es ist für ihn persönlich sicherlich eine der unglücklichsten Zeiten seines Lebens gewesen. Am meisten setzen ihm nicht die erzwungene Abgeschiedenheit und Stille zu, sondern die schweren Anfälle der altgewohnten *tentationes* und *tristitiae,* Depressionen bis an die Grenze des Zusammenbruchs. Luther stürzt in die schwersten Selbstzweifel seines Lebens. An Spalatin schreibt er: »Ich habe Haar und Bart wachsen lassen, so daß Ihr mich schwerlich erkennen könntet, weil ich mich selber schon lange nicht mehr kenne.« Er verfällt durch die erzwungene Regelmäßigkeit des täglichen Lebens, teils aber auch durch kompensatorisches Ausweichen einem übermäßigen Essen und Trinken. Bier und Wein hat er zeitlebens geliebt, doch unmäßig wurde er nur in Ausnahmefällen. Auf der Wartburg nimmt Luther rapide an Gewicht zu, die harten Gesichtszüge des Mönches verschwinden, sein Körper zeigt zum erstenmal jenen Hang zur Aufschwemmung, die für den älteren Luther typisch ist. In Worms fiel allen die asketische Hagerkeit Luthers auf. Als er von der Wartburg kommt, notiert ein Student, Luther würde sich beim Gehen »mehr nach hinten denn nach vorn neigen«; der Grund war ersichtlich, denn »Martinus ist von einer natürlichen, ziemlichen Feiste«.
Das widerwärtige Gefühl der quälenden Völle wird auf der Wartburg eine Dauerempfindung, es wird noch gesteigert durch Verdauungsbeschwerden, die Luther derart zusetzen, daß die Ungeniertheit, mit der er davon berichtet, wie eine unentbehrliche seelische Entlastung erscheint: »Gott hat mich im Hintern geschlagen mit großer Pein. Der Stuhlgang ist so hart, daß ich ihn mit großem Schweiß und Mühe auspressen muß. Gestern habe ich, nach vier Tagen, mich nur einmal entledigt. Deshalb habe ich auch die ganze Nacht nicht geschlafen und genieße auch jetzt keine Ruhe. Betet für mich, denn dieses Übel wird unerträglich, wenn es wie bisher zunimmt.«

Die tausend Teufel des Fleisches

Die größte Pein verursachen ihm jedoch die erzwungenen Abstinenzen, deren Beschwernisse ihn auf der Wartburg plötzlich mit einer Wucht überfallen, die ihm bis dahin unbekannt geblieben ist und die Luther das mönchische Leben endgültig in ein verabscheuungswürdiges Dasein, in das »selbstmörderische Zölibat« verwandeln. Auf der Wartburg, jedem Zugriff seiner Feinde entzogen, frei von allen nach außen gerichteten Betätigungen, frei auch von allen Ablenkungen durch Freunde steht Luther seine fürchterlichsten Kämpfe durch: nicht gegen seine Antriebe, gegen die Gewalten seines Körpers und seiner Konstitution, sondern – wie er immer wieder beteuert – gegen den Satan und niemand anderen. Er kann es gar nicht anders sehen, deuten und formulieren: als Zumutungen des Satans höchstpersönlich. Im Teufel nimmt alles das eine reale Gestalt an, was er als absurde Widersprüche empfindet, unter denen er genauso maßlos leidet, wie seine Wutanfälle, seine Zornesausbrüche, seine Invektiven, sein ganzer Kampf gegen die Kirche maßlos ist. Welch ein Widerspruch zwischen der Lage in Deutschland einerseits, in der alles nur darauf zu warten scheint, daß Luther die Revolution, die er begonnen hat, in die Öffentlichkeit trägt, nachdem ihm die Öffentlichkeit bereits geantwortet hat – und diese völlige Abgeschiedenheit andererseits auf der Wartburg, die ihm gerade das nicht ermöglicht, wonach alles in ihm nur so fiebert: das Handeln. Und ebenso: Welch ein Widerspruch zwischen der körperlichen Not, die den Mann Luther jetzt überwältigt, und der Unfähigkeit, des sexuellen Ansturms Herr zu werden. Später, lange nach seiner Heirat, stellt Luther ohne Scheu im Kreis seiner Tischgenossen fest, er hätte seine triumphalsten Siege gegen den Teufel errungen »in meinem Bette, an meiner Käthen Seiten«.

Auf der Wartburg steht er dem Satan allein gegenüber, und es häufen sich die Niederlagen. Die Klagen in seinen Briefen reißen nicht ab: »Ich sitze hier den ganzen Tag müßig und schwermütig und fülle mir den Leib«, so schreibt er an Spalatin. »Ich brenne durch das große Feuer meines ungezähmten Fleisches. Ich, der ich brünstig sein sollte im Geist, bin brünstig im Fleisch, Geilheit, Faulheit, Müßiggang und Schlafsucht. Ich weiß nicht«, so fragt er Melanchthon, »ob Gott sich von mir gewandt hat, weil Ihr nicht für mich betet. Es sind nun acht Tage, daß ich nichts schreibe und nicht bete, auch nicht studiere, sondern teils von Versuchungen des Fleisches, teils durch anderen Verdruß geplagt bin. Ich kann das Übel weiter nicht ertragen und wollte lieber zehn große Wunden ausstehen als das, was man für eine kleine Not erachtet . . . Lieber, betet alle für mich, denn ich werde in Sünden versenkt in dieser Einsamkeit.« Die Briefe unterzeichnet er oft mit der Wendung: »Aus meiner Wüste.« In dem Schreiben an einen Freund in Straßburg hören sich zwei Zeilen wie ein Ächzen an: »Glaubt, daß ich in dieser müßigen Einsamkeit tausend Teufeln vorgeworfen bin. Ich falle oft, aber die rechte Hand des Herrn richtet mich wieder auf.«

So findet er nun die grausamsten Worte gegen das Keuschheitsgelübde, gegen den »so unreinen und verdammten Stand der Ehelosigkeit. So viel Schreckliches tritt mir täglich in dem elenden Zölibat der jungen Männer und Frauen entgegen, daß meinen Ohren nichts widerwärtiger ist als der Name Nonne, Mönch und Priester.« Luther beginnt im November an seiner Schrift »Über die Klostergelübde« zu arbeiten, sie wird noch im gleichen Monat abgeschlossen. Er leitet das Buch mit einem Vorwort in Form eines Briefes an seinen Vater ein, in dem er offen gesteht, daß Keuschheit ein Vorhaben sei, das sich nicht erfüllen lasse; deshalb solle man es nicht auf sich nehmen, sonst werde der ganze Mensch vergiftet. Es gebe nur eine Lösung: Heirat. Später folgen die Traktate »Welche Personen verboten sind zu ehelichen« und »Vom ehelichen Leben«.

Die Feststellung wäre zu knapp, daß Luther gerade hier die Bibel dazu benützt, um etwas zu beweisen, was keines Beweises bedarf. Schon in der »Babylonischen Gefangenschaft der Kirche« hatte er mit schweren Hieben gegen die Institution der Ehe, so wie er sie vorfand, gefochten. Ehehindernisse wollte er fast alle beseitigt sehen; statt für Scheidungen, sprach er sich für Bigamie aus, außerdem diskutierte er offen die Frage, ob nicht Mann oder Frau, sofern sich der angetraute Gatte als impotent erweise, das Recht hätten, sich mit jemand anderem zu trösten. Im Sendbrief an den »Christlichen Adel deutscher Nation« war zu lesen: »Es kann nicht jeder Pfarrer ein Weib entbehren, schon wegen des Haushalts. Wenn ihm also der Papst erlaubt, ein Weib zu halten, was ist das anderes, als Stroh und Feuer zusammenzulegen und zu verbieten, daß es weder rauchen noch brennen soll? Der Papst hat nicht die Macht, derartiges zu verbieten, so wenig wie er die Macht hat, Essen und Trinken und feist werden zu verbieten.« Auf der Wartburg gibt er ganz offen und frei den Rat: »Lieber Knabe, schäme du dich nicht, daß du ein Mägdlein begehrst und das Mägdlein einen Knaben! Verleugne du nur nicht, daß du ein Mensch bist, der Fleisch und Blut hat.« Luther sieht sich aber genötigt, eindeutige Schriftbelege für seine neue Sicht zu finden. Im August 1521 schreibt er an Spalatin: »Auch ich möchte, daß die Ehelosigkeit freigestellt würde, wie das Evangelium will; aber ich weiß noch nicht recht, wie ich dies beweisen soll.«

Wie der Beweis dann aussieht, berichtet er einige Wochen darauf Melanchthon: »Wer mit einer Gesinnung, die der evangelischen Freiheit entgegengesetzt ist, das Klostergelübde abgelegt hat, der muß davon befreit werden, und seinem Gelübde sei Anathem! Dazu gehört jeder, der sein Gelübde getan hat, um das Heil oder die Gerechtigkeit zu suchen. Da die meisten der Gelobenden mit dieser Gesinnung gelobt haben, so ist klar, daß ihre Gelübde gottlos, sakrilegisch, dem Evangelium zuwider und deshalb aufzulösen und mit dem Fluch zu belegen sind.« Auch die Beziehung zwischen Mann und Frau hatte im Zeichen der »evangelischen Freiheit« zu stehen. Für Luther besaß nur diese Antwort die unerläßliche religiöse Würde.

Um Wittenberg mußte sich Luther zunächst keine Sorgen machen. Seit der Bulle des Papstes hatten die offenen Bekenntnisse zu Luther und seiner Lehre von den Kanzeln herab zugenommen: Johannes Lang in Erfurt, ebenso Langs Schüler Eoban Hesse; in Wittenberg selbst waren Melanchthon, Johannes Bugenhagen – Pfarrer an der Stadtkirche –, Justus Jonas und Luthers Schüler Johann Agricola, der an der Leipziger Disputation teilgenommen hatte, Garanten dafür, daß sich nichts gegen die Intentionen Luthers veränderte. Justus Jonas arbeitete als Probst des Wittenberger Allerheiligenstifts und hielt Vorlesungen an der Universität. Die Katechismuspredigt, die Luther besonders am Herzen lag, hatte Agricola übernommen. Von seinen Freunden und seiner Gemeinde, dem »armen Häuflein Christi zu Wittenberg«, litt Melanchthon am meisten unter der Abwesenheit Luthers. Im Herbst brachte er den Stoßseufzer zu Papier: »Noch immer ist unser Elias weg von uns. Wir harren und hoffen auf ihn, mich quält täglich das Verlangen nach ihm.«

Revolution oder Reform?

Die Ruhelosigkeit und der Unwille Luthers über die erzwungene Kavaliershaft war zu groß, als daß er sich geruhsamen, ausführlichen Bestandsaufnahmen hätte hingeben können. Trotzdem erscheint das Jahr auf der Wartburg, dem welthistorischen Moment seines Auftritts in Worms unmittelbar anschließend, fast wie ein organischer Einschnitt, wie ein großes Atemholen nicht nur seit dem Thesenjahr 1517, sondern auch als Abschluß seiner eineinhalb Jahrzehnte im Kloster. Die plötzliche Stille, der Luther ausgeliefert ist, korrespondiert mit dem raschen Absinken der Spannung, die gewöhnlich jeder gewaltsamen Leistung folgt. Spürte Luther nicht in der Burgstube auf dem Felsen über Eisenach, daß er sich in den letzten Jahren seiner selbst nicht ganz bewußt gewesen war, weil er sich außerhalb liegenden Dingen überantwortet hatte? Er spürte es, und doch bäumte er sich dagegen auf, saß und starrte ins Leere, hörte die Flügelschläge der Vögel um den Turm der Burg, das Rauschen des Windes, er ließ sich richtungslos durch die Wüste seiner resignierten Gedanken treiben. Die Zeit nötigte aber schließlich auch ihn zu dem, wozu jedes Exil in jeder Zeit immer geeignet ist: zur Reflexion der eigenen Lage.

Worms konnte und mußte Luther als eine jener extremen Situationen erscheinen, in der er gezwungen war, sein Leben zu riskieren, damit das Leben nicht seinen Sinn verlor. Der Umstand, daß er sich Kaiser und Reich gestellt hatte, steigerte das Gewicht der Sache, die er vertrat. Das hatte auch dem Reichstag selbst, der für das künftige Verhältnis von Kaiser und Reich von so hoher Bedeutung war, den Rang als politisches und öffentliches Schauspiel abgelaufen.

Die Dimension des ganzen Geschehens hatte Luther richtig erfaßt, deshalb erschien ihm sein Auftritt im Rückblick völlig ungenügend. Er bedauerte, ja schämte sich, daß er in Worms nicht beherzter, nicht entschiedener gesprochen hatte. Wenn er noch einmal auftreten könnte, dann würde man ganz andere Dinge von ihm zu hören bekommen: »Ich wünsche nichts sehnlicher, als der Wut der Gegner den Nacken offen darzubieten. Wer nicht rüffelt, nicht beißt und beleidigt, der richtet nichts aus. Wenn einer die Päpste in rücksichtsvollem Ton ermahnt, so halten sie das für eine Schmeichelei und glauben, ein Recht darauf zu haben, sich nicht zu bessern. Aber Jeremias fordert mich auf und sagt mir: ›Verflucht sei, wer das Werk des Herrn lässig ausführt‹ (48,10). Er will Werke des Schwertes gegen die Feinde Gottes.«

So mußte Luther sein Entweichen auf die Wartburg wie eine Flucht erscheinen – und allein die Tatsache der Flucht bewirkt eine Minderung der Würde. Wußte aber Luther nicht auch andererseits, daß, als er in Worms jubelnd in die Herberge gestürmt war, von nun an sein Leben für die neue Lehre machtvoller sein würde als jede Gewalt, die ihn zerstören wollte? Erschien ihm deshalb die Wartburg als ein schnöder Winkelzug, der die Unmittelbarkeit seiner Revolution zu brechen drohte? »Ich möchte lieber für den Ruhm des Wortes Gottes auf glühenden Kohlen brennen als hier so allein, so halblebendig verfaulen« – den zweiten Teil seines Vergleichssatzes wird man als bare Münze nehmen dürfen.

Die Wartburg wurde auf diese Weise zur Gelegenheit, sich nochmals über die Natur und über sämtliche Konsequenzen seiner Lehre klarzuwerden, einzusehen, daß er tatsächlich nichts weniger ausgelöst hatte als eine Revolution. Von Papst und Kaiser war er als ein Zerstörer in Acht und Bann getan. Hatte er dies nicht selbst herausgefordert, willentlich, mit einem untrüglich sicheren Bewußtsein von dem abgründigen Dissens zwischen ihm und der amtierenden Kirche und seiner gänzlichen Unüberbrückbarkeit? Konnte Luther erwarten, daß man ihm anders erwidern und entgegentreten würde, als er es selbst mit seinen Herausforderungen provozierte? Hatte Rom nicht wirklich ungewöhnlichen Langmut gezeigt? Wenn Luther ernsthaft gewollt hätte, wäre es ihm möglich gewesen, rechtzeitig umzukehren. Doch er hatte ebenso gewußt, wann er den Punkt überschritt, von dem ab es schwerer war, umzukehren als weiterzugehen.

Hatte er nicht unentwegt zur Gewalt gerufen, dazu angestachelt, sie herbeigewünscht, zu wiederholten Malen und mit Sätzen, von denen er wußte – und nicht ohne offene Freude wußte –, daß sie Aufruhr bringen mußten? Hatte er das nicht beabsichtigt? Oder geschah es nur im Eifer des Kampfes, in einer verständlichen Trübung der Übersicht und der Klarheit der Sinne? War es nicht eines Revolutionärs geziemend, als er den Bischöfen und Priestern bescheinigt hatte: »Was verdienen sie Besseres als einen großen Aufstand, der sie von der Erde fegt? Und wenn es geschähe, so würden wir lachen!« In seiner Schrift »Von den neuen Eckischen Bullen und Lügen«, die er im Herbst 1520 drucken ließ, hatte er fast jubilierend geschrieben: »Geht aber Gewalt vor, so walt es Gott, ich will es fröhlich wagen im Namen unseres Herrn Jesu Christi.« Daß seine Lehre sich überhaupt nur mit Gewalt würde durchsetzen können, ahnte er schon erheblich früher. In einem Brief an Staupitz vom 1. September 1518 hatte es Luther fast ungewohnt kühl formuliert: »Es ist wie im Leib der Rebekka; die Kindlein müssen sich darin stoßen, und wenn es um das Leben der Mutter gehen sollte.«

Wenn Luther zum Sturm gegen das Papsttum blies, so hätte es scheinen können, als ginge es ihm nur um den Kampf gegen eine irdisch gewordene Kirche. Er unterstützte kräftig diese Meinung, obgleich ihm deutlich war, wie wenig sich sein Gegensatz zwischen unsichtbarer Kirche der Gläubigen und sichtbar organisierter Papstkirche in der Wirklichkeit halten ließ. War denn alles das, was er an der römischen Kirche beanstandete und herabriß – die Zeremonien, Wallfahrten, stillen Messen, Ablässe, Heiligenverehrung, der Fiskalismus und der Pomp –, identisch mit dem Wesen und der Substanz der Kirche? Bestand nicht eines der großen, zeitenthobenen Geheimnisse der katholischen Kirche darin, daß sich ihre theologisch-geistliche Macht vor allem auch und insbesondere in der Fülle ihrer weltlichen Macht verkörperte? Luther bewies in seiner Kritik eine ungewöhnliche Klarheit sowohl der theologischen als auch der politischen Sicht – die freilich nicht zuletzt deshalb so nachdenklich und betroffen stimmt, weil er dabei auch schon die entscheidenden Argumente gegen seine eigene Lehre formulierte, die sich bald vor dem Hintergrund der neuen evangelischen Landeskirchen unter dem Schild der deutschen Territorialherren prüfen lassen mußten.

Wenn Luther die theoretisch-theologische Rechtmäßigkeit des Zusammenhanges von geistlicher und weltlicher Macht in der Papstkirche bestritt, rebellierte er jedenfalls gegen eine Form der weltlichen Obrigkeit: gegen das Kirchenrecht, gegen die »Erfindung« der voneinander getrennten geistlichen und weltlichen Stände, gegen den ungeheuren weltlichen Besitz der Kirche, aufgrund dessen politische Herrschaft unumgänglich war. Luther hatte sich mit allen Mitteln des Überredens und Anklagens um Unterstützung jener anderen weltlichen Obrigkeiten bemüht, welche die Herrscher und Fürsten darstellten. Es blieb ihm selbstverständlich nicht verborgen, daß damit seine Lehre auch in höchstem Maß politisch wurde. Das Argument, dies sei unausweichlich, weil auch die römische Kirche in höchstem Maß politisch sei, ändert nichts an der Tatsache selbst.

Damit war für die Revolution Luthers von Anfang an die Richtung in die Öffentlichkeit, zur Nation festgelegt. Es gehört deshalb zu ihrer Eigenart, daß ihre wesentlichen Etappen durchweg auch in der Öffentlichkeit stattfinden und die Öffentlichkeit dadurch verändern. Die revolutionäre Wandlung wiederum zwingt Luther zu immer neuen Formen des verbalen Ungestüms. Sie treiben die Entwicklung voran. In dieser Heftigkeit des Aufbegehrens äußert sich, insbesondere in den Aufbruchsjahren, nur zum Teil seine persönliche Not; weit stärker noch äußert sich sein Wille, auszuharren, durchzustehen, nicht nachzugeben. Kaum etwas ist so einprägsam, als wie er sich in einem Brief an Staupitz mit der Trennung von seinem Freund und Lehrer abfindet: »Nicht ungern höre ich, daß auch Du vom Löwen Leo angefallen wirst, damit auch Du das Kreuz, welches Du so gepriesen hast, der Welt zum Beispiel aufrichtest. Denn ich möchte nicht, daß jener Wolf mit Deiner Antwort zufrieden wäre, denn Du hast ihm mehr eingeräumt, als recht ist. Er wird das so auslegen, als ob Du mich und meine ganze Sache ganz und gar verleugnest, nachdem Du erklärt hast, Du würdest ihn als Richter annehmen. Wenn Dich also Christus

lieb hat, wird Leo X. Dich zum Widerruf dieses Schriftstücks nötigen, da er in dieser Bulle alles verdammt hat, was Du bisher von der Barmherzigkeit Gottes gelehrt und gehalten hast. Da Du das sehr wohl weißt, so scheinst Du mir nicht denjenigen, den Du mit feindlichem Wüten als einen Widersacher Christi gegen das Wort der Gnade toben siehst, ohne Beleidigung Christi als Richter anrufen zu können. Das hättest Du nämlich klar aussprechen und ihn wegen dieser Gottlosigkeit zur Rechenschaft ziehen müssen. Denn jetzt ist nicht Zeit, sich zu fürchten, sondern zu schreien, da unser Herr Jesus Christus verdammt, ausgezogen und gelästert wird. So sehr Du mich daher zur Demut ermahnst, so sehr ermahne ich Dich zu stolzem Selbstvertrauen. Du hast allzu viel Demut, ich habe allzu viel Stolz.
Aber die Sache steht ernst. Wir sehen Christus leiden. Wenn wir auch bisher schweigen und uns demütigen mußten – müssen wir dann nicht jetzt, da unser gnädigster Heiland, der sich für uns hingegeben hat, in der ganzen Welt zum Gespött gemacht wird – ich beschwöre Dich! – für ihn streiten? Wollen wir den Hals nicht hinhalten? Mein lieber Vater, die Gefahr ist größer, als so viele glauben. Hier fängt die Geltung des Evangeliums an: ›Jeder, der mich vor den Menschen bekennt, den werde auch ich vor meinem Vater im Himmel bekennen. Wer mich aber verleugnet, den werde ich auch verleugnen.‹ Ich mag gerne stolz, geizig, ehebrecherisch gefunden werden, auch als Mörder, Antipapist und aller Laster schuldig, wenn man mir nur kein gottloses Schweigen vorwerfen kann: durch mein Bekenntnis hoffe ich absolviert zu sein von allen meinen Sünden. Wenn Du mir nicht folgen willst, so laß mich doch gehen und gerissen werden! Ich werde diesem Ungeheuer durch die Gnade Christi seine Untaten schon offen darlegen! Aber Deine Unterwerfung hat mich nicht wenig betrübt und mir einen anderen gezeigt als Staupitz, den Verkünder der Gnade und des Kreuzes. Wenn Du so gehandelt hättest, ehe Du von dieser Bulle wußtest und der Schmach, die damit Christus angetan wurde, hättest Du mich nicht betrübt. Melanchthon grüßt Dich und wünscht Dir einen kühneren Geist. Leb wohl und bete für mich!«

Für die alte Kirche gibt es keine Zweifel, daß die Lehre Martin Luthers eine Revolution ist, aber durchaus in negativem Sinn des Wortes. Sein Rückgriff auf das Wort Gottes, die Exklusivität der Schriftautorität, nicht minder Luthers Anspruch, daß nur seine eigene Auslegung der Bibel das spezifisch Christliche und Wesentliche des Glaubens herauszuheben vermöge, kann sich noch innerhalb des Argumentationsgefü-

ges der theologisch unterschiedlichen Auffassungen bewegen. Die alte Kirche hat bibelexegetisch nicht weniger gute Argumente für sich, als Luthers Erklärungen für sich haben. Das Revolutionäre besteht darin, daß er aufgrund seines Schriftverständnisses die gesamte Kirche, die auf der Basis der Schrift genauso wie als Folge der historischen Voraussetzungen entstanden war, für null und nichtig erklärt. Was seit weit über hundert Jahren von allen einsichtigen Christen verlangt wurde, die »allgemeine Reformation der Kirche Gottes an Haupt und Gliedern«, das hat Luther niemals beabsichtigt.
Der Ruf nach einer solchen Reform war für ihn nur Vorwand und Hebel. Was er bestenfalls als ein Recht des Wortes *reformatio* hätte gelten lassen, lief auf die Enthauptung der römischen Kirche und das Abschlagen ihrer Glieder hinaus, also auf die Vernichtung der bestehenden Ordnung. Luthers Glaube versetzte nicht Berge, sondern trug die Kirche ab. Seine Revolution, die seit 1521 allmählich und folgerichtig zum Bett der landesfürstlichen Interessen wurde und sich unaufhaltsam verselbständigte, wurde erst sehr viel später, von seinen Nachfahren evangelisch gemildert, zu einer relativ sanften Reformation. Die nachmalige Gefolgschaft wollte in Luther nicht den Propheten, Evangelisten und Stifter einer neuen Religion, sie wollte einen Luther ohne Revolutions-Gelärm, den beispielhaften Christen ohne Aufruhr, den Hausvater und guten Geist jener Familie, die sich abends um den Tisch schart und andächtig, ergriffenen Herzens, dem Wort der Bibel lauscht.
Der Begriff Reformation als Benennung des Protestantismus liegt erst seit 1688 fest, als Veit Ludwig von Seckendorff – Staatswissenschaftler, Kanzler der Herzöge von Sachsen-Gotha und Sachsen-Zeitz sowie Gründungskanzler der Universität Halle – in seinem Werk *Commentarius historicus et apologeticus de Lutheranismo* die Religion des Lutheranismus gleichsetzte mit der *Reformatio religionis ductu D. Martini Lutheri*. Der Eifer, mit der die evangelischen Kirchen die Tat Luthers als Reformation, anstatt als Revolution charakterisierten, lebt im wesentlichen von dem Wunsch, die alte Kirche, die von Luther so sehr verabscheut wurde und von der sich die evangelischen Erzväter so mannhaft getrennt hatten, insgeheim behalten zu wollen – wenn schon nicht faktisch, so doch dem Anspruch nach, dessen Recht aus dem Schriftwort Gottes abgeleitet wurde. Tatsächlich aber ist die einzige Reformation, die im Christentum stattgefunden hat, vom Trienter Konzil 1545–1563 durchgeführt worden. Der tridentinische Katholizismus wurde zur klassischen Gestalt der »Reform an Haupt und Gliedern«, zu ihm gehört die militante Beschaffenheit in der

Zeit der Gegenreformation samt seinen Vorkämpfern, den Jesuiten. Dieser Oppositionsbegriff »Gegenreformation« ist genauso wie der Begriff der Reformation eine Prägung protestantischer Historiker des 18. Jahrhunderts. Die katholische Kirche dagegen akzeptiert ihn nicht als einen theologischen Leitbegriff, sondern beharrt darauf, diesen Prozeß als die »katholische Reform« zu charakterisieren. Unverfälscht revolutionär und begrifflich weit unbefangener war die Entscheidung der Freikirchen, die sich aus der lutherischen Lehre entwickelt hatten. Sie enthielten sich aller Versuchungen, die Kanten ihres Bibelverständnisses durch begriffliche Glättungen, auf die sich schon Melanchthon verstanden hatte, zu entschärfen.

Worin bestand Luthers vorgeblich beabsichtigte Erneuerung der Kirche? Im Unterschied zur Revolution lebt das Prinzip einer Reform von dem Willen, sämtliche geforderten Änderungen innerhalb des Rahmens des Bestehenden, also mit Rücksicht auf die nicht bestrittene Legalität der Ordnung, durchzuführen. Davon findet sich nichts bei Luther. Schon seine früheste Kritik zielt auf die Substanz der Kirche, auch wenn ihm das selbst nicht bewußt war. Vom Sockel seiner Theologie aus mußte er dem Herrschaftssystem des Papsttums das Existenzrecht bestreiten und war deshalb gezwungen, dieses System zu stürzen.

In den meisten Gebieten des Reiches ist ihm das auch gelungen. Die Durchsetzung und praktische Verwirklichung der lutherischen Lehre in den Kirchengemeinden, in den Städten, in den Gebieten der evangelisch gewordenen Herren und Fürsten, ferner die Ausbildung neuer Gottesdienstordnungen, die Aufhebung der Klöster, die selbständige Einsetzung und Entlassung der Priester, die Enteignung des Kirchenbesitzes – dies alles mußte zwangsläufig die Vernichtung der alten Kirche darstellen. Ein anderer Ausdruck des Willens, das Herrschaftssystem einer neuen Lehre aufzurichten, war nicht denkbar.

Zweifellos sind alle Gläubigen, die sich auf das geoffenbarte Wort Gottes in der Heiligen Schrift berufen, Christen. Daß eine solche Berufung aber auch dieselbe Rücksichtslosigkeit gegenüber Abweichlern einschloß, mit der die Papstkirche jeden Häretiker und Abtrünnigen bekämpft hatte – diesen Beweis trat Luther schon im Wartburgjahr 1521/22 ohne Zögern an. Ebenso zeigen schon die großen Programmschriften des Jahres 1520 Seite für Seite, wie wenig es ihm lediglich um eine theologische Umwälzung ging, wie sehr es sich gleichermaßen um eine politische und gesellschaftlich-wirtschaftliche Revolution handelte.

Eine Bestandsaufnahme der Ereignisse seit 1517 in der Klausur der Wartburg mußte Luthers Ruhelosigkeit ins Unerträgliche steigern. Für die Nation war er zur Verkörperung von Hoffnungen geworden, von denen die meisten solche Angelegenheiten betrafen, die sich ursprünglich kaum am Rande von Luthers Gesichtsfeld befanden. Doch hatte er erstaunlich rasch die tiefen Zusammenhänge erkannt, auch den – bald recht mißlichen – Umstand, daß sich die Nation und ihr Evangelist zwar in derselben Richtung bewegten, aber durchaus nicht immer auf denselben Wegen. Gerade deshalb wurde Luther durch seine Abstinenz von allem aktiven öffentlichen Tun von Woche zu Woche mehr gepeinigt.

Wir kennen den Kopf des aufsässigen Mönchs von den Holzschnitten, Kupferstichen und Gemälden der Zeit. Die Konturen seines Schädels sind ansehnlich und prägen sich ein. Der ältere Lucas Cranach hat sie immer wieder von neuem festgehalten: die breite, zerfurchte Stirn unter dem Kranz der Tonsur, schmale, etwas eng und leicht schräg stehende Augen, hohe Jochbeine, ein kräftiges Kinn und ebensolche Backenknochen – unverkennbar, daß dieser Mann zubeißen kann, und daß er gerne beißt und zufrieden ist, wenn es dabei kracht. Ein Gesicht wie aus Urgestein, etwas Elementares, das sich einer feingeschnittenen Formung entzieht, das Gesicht eines Rebellen, voller Willen und Unbeugsamkeit, und deshalb kaum jemals heiter und gelöst blickend.

Zu einem solchen Schädel, dessen harte Gesichtszüge den klaren Verstand tarnen, gehört ein muskulöser Nacken. Wiederholt wurde Luther seine Stiernackigkeit bescheinigt; ignoriert man die gängige Annahme, daß dazu die Neigung gehört, mit dem Kopf gegen Wände anzurennen, so bleibt es bei einem Nacken, der sich nicht beugt und schon gar nicht brechen läßt. Das drängend Aktive, vor allem auch das Charismatische, das Luther zu eigen war, findet sich so gut wie nie in den Bildern von Cranach. Andererseits vermitteln sie aber doch, wie sehr sich das innere Selbst Luthers sogar in der Knochenstruktur seines Gesichts erkennen läßt. Man macht sich keiner übermäßigen physiognomischen Wagnisse bei einer solchen Skizzierung schuldig. Wie sollte ein Mann anders aussehen, zu dem der Stoßseufzer gehört: »O daß ich doch David, der da Blut vergießt, gewesen sein möchte! Amen« und das Bekenntnis: »Stoßen können sie, fällen können sie nicht. Schlagen können sie, ausrotten können sie nicht. Verbrennen, ertränken und aufhängen können sie – zum Schweigen bringen, das können sie nicht!«

Kirchenpostille und Septemberbibel

Wenn schon Luther auf der Wartburg die Impulse und Zerstreuungen des Wirkens in der Öffentlichkeit versagt blieben, so hatte er doch zumindest bei seinen Kämpfen mit dem Teufel in der literarischen Arbeit ein schätzenswertes Behelfs- und Hilfsmittel. Schon bald bat er um seine Bücher, er dachte daran, direkt an der Stelle anzuknüpfen, an der er durch seine Zitation nach Worms unterbrochen worden war. Er nahm seine deutschen Auslegungen der Psalmen wieder auf und sandte den druckreifen Text schon am 26. Mai an Melanchthon. Ausgeliefert wurde das kleine Werk im August: »Deutsche Auslegung des 67. (68.) Psalms von dem Ostertag, Himmelfahrt und Pfingsten«. Luther ließ die Arbeit an den Psalmen nicht mehr liegen, obwohl er sich zwei weiteren Projekten widmete, von denen jedes für sich allein schon seine ganze Kraft beansprucht hätte: die deutsche Kirchenpostille und die Übersetzung der Heiligen Schrift.

Das erste Vorhaben erfüllte eine der dringlichsten Aufgaben, die zu der Neuordnung des Gottesdienstes gehörten. Die Änderung und bald genug völlige Abschaffung der alten katholischen Messe in den Gemeinden der lutherischen Lehre erzwang neue Formen des Gottesdienstes. Luther hatte die Bibel, das Wort des Herrn in den Mittelpunkt gestellt. Deshalb wurde die Predigt zum Zentralstück des evangelischen Gottesdienstes. Die protestantischen Kirchen gingen so weit, in der Betonung, der Verwaltung des Wortes einen der wesentlichsten Unterschiede gegenüber der katholischen Kirche und der magisch-sakramentalen Zentrierung der Messe zu sehen: Sie waren Kirchen des Wortes, die römisch-katholische Kirche war die Sakramentskirche.

Daß Luther, Melanchthon, die engsten Vertrauten und die profiliertesten Vorkämpfer gut predigen konnten, war nicht genug. Eine Zusammenstellung von Predigten für die Sonn- und Feiertage des ganzen Kirchenjahres bedeutete für die Pastoren der lutherischen Gemeinden im ganzen Land nichts weniger als religiöses Brot. Luther hatte mit einer lateinischen Predigtsammlung oder Postille schon 1520 begonnen. Auf der Wartburg übersetzte er diese Partien ins Deutsche, ergänzte sie durch weitere Predigten und gab sie in Druck. Die Predigten setzen in der Adventszeit ein, deshalb wird dieser Teil gewöhnlich nur als »Weihnachtspostille« bezeichnet. Die ganze »Kirchenpostille« hatte Luther erst nach Jahren fertig; ein zweiter Teil erschien Ende 1525, der letzte gegen Ende 1527.

Eine zusätzliche Sammlung von Predigten für das Haus kam in den

Jahren 1532 bis 1534 heraus. Sie wurden zehn Jahre später unter dem Titel »Hauspostille« zusammengefaßt und gedruckt. Trotzdem lief die Kirchenpostille dieser zweiten Predigtsammlung bei weitem den Rang ab. Sie wurde auch außerhalb des Gottesdienstes erstaunlich häufig gelesen und erschien bis in die jüngste Zeit in immer neuen Auflagen. Die Kirchenpostille war tatsächlich von Luther, einem Wunsch des Bruders Friedrichs des Weisen, Herzog Johann, entsprechend, »seinen lieben Deutschen mitten aus dem Faß kredenzt«. Nach dem Vorbild Luthers veranstalteten später zahlreiche evangelische Prediger weitere Postillen, die nicht nur der »häuslichen Erbauung« dienen sollten, sondern der Hilfe und Unterstützung von solchen Pastoren, deren Aufgabe zwar in erster Linie darin bestand, das Wort Gottes zu verkünden, die aber selbst nur bedingt des Wortes mächtig waren.

Die Absicht, die Bibel ins Deutsche zu übersetzen, war für Luther so wenig neu wie eine derartige deutsche Übersetzung damals neu war. Deutsche Bibeln gab es in allen Gegenden des Reiches mehr als genug. Die größte Zahl fand sich schon zur Zeit Kaiser Karls IV. in Böhmen. Von den erhaltenen Exemplaren der vorlutherischen Übersetzungen wird eine Bibelübersetzung der Waldenser besonders gerühmt; diesem Teplerkodex, der erst 1884 gedruckt und allgemein bekannt wurde, bescheinigen die Fachleute eine ungewöhnlich hohe Meisterschaft in der Handhabung der deutschen Sprache.

Luther war mit den deutschen Bibeln seiner Zeit vor allem aus zwei Gründen unzufrieden. Zum einen war als Textausgabe nur die Vulgata, die lateinische Bibel des heiligen Hieronymus, benützt worden, zum anderen hatte das Deutsch in diesen Bibeln für Luther nichts mit dem Deutsch als einer lebendigen, unerschöpflich reichen Sprache zu tun. Es handelte sich fast durchweg um pure Übersetzungen: »Ich habe Deutsch, nicht Lateinisch noch Griechisch reden wollen, da ich Deutsch zu reden im Dolmetschen mir vorgenommen hatte. – Die lateinischen Buchstaben hindern über die Maßen, gut Deutsch zu reden. Darum muß man nicht die Buchstaben in der lateinischen Sprache fragen, wie man Deutsch reden soll. Das tun die Esel. Sondern man muß die Mutter im Hause, die Kinder auf der Gasse, den gemeinen Mann auf dem Markt drum fragen und selbigen aufs Maul sehen, wie sie reden, und danach dolmetschen; so verstehen sie es dann und merken, daß man Deutsch mit ihnen redet.«

Dabei handelte es sich nicht um das Deutsch oder um die Mundart eines bestimmten Gebietes, Luther folgte also nicht speziellen Spracheigentümlichkeiten, auch nicht seinen eigenen angestammten:

»Ich habe keine besondere, eigene Sprache im Deutschen, sondern gebrauche die gemeine deutsche Sprache, so daß mich beide, Ober- und Niederländer verstehen können. Ich rede nach der sächsischen Kanzlei, welcher alle Fürsten und Könige in Deutschland nachfolgen. Alle Reichsstädte und Fürstenhöfe schreiben nach der sächsischen und unseres Fürsten Kanzlei, darum ist's auch die allgemeinste deutsche Sprache.« Doch dieses Lob schränkt Luther erheblich ein, denn er hat mehr als einmal über das Deutsch der »Herren Kanzleien und Lumpenprediger und Puppenschreiber« gelästert und sogar behauptet, er hätte bisher weder ein Buch noch einen Brief gelesen, in dem die rechte Art der deutschen Sprache enthalten gewesen sei.

Durch Luthers Bibel hat das allgemeine Deutsch den Rang der klassischen deutschen Einheitssprache erhalten. Wenn aus vielen und guten Gründen Luthers Bibelübersetzung als seine eigentliche und wirklich revolutionäre Tat gerühmt werden konnte und immer noch gerühmt wird, so heißt das nichts anderes, als daß Luther den Deutschen nicht nur die Bibel gegeben, sondern ihnen auch ihre Sprache vermittelt hat. Luthers Bibelübersetzung ist tatsächlich ein Phänomen für sich. Grundlage war der griechische Urtext, den Erasmus von Rotterdam 1516 veröffentlicht hatte und der an vielen Stellen einen anderen Wortlaut besaß als die Vulgata. Johannes Lang hatte in Erfurt mit einer Übersetzung des Matthäus-Evangeliums begonnen, die im Juni 1521 erschien. Luther war höchst angetan, aber als er im Dezember 1521 von Melanchthon dazu gedrängt wurde, selbst eine Übersetzung zu beginnen, machte er sich sofort an die Arbeit. Er benötigte dazu knapp drei Monate, bewältigte also in einer beinahe unfaßlich kurzen Zeit ein Projekt, das selbst die Kräfte einer ganzen Gruppe philologischer Großmeister überstiegen hätte. Am bittersten empfand es Luther, daß er sich bei zweifelhaften Stellen nicht mit seinen Freunden beraten konnte. Als er die Wartburg verlassen hatte, besserte er dann mit Melanchthon und Spalatin eine ganze Reihe von Stellen aus. Im Mai 1522 begann in Wittenberg der Druck, abgeschlossen wurde er am 1. September, ausgeliefert wurde »Das Newe Testament Deutzsch« erst am Ende des Monats. Die 5000 Exemplare dieser »Septemberbibel« aber waren schon nach kaum mehr als zweieinhalb Monaten restlos verkauft. Die ganze Heilige Schrift, Altes und Neues Testament, übersetzte Luther in den folgenden Jahren, der Erstdruck dieser Bibelgesamtausgabe erschien gegen Ende des Jahres 1534, sie wurde noch einmal gründlich überarbeitet und dann 1541 als »Biblia, aufs neu zugericht« veröffentlicht.

Die Kraft des Lutherdeutsch ist kaum weniger berühmt geworden als die Kraft des Lutherzornes. An einer Tatsache ist jedenfalls nicht zu zweifeln: Ob Luther die alte Kirche gespalten hat oder nicht, ob seine Schöpfung einer neuen Lehre und Glaubensgemeinschaft Europa in zwei Teile zerriß oder nicht, das heißt, ob die neue Zeit, die Moderne, auf die Geburtshilfe dieses Mannes angewiesen war oder man sein Separieren geschichtstheologisch und -philosophisch anders deutet: Mit der Bibel und ihrer Sprache schuf Luther die Einheit der Deutschen in einem weit fundamentaleren Sinn als nur dem vordergründig politischen. Die Lutherbibel wurde zu einem untrennbaren Bestandteil der deutschen Familien, ja des Deutschen überhaupt. Sie wurde zur Grundlage der inneren Vereinheitlichung Deutschlands. Die erste deutsche Grammatik, die am Ende des 16. Jahrhunderts erschien, stützte sich ausschließlich auf die Bibel und die deutschen Schriften und Briefe Luthers. Sie wurde selbst am Münchner Jesuitenkolleg eingeführt.

Friedrich Nietzsche hatte in seinem Werk »Jenseits von Gut und Böse« gemeint: »Das Meisterstück der deutschen Prosa ist das Meisterstück ihres größten Predigers: die Bibel war bisher das beste deutsche Buch. Gegen Luthers Bibel gehalten ist fast alles übrige nur ›Literatur‹ – ein Ding, das nicht in Deutschland gewachsen ist und darum auch nicht in deutsche Herzen hineinwuchs und -wächst, wie es die Bibel getan hat.«

Der reißende Absatz der Lutherbibel irritierte die Gegner zutiefst. Cochläus registrierte betroffen: »Luthers Neu Testament war durch die Buchdruckerei dermaßen gemehrt und in so großer Zahl ausgesprengt, daß auch Schneider und Schuster, ja auch Weiber und andere einfältige Idioten, soviel deren dieses neue lutherische Experiment, wenn sie auch nur ein wenig Deutsch auf einem Pfefferkuchen lesen gelernt hatten, dasselbe wie einen Bronnen der Wahrheit mit höchster Begierde lasen. Etliche trugen dasselbe mit sich im Busen herum und lernten es auswendig. Daher maßen sie sich in der Folgezeit innerhalb weniger Monate soviel Geschicklichkeit und Erfahrung selber zu, daß sie keine Scheu trugen, nicht allein mit den katholischen gemeinen Laien, sondern auch mit Priestern und Mönchen, ja auch mit Magistern und Doktoren der Heiligen Schrift vom Glauben und Evangelium zu disputieren. Ja es fanden sich auch armselige Weiber, die sich mit offenen ausgegangenen deutschen Büchern und fürgestellten Propositionen aus geiler Verachtung der angeblichen Unwissenheit der Männer nicht allein mit Laien und anderen Privatpersonen, sondern auch mit Lizentiaten, Doktoren und ganzen Universitäten austaten, sich in Disputationen einzulassen, wie es sich an Argula von Staufen, einer von Adel, deutlich gezeigt.

Und waren die lutherischen Weiber endlich ohne einige weibliche Scham so vermessen, daß sie sich auch des Predigtamts und Rechtens in der Kirche anmaßten und gebrauchten, während doch Paulus öffentlich das Widerspiel hält und lehret.«
Herzog Georg von Sachsen ließ den Verkauf der Septemberbibel verbieten, vorhandene Exemplare sollten ausgeliefert werden, der Kaufpreis wurde ersetzt. Das hat den Absatz nicht im mindesten beeinträchtigt. Vom Text war auch der Herzog restlos beeindruckt, vermutlich hielt er sich selbst an das herzogliche Verbot: »Wenn doch der Mönch die Bibel vollends verdeutschte und hernach zum Teufel ginge!«
Daß es sich bei Luthers Bibel aber keineswegs nur um das geoffenbarte Wort Gottes handelte und sonst um nichts anderes, erkannten schon bald darauf seine katholischen Kritiker, allen voran Cochläus: »Wer kann genugsamlich aussprechen, was Luthers Verdolmetschung des Neuen Testaments für eine erwünschte Gelegenheit und Zunder zu allerlei Spaltung, Betrübnis und Abfall gewesen sei? In welcher diese Haderkatze Luther wider den alten bewährten Text der Kirche viele Dinge vorsätzlich verkehrt, ausgelassen, hinzugetan, einen anderen Verstand aufgedrungen, viele ärgerliche falsche Glossen am Rande hinzugeflickt und in Summa kein Bubenstück, vor allem in den Vorreden, unterlassen hat, damit er den Leser auf seinen Part ziehen möge. Daher wurden auch etliche unter den Deutschen gefunden, die aus dieser Translation über die tausend von Luther begangene Irrtümer und Depravation angezogen und verzeichnet haben.«
Solche Einwände änderten allerdings nichts daran, daß Luthers Bibel in Deutschland binnen kurzer Zeit die Bibel selbst wurde, obwohl es sich wirklich nicht nur um die Texte der vier Evangelisten, des Apostels Paulus und die Briefe der Apostelschüler handelte. Es ging ihm um anderes, als nur um eine wortgetreue Übersetzung. Luther hat das entschieden hervorgehoben. Daß er sich in der Kenntnis der alten Sprachen kaum mit den besten seiner Zeit messen konnte, hielt er mit Recht für unwesentlich: »Ich kann weder Griechisch noch Hebräisch, will aber trotzdem einem Hebräer und Griechen ziemlich begegnen. Denn die Sprachen machen für sich selbst noch keinen Theologen, sondern sind nur eine Hilfe. Denn, soll einer von einem Dinge reden, so daß er die Sache zuvor wissen und verstehen.«
Diese Bemerkung Luthers gilt nicht nur für seine Bibelübersetzung, sie gilt für seine ganze umwälzende Lehre. Auch das ist anders zu verstehen als in der eingefahrenen Bedeutung, nach welcher Revolution lediglich gleichzusetzen ist mit einem Umsturz der Dinge. Sowohl die

Psalmeninterpretation als auch die Kirchenpostille und die Bibelübersetzung zeigen, daß Luthers Absicht, die Destruktion der alten Kirche zu bewirken, ihren höchsten Grad in dem Vorhaben erreicht, seinen Anhängern jenes gewaltige Erlebnis zu vermitteln, das er selbst als umstürzend für seinen eigenen Glauben erfahren hatte: und zwar ununterbrochen zu vermitteln, tagtäglich – durch die Lektüre der Postillen, durch das Lesen der Heiligen Schrift.

Das war der Neubau, den der Aufrührer Luther errichtete. Für dieses Glaubensgebäude wurde die Bibel der Grundstein, doch eben mit der Einschränkung, daß es sich um Luthers Bibel handelte. Wenn Johann Gottfried Herder an Luther rühmte, erst er, Luther, habe die deutsche Sprache, »einen schlafenden Riesen, aufgeweckt und losgebunden«, so trifft das in einer weit umfassenderen Bedeutung zu als der Sachverhalt, der meist im selben Atemzug erwähnt wird, Luther hätte den Deutschen auch die Bibel geschenkt. Luther vermittelte ihnen mit der Bibel das spezielle Lutherverständnis der Heiligen Schrift: Das ist das Entscheidende, das Bedingende, aber auch das Revolutionäre seiner Übersetzung. Luther hat nicht nur den »schlafenden Riesen« der deutschen Sprache geweckt, er hat auch die Bibel »geweckt«, hat sie den Deutschen lebendig gemacht, wie kein anderes Buch jemals lebendig geworden ist.

Prüft man an der Gewalt, der Treffsicherheit, dem Feuer, der poetischen Eindringlichkeit und der kaum jemals absinkenden Intensität des Luthertextes spätere Bibelübersetzungen – gerade auch solche unseres Jahrhunderts bis hin zu der »Einheitsübersetzung der Heiligen Schrift«, die in bewundernswert ökumenischer Eintracht von den katholischen und evangelischen Kirchen erst jüngst in den siebziger Jahren veranstaltet wurde – dann erweist sich die Lutherbibel unverändert als ein geradezu absolut gültiges Richtmaß. Keine einzige seiner anderen Schriften zeigt diese kraftvolle, urgewaltige Sprache, die ganz von dem Mysterium des Glaubens lebt, von dem Luther erfüllt war. Wiegt der höhere Grad der Korrektheit, der als gemeinsamer Nenner die Einheitsbibel ermöglicht hat, auch nur das geringste Entkräften der Lutherbibel auf? Die neueste Ausgabe des Textes von 1545 gibt darauf eine deutliche Antwort. Wäre für die Einheitsübersetzung eine mächtige ökumenische Gläubigkeit treibend gewesen, hätte sich das in einer mächtigeren Sprache ausgedrückt, die auch in der Vermittlung des Wortes Gottes »richtig« gewesen wäre und nicht nur grammatikalisch. Für solche Konzessionen war bei Luther kein Raum, aber auch keine einzige katholische Bibelübersetzung leidet zugunsten grammatischer Formen an Schwächeanfällen.

Luthers Sprachvermögen, sein neuer Glaube und sein eigenes Verständnis der Heiligen Schrift waren die Bedingung für seine Bibelschöpfung. Sie waren aber auch die Garantien dafür, daß bei seiner Übersetzung paradoxerweise gerade jenes Kriterium nicht maßgebend war, auf das er sich selbst unentwegt berief und für sich reklamierte: das Wort Gottes und sonst nichts sprechen zu lassen, sachlich, ohne menschliches Beiwerk. Aber konnte das überhaupt anders sein? War nicht die beispiellose Lebendigkeit der Lutherbibel ein Ergebnis der Einschmelzung des Bibeltextes in Luthers persönliche Sprache?

Das Wort Gottes, in den Evangelien, in den Briefen des Paulus, lesen wir im Bibeltext Luthers als das Wort Luthers. Im Neuen Testament lehrt nicht nur Jesus Christus, sondern er lehrt so, wie Luther diese Lehre verstehen und wiedergeben will. Luther beteuert in aller Unschuld und frommen Geradlinigkeit, daß auch seine Übersetzung des Neuen Testaments ein Stück Zerstörung beabsichtigt; freilich sieht er in dieser Zerstörung nur die Wiederherstellung. In der Vorrede zur Septemberbibel schreibt er, durch »manche unbegründete Deutung und Vorrede ist der Christen Sinn dahin geführt worden, daß man schier nicht mehr weiß, was Evangelium oder Gesetz, Neues oder Altes Testament bedeutet. Deshalb fordert die Notdurft einen Hinweis und eine Vorrede, damit der einfältige Mann aus seinem alten Wahn auf die rechte Bahn geführt und unterrichtet werde.«

Und so unterrichtet ihn Luther, daß nicht alles vom Neuen Testament gleichwertig und gleichrangig ist, daß es unter den Büchern des geoffenbarten Wortes Gottes edle und weniger edle gibt: »Das Evangelium des Johannes und die Briefe des Paulus, insbesondere der an die Römer, und der erste Brief des Petrus sind nämlich der rechte Kern und das Mark unter allen Büchern, welche auch billig die ersten sein sollten. Und einem jeglichen Christen wäre zu raten, daß er dieselben am ersten und allermeisten lese und sich durch tägliches Lesen so vertraut machte wie das tägliche Brot. Denn in diesen findest du nicht viel Werke und Wundertaten Christi beschrieben, du findest aber gar meisterlich dargelegt, wie der Glaube an Christus Sünde, Tod und Hölle überwindet und das Leben, Gerechtigkeit und Seligkeit gibt, welches die rechte Art des Evangeliums ist, wie du gehört hast.

Denn wenn ich je auf deren eins verzichten sollte, auf die Werke oder die Predigten Christi, dann wollte ich lieber auf die Werke als auf seine Predigten verzichten. Denn die Werke hülfen mir nichts, aber seine Worte, die geben das Leben, wie er selbst sagt (Joh. 6,63). Weil nun Johannes gar wenig Werke von Christus, aber gar viele seiner Predig-

ten beschreibt, umgekehrt die andern drei Evangelisten aber viele seiner Werke und weniger seiner Worte beschreiben, ist das Evangelium des Johannes das einzige, schöne, rechte Hauptevangelium und den anderen dreien weit, weit vorzuziehen und höher zu heben als sie. Ebenso gehen auch die Briefe des Paulus und Petrus weit den drei Evangelien des Matthäus, Markus und Lukas voran.
In Summa: das Evangelium des Johannes und sein erster Brief, die Briefe des Paulus, insbesondere der an die Römer, Galater, Epheser und der erste Brief des Petrus, das sind die Bücher, die dir Christus zeigen und dich alles lehren, was dir zu wissen not und selig ist, ob du schon kein anderes Buch und keine andere Lehre siehst oder hörst. Darum ist der Jakobusbrief eine recht stroherne Epistel gegen sie; da er doch keine evangelische Art an sich hat.«
In einem Schreiben vom 18. Dezember 1521 hat Luther ausdrücklich den Brief an die Hebräer sowie die beiden Briefe des Jakobus und des Judas, ebenso aber auch die Offenbarung des Johannes als unecht bezeichnet. Daß er sie überhaupt aufgenommen hat – immerhin ans Ende gestellt – war eine Konzession.
Luther hat zwar sämtliche Bücher des Neuen Testaments übersetzt, aber er liefert dem Leser auch eine deutliche Auswahl von wichtig und unwichtig, wesentlich und unwesentlich, maßgeblich und weniger bedeutsam, eine Auswahl, in der sich getreu das lutherische Verständnis der Bibel wiederfindet. Sein unerschütterliches Pochen auf das Wort des Herrn, seine machtvolle und so nachhaltige Versicherung vor Kaiser und Reich in Worms, daß sein Gewissen durch die Bibel gefangen, gebunden und gefesselt sei – das alles ist unbestreitbar. Wie sehr er davon durchdrungen war, das wurde vor seiner Abreise von Worms noch einmal offenkundig, als ihn die Stände zu überreden versuchten, sich in den theologischen Streitpunkten auf eine Vermittlung einzulassen, um ihnen eine Parteinahme im politischen Feld zu ermöglichen. Luther blieb unnachgiebig, er weigerte sich, »die Bibel aus der Faust zu geben«.
Das war ein epochales Wort. Lutherischer, evangelischer Glaube hieß, daß sich die Bibel in Luthers Faust befand und die Gläubigen der neuen Lehre die Bibel so zu lesen bekamen, wie sie ihnen aus Luthers Faust gegeben wurde – eine Bibel mit der Handschrift Luthers, eine Übersetzung, die geprägt ist von seiner Auslegung und Deutung: »Wenn eine Stelle dunkel ist, dann überlege ich, ob sie von der Gnade handelt oder vom Gesetz, vom Zorn oder von der Sündenvergebung, wozu sie sich also am besten reimt. Damit habe ich oft die dunkelsten Stellen

verstanden, denn Gott hat seine Lehre unterschieden in Gesetz und Evangelium. Das ist meine erste Regel im Dolmetschen. Die andere ist, daß ich andere frage, welche die Sprachen besser kennen als ich, ob sich diese oder jene Meinung, die mir am zutreffendsten erscheint, auch mit der Grammatik verträgt.« Es ist eine Feststellung, nicht mehr, aber auch nicht weniger, daß Luthers Neues Testament die Bibel eines lutherisch-paulinischen Christenglaubens ist, daß Luthers ausdeutende Übersetzung der Heiligen Schrift die Essenz eines lutherisch-verinnerlichten Christentums reflektiert, in dem die Trennung der irdischen Werkgerechtigkeit im Erdenleben einerseits von der Rettung der Seele für das Jenseits andererseits vollzogen wird.

11 Die Rottengeister und Schwärmer

Das »arme Häuflein Christi« in Wittenberg benimmt sich unterdessen keineswegs den Sorgen entsprechend, die sich Luther auf der Wartburg um seine Gemeinde macht. Da herrscht keine Hilflosigkeit, und die Wittenberger fühlen sich auch erheblich weniger verlassen, als es aufgrund der Unentbehrlichkeit Luthers anzunehmen wäre und Luther selbst sich ununterbrochen vor Augen gehalten hat. Lediglich Melanchthon leidet wirklich. Die Anhänger Luthers dagegen sind alles andere als gelähmt, sie strotzen vor Aktivität, die Neuerungen scheinen ihnen nicht radikal und schnell genug gehen zu können. An der Universität tritt genau das ein, was der hellsichtige Aleander befürchtet hatte. Luther ist zwar aus der Öffentlichkeit verschwunden, aber »inzwischen wird des Kurfürsten von Sachsen Schule an der Universität Wittenberg sich immer weiter entwickeln«. Dafür sorgt schon allein der Eifer Karlstadts, der unermüdlich darauf drängt, die Lehren Luthers in die Praxis zu übersetzen. Dem ersten Schritt in diese Richtung folgen eine endlose Reihe anderer, die Luthers spätere mühevolle Versuche, kraß zu unterscheiden zwischen Wort und Tat, reiner Lehre und praktischer Handlung, Auslegung der Bibel und Umsturz der Gemeindeverhältnisse und des politischen Zustands illusorisch werden lassen.

Am schnellsten wurden Luthers Empfehlungen befolgt, die sich aus seiner Absage an die Ehelosigkeit der Priester ergaben. Wittenberger

Geistliche brachen mit dem Zölibat und heirateten, immer häufiger entschlossen sich Priester überall im Land zur Ehe. Als Luther im Frühling 1521 von einer Priesterheirat erfährt, reagiert er verblüfft und amüsiert: »Ich staune über den neuen Ehemann. Gott regiere ihn und mische einige bittere Kräuter in seinen Salat.« Doch er hat viele Bedenken wegen der Risiken, die mit einem solchen Schritt noch verbunden sind. Einer der ersten Priester, welcher solche Konsequenzen aus Luthers evangelischer Freiheit zog, war Luthers Schüler Bartholomäus Bernhardi, der im September 1516 in Wittenberg unter Luthers Leitung eine Disputation abgehalten hatte. Bernhardi war Probst zu Kemberg, und Luther schrieb im Mai 1521 besorgt an Melanchthon: »Ich fürchte, der Probst wird fortgejagt und muß dann Not leiden mit zwei Bäuchen und all den anderen Bäuchen, die noch herauskommen. Doch wenn er Glauben hat – noch lebt der Herr, der Hirte aller, der keinen Vogel hungern läßt.«
Anfangs stimmte Luther ohne Vorbehalte den Maßnahmen Karlstadts zu, der auf der Leipziger Disputation, nicht ohne Eindruck zu machen, das Prinzip vertreten hatte, daß die Bibel vom Wesentlichen her, *ex integro* ausgelegt werden müsse. Das deckte sich im Ansatz völlig mit den Lehren Luthers. Was Karlstadt in Wittenberg durchsetzte, war zwar dem ersten Eindruck nach verstörend radikal, andererseits erkannte er ganz richtig, wie unerläßlich es war, die lutherischen Lehren so rasch wie möglich in eine kirchenbildende Form zu bringen, ihnen also auch eine gottesdienstliche und gemeindeprägende Gestalt zu geben.
Karlstadt spitzte dabei Luthers theologische Argumente mit einer konsternierenden Folgerichtigkeit zu und trieb sie in Bereiche, die Luther bisher ausgespart hatte. So verkündete er nach einiger Zeit, daß nur derjenige, der Weib und Kind habe, auch zum Ausüben eines geistlichen Amtes befähigt sei. Den Priesterheiraten folgten bald auch die ersten Eheschließungen von Mönchen und dann auch von Nonnen, Klosterflucht und Heiraten nahmen so rapide zu, daß sie nach kurzer Zeit fast als Erweis rechter lutherischer Gläubigkeit gelten konnten.
Dem Junker Jörg auf der Wartburg war bei dieser Bewegung nicht wohl zumute. Im Dezember 1521 sagte sich Karlstadt öffentlich von seinem Gelübde los, fuhr mit Melanchthon und Justus Jonas in ein Nachbardorf und verlobte sich dort mit der fünfzehnjährigen Tochter eines Landedelmannes. Luther registrierte den Schritt zwar wohlwollend, sich selbst aber hatte er schon Monate vorher von solchen Konsequenzen ausgenommen: »Ihr überredet mich noch nicht, daß von dem

Mönch dasselbe gilt wie vom Priester!« Nach seiner Schrift über die Klostergelübde sieht er das Problem in einer anderen Perspektive, klammert sich selbst aber auch weiterhin aus, so wie er schon im August an Spalatin geschrieben hatte: »Mir werden sie keine Ehefrau aufdringen! Hüte Dich, daß Du nicht auch ein Weib nimmst, damit Du nicht in die Drangsale des Fleisches gerätst.« Melanchthon, den er dazu gebracht hatte, die Ehe zu schließen, versichert er aber zu dieser Zeit milde ironisch: »Ich werde mich schön hüten, wenn Du daran denkst, mir auch eine Gefährtin auszusuchen.«

Aufruhr und Empörung

Als die Wittenberger Mönche in Scharen das Kloster verlassen, die Kutten ablegen, heiraten und ein Handwerk beginnen, muß Luther zunächst kräftig schlucken: »Dieser Austritt mit Tumulten, von dem ich gehört habe, mißfällt mir. Aber vielleicht ist das die Strafe für das gottlose Mönchsgelübde: Was in böser Eintracht angefangen wurde, das muß mit böser Zwietracht enden. Ich gebe zu, es ist unerhört, aber es ist auch unangreifbar. Davon bin ich völlig überzeugt.« Im Januar 1522 wurde dann auf dem Wittenberger Generalkonvent der deutschen Augustinerkongregation den Mönchen der Austritt aus dem Kloster gestattet.

Dem Verbot und der Abschaffung des Bettels, zu der sich dann Stadt und Gemeinde entschlossen, folgte die so schwerwiegende Entscheidung, die Klöster ganz aufzuheben und den Klosterbesitz von der Stadt, von den Herren und Fürsten übernehmen zu lassen. Als Sicherung der Armenpflege war es ein sozialrevolutionärer Entschluß. Der Wittenberger Rat erließ entsprechende Verordnungen, besiegelt wurde die Enteignung und Säkularisierung in Wittenberg durch einen Erlaß vom 24. Januar 1522, den Karlstadt entworfen hatte: »Ordnung des gemeinen Kastens der Stadt Wittenberg«. Damit hatte er einen Schlußpunkt hinter seine eigene Forderung gesetzt, die er 1520 in seiner Schrift »Von päpstlicher Heiligkeit« erhoben hatte: Die weltliche Obrigkeit solle sich entschließen, das ganze hierarchische System der römischen Kirche abzuschaffen.

Eigenmächtig war Karlstadt nicht vorgegangen, unterstützt wurde er von starken Gruppen der Bevölkerung und einer Reihe von Universitätslehrern, im übrigen konnte er sich ganz auf die gleichlaufenden, entschiedenen Forderungen Luthers in seinem Sendbrief an den

»Christlichen Adel deutscher Nation« berufen. Die Stadt wollte aus dem »gemeinen Kasten« mit zinslosen Krediten armen Handwerkern Starthilfen geben und ebenso Kinderbeihilfen und Waisenunterstützungen. Die Besoldung der Priester wurde um fünfundzwanzig Prozent gekürzt, die ganze »Ordnung des gemeinen Kastens« wurde im übrigen ohne eine erklärte positive oder ablehnende Stellungnahme des Kurfürsten durchgeführt.
Karlstadt war auch in der Neugestaltung des Gottesdienstes ein Vorreiter. Mit der traditionellen katholischen Messe zu brechen hieß, ihr den Charakter eines Opfers zu nehmen. Im Herbst wurde in der Stadtkirche von Wittenberg erstmals das Abendmahl in beiderlei Gestalt gereicht, der Gottesdienst selbst wurde vollständig an der Bibel und der Verkündigung des Wortes Gottes ausgerichtet, Karlstadt ging dazu über, ausschließlich in deutscher Sprache zu predigen – alles gemäß der Forderung, daß sowohl die Ordnung des Gottesdienstes als auch die Ordnung des täglichen Lebens an der Heiligen Schrift auszurichten sei. Dieser Neugestaltung, die auch von Melanchthon und Gabriel Zwilling gefördert wurde, stimmte Luther ebenfalls zu. Seine Genugtuung über den rüstigen Radikalismus seines Wittenberger Christenhäufleins brach dann zum erstenmal im November zusammen, als ihn alarmierende Meldungen über offene Tumulte erreichten. Luther entschloß sich, heimlich nach Wittenberg zu reisen. Am 2. Dezember ließ er zwei Pferde satteln, zog über seinen Wappenrock, der ihn als Edelmann auswies, einen grauen Reitermantel und brach auf, begleitet von einem Knecht. Am darauffolgenden Tag aß er in Leipzig zu Mittag und traf am 4. Dezember in Wittenberg ein. Hier war es inzwischen zu heftigen Zusammenstößen gekommen. Lutheranhänger, insbesondere Studenten, hatten Priester, welche Messe lesen wollten, aus der Kirche gejagt. Der Rat befürchtete einen Sturm auf das Kloster, einer Reihe von Kanonikern des Allerheiligenstifts wurden die Fenster eingeworfen.
Grundsätzlich war Luther mit den Berichten seiner Freunde in Wittenberg zufrieden, aber mit Gewalttätigkeiten dieser Art wollte er nichts zu tun haben. Sein Protest fiel um so heftiger aus, als er das Wort des Alten Testaments: »Wer Wind säet, wird Sturm ernten« im Zusammenhang mit den Wittenberger Tumulten genauso auf sich beziehen mußte wie den außerordentlich gewalttätigen »Pfaffensturm« in Erfurt im vergangenen Sommer, bei dem vierundvierzig Häuser von Kanonikern und Vikaren der beiden Stifte verwüstet, ins Haus des geistlichen Gerichts eingebrochen und die Akten vernichtet wurden; die Studenten hatten auf diese Weise versucht, alle Geistlichen gut »martinisch« zu

machen. Und dasselbe galt für Luther mit Blick auf die ganze turbulente Entwicklung der folgenden Jahre, deren Natur sich bereits abzuzeichnen begann und in der Luther gegen die Rottengeister, wie er alles bezeichnete, was zum Aufruhr schürte, mit ohnmächtiger Wut kämpfen mußte.

Dabei hatte sich Luther erst vier Wochen zuvor bitter bei Spalatin beschwert, der eine Brandschrift in Luthers bestem polemischen Stil gegen den inzwischen zum Kardinal ernannten Kurfürsten von Mainz nicht veröffentlichen wollte: »Ich werde mir das nicht gefallen lassen, was Du sagst, daß der Fürst nicht dulden wird, daß gegen den Mainzer geschrieben werde und er ebenso nichts dulden würde, was den öffentlichen Frieden stören könnte. Lieber will ich Dich, ja auch den Fürsten und jede Menschenseele verlieren. Du meinst gar schön, der öffentliche Friede dürfte nicht gestört werden – und willst leiden, daß der ewige Friede Gottes durch die gottlosen und gottesräuberischen Machenschaften jenes Mannes gestört werde? So nicht, Spalatin, so nicht, Fürst!« Störten die entschlossenen Wittenberger um Karlstadt nicht den öffentlichen Frieden genau in der Art, wie ihn auch Luther gestört wissen wollte?

In Wittenberg blieb Luther nur drei Tage. Als die ersten Gerüchte von seinem Aufenthalt die Runde machten, entschloß er sich rasch zur Rückkehr auf die Wartburg. Daß er in Acht und Bann war, hätte ihn weniger beunruhigt als der Gedanke, den Kurfürsten in größte Schwierigkeiten zu bringen. Am 12. Dezember, möglicherweise auch schon früher, traf er mit dem Knecht wieder auf seinem Patmos ein. Am meisten hatte ihn in Wittenberg nicht der Eifer Karlstadts, sondern der vorsichtige Spalatin aufgebracht, der einige seiner Briefe zurückgehalten und sich auch geweigert hatte, etliche seiner Schriften drucken zu lassen. Luther hatte mit dem anhaltenden Ärger über Spalatins Behutsamkeit schon lange genug zu tun, und wenn er dem Freund oft nachträglich recht geben mußte, so war ihm doch diese Art Diplomatie, die er meistens nur für unmännlichen Kleinmut hielt, zuwider.

Schon früher einmal hatte er Spalatin kategorisch geschrieben: »Daß Du's nur weißt: Ich habe mich nie vor etwas anderem gefürchtet als daß ich schriebe, was den Leuten wohlgefällt. Und wenn ich fürchten muß, daß ich zu närrisch werde, so mußt Du fürchten, daß Du viel zu weise wirst.« Jetzt, vor seiner Abreise von Wittenberg, schnaubt er Spalatin an: »Sieh zu, daß Du Deiner Bänglichkeit und Vorsicht, durch die Du mir verdächtig bist, Zügel anlegst! Du erreichst nämlich gar nichts, wenn Du gegen den Strom schwimmst. Ich will gedruckt haben, was ich schreibe; wenn nicht in Wittenberg, dann anderswo. Wenn die Manuskripte verloren sind oder Du sie weiter zurückhältst, dann wird mein Geist so verbittert sein, daß ich mich nachher noch viel wütender in diese Sachen stürze. Wer lebloses Papier vernichtet, der vernichtet keineswegs den Geist. Ich bin nach Wittenberg gekommen und habe in den herzlichen Begrüßungen meiner Freunde nur diesen Wermutstropfen gefunden, daß von den Büchern und Briefen niemand etwas gehört oder gesehen hat. Sag selbst, ob das für mich kein berechtigter Schmerz gewesen ist. Was ich sonst sehe und höre, gefällt mir alles ausgezeichnet. Der Herr stärke den Geist derer, die es wohl meinen. Doch da mich verschiedene Gerüchte über das Drängen einiger von uns beunruhigen, habe ich mir vorgenommen, eine öffentliche Vermahnung herauszugeben, sobald ich in meine Einsamkeit zurückgekommen bin.«

Das Schriftchen »Eine treue Vermahnung zu allen Christen, sich zu hüten vor Aufruhr und Empörung« erschien umgehend. Es handelt sich um den ersten direkten Versuch Luthers, mit einem Sachverhalt fertig zu werden, den er in seinen Schriften verbal ungezählte Male beschworen und auch unter demjenigen Namen herbeigerufen hatte, unter dem er sich in der Wirklichkeit einstellte, das hieß jetzt: in der Wirklichkeit Wittenbergs einstellte. Luther versuchte, das Problem auf einen phrasenlosen Nenner zu bringen: Aufruhr ist nicht der Christen Sache. Unvermeidliche Änderungen sind allein Sache der weltlichen Obrigkeit, »welche wohl auf Pflicht ihrer ordentlichen Gewalt etwas dazu tun sollte, ein jeglicher Fürst und Herr in seinem Land. Denn was durch die ordnungsgemäße Gewalt geschieht, ist nicht für Aufruhr zu halten.«

Aber seine »Babylonische Gefangenschaft der Kirche« hatte er noch so angekündigt: »Es ist mir lieber, die Welt zürne mir, denn Gott. Man wird mir ja nit mehr denn das Leben nehmen können. Ich habe bisher viermal Frieden angeboten meinen Widersachern, aber wie ich sehe, hat mich Gott durch sie gezwungen, weil sie nit müßig sind, wider mich anzurennen, noch einmal das Schwert zu ziehen.« Nun konnte das zwar übertragen verstanden werden, doch vor Kaiser und Reich in Worms, kaum ein halbes Jahr war es her, hatte er stark und aufrecht verkündet: »Ich habe die Gefahr, den Streit, den Aufruhr, der aus meiner Lehre kommt, wie man mir gestern sagte, wohl bedacht. Ja, es ist mir recht, daß über Gottes Wort Eifersucht und Streit entsteht, denn Christus ist nicht gekommen, den Frieden zu bringen, sondern das Schwert: Sohn wider Vater, Tochter wider Mutter.«

Luthers Vertrauen zu dem Wort Gottes und seiner Kraft ging sicherlich nicht so weit, daß er glaubte, es würde sich von allein durchsetzen. Seine Kasuistik ist unschwer zu durchschauen, sie ist auch keineswegs so verwickelt, daß es nach Tarnung aussehen würde. Er wehrt nicht der Gewalt, er wehrt nur dem anarchischen »Stechen und Hauen«, er sagt es mit einfachen Worten und scheinbar völlig unmißverständlich: »Habe acht auf die Obrigkeit. Solange die nicht zugreift und befiehlt, so halte du stille mit Hand, Mund und Herz, und kümmere dich um nichts. Kannst du aber die Obrigkeit bewegen, daß sie angreife und befehle, so magst du es tun.«

Das Mittel dazu ist dasselbe, mit dem Luther die Papstkirche schon so lange bekämpft: »Mit Reden und Schreiben. Sieh' mein Tun an: Habe ich nicht dem Papst, Bischöfen, Pfaffen und Mönchen allein mit dem Mund, ohne allen Schwertschlag, mehr Abbruch getan als ihm bisher alle Kaiser und Könige und Fürsten mit all ihrer Gewalt Abbruch getan haben?« Andererseits aber verlangt Luther in derselben Schrift: »Die Lügner, die verstockten Tyrannen magst du wohl hart antasten und frei wider ihre Lehre und Werke angehen, denn sie wollen nicht hören.«

Luther nähert sich mit seinen Lehren einer Wegscheide. Er ist weitsichtig genug, um schon jetzt die größte aller Gefahren zu erkennen und zu versuchen, ihr vorzubeugen: daß die Prüfung der theologischen Grundlagen seiner Revolution durch die politisch-gesellschaftliche Wirklichkeit bevorstand und die Revolution selbst an dieser Wirklichkeit scheitern könnte: »Leiblicher Aufruhr würde den geistlichen Aufruhr zuschanden machen.« Deswegen gebührt nur dem die Gewalt, dem ein gerechtfertigter Anspruch darauf zusteht. Luther setzt auf die Gewalt der stärkeren Bataillone. Er verleugnet nicht, daß er das Recht hat, »Wind zu säen«. Wenn er »Sturm erntet«, dann kann er sagen, der Wind sei keineswegs dasselbe wie der Sturm.

Damit bekennt er sich jedoch unverhohlen zur Anstiftung, zum Aufstacheln, zum »Aufreizen des Otterngezüchts«, er redet aber auch unkaschiert der Gewalt das Wort. Auch wenn er sich jetzt immer wieder damit zu salvieren versucht, daß Reden nicht Handeln sei, so muß er doch wissen und darauf rechnen, daß die fanatisierenden Worte, die er ins deutsche Reich schleudert, keine bloßen Worte, kein »lebloses Papier« bleiben, sondern eine Wirkung haben, sich in Gewalt verwandeln und die Zustände mit Gewalt verändern. Das hat Luther gewußt, und er hat es beabsichtigt. Der Einwand, er hätte nicht im einzelnen vorwegnehmen können, was sich daraus ergeben würde, ist nicht stichhaltig, weil dergleichen niemals möglich ist. Aber Luther hatte ja auch versichert, daß die Bischöfe und Priester nichts anderes verdienten, als »einen großen Aufstand, der sie von der Erde fegt. Und wenn es geschähe, so würden wir lachen!« Und ebenso beteuerte er wiederholt, daß alle Sätze, die er geschrieben, und alle Predigten, die er gehalten hatte, keine unverbindlichen Äußerungen eines Privatmannes seien, sondern daß er von Gott zu diesem Amt geführt worden, vom Herrn selbst zu seinem Tun und Sprechen und seinem Kampf gegen Rom gedrängt worden sei.

War es kein Bekenntnis zur revolutionären Gewalt, wenn er in dem Disput mit Silvester Prierias verlangt hatte, der Kaiser solle dem rasenden Wüten des Papstes »mit Waffen, nicht mit Worten ein Ende machen«? Alle späteren Bemühungen, die Empfehlung Luthers, »Päpste, Kardinäle, Bischöfe und das ganze Geschwürm des römischen Sodom mit allen Waffen anzugreifen und unsere Hände in ihrem Blut zu waschen« als eine abstrakte, feinsinnig verfremdende Redefigur hinzustellen, setzen den Ernst von Luthers Willen zur Veränderung des Menschen, seiner religiösen und politischen Daseinsordnung herab und rauben ihm die Würde des Unbedingten.

Die ersten Jakobiner des Wittenberger Glaubens

Karlstadt kann sich bis jetzt von Luther bestätigt fühlen, sofern er nicht schon über ein solches Stadium hinaus ist, auf eine derartige Zustimmung angewiesen zu sein. In Wittenberg sind inzwischen die stillen Messen genauso beseitigt wie das Chorgebet. Karlstadt trennt sich von allen liturgischen Gewändern, der Priester ist ein Mensch wie jeder andere, das muß auch beim Gottesdienst und den ganzen Tag über sichtbar sein. Übertreibt er dabei? Luther hat doch 1520 selbst bekannt, ihm würde das Wort des Petrus, wir alle seien Priester, viel zu schaffen machen: »Unser Priestertum scheint gar nicht verschieden zu sein vom Laientum, abgesehen von der Verwaltung der Sakramente und des Wortes. Alles andere ist gleich«, sofern man die Zeremonien und menschlichen Satzungen davon abzöge. – Und so hält Karlstadt am Weihnachtsfest 1521 in der Schloßkirche den Gottesdienst in Straßenkleidung, reicht das Abendmahl mit Kelch, und zwar auch denjenigen, die nicht gebeichtet haben, die Gläubigen nehmen die Hostien selbst in die Hand, der Meßkanon entfällt, eine Wandlung findet nicht statt; der Rat verbietet alle großen Prozessionen. Der nächste Schritt ist die

Säuberung der Kirchen- und Klosterräume von allem Beiwerk, die Bilder und frommen Gemälde werden herabgerissen und ins Feuer geworfen, Statuen zertrümmert, die Seiten- und Nebenaltäre umgestürzt und entfernt, das Öl für das Sakrament der Letzten Ölung verbrannt. Es war der erste große Bildersturm, das Signal für eine nicht abreißende Folge gleicher Aktionen in den nächsten Jahren. Karlstadt begründete ihn mit seiner Schrift »Von Abtuung der Bilder und daß keine Bettler unter den Christen sein sollen«. Vor dem Wittenberger Bildersturm hatte der Rat der Stadt einen entsprechenden Beschluß gefaßt, »damit Abgötterei vermieden werde«. So wie die Ehen von Priestern, Mönchen und Nonnen, so wurde jetzt die Vernichtung kirchlicher Gemälde und Statuen als Demonstration der neuen Gläubigkeit verstanden, und wenn sich auch Luther gegen alle hemmungslose Gewalttätigkeit dabei aussprach, so wurde sie doch von Zwingli und Calvin erfolgreich gerechtfertigt und verteidigt.
Luthers Entdeckung des wahren Glaubens in der Bibel, seine Deutung der Heiligen Schrift war ein Anfang; weiter gedacht, und zwar mit vergleichsweiser Entschlossenheit, wurde sie von Karlstadt und vielen anderen, insbesondere aber von Christen, die den Lehren Luthers nicht mit der Einschränkung beipflichteten, sich den rechten Sinn nur von Luther selbst auslegen zu lassen. War es also nicht etwa folgerichtig, aus dem »Los von Rom!« Luthers und der Destruktion des römisch-katholischen Glaubens das Gebot abzuleiten, auch die Räume und Riten zu zerstören, die zu diesem Glauben gehörten?

Luther hatte die schwersten Geschütze gegen die Vernunft abgefeuert, hatte geeifert gegen die oberste Autorität dieser Vernunft, gegen Aristoteles, den ständigen Kronzeugen Thomas von Aquins und der Scholastik, diesen »verdammten, hochmütigen, zügellosen Heiden« und seine unerträgliche Logik, wie er sie mustergültig in solchen Sätzen entfaltete: »Wer das Elend in der Welt sieht, wird traurig, wird betrübt und kann nicht selig sein. Gott aber ist selig. Daraus folgt, daß Gott nichts sieht, außer sich selbst. Demnach sorgt sich Gott nicht um uns Menschen.« Da fuhr schon der junge Luther hoch: »Was ist das für ein Gott! Mein Gott soll das nicht sein! Frau Hulde, die Vernunft, schließt also: Entweder sieht Gott nichts, weil alles beliebig durcheinanderplumpst wie jeder will, oder Gott ist zu schwach und wehrt den bösen Buben nicht. Solche Ehre also gibt die Vernunft dem Herrgott, daß sie ihn entweder zu einem Narren macht, der viele Dinge weder sieht noch weiß, oder zu einem Bösewicht, der nicht verhindert, was er sieht.«

Luther folgerte deshalb, daß sich aus solchen Schlüssen keine Beeinträchtigung Gottes ergeben kann, weil es Trugschlüsse sind und nichts anderes als Selbstzeugnisse gegen die Vernunft: »Es ist nicht möglich, Glaubensartikel durch menschliche Vernunft und Sinne zu begreifen. Kein Mensch auf Erden, das müssen auch die Heiden bezeugen, hat jemals ohne Gottes Offenbarung einen rechten Gedanken und eine sichere Erkenntnis von Gott erlangen können. Deshalb nennt ihn der Prophet einen verborgenen Gott. – Gott ist heilig, das heißt, er ist etwas Abgesondertes, Verborgenes und Unsichtbares, wohin unser Sinn nicht reicht und die Vernunft nichts erfaßt. Ich habe oft und oft gesagt und wiederhole es auch immer wieder, aber nicht ohne gewichtigen Grund: daß niemand sich in Glaubenssachen unterwinde, mit Gott zu handeln durch seine Gedanken! Man soll bei Gottes Wort bleiben, sonst hebt man's nicht wohl an mit der Vernunft. Die Vernunft muß wider ihren Willen bekennen, daß es ihr zu hoch ist. Weil es ihr aber nun zu hoch ist, deshalb trachtet sie danach mit allen ihren Kräften: so wird sie zur Närrin darüber. Sie wird es wohl bleiben lassen, ohne es zu erreichen. Sie wird sagen müssen, daß in ihren Augen und Sinnen Torheit sei, was sie auch nachdenkt. Es geht ihr so, wie wenn ich mit dem Finger in den Himmel reichen oder mit der Hand die Sonne verdunkeln wollte. Darum laßt uns Gott nicht gleich sein oder ihn überklügeln, sondern weit uns ihm unterwerfen!«

Das war Luthers Bruch mit der scholastischen Philosophie und Wissenschaft, und es war sein Bruch mit der Wissenschaft überhaupt. Hier aber beginnt auch ein Bruch in Luther selbst. Er setzt zwar zeitlebens mit aller Vehemenz auf das Argument, auf den Disput, der die Wahrheit ans Licht bringt, er beugt aber die Vernunft tief unter den Glauben, und zwar unter einen Glauben, dessen Natur sich in klassischer Kürze in der von Quintus Tertullian vorgeprägten Feststellung findet: »*Credo, quia absurdum*« (Ich glaube, weil es absurd ist). Dieses Mysterium schließt die völlige Entwertung der Vernunft ein.

Doch ist andererseits die Wittenberger Theologie, ist nicht Luthers Lehre inzwischen selbst Wissenschaft geworden? Eben erst hat Melanchthon, während Luther in seiner Wartburger Einsamkeit gegen die Teufel kämpft, eine erste systematische Zusammenfassung der evangelischen Theologie in seinen *Loci communes rerum theologicarum* gegeben. Verliert die Absage Luthers an die Vernunft in dem Augenblick ihre Verbindlichkeit, in dem sich die evangelische Theologie in Wissenschaft verwandelt? Gehört nicht das Auslaugen des echten, tiefen Glaubens im Interesse des exakten Wissens und zugunsten des vernünftigen Verstehens zu den beträchtlichsten Risiken der professionellen Theologie? Karlstadt, der bedeutende Gelehrte und Wissenschaftler, sieht das Dilemma nur allzu deutlich. Schließlich entscheidet er sich und schreckt nicht davor zurück, auf seine Weise den tiefen Haß auf die überhebliche Verstandesweisheit auszudrücken: Fort mit der Wissenschaft, weg mit der Universität Wittenberg. Gott spricht nicht durch die Vernunft der gelehrten Köpfe, sondern findet sich im Geist des einfachen Menschen, im Bauern und Handwerker, in Unmündigen, in den Kindern. In Wittenberg soll die städtische Schule aufgelöst werden, Karlstadt verläßt das Katheder im Hörsaal, er wirft seine schweren Folianten weg. Wenn er den Sinn einer Bibelstelle nicht erfaßt, klopft er beim Nachbarn auf der Straße an und bittet ihn um Hilfe und rechte Deutung. Er hält sich an seine Feststellung aus dem Jahr 1519, »daß die ungelehrten einfältigen Laien eines höheren Verstandes seindt, denn die gelehrten Theologen« und erhärtet dies ein Jahr darauf: »Ein Handwerksmann weiß mehr von der Schrift, denn ein Bischof.«

Der Kurfürst registriert diese Entwicklungen mit Staunen, ungläubigem Kopfschütteln, Verwirrung und schließlich mit kaum noch zu beherrschender Wut. Er verbietet, daß in seiner Stiftskirche die Messe auch nur im mindesten geändert wird. Karlstadt ist Stiftsherr, er muß in diesem Fall gehorchen. Doch er bleibt konsequent und liest von da an im Allerheiligenstift keine Messe mehr. Andererseits findet sich aber für den Kurfürsten auch niemand, der Karlstadts Stelle vertritt. Karlstadt verlegt seine Predigten in die Pfarrkirche. Der Kurfürst läßt ihn wegen dieser Eigenwilligkeit verwarnen, Karlstadt kümmert sich nicht um das Mißfallen des Herrschers. Daraufhin setzt Friedrich der Weise eine Universitätskommission ein, die gegen Karlstadt entscheidet: Sie spricht ein Predigtverbot aus.

Die Änderung der Messe, die Neuerungen im Leben der Gemeinde griffen nicht nur von Wittenberg aus in die angrenzenden Gebiete über. Unruhen, tumultuarische Versammlungen und Predigten wurden vor allem aus dem sächsischen Süden gemeldet, bei denen ein direkter Zusammenhang mit der lutherischen Bewegung zunächst nicht ohne weiteres festzustellen war. Das Hauptzentrum der aufrührerischen Gläubigkeit lag in Zwickau, der großen wohlhabenden Bergstadt am Rand des Erzgebirges. Hier bestand allerdings eine unmittelbare Verbindung zum Luthertum. Im Jahr 1518 hatte ein junger Priester aus dem Harz, der sich im Norden Deutschlands schon seit

Jahren als besonders gelehrter und aktiver Kleriker, ebenso als hervorragender Prediger einen Namen gemacht hatte, zu Luther Kontakt hergestellt und war nach Wittenberg gekommen. Dieser achtundzwanzigjährige Priester, Thomas Müntzer, machte in Wittenberg nicht nur durch seine stürmischen Predigten Eindruck, sondern auch durch seine humanistische Gelehrsamkeit und seinen scharfen Verstand. Luther empfahl im Jahr 1520 den Zwickauern, Müntzer als Prediger anzustellen.

In Zwickau lernte Müntzer den jungen Tuchweber Nikolaus Storch kennen. Er war tief beeindruckt von der Bibelkenntnis des knapp Zwanzigjährigen, vor allem aber von dessen »Geistglauben«, seiner unerschütterlichen Überzeugung, daß Gott sich ihm durch inneres Wort mitteile und offenbare. Storch sammelte eine große Schar von Tuchknappen um sich, die ihn als Propheten verehrten. In kurzer Zeit hatte er seine Lehre so fest umrissen entwickelt, daß er ausdrücklich die innere, unmittelbare Erleuchtung durch Gott über die Heilige Schrift setzte und schließlich ganz auf die Bibel verzichtete. Die Zwickauer Propheten, wie Storch und seine Anhänger bezeichnet wurden, insbesondere der Tuchknappe Thomas Drechsel und der Student Markus Thomae, meist nur Stübner genannt, bekamen nunmehr Schwierigkeiten mit dem Rat der Stadt. Müntzer mußte Zwickau verlassen, er ging nach Böhmen. Storch und seine Gruppe ließen sich von dem Konflikt nicht beeindrucken, ihre Anhängerschaft wuchs ununterbrochen. Der Stadtpfarrer, Nikolaus Hausmann, ein Freund Luthers, hatte Ende 1521 eine lange Unterredung mit den Zwickauer Geist-Erleuchteten. Das Ergebnis der Konsultation brachte die vier Hauptpunkte der »Storchischen und ihrer Anhänger, als des Müntzers Jünger« heraus: Gottes Geist redet direkt zu den Zwickauer Propheten, deshalb ist die Bibel unnötig; da Bibel und Predigt anhand der Heiligen Schrift entbehrlich sind, ist auch der Priesterstand unnötig; Kindertaufe ist widersinnig, nur die Erwachsenentaufe, so wie sie in der Bibel vollzogen wird, hat einen Sinn – ein Prinzip, das später den Wiedertäufern ihren Namen gab; nur diejenigen, welche von diesen Lehren erfüllt sind, bilden die sichtbare Gemeinde der Heiligen.

Storch hatte es abgelehnt, vor dem Stadtpfarrer zu erscheinen. Er brach mit einer kleinen Gruppe seiner Gläubigen nach Wittenberg auf. Markus Stübner hatte in Wittenberg studiert und kannte Melanchthon; die Zwickauer hatten deshalb keine Schwierigkeiten, bei Melanchthon vorzusprechen. Sie hofften, über ihn zu Luther selbst kommen zu können. Der tiefe Eindruck, den die Zwickauer bei Melan-

chthon hinterließen, spiegelt sich in seinem Bericht an den Kurfürsten: »Wunderbar ist's, was sie von sich aussagen: Gott habe sie mit deutlicher Stimme berufen, zu lehren und zu predigen; sie hätten mit Gott vertraute Gespräche; sie schauten das Zukünftige; kurz, sie seien prophetische und apostolische Männer. Ich kann gar nicht sagen, wie sehr ich davon bewegt worden bin. Jedenfalls bestimmen mich gewichtige Gründe, daß ich sie nicht verachtet sehen will. Denn aus vielem geht klar hervor, daß ein gewisser Geist in ihnen lebt. Aber wer könnte über diesen Geist so angemessen urteilen wie Martinus! Es handelt sich hier um des Evangeliums Gefahr, um der Kirche Frieden und Ehre. Deshalb muß auf alle Weise ermöglicht werden, daß diese Leute mit Martinus zusammenkommen. Denn zu ihm wollen sie. Ich würde Euer Kurfürstlich Gnaden nicht damit behelligen, wenn nicht die Wichtigkeit der Sache einen schnellen Rat erforderte. Man muß sich vor zwei Übeln hüten – nämlich, daß man nicht den Geist Gottes unterdrückt, und zugleich, daß man sich nicht vom Satan überwinden läßt.« Die Zwickauer Propheten, die zu den frühesten Keimzellen der großen, nachfolgenden Bewegung der Täufer zählen, nicht minder freilich zu den Spiritualisten und sogenannten Schwärmern, scheinen also schon in Melanchthons Einschätzung etwas von dem vorwegzunehmen, was achtzig Jahre später Andreas Fischer in seiner Schrift von »Der Wiedertäufer verfluchtem Ursprung« festgestellt hat: »Unter allen Sekten, die von Luther ihren Ursprung haben, hat keine ein schöneres Ansehen und eine größere äußerliche Heiligkeit gehabt als die Wiedertäufer.«
Martinus allerdings ist weniger entflammt als sein Adlatus Philipp. Diese Art Konkurrenz zu seiner Lehre, die sich als eine Weiterführung dessen präsentiert, was er mit eigener Hand zu führen gedenkt, ist nicht nach seinem Sinn. Zum erstenmal weht ihn auch etwas von der Gefahr an, die seit alters zu den fanatischen Bewunderern, diesen geborenen Vatermördern, gehört. Seinem Freund Amsdorf schreibt er Mitte Januar: »Die Zwickauer Propheten sollen Euch nicht so schnell beunruhigen. Ihr sündigt nicht, wenn Ihr sie hinhaltet und erst die Geister prüft, ob sie von Gott sind. Unterdessen wird der Herr geben, was zu tun ist. Mir freilich ist es schon als solches außerordentlich verdächtig, daß sie sich rühmen, Unterredungen mit der Majestät Gottes zu haben.«

Am gleichen Tag schreibt er ähnlich an Melanchthon, meint aber noch skeptischer, er hätte bis jetzt noch nicht gehört, »daß von diesen Leuten irgend etwas gesagt oder getan wird, was der Satan nicht auch tun oder nachahmen könnte«. Luther zieht sich völlig auf seine eigenen Erfahrungen zurück, das allein ist die Grundlage, von der aus er »die Geister prüft«. Er spielt bei Melanchthon etwas spöttisch auf das an, was er selbst mit der Mystik erlebt oder, besser gesagt, nicht erlebt hat: Wenn die Gotterlebnisse der Zwickauer alle »lieblich, ruhig, andächtig, wie sie es nennen, und geistlich sind, so sollst Du sie nicht gutheißen, selbst wenn sie sagen sollten, daß sie in den dritten Himmel entrückt worden seien«. Für Luther gibt es keine Unsicherheit: Gott hat weder in der Bibel direkt mit den Menschen oder Propheten noch mit ihm, Luther, gesprochen; also kann er auch nicht mit den Zwickauern gesprochen haben. Der Schluß ist für ihn bündig: »Gott redet nicht so unmittelbar, daß der Mensch ihn sieht. Selbst einen kleinen Schimmer seiner Rede könnte die Natur nicht ertragen. Deshalb redet er durch Menschen.« Also nicht mit oder unmittelbar zu ihnen.

Der eigentliche Anlaß für Luther, mit den Zwickauer Propheten und Schwärmern, wie er bald alles das summarisch nennt, das von seiner Meinung abweicht, unnachsichtig ins Gericht zu gehen, scheint nicht zuletzt die Erwachsenentaufe zu sein: »Immer habe ich auf den Satan gewartet, daß er dies Geschwür anrühren würde, aber er hat es nicht tun wollen durch die Papisten. Unter uns selbst und unter den Unsrigen bringt er diese überaus schwere Spaltung, aber Christus wird ihn in kurzem unter die Füße treten. Ich möchte auch wissen«, schreibt er an Melanchthon, »wie Du das Wort des Paulus im ersten Brief an die Korinther (7,14) auffaßt: ›Denn der ungläubige Mann wird geheiligt durch sein Weib, und das ungläubige Weib wird geheiligt durch den Mann. Sonst wären eure Kinder unrein; jetzt aber sind sie heilig‹ – ob Du allein die Erwachsenen oder auch die Heiligkeit des Fleisches darunter verstanden wissen willst? Denn ich wünschte, daß aus dieser Stelle erwiesen würde, daß die kleinen Kinder getauft worden sind nach apostolischem Brauch und zur Zeit der Apostel. Obwohl ich sehe, was von dieser Heiligung gesagt werden kann, so möchte ich doch auch gern Dein Urteil darüber hören. Denn warum sollte Paulus allein von den Kindern reden, da den Heiligen alles heilig und den Reinen alles rein ist?« Schließlich bittet er Spalatin, den Kurfürsten zurückzuhalten und dafür zu sorgen, »daß er nicht seine Hände mit dem Blute jener neuen Zwickauer Propheten beflecke«.

Die Zwickauer waren weit stärker entschlossen als die Wittenberger Lutheraner, ihre Lehren praktisch zu verwirklichen, und deshalb zögerten sie auch nicht, sich umgehend von der Glaubenshaltung und der äußeren Neugestaltung, über die Luther allein bestimmte, zu trennen und die erste Abspaltung von den Evangelischen aller Welt sichtbar zu machen – und ebensowenig scheuten sie sich, ihre Ineinssetzung von religiöser und sozialer Forderung als revolutionär verfolgen zu lassen. Daß es zu solchen Aufbrüchen und genauso zu solchen Wirren wie den Wittenberger Unruhen kam, ist nicht erstaunlich. Überraschend wäre es gewesen, wenn sich die latente Erregung, die in Luther eine so machtvolle Gestalt angenommen hatte, nicht zu Extremen und Tumulten gesteigert hätte. Nicht minder verblüffend wäre es gewesen, wenn die Entschlossenheit Luthers, in eigener Zuständigkeit die Schrift auszulegen, auf andere Gläubige, deren Suchen von vergleichbarer religiöser Ergriffenheit getragen war, nicht beispielhaft gewirkt hätte. Luthers Sorge, der Kurfürst könnte zu blutiger Unterdrückung verleitet werden, war nicht ohne Anlaß entstanden. Das Auftreten der Zwickauer in Wittenberg brachte neue Dynamik in die Radikalisierung. Herzog Georg von Sachsen schrieb in einer Mischung aus Genugtuung und Entsetzen nach Wittenberg, die Ketzerei sei jetzt so offenkundig, daß Friedrich der Weise seine Duldung endlich aufgeben und rücksichtslos dagegen vorgehen müsse. Gleichzeitig alarmierte er das Reichsregiment in Nürnberg, die oberste Behörde, die den Kaiser vertrat, solange er sich außerhalb Deutschlands befand. Am 20. Januar 1522 sprach sich das Reichsregiment mit einem Mandat gegen alle Neuerungen in Kursachsen aus. Ein Brief des Kurfürsten an Luther ließ die Bedrängnis erkennen, in der sich der Herrscher befand.

Luther antwortet besänftigend. Der Fürst solle die »Welt schreien und urteilen lassen«, sich nicht darum bekümmern; im übrigen habe er beschlossen, die Wartburg zu verlassen und wieder nach Wittenberg zu kommen und dort zu wirken. Friedrich der Weise widerspricht zunächst energisch, es sei viel zu gefährlich, wenn sich Luther »in diesen Zeitläuften würde öffentlich sehen lassen«. Sollten der Papst und der Kaiser aufgrund des Wormser Edikts weiter gegen Luther vorgehen, so werde er sich zwar so wie bisher verhalten und darauf beharren, daß Luther noch nicht überwunden sei. Doch wenn er sich weigern würde, einem eventuellen Auslieferungsbefehl des Kaisers zu gehorchen, dann müßte das nicht nur für ihn selbst, den Kurfürsten, sondern auch für sein Land und seine Untertanen die schwerwiegendsten Folgen haben. Der nächste Reichstag werde wohl für Ende März ausgeschrieben, dort ließe sich die Sache nochmals behandeln und klären, und deshalb wäre es das beste, wenn Luther bis dahin auf der Wartburg bliebe. Dann beklagt Friedrich der Weise noch einmal die eingerissenen Zustände in der Stadt: »Sie machen es in Wittenberg so wunderlich und mancherlei, daß so viele Sekten daraus wurden, daß jedermann irre darüber würde und niemand wüßte, wer Koch und wer Kelle ist.« Zum Schluß stellt er es Luther frei, nach Wittenberg zu kommen oder weiter auf der Wartburg zu bleiben.

Luther hat sich jedoch schon entschlossen, insbesondere wegen eines Schreibens, in dem der Rat und die Gemeinde Wittenberg »mit großem Flehen und Bitten« Luther um seine Rückkehr ersucht. Den Brief des Kurfürsten erhält Luther am 28. Februar. Er läßt sich dadurch in seinen Vorbereitungen zur Abreise nicht stören, er wird wie geplant am nächsten Morgen aufbrechen, dabei bleibt es. Am 3. März steigt er in Jena im »Schwarzen Bären« ab, am 5. März – es ist Aschermittwoch – schreibt er dem Kurfürsten von Borna, südlich von Leipzig, einen Brief. Vor dem Hintergrund der möglichen Folgen von Luthers Rückkehr in die Öffentlichkeit erhält der Text in seiner Mischung aus Selbstbewußtsein und Überlegenheit, Gottvertrauen und gespielter Wirklichkeitsferne eine ungewöhnliche Dignität: »Was ich in meinem letzten Brief geschrieben habe, ist deshalb geschehen, weil ich Euer Kurfürstlich Gnaden trösten wollte: nicht meiner Sach wegen – daran hatte ich keinen einzigen Gedanken –, sondern wegen des ungeschickten Handels, der in Wittenberg zur großen Schmach des Evangeliums durch die Unsern entstanden ist. Da war mir Angst, Euer Kurfürstlich Gnaden würden deshalb große Beschwernis tragen. Auch mich hat deswegen der Jammer so zerrieben, daß ich an der Sache verzagt hätte, wenn ich nicht gewiß wäre, daß das reine Evangelium bei uns ist.

Was meine eigene Sache betrifft, gnädigster Herr, möchte ich so antworten: Euer Kurfürstlich Gnaden weiß oder – falls sie es nicht weiß – ich tu's hiermit kund, daß ich das Evangelium nicht von den Menschen, sondern allein vom Himmel durch unsern Herrn Jesus Christus habe, so daß ich mich wohl – wie ich es denn hinfort tun will – hätte als einen Knecht und Evangelisten rühmen und schreiben können. Nun ich aber sehe, daß meine übermäßige Demut zu einer Erniedrigung des Evangeliums führt und der Teufel den Platz ganz einnehmen will, wo ich ihm nur eine Handbreit einräume, muß ich, aus Not meines Gewissens, anders handeln. Ich habe Euer Kurfürstlich Gnaden genug getan, daß ich dies Jahr gewichen bin, Euer Kurfürstlich Gnaden zu Dienst. –

Euer Kurfürstlich Gnaden wissen, ich komme gen Wittenberg in einem gar viel höheren Schutz als dem des Kurfürsten. Ich hab's auch nicht im Sinn, von Euer Kurfürstlich Gnaden Schutz zu begehren. Ja, ich meine, ich wolle Euer Kurfürstlich Gnaden mehr schützen als sie mich schützen könnte. Dazu, wenn ich wüßte, daß Euer Kurfürstlich Gnaden könnte und wollte mich schützen, so wollt ich nicht kommen. Dieser Sache soll noch kann kein Schwert raten oder helfen. Gott muß hier allein schaffen, ohne alles menschliche Sorgen und Zutun. Darum: Wer am meisten glaubt, der wird hier am meisten schützen. Dieweil ich denn nun spür', daß Euer Kurfürstlich Gnaden noch gar schwach ist im Glauben, kann ich Euer Kurfürstlich Gnaden keineswegs als den Mann ansehen, der mich schützen und retten könnte.«

Diesen hohen, überaus souveränen Ton dämpft Luther allerdings selbst erheblich, denn er empfiehlt Friedrich dem Weisen ganz realistisch, einem eventuellen Befehl des Kaisers zwar zu gehorchen und ihn in den »Städten und Ländern walten zu lassen, an Leib und Gut, wie sich's gebührt nach der Reichs-Ordnung, und ja nicht wehren noch widersetzen noch Widersatz oder irgendein Hindernis begehren der Gewalt, so sie mich fahen oder töten will. Denn die Gewalt soll niemand brechen noch ihr widerstehen denn alleine der, der sie eingesetzt hat, sonst ist's Empörung und wider Gott.« Aber Luther ergänzt diese Empfehlung mit einem klugen Rat: Der Kurfürst müsse nichts anderes tun, als für die kaiserlichen Gesandten die Tore offenzulassen und ihm, Luther, das erteilte kurfürstliche Geleit zu halten. Dann könnten sich die Reichsbevollmächtigten von der Anwesenheit Luthers in Sachsen überzeugen, ihm selbst aber dürften sie nichts anhaben und etwa verhaften und fortschaffen. Sollten sie aber trotzdem »so unvernünftig sein und gebieten, daß Euer Kurfürstlich Gnaden selbst die Hand an mich lege, will ich Euer Kurfürstlich Gnaden alsdann sagen, was zu tun ist«.

Am darauffolgenden Tag reitet Luther in Wittenberg ein, er hat sich schon vor der Ankunft den Bart abnehmen und wieder die Tonsur scheren lassen, trägt auch wieder die Mönchskutte und zieht sofort ins Kloster, in sein Stübchen. Am Sonntag Invocavit, den 9. März, steht er auf der Kanzel der Stadtkirche, wie gewohnt, als hätten niemals Neuerungen stattgefunden, in dem weißen Meßgewand. Das Abendmahl wird am Hauptaltar nur in einer Gestalt gereicht, also mit der Hostie. Die Konsekration findet wie üblich statt, Hostie und Kelch werden hochgehoben, der Ministrant läutet dreimal. Luther empfiehlt dringend, vor der Kommunion die Beichte abzulegen, er zwingt aber nicht dazu. Auch die Feste der Heiligen läßt er wieder feiern, die noch vorhandenen, unversehrten Heiligenbilder in die Kirchen zurückbringen, erlaubt es auch den Priestern, nach Wunsch Privatmessen zu halten. Er akzeptiert vorerst sogar den glanzvollsten römisch-katholischen Feiertag, Fronleichnam, so daß am ersten Donnerstag nach dem

Dreifaltigkeitsfest die große Prozession durch die Straßen Wittenbergs zieht.

Dem Kurfürsten mochte der Entschluß Luthers zur Rückkehr überstürzt erscheinen, nicht recht bedacht, jedenfalls ohne jede wirkliche Not und Dringlichkeit. Doch Luther hatte sich keinen Tag zu früh entschieden. Er wäre auch ohne »Flehen und Bitten« des Wittenberger Rates zurückgekommen. Was er in dem Brief an Friedrich den Weisen als Gefahr bezeichnet hatte: daß der Teufel versuche, den ganzen Platz einzunehmen anstatt nur das, was ihm Luther zubilligte – diese Gefahr war tatsächlich nicht weniger groß als alles, was vom Papst oder vom Kaiser drohte. An dem umstürzlerischen Treiben in Wittenberg, an den Zwickauer Propheten, den Schwärmern, dazu den Rottengeistern im Umkreis von Karlstadt konnte Luther erkennen, daß seiner Revolution das Schicksal drohte, nur deshalb ad absurdum geführt zu werden, weil seine Grundgedanken ins Extrem getrieben wurden. Sein Aufenthalt auf der Wartburg war bis dahin ein Waffenstillstand mit der Wirklichkeit gewesen. Luther beschloß abrupt, ihn zu kündigen.

Von jetzt ab hatte er um die Rettung und gegen die Verzerrung seiner Revolution zu kämpfen, mit aller List, mit allen Mitteln, mit aller Kraft. Er kämpft gegen die Übersteigerer, gegen die Verfechter eines bedingungslosen Bibelprinzips, gegen jene, die den Geist Gottes allein gelten ließen – er kämpft gegen sie mit weit größerem Zorn und größerem Haß als gegen die Papstkirche. Denn sie sind Fleisch von seinem Fleisch und Geist von seinem Geist. So stöhnt er in einer Atempause, halb sich selbst verspottend, halb verzweifelt: »Das sind mir meine Kinder und Brüderlein, die Rottengeister und Schwärmer, welche, wie mir scheint, weder von Christus noch vom Evangelium etwas Solides gewußt hätten, wenn der Luther nicht zuvor hätte geschrieben.«

12 »Ich hab's gewagt!« – Hutten und die Ritterschaft

In Wittenberg hatte Luther praktisch freie Hand, nicht aber überall in Kursachsen und schon gar nicht im ganzen Reich. Die Wirkung seiner Schriften konnte er in Wittenberg freihalten von Mißverständnissen und Fehldeutungen, die Wirkung im Reich jedoch lag völlig jenseits seiner Möglichkeiten. Die Frage, inwiefern er auch für die Verselbständigung seiner evangelischen Lehre verantwortlich war, für die freien Interpretationen seiner Texte, beschäftigte ihn zeit seines Lebens, und kaum weniger setzte ihm der Umstand zu, daß durch ihn unübersehbar viel in Bewegung geriet, was bestenfalls von ihm ausgelöst, keineswegs aber von Grund auf durch ihn verursacht war. Handelte es sich bei der evangelischen Lehre, die jetzt ein eigenes Gewicht erhielt, noch um seine, um Luthers Lehre? Jede seiner Schriften, die er veröffentlichte, stand unter dem Druck dieser Frage. Daß sein Name auch für alles und jedes in Anspruch genommen wurde, was auf Kritik, auf Veränderung, auf Empörung hinauslief, damit hatte er sich bald abgefunden. Denn das »Feldgeschrei Luther«, wie Aleander es so treffend ausgedrückt hatte, wirkte sich auf seine Sache keineswegs ungünstig aus.
Seit dem Reichstag zu Worms und dem Jahr auf der Wartburg brannte die Frage immer heftiger: Wenn Luther das Wort Gottes beschwor, wenn er die Christen dazu aufrüttelte, für das Evangelium zu kämpfen, wenn er die politisch Verantwortlichen, die weltlichen Obrigkeiten in Wort und Schrift mahnte und bedrängte, die Zustände in ihren Ländern und im Reich so zu verändern, daß sie der künftigen Rechenschaft vor dem Herrn nicht mit Bangen entgegensehen mußten – griff er damit nicht unmittelbar und tief in die Tageswirklichkeit ein? Luthers hallende Mahnrufe, die Deutschen sollten sich endlich auf ihre religiöspolitischen Eigenrechte besinnen, sie wieder entdecken, um sie kämpfen, und zwar mit allem Einsatz, trieben eine Gesamtbewegung voran, deren Nenner aus der Parole bestand: »Gegen Rom!«
Die Ereignisse seit 1517 hatten aber auch gezeigt, daß christlicher Glaube, so wie ihn Luther verstand, in den Ländern und im Reich nur dann zu verwirklichen war, wenn der römischen Kirche ihre Rechte genommen wurden. Der Prozeß, der in Wittenberg von Karlstadt eingeleitet und von Luther in weniger geräuschvoller Form weitergeführt und langsam zum Modell entwickelt wurde, entsprach deshalb einer Verschiebung der ursprünglichen Haltung gegen Rom zur unein-

geschränkten Forderung »Los von Rom!« Damit hatte sich der theologische Widerspruch in ein politisches Programm verwandelt. Wortführer dieser Entwicklung und gleichzeitig ihr begnadeter Propagandist war Ulrich von Hutten. Als einer der ersten hatte er eine grundsätzliche Übereinstimmung zwischen seinen eigenen Forderungen und denen seiner Freunde einerseits und den Konsequenzen, die sich aus Luthers Lehren ergeben mußten, andererseits erkannt, sobald sie in die Wirklichkeit umgesetzt wurden. Die Wittenberger Revolution war eingebettet in ein Gewirr von politischer Kritik, erbitterter Ohnmacht, quälender Unruhe und kaum zu bändigendem Zorn – war eingebettet in die Bedrängnisse und meist schwer zu artikulierenden Wünsche des Volkes.

Mit Feder und Schwert

Im Jahre 1512 war Hutten zum erstenmal nach Italien gegangen. Der Vierundzwanzigjährige schrieb sich im März an der Universität Pavia für das juristische Studium ein. Die Wirren des Krieges, den Papst Julius II. zusammen mit der Schweiz, Venedig und Spanien gegen Frankreich in Oberitalien führte, trieben Hutten nach Bologna, an die älteste Universität Europas. Nach einem Jahr war sein Geld verbraucht, er mußte das Studium abbrechen und nahm als Landsknecht Dienst im kaiserlichen Heer. Hutten litt zu dieser Zeit an einer fiebrigen Erkrankung, seine Konstitution war eher zart als stämmig, der kleine Mann war auch noch durch eine Beinlähmung behindert, die ihn zeitlebens zum Hinken zwang. Doch das alte, hochangesehene Adelsgeschlecht der Hutten hatte vielfältige Beziehungen, und sie ermöglichten dem jungen Reichsritter trotz seiner schlechten Verfassung den Weg ins kaiserliche Heer. Im August 1513 befand sich Hutten bei den Truppen, die Padua belagerten, im November desselben Jahres zog er mit einem abgemusterten Reichskontingent über die Alpen und traf im Februar 1514 wieder in Deutschland ein.
Der Kriegsdienst hatte seine Neigung für die humanistischen Wissenschaften und die Poesie erheblich verstärkt, andererseits auch seinen Sinn für die politischen Verhältnisse und Zustände geschärft. Er veröffentlichte rund einhundertzwanzig Feldzugsepigramme von außerordentlicher Bildkraft. Auffällig war die rühmende Verehrung Kaiser Maximilians I. als des unermüdlichen »Schildträgers des Reiches«, Hutten schlägt in seinen Schilderungen auch schon kräftige nationale Töne an.

Kurze Zeit setzte er in Erfurt sein Studium fort, er gehörte dort zu dem Humanistenkreis um Crotus Rubeanus. An der Verteidigung Reuchlins in seinem Streit mit den Kölner Dominikanern beteiligte sich Hutten mit besonderem Einsatz. Unter Führung des Inquisitors Hoogstraten versuchten die Dominikaner den Plan durchzusetzen, sämtliche hebräischen Bücher in Deutschland zu vernichten. Johannes Reuchlin, als Hebraist und Gräzist in ganz Europa berühmt, hatte dagegen schärfstens protestiert und sein Gutachten dem Kaiser vorgelegt. Im Gegenzug versuchten die Kölner einen Prozeß gegen Reuchlin vor dem Inquisitionsgericht einzuleiten. Der Streit zog sich jahrelang hin, unter erregter Beteiligung aller Humanisten, die in der Angelegenheit zu Recht einen Präzedenzfall für das Ansehen und die Geltung ihrer Devise »Zu den Quellen – *ad fontes*!« erblickten; bei der Rettung dieser religiösen Texte, in denen die Humanisten vor allem literarische Quellen sahen, ging es um ein Hauptprinzip ihrer ganzen Tätigkeit.
Zusammen mit Crotus Rubeanus zeichnete Hutten verantwortlich für die berühmten »Dunkelmännerbriefe«, die *Epistolae Obscurorum Virorum*, deren Abfassung durch den Streit um Reuchlin veranlaßt wurde: eine der glanzvollsten Satiren der Weltliteratur. Es handelt sich um einhundertzehn fingierte Briefe, die anonym in zwei Teilen 1515 und 1517 erschienen. Der zweite Teil stammt fast ausschließlich von Hutten. Das ganze Werk ist nach dem Urteil eines modernen Kenners »die raffinierteste aller Satiren, die deutscher Geist je ersonnen« hat.
Hutten kam in dieser Zeit durch die Fürsprache eines Verwandten in den Dienst des Erzbischofs Albrecht von Mainz. In der Stadt gründete Hutten sofort einen florierenden Humanistenzirkel und verfaßte einen überwältigend langen Hymnus von 1300 Verszeilen auf den Kurfürst-Erzbischof. Der Panegyrikus, im Februar 1515 erschienen, zahlte sich buchstäblich in klingender Münze aus. Der Erzbischof stattete seinen zweifelsohne aufrichtigen Dank in Form von zweihundert Goldgulden und der Garantie ab, für die Kosten aufzukommen, welche für die Beendigung von Huttens Rechtsstudium in Italien benötigt wurden. Von Huttens »Lob auf Albrecht« war Erasmus von Rotterdam geradezu überwältigt. Er rühmte den Verfasser als »einzigartiges Entzücken der Musen, Ulrich von Hutten, der schon durch seine Ahnen bedeutende Jüngling. Ich frage Euch: Wie könnte Attika mehr Witz und Eleganz erzeugen als dieser eine besitzt? Ist nicht die göttliche Schönheit selbst seine Sprache und die lautere Anmut?«

Die Reden gegen Herzog Ulrich

Kurz darauf wurde Hutten in eine Angelegenheit verwickelt, welche die Bedeutung einer Initialfunktion erhielt. Im Mai 1515 hatte Herzog Ulrich von Württemberg seinen jungen Stallmeister Hans von Hutten, einen Neffen Ulrich von Huttens, mit eigener Hand ermordet. Zwischen dem Herzog und Huttens Frau Ursula von Thumb bestand ein Liebesverhältnis, und der Herzog empfand die Existenz des Ehemannes störend, nicht zuletzt auch deshalb, weil Gerüchten zufolge Hans von Hutten ein gewissermaßen kompensatorisches Verhältnis mit Sabine von Bayern, der Gemahlin des Herzogs, eingegangen war. Nach dem Mord an Hans von Hutten floh die Herzogin auf bayerisches Gebiet. Zusammen mit dem ganzen Geschlecht der Hutten, das Rache geschworen hatte, betrieb sie den Kampf um die Bestrafung des Herzogs. Die stärkste Unterstützung erhielt sie dabei durch Ulrich von Hutten, der in fünf großen flammenden Anklageschriften nach Rache und Gerechtigkeit rief.
Die Affäre war nicht ganz einfach und auch nicht ungefährlich, weil es sich bei dem »schwäbischen Tyrannen« immerhin um einen regierenden Reichsfürsten handelte, der auch noch mit dem Kaiser verwandt war, zwar nicht blutsverwandt – Sabine von Bayern war eine Nichte Maximilians I., was sich in diesem Fall zwar keineswegs als Vorteil für Herzog Ulrich auswirkte –, aber der Kaiser war gerade deshalb daran interessiert, die Angelegenheit so still wie möglich beizulegen.
Hutten exponiert sich jedoch ohne die geringsten Bedenken und diplomatische Rücksichten. Er weitet die Affäre zum Musterfall eines allgemeinen Mißstandes aus. Der Skandal wird dadurch charakteristisch für das Willkürregiment der Territorialherren im Reich und ihre Unterdrückungspraxis. Dem Kampf der gesamten Ritterschaft des Reiches gegen die Übermacht des Landesfürstentums liefert Hutten damit eine theoretisch-agitatorische Begründung, er zeigt die grundsätzliche Natur der Gegnerschaft und legitimiert sie, er faßt einen jahrzehntelang angestauten Unmut zusammen und zieht schließlich eine rücksichtslos kritische Gesamtbilanz der inneren Verhältnisse Deutschlands. Huttens Angriff nimmt dabei Dimensionen an, in denen alles Persönliche in den Hintergrund tritt und nicht mehr sichtbar wird. Aus der Empörung über einen Skandal mit wenig gutem Beigeschmack wächst in kürzester Zeit das Programm einer durchgreifenden Reichsreform mit den Hauptforderungen nach allgemeiner Rechtsgleichheit, Reform der Justiz, Eindämmung der willkürlichen Fürstengewalt, Stär-

kung der Kaisermacht. Treibend ist jetzt nicht mehr das Verlangen nach Bestrafung des pathologischen Schwabenherzogs, treibend ist die Sorge um das Wohl von Huttens Vaterland, seiner deutschen Nation. Herzog Ulrich wurde in die Acht erklärt, konnte jedoch bald ihre Aufhebung erreichen, mußte aber kurz darauf wegen seiner hemmungslosen Übergriffe erneut geächtet werden. Der Tod des Kaisers rettete ihn zunächst vor den schlimmsten Konsequenzen. Als er jedoch 1519 die freie Reichsstadt Reutlingen überfiel und eroberte, machte der Schwäbische Bund, die mächtige Landfriedensorganisation der süddeutschen Stände, der Sache ein Ende. Die Schweizer Herzog Ulrichs ließen ihn im Stich, Georg von Frundsberg eroberte das Gebiet im Handumdrehen, der »Schandfleck des schwäbischen Namens« mußte fliehen, Württemberg wurde von Erzherzog Ferdinand übernommen.

Hutten schrieb die erste der »Fünf Reden« gegen den Schwabenherzog in Steckelberg, der Huttenschen Heimatburg, die zweite, 1516, dagegen in Rom. Im Herbst 1515 war Hutten zu seiner zweiten Italienreise aufgebrochen. Er blieb knapp zwei Jahre im Süden, studierte zunächst in der »Hauptstadt des Erdkreises« und wechselte dann wieder nach Bologna. In Italien lernte er die Verhältnisse noch gründlicher kennen als bei seinem ersten Aufenthalt. Sein antirömischer Affekt, der bei ihm zu einem Grundmoment wurde, entstand zunächst aus ganz persönlichen Mißhelligkeiten; er steigerte sich aber rasch ins Politische aufgrund des Aufwands und Prunks der Kurie und des Papstes, der Käuflichkeit der Ämter und der buchstäblich grenzenlosen Korruption, die ganz offen und mit einer entwaffnenden Schamlosigkeit betrieben wurde. Hutten sah die Berechtigung der »Gravamina der deutschen Nation« durch seine Erfahrungen im Zentrum der Christenheit bestätigt; sein Verdikt könnte nicht knapper sein: »In Rom ist alles käuflich.« Allerdings richtete sich trotz seiner erregten Kritik Huttens Kampf gegen Rom niemals gegen die Kirche selbst, sondern ausschließlich gegen die macht- und finanzpolitische Praxis des Papsttums – sehr im Unterschied zu Luther.

In Bologna gehörten zu Huttens engsten Freunden die Bamberger Domherren Andreas und Jakob von Fuchs, der Würzburger Kleriker Friedrich Fischer und vor allem Johannes Cochläus, der das Studium der Neffen Willibald Pirckheimers in Bologna betreute – alles christliche Humanisten, freilich auch von einer betonten Liebe für ihre Nation erfüllt. Mit Cochläus schloß Hutten »einen durch selbstlose Liebe zum Vaterland bestimmten Freundschaftsbund«. Cochläus, der erst nach dem Wormser Reichstag zu einem bedingungslosen Gegner Luthers und seiner Anhänger wurde, war hingerissen von Huttens unverwüstlichem, mitreißendem Temperament, seinem unerhörten Fleiß, seiner Willenskraft, und es war sicherlich nicht der Erfahrungsunterschied, der den fast zehn Jahre älteren, mit aller denkbaren Reputation ausgestatteten Humanistengelehrten Cochläus über das »wunderbare Talent« Hutten an Pirckheimer schreiben ließ: »Ich ehre und liebe einen so großen Mann um seines Geistes, seines Studiums, seiner Gelehrsamkeit willen, weil er sein Volk und sein Vaterland liebt und verherrlicht. Doch fürchte ich, daß seine offene deutsche Art, wenn er sie nicht mäßigen lernt, ihm verderblich werden könnte. Erasmus wird ihn zügeln, zügle auch Du ihn, wenn Du es vermagst, damit nicht durch der Barbaren Nachstellung unser gemeinsames deutsches Vaterland vor der Zeit einen solchen Geist verliert.« Franziskus Irenikus, der Verfasser der vielgerühmten *Germania Exegesis* von 1518, plazierte Hutten sogar vor allen anderen Humanisten-Dichtern Deutschlands auf den obersten Rang.

Die beständigen Mahnungen, nur allen Zorn, allen Eifer, jeden starken Einsatz »zu zügeln«, werden bei den deutschen Humanisten ein wesentlicher Teil ihrer Haltung und geben nicht selten auch etwas vom Charakter wieder. Das braucht nicht zu überraschen, weil die Rücksichten auf ihre Fürsten, Gönner, Herren, von denen sie bezahlt wurden, zu den Elementen ihrer Existenz gehörten. Hier liegt aber auch der Kontrast zu solchen Persönlichkeiten wie Luther, Hutten oder Franz von Sickingen, die für alles »Zügeln« nur Hohn übrig hatten. Luther rechtfertigte seine grobe Diktion als unerläßlich, in der Schärfe der Sprache sah er eine Garantie ihrer Wirkung. Da gab es keine Unterschiede zwischen Luther und Hutten, so wenn der Reichsritter gegen die deutschen Pfaffen schnaubte: »Hebt euch weg von den reinen Quellen, ihr unreinen Schweine! Hinaus mit euch aus dem Heiligtum, ihr verruchten Krämer! Berührt nicht länger mit den oft entweihten Händen die Altäre. Wie kommt ihr dazu, dasjenige, was zu frommen Zwecken gespendet wurde, für Völlerei, Unzucht, Pracht und Prunk zu mißbrauchen, während viele rechtschaffene und fromme Menschen Hunger leiden? Das Maß ist voll. Seht ihr nicht, daß die Luft der Freiheit weht?« Gegen die Vorsicht der Bedächtigen setzt Hutten ein strahlendes »Wohlauf! 's ist Zeit, wir müssen ran!«

Freiheit und Vaterland

Mitte Juni 1517 erhielt Hutten die Nachricht, er solle umgehend nach Augsburg kommen, es handle sich um eine wichtige, offizielle Angelegenheit. Am 8. Juli ritt er durch die Tore Augsburgs, wurde von Peutinger empfangen und war Gast in seinem Haus. Zu dieser Zeit hielt Maximilian I. in Augsburg hof. Vier Tage nach der Ankunft Huttens fand eine große Feier statt, Hutten wurde zum *Poeta laureatus* gekrönt. Den Kranz aus apollinischem Lorbeer flocht Peutingers Tochter Constanze und setzte ihn dem Dichter aufs Haupt. In der Krönungsurkunde wurde nicht nur die seltene Auszeichnung festgehalten, sondern Hutten aufgrund seiner bisherigen Studien und seiner Tätigkeit auch die Würden und Rechte eines Doktors der Jurisprudenz verliehen.

Dichterkrönungen galten zu dieser Zeit als absoluter Gipfel des Ruhmes und der denkbaren Auszeichnungen. Vor Hutten waren in Deutschland lediglich Conrad Celtis und Jacob Locher auf diese Weise geehrt worden. Die Auszeichnung Huttens steigerte seinen Ruhm und seinen Rang im Reich weit über jenes Maß hinaus, das damals auch für die Einschätzung überragender Leistungen galt. Hutten war als Persönlichkeit singulären Zuschnitts bestätigt worden; gleichzeitig gab ihm die Ehrung durch den Kaiser eine Repräsentanz für Deutschland, deren politische Wirkungen auch hinsichtlich der allgemein bekannten Bestrebungen und Ziele Huttens von erheblicher Tragweite waren.

Im Kreis der Humanisten: zuoberst Huttens Gönner Erasmus von Rotterdam, daneben Johannes Reuchlin, Conrad Celtis, Jakob Wimpheling, Willibald Pirckheimer, Crotus Rubeanus, Konrad Peutinger, Johannes Cuspinian und einer fast endlosen Reihe kaum weniger klangvoller Namen behauptete sich Hutten nicht durch eine extraordinäre Gelehrsamkeit, sondern durch seine feurige Kraft, seine unerschöpfliche Dynamik, die Entschiedenheit seines Einsatzes und eine Rhetorik, die dank ihrer Härte und Wucht als eine der gefährlichsten Waffen in den Auseinandersetzungem der Zeit gefürchtet wurde. Solche Gemeinsamkeiten, auch der persönlichen Anlagen, waren es, die Luther und Hutten eine bedeutsame Strecke weit zusammenführten – lange genug, um Luthers Bewegung durch Hutten im öffentlichen Raum noch einen besonderen Schwung zu verleihen und eine Kraft, von der Luther mehr profitierte, als er selbst einzugestehen bereit war. So wichtig dies für die evangelische Bewegung sein mochte, so wenig kann allerdings davon die Rede sein, daß Hutten ein Vorkämpfer

Luthers oder des Luthertums gewesen wäre. Und doch stehen sich beide nahe genug, um die analytischen Trennungskünste der Nachfahren gequält erscheinen zu lassen.

Den Kampf gegen Rom führte Hutten schon erheblich länger als der Wittenberger Mönch. Das war auch einer der Gründe für Huttens ursprüngliche Fehleinschätzung der Ablaßkritik Luthers. Daß beide von durchaus ähnlichen, wenn nicht vielfach denselben Antrieben bestimmt wurden, allerdings in unterschiedlichen Bereichen, das begriff Hutten spätestens im Jahre 1519, als er seine »Türkenrede« an die deutschen Fürsten und den ersten »Brief an alle freien Deutschen« veröffentlichte. Hutten hatte während seiner Tätigkeit in der Kanzlei des Erzbischofs von Mainz die brennenden Finanzprobleme des Stifts kennengelernt, die hauptsächlich durch die immensen Überzahlungen und Zwangsabgaben an Rom entstanden.

Die »Türkenrede« ergab sich als eine Quintessenz der Einsichten Huttens und wurde zum Auftakt seiner offenen politischen Agitation gegen Rom. Er lehnte in der Schrift die päpstliche Forderung nach einem Zehnten zur Vorbereitung eines Türkenfeldzuges kategorisch ab und verknüpfte damit eine aggressive Kritik an der allgemeinen Finanzpolitik der Kurie im Reich, die er als rundweg erpresserisch bezeichnete. Für den Türkenfeldzug selbst trat er genauso entschieden ein wie jeder Verantwortliche in der Christenheit Europas und im Reich – insbesondere im Reich, denn schließlich war das Reich durch die osmanische Expansion unmittelbar betroffen. Auch die militärische Initiative konnte nur vom Reich aus entwickelt werden. Für Hutten ergab sich daraus der Vorrang des Kaisers gegenüber Rom und dem Papst, und zwar nicht nur unter dem Gesichtspunkt, daß der Türkenzug vor allem im deutschen Interesse lag und damit eine elementare Reichsangelegenheit war.

Hutten verlangte von den deutschen Fürsten eindringlich, ja beschwörend, ihren Territorialegoismus zugunsten der Einigkeit und Einheit aufzugeben, er wies mit allem Nachdruck auf die wachsende Unruhe im Volk hin und sprach kaum verschlüsselt von der steigenden Gefahr eines allgemeinen Aufstandes und Bauernkrieges. Vom Kaiser erwartete Hutten die praktische Durchsetzung einer Reichsidee, die sich unter Absage an das mittelalterlich-religiöse Konzept auf ein Weltimperium deutscher Nation richtete. Der »Brief an alle freien Deutschen« goß Öl in das schon hell genug lodernde Feuer der allgemeinen Empörung über die finanzielle Ausplünderung Deutschlands durch Rom, empfahl die Zerstörung der weltlichen Macht des Papsttums und eine radikale Beschneidung sämtlicher territorial-fürstlicher Usurpationsgelüste, wie sie in dem Versuch des Schwabenherzogs, sich die Reichsstadt Reutlingen einzuverleiben, zum Ausdruck gekommen waren. Beide Texte zusammen, deren hochintensive Formulierungen sich in nichts von den heftigsten Kampfschriften Luthers unterschieden, stellten die bis dahin schwerste politische Attacke Huttens dar, sie brachen jener Richtung Bahn, die zu seiner »Verwirklichung der deutschen Nation« führen sollte.

Mit Luther gemeinsam war der unerbittliche Kampf gegen Rom, seine Verwandlung in die Parole »Los von Rom!« und die Bemühung, die spezifisch nationalen Kräfte zu wecken – was sich bei Luther religiöspolitisch äußerte und bei Hutten politisch-freiheitlich. Die Differenz, die zunächst kaum eine Rolle spielte, brachte Hutten auf die beiden Formeln: »Ein Luthericus bin ich nicht, aber dem gottlosen Rom bin ich noch feindlicher gesinnt als Luther«, sowie: »Von Luther könnte ich vielleicht schweigen, von der Freiheit nicht.« Allerdings schwieg auch Luther niemals von der Freiheit, um Freiheit ging es ihm genauso leidenschaftlich wie Hutten, auch wenn er diese Freiheit biblisch begründete und nicht irdisch wie Hutten. Für die Gemeinsamkeit des Kampfes genügte es aber vollauf, daß sowohl Luther als auch Hutten im päpstlichen Rom diejenige Macht bekämpften, welche die religiöse und die deutsche Freiheit am erbarmungslosesten knebelten. Die Deutschen empfanden deshalb die Unerbittlichkeit der Haltung, die Wucht der Forderungen, die Radikalität des Einsatzes, die zu Luther genauso gehörte wie zu Hutten, auch als eine tiefe innere Gemeinsamkeit beider Männer – ein begreiflicher Trugschluß, der nicht zuletzt deshalb so beharrlich überliefert wurde und die Wertschätzungen färbte, weil seine Voraussetzungen nicht durchweg irrig waren und mit Rücksicht auf die Identifikation Franz von Sickingens mit der evangelischen Sache teils sogar ausgesprochen richtig.

So sehr es in diesen Jahren im Reich darum ging, die Verhältnisse von der Wurzel her zu ändern und zu bessern, so sehr war dazu jener Einsatz unerläßlich, der sich in solchen Bekenntnissen äußerte wie dem sprichwörtlich-berühmten Huttens: »Ich hab's gewagt!«, dem sinngemäßen deutschen Ausdruck seines Mottos *»Iacta est alea«* (Der Würfel ist gefallen), das er dem griechischen Tragödiendichter Äschylus entlehnt hatte. Diese Haltung war völlig identisch mit Luthers unwandelbarem Beharren auf dem, was ihm von seinem Gewissen befohlen wurde – »und wenn die Welt voll Teufel wär!« Mußten es die Deutschen nicht als fundamentale Gemeinsamkeit verstehen und mißverstehen, wenn Hutten am 4. Juni 1520 an Luther schrieb: »Führe Du uns, Du großer Evangelist, den gekränkten, den zehnfach gekeuzigten und von römischen Pfaffen mißhandelten Christus wieder in seiner Urschönheit und göttlichen Einfalt in unsere Tempel zurück; ich will inzwischen unseren Landsleuten die Augen öffnen und den tückischen Papisten zeigen, daß es unter den barbarischen Deutschen auch Verstand und mehr Mut gibt, als sie sich je träumen ließen. Es ist nicht genug, wenn wir bloß Splitter aus ihrem stolzen, auf unsere Blindheit gegründeten Truggebäude herausreißen – wir sind, sollt' ich hoffen, stark und zahlreich genug, um Hand an die Hauptpfeiler zu legen und seine Grundfesten zu bewegen.«

Zu Luther und Hutten wurde vom Volk als dritter Vorkämpfer Franz von Sickingen gezählt. Der kaiserliche Feldhauptmann, zwei Jahre älter als Luther, von Reuchlin erzogen und legendär durch die unbekümmerte Entschlossenheit, mit der er durch eine Kette waghalsiger Kriegszüge und Fehden seine Machtposition am Mittelrhein ausgebaut hatte, galt zu Recht als ein unbeirrbarer Parteigänger der evangelischen Sache. Wenn Sickingen nur ein gewöhnlicher Raubritter, wenn auch von höchster Qualifikation, oder lediglich ein Kondottiere gewesen wäre, hätte sich Maximilian I. niemals mit ihm verglichen, niemals die Acht, die seiner Fehden wegen über ihn verhängt worden war, aufgehoben und ihm kaiserlichen Dienst angeboten. Sickingen war der Exponent des Kampfes der Reichsritter gegen die Mediatisierungsbestrebungen der Landesfürsten und der reichen Städte, er war wie sein Freund Hutten Verfechter einer starken Kaisergewalt, des Reichswohles und des allgemeinen Rechtes und der Gerechtigkeit, insbesondere gerühmt als immer kampfbereiter Anwalt sämtlicher Bedrängten.

Luther, Hutten und Sickingen hatten mit dem jungen Kaiser Karl V. die Hoffnung verbunden, er würde sich energisch und mit all dem Überschuß an Kräften, den man ihm unterstellte, um das seit Jahrzehnten überfällige, dringlichste Problem des Reiches bemühen: um eine Reichsreform, die den Wildwuchs des Landesfürstentums beschneiden, den Einfluß der Kurie brechen, die kaiserliche Macht stärken und die begründeten Klagen der Stände, Städte und insbesondere der Reichsritterschaft beheben würden. Die Haltung Karls V. gegenüber den Reichsständen, gegenüber Luther, schließlich die Enttäuschung der Reichsritter über die Ergebnisse des Reichstages, zu guter Letzt das Wormser Edikt ließen alle Hoffnungen jählings verfliegen. Für Hutten und Sickingen behielt deshalb mehr denn je die Stärkung und Sicherung der Reichsritterschaft gegenüber den auf absolutistische Übermacht ausgerichteten Territorialfürsten ihren Vorrang. Gerade dadurch gerieten aber auch die Bestrebungen der Reichsritter in engste Berührung mit den Intentionen Luthers, dessen evangelische Lehren zwangsläufig auf einen Kampf gegen die geistlichen Fürstentümer hinauslaufen mußten.

Reform mit Hellebarden

Auf der Wartburg verfaßte Luther eine Schrift »Von der Beicht, ob die der Papst Macht habe zu gebieten«, die er mit einer Vorrede seinem »besonderen Herrn und Patron« Franz von Sickingen widmete. Luther versicherte darin, daß ein Wandel der Dinge nicht zu verhindern sei. Gehe er nicht friedlich vonstatten, dann käme Gewalt zum Zug: »Wandeln sie nit, so wird ein anderer wandeln, der sie nit, wie Luther, mit Brief und Worten, sondern mit der Tat wird lehren!« Wie Luther das im einzelnen und unmißverständlich gemeint hat, an wen er dabei präzis gedacht haben mochte, jedenfalls war Franz von Sickingen, dem kühnsten, bedeutendsten, militärisch mächtigsten und einflußreichsten Ritter kein Vorwurf zu machen, wenn er solche Sätze aus einer Schrift, die ihm Luther auch noch gewidmet und mit einem Brief zugeschickt hatte, auf sich bezog. Luther gab sich darin auch noch gründlichen Gedanken über den Bericht im Alten Testament hin, nach welchem Josua in Kanaan, dem Land der Verheißung, einunddreißig Könige mit allen Einwohnern ihrer Städte habe erschlagen müssen. Luther meint: »Es war also von Gott geschickt, daß sie, trotzig und mutig wider Israel zu streiten, dadurch verstöret und ihnen keine Gnad erzeiget wurde. Die Historie sieht mich an, als wollt sie ein Exempel werden unseren Päpsten, Bischöfen, Hochgelehrten und anderen geistlichen Tyrannen.« Es werde, vermutet Luther, Gott ebenso bewirken, daß sie sich in ihrem Stolz zu sicher fühlen und deshalb »zuletzt ohne alle Barmherzigkeit untergehen müssen«.

Bei Hutten ist die Reserve gegenüber den religiösen Fragen fest umrissen. Bei Franz von Sickingen dagegen gibt es keine Zweifel, daß in seiner klar zugeschnittenen Persönlichkeit eine echte Symbiose zwischen erneuerter Reichsidee und lutherischem Glauben stattgefunden hatte. Seit Hutten den berühmten Feldhauptmann, den die Reichsritter für würdig erachteten, die Kaiserkrone zu tragen, auf dem zweiten Feldzug gegen Herzog Ulrich von Württemberg kennengelernt hatte, fand sich Sickingen verblüffend schnell und verständig in die evangelischen Lehren. Sickingen las seitdem jede Schrift Luthers, Zeile für Zeile, er konnte ganze Passagen zitieren, verfaßte auch selbst Texte, die ganz von Luthers Geist durchdrungen sind. Charakteristisch für seine elementare Kühnheit ist der »Sendbrief«, in welchem er seinem zögernden Schwiegervater Dietrich von Handschuhsheim auseinandersetzt, daß es in dieser Sache um eine Entscheidung geht, bei der es keine Rückversicherungen und keine Erfolgsgarantien gibt: »Es sind etliche, die lassen sich hören, sie wollen dieser evangelischen Meinung nicht anhangen, sondern das Ende abwarten, um zu sehen, wer recht behalten wird. Sie setzen dabei vielleicht mehr auf das zeitliche und augenscheinliche oder gewaltigliche Durchdringen, als auf die wahre Seligkeit. Die werden, so fürchte ich, nicht eher erfahren, wer in diesem Streit recht behält, bis sie kommen in Kleppermanns Haus, da schlägt das höllische Feuer zum Fenster hinaus.«

Luther hatte sich niemals ablehnend gegen die überall bekannten und von den Landesherren mit größter Sorge beobachteten Neigungen Huttens und Sickingens geäußert, die Reichsangelegenheiten mit dem Schwert zu behandeln, wenn die Federn und die Diplomatie keine Erfolge brachten. Auch diese Tatsache erklärt, abgesehen von dem mächtigen Bündel der vielen anderen Gründe, warum Luther und Hutten in der Öffentlichkeit so häufig zusammengestellt wurden, als handle es sich um Dioskuren. Ebenso erklärt es, warum in einer ansonsten recht sachlichen und kenntnisreichen Flugschrift aus dem Jahre 1521/22 schlicht behauptet wird: »Luthers und Huttens Anschlag gefällt mir nit, daß sie raten, man soll mit Hellebarden und Spießen das zuwege bringen«, was nicht friedlich geändert werden kann.

Hutten und Sickingen jedenfalls dachten in den Kategorien der Hellebarden und Spieße, und so dachte im großen und ganzen auch die Mehrheit des Adels in Deutschland. In Mainz hatte Hutten zusammen mit einem seiner Humanistenfreunde, dem Domprediger Wolfgang Capito, der bald darauf geistlicher Rat und Kanzler von Kardinal Albrecht wurde, ohne Erfolg versucht, seinen Herrn und Gönner zu einem energischen Einsatz für die Schaffung einer evangelisch-deutschen Nationalkirche zu überreden. Dem Kurfürsten erschienen die Lehren Luthers weit weniger verabscheuenswürdig, als es aufgrund der Tetzel-Affäre oder von den Grundlagen eines Ecks oder Aleanders aus zu erwarten war. Doch er konnte sich zu keiner klaren Haltung durchkämpfen. Als der Papst die Auslieferung Huttens verlangte, wollte der Kardinal seine Sicherheit nicht mehr garantieren. Die Mainzer, von Priestern aufgestachelt, drohten ihm, seine Bibliothek zu

vernichten. Hutten entgegnete sehr bestimmt: »Verbrennt Ihr meine Bücher, so werde ich Eure Stadt verbrennen.« Sprach's, verließ Mainz und zog auf die Ebernburg Sickingens.
Von dort aus inszenierte er seit 1520/21 ein wahres Feuerwerk von Flugschriften, Sendbriefen, Agitationstexten, um die Ritter und Städte Deutschlands zu mobilisieren und zu einer gemeinsamen Aktion zusammenzuschließen. Das Ziel war die Verwirklichung einer nationalen Reichsreform und die Verwirklichung der evangelischen Lehren Luthers. Der erste Schritt, der beiden Absichten diente, war eine radikale Minderung der Rechte und der Macht der römischen Kirche – ein Vorhaben, das alle Stände des Reiches übergriff und das Verlangen des Adels nach Säkularisierung der Klöster und Stifte erfüllte; diese Forderung wurde keineswegs nur wegen der eigenen wirtschaftlichen Situation erhoben, sondern weit mehr noch aus rechtlichen Gründen, denn das Kirchengut war überwiegend dem Adel abgenommen worden – Luther hatte mehrfach mit ätzender Kritik darauf hingewiesen – und sollte ihm deshalb auch wieder zufallen. Die Reichsreform sollte auch ohne den Kaiser und notfalls gegen ihn durchgeführt werden.
Als die Flugschriften nicht den Erfolg hatten, mit dem Hutten rechnete, beschloß er, auf eigene Faust zu handeln. In seinen Aufrufen hatte er sich darauf festgelegt, daß er auch allein zur Gewalt übergehen würde, er hatte diesen Entschluß mit dem Recht auf ritterliche Fehde begründet. Kaiser Maximilians I. »Ewiger Landfriede« von 1495 hatte dieses Recht zwar annulliert, doch die Reichsritter fühlten sich, wie sie in der Folgezeit wiederholt betont hatten, in ihren alten Rechten übergangen, der Ewige Landfriede berücksichtige nicht ihre besondere Lage; sie gaben das Fehderecht nicht ohne weiteres preis. So verkündete Hutten jetzt den »Pfaffenkrieg«, er begann, päpstliche Gesandtschaften, die den Rhein entlangzogen, zu überfallen. Sickingen, in diesem Metier geschulter und mit mehr Übersicht, sorgte dafür, daß Hutten seine Kampfgelüste drosselte und die Aktionen einstellte.

Das Ende der Ritterschaftsbewegung

Zu Beginn des Jahres 1522 war es aber auch mit Sickingens Langmut vorbei. Er entschloß sich, »dem Evangelium eine Öffnung zu machen«, und lud im Sommer etwa sechshundert Ritter zu einer Beratung auf seine Burg Landau ein. Die Versammlung, welche die ganze Reichsritterschaft Südwestdeutschlands repräsentierte, wählte Sickingen zu ihrem Hauptmann und verabschiedete am 13. August den Bundesbrief einer »Brüderlichen Vereinigung«, dessen oberster Zweck der Rechtsschutz aller Ritter war, die dem Landauer Bund angehörten. Fehden unter Bundesverwandten wurden verboten. Die Ritter verpflichteten sich in dem Bundesbrief, Differenzen mit anderen Ständen ausschließlich von Rittergerichten entscheiden zu lassen und beizulegen. Es handelte sich um einen der letzten Beschlüsse zu einer Frage, die schon wiederholt auf früheren Rittertagen besprochen und verlangt worden war: die Errichtung eines eigenen ritterlichen Gerichtsstandes, eine Forderung, die in dem verzweifelten Kampf des teils landsässigen, teils reichsfreien Kleinadels gegen die politische, wirtschaftliche, soziale Deklassierung zwischen den Mühlsteinen der mächtig florierenden Städte und dem Landesfürstentum als gangbarer Weg der Existenzbewahrung erschien. Die anderen Wege erschöpften sich in ständigen Rückgriffen auf das alte ritterliche Fehderecht, das die Fürsten und Landesherren schon frühzeitig als Faustrecht zu diffamieren versucht hatten. Der Bund war auf sechs Jahre befristet, Fürsten und Städte konnten ihm beitreten, Geistlichen dagegen blieb er verschlossen. Parallel zu dem Landauer Bund der südwestdeutschen Ritterschaft erfolgte am 28. Januar 1523 eine Einigung der fränkischen Ritterschaft. In Landau hatte Sickingen vereinbart, als nächsten Schritt zur Realisierung des Umsturzkonzepts, das er seit 1520 zusammen mit Hutten in häufigen Varianten entwickelte, den Krieg gegen einen kurfürstlichen Territorialherren zu erklären; damit sollte die Auflösung und der Zusammenbruch sämtlicher Landesfürstentümer des Reiches eingeleitet werden.

Um welches Kurfürstentum es sich handeln mußte, war offensichtlich. Sickingen erklärte am 27. August 1522 dem Erzbischof von Trier, Richard von Greiffenklau, die Fehde, fiel in sein Gebiet ein und begann, Trier zu belagern. Es schien mehr als nur ein bloßer Zufall zu sein, daß zur gleichen Zeit Luthers erneute Aufforderung an die Herren des Reiches erging, sich nunmehr endlich tatkräftig gegen den geistlichen Stand zu wenden. Der Vorwurf, Sickingen hätte lediglich beabsichtigt, sich selbst in den Besitz des Kurfürstentums von Trier zu setzen, ist überraschend, weil Sickingen diese Absicht nie verschwiegen hatte. Allerdings waren dabei nicht krasser Eigennutz oder Gewinnsucht treibend, sondern jene Absicht, die als Losung auf dem Panier der Sickingen-Fehde gegen das Pfaffentum stand: »Evangelium, Freiheit, Gerechtigkeit«. In dem Manifest dieses Feldzuges, das von dem Franziskaner Heinrich von Kettenbach stammte, wurde von einem heiligen

Krieg zur Ehre Gottes gesprochen und Sickingens Reisige und Landsknechte als die Ritter Christi gerühmt.
Sickingens Truppen, etwa siebentausend Mann, waren nicht stark genug, der Ritter selbst zu siegesgewiß und nachlässig, und der Widerstand des Erzbischofs unvergleichlich entschlossener als erwartet. Richard von Greiffenklau hatte begriffen, daß nicht nur Trier auf dem Spiel stand, sondern daß sich in diesem großen Pfaffenkrieg auch entschied, ob die geistliche Herrschaft weiterhin Bestand haben würde oder nicht. Sickingen und Hutten galten ungezählten Herren als Exponenten von Bestrebungen, die sie insgeheim guthießen, aber noch nicht offen zu unterstützen wagten: mit Trier stand auch die Frage der Enteignung und Säkularisation des gesamten Kirchengutes zur Entscheidung an. Ein Sieg der Ritter hätte die Auslösung einer Lawine bedeuten können.
Trier wurde deshalb mit aller Verbissenheit verteidigt, allen voran vom Kurfürst-Erzbischof. Als ein Kloster vor den Toren nicht mehr gehalten werden konnte, warf Richard von Greiffenklau mit eigener Hand die Brandfackel in den Speicher, um den Rittern nur eine Ruine zu überlassen. Eine Woche lang berannte Sickingen die Mauern, dann ging die Munition für seine Geschütze zur Neige, die zugesicherte Unterstützung der Reichsritter blieb aus, die Herren konnten sich trotz der geschlossenen Vereinbarungen nicht zu jenem Einsatz durchringen, der für Hutten und Sickingen selbstverständlich war. Die Belagerung Triers wurde abgebrochen.
Ebenso mißlich wie die Unzuverlässigkeit und das Zögern der Ritter wirkte sich für Sickingen die Fehlspekulation aus, daß die kleineren Städte und möglicherweise auch die Bauern spontan und mit Macht an die Seite der Reichsritter treten würden. Wenn Sickingen wirklich mit den Bauern gerechnet hatte, dürfte es nur eine taktische Überlegung gewesen sein, denn *au fond* war er sich viel zu sehr seines Standes bewußt, als daß er im Ernst seine Forderungen mit den Interessen von des »Bundschuhs Pöbels Gesind« gleichgesetzt hätte. Doch waren hier die Grenzen fließend, Hutten sah dies anders, zumindest vom Prinzip her. Seit ihn Cochläus in Italien auf das Widerstandsrecht des Volkes hingewiesen hatte, waren für ihn diese Barrieren geräumt.
Für das Ende aber wurde die Einigkeit der Territorialherren ausschlaggebend. Das Reichsregiment in Nürnberg hatte »Ritter Franz« wiederholt und sehr dringlich ermahnt, doch Sickingen gab nur kalt zurück, er beabsichtige, im Reich eine neue Ordnung herzustellen. Am 1. Oktober 1522 wurde er vom Reichsregiment als Landfriedensbrecher in die

Acht erklärt. Richard von Greiffenklau, Kurfürst Ludwig V. von der Pfalz und der junge Landgraf Philipp von Hessen realisierten jetzt ihre vorsorglichen Absprachen, die seit langem wegen der Reichsritter und speziell Sickingens bestanden, und schlossen sich militärisch zusammen. Der erste Schlag richtete sich gegen Hartmut von Cronberg, einen der bekanntesten Mitstreiter Huttens und Sickingens, der mit etlichen hervorragenden Flugschriften für Luther und die evangelische Lehre eingetreten war, sich aber an Sickingens Zug gegen Trier nicht beteiligt hatte. Stadt und Schloß Cronberg wurden erobert, der Ritter mußte fliehen. Abteilungen der Fürsten streiften den ganzen Winter über durch das Land und machten Jagd auf Mitglieder des Landauer Bundes. Sickingen versuchte unterdessen, Hilfe von Reichsrittern aus Schwaben, Franken und Böhmen zu erhalten. Er hatte sich auf seine stärkste Festung zurückgezogen, nach Landstuhl im Westen von Kaiserslautern.
Im Frühjahr 1523 brachen die beiden Kurfürsten und Landgraf Philipp zu ihrem Feldzug auf, sie erklärten sich selbst zu Vollstreckern der Reichsacht. Landstuhl wurde vollständig eingeschlossen. Die Befestigungen waren zwar außerordentlich stark, doch das Mauerwerk war teilweise noch frisch und hielt den schweren Geschützen der Fürsten, die das Feuer keinen Augenblick unterbrechen ließen, nicht stand. Schon am Abend des ersten Tages dieser pausenlosen Kanonade war der massige Geschützturm Landstuhls zertrümmert. Sickingen wurde schwer verwundet, die Verteidiger trugen ihren Herrn in ein sicheres Kellergewölbe, und von dort aus leitete er, obwohl keine Hoffnung für ihn bestand und die Schmerzen bald unerträglich wurden, die Verteidigung bis zum Schluß, bis Landstuhl ein rauchender Trümmerhaufen war und Sickingen die Festung übergab.
Er hatte von Tag zu Tag mit einem Ersatzheer der Reichsritter gerechnet, vergeblich. Am 7. Mai mußte Landstuhl kapitulieren. Der Herold Kaspar Sturm war Augenzeuge dieses Tages. Er berichtet, daß die drei Fürsten gemeinsam die Ruine betraten und nach Sickingen suchten: »Sie fanden ihn in einem finsteren Kellerloche auf dem Totenbett liegen. Man konnte darin nicht anders als bei angezündeten Lichtern sehen. Also fanden ihn die Fürsten liegen und sahen seine große Not und Krankheit.« Sickingen konnte wegen seiner Verletzungen nichts sehen, die Fürsten wechselten einige Worte mit ihm, Sickingen »hätte gern viel geredet, aber der Schmerzen halber vermochte er die Rede, die er im Sinne hatte, nicht zu vollbringen. Der Erzbischof von Trier aber sagte noch zu Franzen: ›Franz, was hat Dich verursacht und bewegt,

daß Du mich und meine armen Leute überzogen und beschädigt hast?‹ Da antwortete Franz und sagte: ›Da wäre viel davon zu reden; nichts ohne Ursache!‹ Bald nach solchem traten die drei Kriegsfürsten aus dem finsteren Kellerloch, darin Franz lag, und gingen eine Schneckentreppe hinauf in ein Gemach, darin waren die Gefangenen von Adel und die Reisigen. Mittlerzeit tat Franz von Sickingen seine Beichte und bald danach starb er bei guter Vernunft. Als der Priester mit dem Sakrament zu ihm kam, war er verschieden und gestorben.«

Im Herbst 1522 hatte das Reichsregiment Hutten zum Reinigungseid nach Nürnberg befohlen; damit drohte ihm die Reichsacht. Er entschloß sich nach einem Gespräch mit Sickingen zur Flucht in die Schweiz und ging nach Basel. Dort konnte sich Hutten vor den Besuchen von Freunden und Neugierigen kaum retten, jeder wollte den berühmten Aufrührer und Freiheitstrommler sehen. Erasmus, der seit einem Jahr in Basel lebte, schickte ihm eine Nachricht, Hutten möge doch einen Besuch bei ihm unterlassen: mit Rücksicht auf seine angegriffene Gesundheit und um das böse Zwielicht zu vermeiden, in das Erasmus geraten könnte und müßte, wenn er Hutten empfinge. Hutten reagierte mit keinem Wort, er hatte schon früher Erasmus wegen seiner Haltung zu Luther öffentlich als Feigling bezeichnet.
Erasmus wurde tatsächlich von keiner Vorstellung stärker geängstigt, als in eine Verbindung mit »bösem Aufruhr« gebracht zu werden. Das wurde noch gesteigert durch die ununterbrochenen Angriffe und Attacken seines persönlichen Feindes Aleander, der das hinterhältig-leisetreterische Element im Charakter des Erasmus noch mehr verabscheute als die brutale Direktheit Luthers. Keiner war stärker als Aleander von der Wahrheit der gängigen Volksmeinung überzeugt, daß Erasmus das Ei gelegt hätte, aus dem Luther ausgebrütet wurde – ein Wort, das Erasmus vor Zorn und Furcht ins Zittern brachte. Als jedoch Hutten von einem Brief des großen Humanisten erfuhr, in dem sich Erasmus rühmte, er könne sowohl beim Kaiser als auch beim Papst mit hoher Gunst rechnen, denn er habe es unter anderem abgelehnt, Hutten zu empfangen, schrieb Hutten seine wilde Abrechnung *Expostulatio*, die Erasmus zutiefst schockierte und zu einer literarischen Antwort reizte, die freilich etwas schwach ausfiel.
Hutten mußte nach der Katastrophe Sickingens eine neue Zuflucht suchen. Seine alte Krankheit brach wieder aus, der rasche körperliche Verfall verwirrte zeitweise sein klares Denken. In Zürich nahm ihn Zwingli spontan und großzügig auf und bot ihm jede Hilfe an. Zwingli

schrieb an Pirckheimer: »Ist das Euer fürchterlicher Hutten, ist das der Zerstörer, der Reihenzerbrecher, der sich mit solchem Lämmersanftmut zum Freunde, zum Kinde, zum gemeinen Mann herabläßt? Wer sollt' es diesem freundlichen Mund anmerken, daß er ein solches Unwetter über die Papisten ausgehaucht hätte?«
Zwingli fand für Hutten auf der Insel Ufenau im Zürichsee eine sichere und gute Unterkunft. Hier schrieb Hutten seine letzte Kampfschrift *In tyrannos,* sein Fazit des Kampfes gegen das deutsche Territorialfürstentum: »Sehen und erkennen sollen künftige Jahrhunderte, was für Menschen diejenigen gewesen sind, die sich wider Ehrbarkeit, Gesetz und Recht, Treue und Frömmigkeit, mit Frevel und Verwegenheit gesetzt haben.« Gegen die Versuche von Erasmus, Hutten aus dem Zürcher Gebiet zu vertreiben, konnte sich der Todkranke noch einmal wehren, doch kurz darauf starb er, fünfunddreißig Jahre alt, am 29. August 1523.

Die Landesfürsten sahen in dem Krieg mit den Reichsrittern nichts anderes als die sorgfältig und bewußt von allen Verflechtungen freigehaltene politische Seite, obwohl die katholischen Fürsten Deutschlands lauthals jubelten: Der Afterkaiser Sickingen ist tot, bald wird den Afterpapst Luther dasselbe Schicksal erreichen. Die Verbindung war nicht zu übersehen, doch man konnte sie ignorieren, und deshalb wurden von den Territorialherren sorgfältig alle Aspekte des lutherischen Aufbegehrens, der Glaubensfragen in Kombination mit der geistlichen Herrschaft und der Reichsreform ausgeklammert. Sie behielten nichts anderes im Blickpunkt als die ununterbrochene Agitation Huttens und die Entschlossenheit Sickingens, es nicht bei Worten zu lassen. Deshalb wurde seine Fehde gegen Trier eine hochwillkommene Gelegenheit, dem aufsässigen Adel und der gesamten Ritterschaftsbewegung ein Ende zu bereiten und damit die beiden Hauptziele der Gegner zu vernichten: eine eigenständige Stellung im Reich neben den Landesfürsten und den Städten zu sichern und – als Maximum des Erreichbaren – eine völlige Umgestaltung der Reichsverfassung.
Wie wenig es dabei um die Glaubensfragen Luthers ging, zeigt die Haltung Hessens und der Kurpfalz. Nuntius Aleander hatte in Worms Philipp von Hessen als »mächtigen Herrn und – obwohl noch sehr jung – von glänzenden Gaben und übelster erzlutherischer Gesinnung« charakterisiert. Der Landgraf war damals siebzehn Jahre alt; offiziell schloß er sich der lutherischen Lehre erst 1524 an, im Jahr 1526 führte er sie in Hessen ein. Ob er schon in Worms wirklich »erzlutherisch«

war oder nicht: In Hutten und Sickingen sah er nicht die Erzlutheraner, zu denen er sich selbst rechnete, sondern die Repräsentanten jenes Adels, welcher als erklärter Todfeind der landesfürstlichen Macht und Übermacht auftrat. Ähnliches gilt von Kurfürst Ludwig V. von der Pfalz, der starke Sympathien für Luther besaß, viel Sinn für die Notwendigkeit religiöser Reformen und noch mehr Sinn für die Gefahr hatte, daß im ganzen Reich aus Luthers Schriften unmittelbare Aufforderungen zum Widerstand gegen die Obrigkeit und zur Empörung herausgelesen wurden. Als sich der Kurfürst dem Bund gegen Sickingen anschloß, achtete er peinlich darauf, daß niemand in seinem Land wegen lutherischer Gesinnung belangt wurde.

Trotzdem galt der Krieg gegen die Reichsritter auch als ein Kampf gegen die evangelischen Lehren, die Niederlage Sickingens und der Ausgang der ganzen Fehde als eine verlorene Schlacht des Luthertums. Richtig an dieser Einschätzung ist, daß sich die Ritterschaftsbewegung so gut wie ausnahmslos die Forderungen Luthers zu eigen gemacht hatte. Seine Schrift an den »Christlichen Adel deutscher Nation« werteten die Reichsritter als ein maßgerechtes Programm; ob sie dabei Mißverständnissen unterlagen, spielt deshalb keine Rolle, weil sie sich damit identifizierten. Auch deshalb bedeutete die Zerschlagung der Ritterschaftsbewegung eine außerordentliche Schwächung von Kräften, die für Luther größtes politisches Gewicht besessen hatten.

Dem Ringen selbst schien er unbeteiligt zuzusehen, doch er wußte ohne Beschönigungen, was sich dabei entschied: ob seine Glaubenslehren von Reichskräften weitergetragen wurden oder von jenen Obrigkeiten, die gewillt waren, den Staat innerhalb des Reiches territorialfixiert auszubilden. Wenn es den Rittern gelungen wäre, den Reichsfürstenstand nach ihrem Konzept zu reformieren und das Übergewicht der Territorialherren zu brechen, wäre Luthers evangelische Lehre nicht den Weg der Landeskirchen gegangen.

Höchst aufschlußreich ist das Urteil einer Flugschrift aus dem Jahr 1523, die zu dem Schluß kommt: Ritter Franz hätte sich in seinem Kampf um Recht und Gerechtigkeit, Freiheit und Evangelium nicht nur sorgfältiger um die Unterstützung der Reichsritterschaft bemühen müssen, sondern reelle Erfolgschancen gegen die Fürsten hätte er nur dann besessen, wenn es ihm gelungen wäre, die Bauernschaft zu gewinnen.

13 Die Gewalt dem gemeinen Volk

Den Fürsten war die Gefahr, die von den Bauern drohte, seit vielen Jahren, seit Jahrzehnten bekannt. Sie hatten selbst auf den Reichstagen entsprechende Hinweise wiederholt als Druckmittel benützt. Was sich auf dem Mainzer Reichstag 1517 noch verhältnismäßig allgemein und ohne einen verdeutlichenden Bezug angehört hatte: Sollten die Mißstände, auf die schon so lange klagend hingewiesen wurde, nicht zu beheben sein, »dann helf uns Gott!« – das wurde in den folgenden Jahren ohne jede Rücksicht und Verschlüsselung so ausgesprochen: Gott müsse gegen den Zorn des Volkes helfen.

Natürlich ging es den Reichsständen dabei nicht um eine Milderung oder Behebung der Bauernnöte, aber der Hinweis auf den rapide wachsenden Unmut sollte deutlich machen, daß es sich um eine revolutionäre Erregung handelte, die im ganzen Reich ohne wesentliche Ausnahmen herrschte und bei der es nicht darauf ankam, daß die Motive für sie genauso zahlreich und unterschiedlich waren, wie die Art und Weise unterschiedlich war, in der sich die Unruhe ausdrückte.

Eine der Hauptursachen für die wirtschaftlichen Nöte des ganzen Volkes und aller Stände war die gewaltige Teuerung seit dem Ende des 15. Jahrhunderts, die zu einem stetigen Absinken des Realeinkommens führte. Verstärkt wurde dieser Prozeß durch das Bevölkerungswachstum und den steigenden Geldumlauf mit seiner unvermeidlichen Folge, der Geldentwertung, die sich naturgemäß auf die weniger begüterte Bevölkerung am empfindlichsten auswirkte.

Zu denjenigen, welche die Bedrängnisse und Klagen am frühesten und in einer aufsehenerregenden Weise aussprachen, gehörte Hans Böheim, ein Hirte und Musikant aus dem Wallfahrtsort Niklashausen im Taubertal, bekannt als Pfeifer von Niklashausen oder kurz Pfeiferhänsle. Der junge Mann hatte am Sonntag Laetare Ende März 1476 – an dem nach einem alten Brauch der Winter ausgetrieben und der Sommer eingeholt wurde – vor der Niklashausener Wallfahrtskirche zu predigen begonnen. Die Tatsache solcher Spontanpredigten eines einfachen Mannes und Laien war nicht ungewöhnlich. Der Inhalt seiner Predigt aber war denkbar ungewöhnlich: Das Pfeiferhänsle berief sich auf die Jungfrau Maria. Die Mutter Gottes habe ihm den bevorstehenden Anbruch des Gottesreiches auf Erden geoffenbart. Und nun predigte Hans Böheim in glühenden Bildern vom ungeheuren Zorn Gottes gegen die Priesterschaft, er rief zum gnadenlosen Kampf gegen den ganzen Klerus auf, er verdammte nicht nur die päpstlichen Machtansprüche, sondern verwarf jede weltliche Obrigkeit. »Es wird dazu kommen«, so prophezeite Hans Böheim, »daß die Fürsten noch um einen Taglohn müssen arbeiten.« Wenn der Besitz aller geistlichen und weltlichen Herrscher, der Grafen, Ritter und Herren aufgeteilt würde, »so hätten wir gleich alle gnug«.

So predigt der Pfeiferhans Sonntag für Sonntag, erfüllt von dem unerschütterlichen Willen, die jammervollen Zustände zu ändern, er predigt gegen alle geistlichen und weltlichen Abgaben – mit den Abgaben sollen auch alle Dienste abgeschafft werden –, er predigt gegen Zinsen, Fronden, Zehnten, Steuern und Zölle. Er verkündet die allgemeine christliche Brüderlichkeit der Menschen, alle Männer sollen Brüder sein und alle Frauen Schwestern, und deshalb fordert Hans Böheim, daß die Stände verschwinden und die Privilegien aufgehoben werden; er verlangt, die Wälder, Weiden und Wiesen, die Flüsse, Bäche und Teiche jedem zugänglich zu machen, sie sollen der allgemeinen Nutzung freistehen.

Am dritten Sonntag, an dem der Pfeiferhans predigt, haben sich schon Tausende von Bauern, Knechten, Handwerkern aus den Städten vor der Kirche versammelt. Es kommen Wallfahrer aus Thüringen und Sachsen, aus Bayern und Schwaben, aus dem Elsaß und dem Rheinland. Ende Juni 1476 gerät der Würzburger Rat in große Sorgen wegen des »seltsam Volk«, das von so weither kommt, ununterbrochen durch die Tore der Stadt strömt und weiterzieht ins Taubertal. Blanke Furcht aber bricht auf, weil ein »groß schwere Rede und ein Murmeln unter den Leuten sey, die Pfaffen totzuschlagen«. Das war kein Gerücht. An einem Sonntag, als sich nach Schätzungen – die sich allerdings kaum bestätigen lassen – etwa vierzigtausend Menschen in Niklashausen eingefunden haben sollen, gipfelt die Predigt des Pfeiferhänsles in der Forderung, die Bauern sollten zu den Waffen greifen, damit sich die Stunde der göttlichen Gerechtigkeit so früh wie möglich einstelle.

Der Würzburger Rat erläßt jetzt ein Verbot für alle Bürger, Niklashausen zu besuchen. Am 12. Juli schickt der Bischof von Würzburg einen Trupp Reiter ins Taubertal, der den Pfeiferhans verhaftet und auf die Marienfeste bringt. Die Wortführer der Bauern, die daraufhin zu Tausenden aufbrechen und nach Würzburg ziehen, werden ebenfalls gefangengenommen und eingekerkert, die Menge von den bischöflichen Reitern zersprengt.

Eine Woche später, am 19. Juli, wird Hans Böheim auf dem Würzburger Schottenanger als Ketzer verbrannt, zwei seiner eifrigsten Anhänger läßt der Bischof vorher enthaupten.
Die Predigten des Pfeiferhänsles bilden einen Höhepunkt der endlosen Kette von Bauernunruhen, die im Reich seit Jahrzehnten genauso periodisch aufflammen wie in ganz Europa. Hans Böheim kommt aber deshalb eine besondere Stellung zu, weil er mit seinem radikalen Programm und dem offenen Appell zum Aufruhr der herausragende Vorläufer der deutschen Bauernrevolution der Jahre 1524 bis 1526 ist. Das Gedächtnis des Pfeiferhänsles ist in diesen fünfzig Jahren niemals untergegangen. Es überrascht deshalb nicht, daß sich die ersten Aufrührer der deutschen Bauern 1524 auf den Pfeiferhans genauso berufen wie auf Luther.

Der Bundschuh

Was Hans Böheim nicht gelang, das trat zwei Jahre später in Österreich ein. In der Steiermark und in Kärnten erhoben sich die Bauern, um mit Gewalt ihre Rechtsstellung zu sichern, sich gegen die wachsenden Belastungen durch die Grundherren zu wehren und nicht zuletzt auch eine wirksamere Abwehr gegen die Türkeneinfälle zu organisieren. Weitere Aufstände schlossen sich in der Schweiz und im Allgäu an, 1493 kam es zu einer Verschwörung im Elsaß, die allerdings rasch unterdrückt wurde. Die Hauptleute, welche die Bauern gewählt hatten, wurden hingerichtet. Zum erstenmal fand diese Empörung wieder im Zeichen des »Bundschuhs« statt, des groben, hochschäftigen Rindslederschuhs des armen Mannes, der mit Riemen über Kreuz gebunden wurde. Er war bei einer Bauernerhebung im Jahr 1439 als Symbol im Gegensatz zum Stiefel des Adels und der Ritter auf die Fahnen gemalt worden. Die gebundenen Riemen bedeuteten für die Bundschuhbewegung auch das Zeichen des Bundes, des Sich-Verbindens.
Nach der Jahrhundertwende brach die Bundschuhbewegung in Südwestdeutschland erneut auf, mit einer bis dahin ungewohnten Gewalt und Verbreitung, geleitet von dem jungen Bauern Joß Fritz, einem hochbegabten Organisator, Verschwörer, entschlossenen Kämpfer und rastlosen Werber, der ein fest umrissenes Revolutionsprogramm entwarf und mit sicherem Gespür für zündende Parolen die Bundesmitglieder in eine verschworene Gemeinschaft verwandelte.
Die Bauern um Joß Fritz waren bereit, die Forderung des Bundschuhs nach »Gottes Gerechtigkeit« mit den Waffen durchzusetzen. Im Früh-

jahr 1502 betrug nach zeitgenössischen Chroniken die Mitgliederzahl rund zwanzigtausend, darunter befanden sich zahlreiche Landsknechte. Joß Fritz hatte als Termin des Aufstands den April festgesetzt. Zunächst sollte Bruchsal gestürmt und dann in einer Aufrollbewegung das ganze Gebiet um Speyer, in der Kurpfalz und in Baden erobert und befreit werden. Die Hauptleute waren davon überzeugt, daß ihre Absicht, »die Pfaffen und Mönche aufzustöbern und totzuschlagen«, ohne größere Schwierigkeiten gelingen würde, weil »niemand der geknechteten Untertanen sich ihnen widersetzen werde, sondern alle Bauern, Bürger und Städter aus Liebe zur Freiheit sich ihrer Gemeinschaft freiwillig und ohne Zwang anschließen würden«. Wer sich dem Bundschuh allerdings entgegenstellt – das gilt vor allem für die Herren –, wird ohne Gnade als »ungehorsamer und aufrührerischer Feind der göttlichen Gerechtigkeit« niedergemacht.
Der Aufstandsplan wurde verraten, der Markgraf von Baden, die Bischöfe von Speyer und Straßburg sowie der Kurfürst von der Pfalz einigten sich auf eine gemeinsame Aktion. Rund einhundert Mitglieder des Bundschuhs wurden überfallartig verhaftet, mit der üblichen Folter verhört und dann verurteilt, zehn Rädelsführer enthauptet, gevierteilt und die Leichenteile an den Landstraßen zur Warnung aufgehängt. Joß Fritz und mit ihm viele hundert Bauern konnten fliehen. Der Bundschuh des Jahres 1502 erschütterte das Reich wie ein Erdbeben. Die Bischöfe, Fürsten und Landesherren kamen bei den Beratungen so weit, sich schließlich einzugestehen, daß viele Forderungen der Bauern nicht unberechtigt waren.
Zu Beginn des 16. Jahrhunderts kam es im Zuge der stürmischen frühkapitalistischen Entwicklung, die zu Lasten der handwerklichen Mittelschichten einen rapiden Aufstieg der Oberschicht des Bürgertums mit sich brachte, in den Städten zu vergleichbaren Bewegungen des Aufruhrs und der Empörung: in Augsburg gegen Ende des 15. Jahrhunderts, ebenso in Halle, Braunschweig und Rostock, in Hamburg, Köln und Osnabrück. Luther erlebte selbst 1509/10 das sogenannte »tolle Jahr« in Erfurt, in dem sich die Bürger gegen den Rat empörten und durchsetzen konnten, und dann die Handwerker der sozial minderen Zünfte sich zur »Schwarzen Rotte« zusammenschlossen, um ihrerseits, allerdings erfolglos, mit Gewalt ihre eigenen Rechte zu realisieren.
Ähnliche städtische Empörungen folgten Jahr für Jahr im ganzen Reich. Auffallend dabei war die Heftigkeit der Spannungen und Zusammenstöße, ebenso die große Zahl der Städte, in denen sich die Un-

zufriedenheit gewalttätig äußerte. Ein neuer Bundschuh von Joß Fritz im Jahr 1513, der sich diesmal erklärt gegen den Adel richtete, wurde wie der erste ebenfalls verraten und zerschlagen, dreizehn Hauptleute hingerichtet. Im Jahr darauf kam es in Württemberg unter der Herrschaft Herzog Ulrichs zur Erhebung des »Armen Konrad« – der Standesbezeichnung der kleinsten Bauern und des armen Mannes; zur selben Zeit rebellierten auch die Bauern in Ungarn. Der Höhepunkt in Württemberg wurde in den Monaten Juli und August erreicht, doch auch in diesem Fall behielten die gut bewaffneten und erfahrenen Landsknechte und Reisige die Oberhand. Weit über eineinhalb Tausend Aufständische wurden im Remstal gefangengenommen, die Anführer hingerichtet.

Joß Fritz bereitete 1517 am Oberrhein einen dritten Bundschuh vor. Wiederum hatte er gewaltigen Zuzug. Im Unterschied zu den früheren Verschwörungen stand jetzt der Gedanke eines gemeinsamen Handelns der Bauern und der armen Schichten der Stadtbevölkerung obenan. Doch auch dieser »Oberrheinische Bundschuh« wurde verraten und noch vor dem Beginn des Aufstands zerschlagen. Joß Fritz entkam erneut, er war inzwischen eine legendäre Figur. Zu Beginn der Bauernrevolution 1524 tauchte er plötzlich wieder im Hegau nordwestlich des Bodensees und bei den revoltierenden Stühlinger Bauern auf. Überliefert wird sein Ausspruch, er könne, wolle und dürfe nicht sterben, bevor der Bundschuh gesiegt habe.

Die Zwölf Artikel

Konnte die Revolution der deutschen Bauern, die im Frühjahr 1524 begann, zu einem Sieg des Bundschuh werden? Bestanden Aussichten, daß jetzt verwirklicht wurde, was Sickingen und Hutten zu erkämpfen versucht hatten? War die Ritterschaftsbewegung das Präludium zur Volksrevolution der Bauern gewesen? Ließ es sich denken, daß die Bauern mit ihren Forderungen auch die lutherische Lehre in jener Form verwirklichten, die Luther vorschwebte und auf die der neue Glaube angewiesen war? Hutten hatte gegenüber Erasmus und allen friedfertig-betulichen Humanisten recht gehabt: Eine umfassende, radikale Reichsreform, ein Abbau der geistlich-weltlichen Herrschaft, die Eingrenzung und Bändigung der landesfürstlichen Omnipotenzbestrebungen, vor allem aber der Sieg des Evangeliums, so wie ihn Luther anstrebte, ließ sich nicht auf literarisch-deklamatorischem, sondern nur

auf politischem Weg durchsetzen, und im Entscheidungsfall mußte dies ein Weg der Gewalt, der Waffen sein. Davon waren auch die Bauern überzeugt. Von diesem Entscheidungsfall hatte auch Luther immer wieder gesprochen und geschrieben. Er kannte den Dialog »Monitor« Ulrich von Huttens, in dem der große hussitische Heerführer Jan Žižka als Vorbild für die deutschen Kämpfer gegen Kirche und Papst gefeiert wurde, er wußte, daß seine Zeitgenossen Franz von Sickingen als »deutschen Žižka«, *Teutonicus Zischa,* bezeichnet hatten.
Die Bauern beriefen sich bei den Konflikten in der langen Geschichte ihrer Aufstände teils auf das gute »alte Recht«, teils auch, wie Hans Böheim, auf das »göttliche Recht«. Im Jahre 1524 leiteten sie den Großteil ihrer Wünsche und Ansprüche unmittelbar aus der Heiligen Schrift ab – eine offenkundige Folge der Berufung Luthers auf das Wort der Bibel. Die berühmten Zwölf Artikel – »Die gründlichen und rechten Hauptartikel aller Bauernschaft und Hintersassen der geistlichen und weltlichen Obrigkeiten, von welchen sie sich beschwert vermeinen« –, die der Memminger Kürschner Sebastian Lotzer im Februar 1525 auf der Grundlage von mehr als dreihundert Beschwerdeschriften der Baltringer Bauern als Grundsatzprogramm zusammengestellt hatte, werden mit einer langen Erklärung eingeleitet. Die Bauern verteidigen sich darin gegen den Vorwurf: »Sind das die Früchte des neuen Evangeliums? Niemandem gehorsam sein, an allen Orten sich erheben und aufbäumen, mit großer Gewalt zuhaufen laufen und sich rotten, geistliche und weltliche Obrigkeit zu reformieren, auszurücken, ja vielleicht gar zu erschlagen?«
Solche Vorwürfe waren damals schon recht selbstverständlich. Den ersten Entwurf der Zwölf Artikel, der bereits Mitte Februar im Land kursierte, sandte der bayerische Kanzler Leonhard von Eck seinem Herrn, Herzog Wilhelm IV. von Bayern, mit der knappen Bemerkung: »Ich schick Euer Fürstlichen Gnaden zu guter Zeitung den Eingang aller Bauernschaft Begehren, daraus man erfindet, was die lutherische Lehre wirke.« Was für die Bauern galt, traf auch auf die übrigen »Unruhestifter« zu. Luther zog sie doch geradezu magisch an, die ganze heilige Bruderschaft der Aufsässigen. Und konnte es überhaupt einen Zweifel geben, daß bei Luther die geistige Urheberschaft des Bauernaufruhrs zu finden war? Die evangelische Lehre enthielt ganz offensichtlich die Möglichkeit, das Neue Testament, die ganze Bibel auch sozialrevolutionär auszulegen, so wie es die Bauern unternahmen – noch mehr: Luthers Lehre lieferte die Grundlage für die Forderungen der Bauern. Die Kritiker Luthers sahen das damals richtig.

Natürlich weisen die Bauern alle Vorwürfe dieser Art energisch zurück. Die Zwölf Artikel, die sie der Erklärung folgen lassen, sollen zunächst mit dieser Schmach der falschen Deutung des Wortes Gottes ein Ende machen, sie wollen aber auch die »Ungehorsamkeit, ja die Empörung aller Bauern christlich entschuldigen«. Sie betonen kategorisch: »Das Evangelium ist nicht eine Ursache der Empörungen oder Aufruhren, dieweil es ein Rede ist von Christo dem verheißenen Messias, dessen Wort und Leben nichts denn Liebe, Friede, Geduld und Einigkeit lehret, also daß alle, die an diesen Christus glauben, lieblich, friedlich, geduldig und einig werden. Wenn also der Grund aller Artikel der Bauern dahin gerichtet ist, das Evangelium zu hören und demgemäß zu leben, wie können dann die Widerchristen das Evangelium eine Ursache der Empörung und des Ungehorsams nennen?«
Die Bauern wehren sich in den Zwölf Artikeln gegen alle Vorwürfe, daß dieses eigenmächtige Berufen auf Gottes Wort, so wie es Luther betreibt, zum Aufruhr führen müsse. Es folge doch aus dem, was in der vorstehenden Erklärung gesagt wurde, »klar und lauter, daß die Bauern, die in ihren Artikeln solches Evangelium zu Lehre und Leben begehren, nicht ungehorsam und aufrührerisch genannt werden können«.
Schon in ihrem ersten Artikel verlangen die Bauern, daß jede Gemeinde »fürderhin Gewalt und Macht wöllen haben«, den Pfarrer selbst zu wählen und ihn auch wieder abzusetzen. Dasselbe hatte Luther in seinen Programmschriften des Jahres 1520 verlangt. Dann freilich reihen sich Forderungen an, die ganz in einer Tradition stehen, die weit über das Pfeiferhänsle zurückreicht bis zu den Hussiten und John Wiclif: Aufhebung der Leibeigenschaft, Beschränkung des Zehnten, freie Jagd und Fischerei – denn dieses Herrenrecht »dünkt uns doch unangemessen, unbrüderlich und dem Worte Gottes nicht gemäß«. Die Grundherren empfanden dieses Begehren als einen besonders tiefen Eingriff in ihre Privilegien, unbeschadet der Tatsache, daß die Bauern fast schon seit endlosen Zeiten dagegen protestierten. Ferner wurde die freie Nutzung aller Weiden verlangt und nicht zuletzt die Reduzierung der Fronden, die man willkürlich gesteigert hatte, auf das frühere Maß. Dabei orientierten sich die Bauern an dem, was als herkömmlich gegolten hatte; sie waren dabei nicht unverbindlich und vage, sondern wirklichkeitsnahe und präzise. Alle Lasten, welche über die herkömmlichen Normen hinausgingen, wurden von ihnen abgelehnt und verworfen.
Zu den Programmpunkten gehört ferner die Senkung der Pachtzinsen

sowie die Beseitigung weiterer Mißstände: »Zum zehnten sind wir beschwert, daß etliche sich Wiesen und Äcker zugeeignet haben, die der Gemeinde gehören. Dieselben werden wir wieder in Besitz der Gemeinde nehmen. – Zum elften wollen wir den Brauch, genannt der Todfall, ganz und gar abgetan haben und ihn nimmer leiden noch gestatten, daß man Witwen und Waisen das ihrige also schändlich wider Gott und Ehren nehmen und rauben soll . . . – Zum zwölften ist unser Beschluß und endliche Meinung: Wenn einer oder mehr Artikel, wie sie hier aufgestellt sind, dem Worte Gottes nicht gemäß seien – was wir aber nit glauben –, so vermeinen wir nicht, dieselben Artikel aufrechtzuerhalten. Wo man sie uns mit dem Worte Gottes als unziemlich nachweist, so wollen wir davon abstehen. Und wenn man uns etliche Artikel jetzt zuließe und hernach sich befände, daß sie unrecht wären, so sollen sie von Stund an tot und ab sein und nichts mehr gelten. Desgleichen wenn sich in der Schrift mit der Wahrheit mehr Artikel befinden sollten, die auf Gott und die Beschwernis des Nächsten zielen, so wollen wir uns auch vorbehalten und beschlossen haben und uns in aller christlichen Lehre üben und brauchen. Darum wir Gott den Herrn bitten wollen, der uns dasselbige geben kann, und sonst niemand.«

Der zwölfte Artikel ist also eine geradezu aufreizende Wiederholung der gleichen Argumente, die Luther seit Jahr und Tag den römischen Katholiken entgegenhält, ist dasselbe, was er in Worms als Grundbedingung angeführt hat, um den von ihm verlangten Widerruf zu leisten: Nur wenn er von der Schrift aus überwunden werde, könne er von seiner Meinung abstehen. Luther hat auf diese Feststellung der Bauern zustimmend reagiert, seine erste Bauernschrift »Ermahnung zum Frieden auf die Zwölf Artikel der Bauernschaft in Schwaben« beginnt mit der Versicherung, ihm hätte am besten gefallen, »daß sie im zwölften Artikel sich erbieten, wo es mangelt und vonnöten wäre, bessere Unterrichtung gerne und willig anzunehmen und sich unterweisen lassen wollen, sofern das durch helle, offenbare, unleugbare Sprüche der Schrift geschähe; wie es denn billig und recht ist, daß niemandes Gewissen weiter oder anders als mit göttlicher Schrift unterrichtet und unterwiesen werde«.

Die Zwölf Artikel stützen sich sowohl auf die evangelische Lehre Luthers als auch auf das Wesentliche sämtlicher alter Reformkonzepte des Reiches bis hin zur damals fast schon ebenso mythischen wie revolutionären *Reformatio Sigismundi* von 1439, die als Trompete des Bauernkrieges bezeichnet wurde. Es gab zwar noch eine ganze

Reihe anderer Programme, Artikelbriefe und Erklärungen, doch wurden die Memminger Zwölf Artikel von der Mehrheit der revolutionären Bauern als Grundsatzerklärung angenommen. Keine Schrift der deutschen Bauernrevolution war so weit verbreitet wie sie; die Artikel späterer, radikalerer Programme hatten an ihr eine feste Grundlage. Eine Sonderstellung nehmen dabei die elf Mühlhäuser Artikel ein, die bereits Mitte September 1524 verfaßt wurden und bei denen die Patenschaft Thomas Müntzers und des Predigers Heinrich Pfeiffer so gut wie sicher ist. Dasselbe gilt von dem bedeutendsten sozialrevolutionären Entwurf der ganzen Epoche, von Michael Gaismairs »Tiroler Landesordnung«, die im Februar/März 1526 entstand. In Gaismair fand die Bauernrevolution ihren überragenden Kopf, Gaismair war gleichermaßen souverän als Programmatiker, Heerführer und Staatsmann. Sein Ziel war die Niederringung der »großen Hansen« in Kirche und Staat, die einigende Zusammenfassung sämtlicher evangelischer Kräfte des Reiches, die Schaffung einer Bauernrepublik auf der Basis einer »ganz christlichen Satzung, die allein in allen Dingen aus dem heiligen Wort Gottes gegründet ist« – also eine Republik des Evangeliums, der Brüderlichkeit, in der es keinen »Unterschied der Menschen« gibt, »sondern eine ganze Gleichheit im Land«.
Was bei Gaismair nochmals zusammengefaßt wird, findet sich schon in der Schrift Sebastian Lotzers: Die einleitende Erklärung und der erste Artikel des Memminger Programms ist unstreitig ein Ergebnis der lutherischen Lehren. Für die Einleitung zeichnet auch nicht Sebastian Lotzer verantwortlich, sondern der Prediger Christoph Schappeler. Die übrigen Artikel sind ausnahmslos politisch-sozialer Natur, allerdings wird jeder einzelne Satz mit einer Bibelstelle belegt und bewiesen, ganz wie es Luther gelehrt hatte im Sinne einer nur durch das Gewissen und das Wort Gottes gebundenen Interpretation. Das Programm der Bauern wollte nicht mehr sein als die Zusammenfassung ihrer wichtigsten Forderungen. Darauf allein beruht seine ungeheure Wirkung. Seiner Berechtigung entspricht im übrigen auch die Mäßigung des Verlangten und die ruhige Art der Formulierungen.
Luther stellte offen und ohne Vorbehalte fest, und er hielt es auch den Fürsten und Herren vor, daß unter den Zwölf Artikeln »etliche so billig und recht sind, daß sie Euch vor Gott und der Welt die Ehre nehmen und den Psalm (107, 40) wahr machen, daß sie Verachtung über die Fürsten schütten. Doch sind sie fast alle auf ihren Nutzen und ihnen zu gut aufgestellt und nicht aufs beste ausgeführt. Ich hätte wohl andere Artikel gegen Euch aufzustellen, die Deutschland und das weltliche

Regiment allgemein betreffen, wie ich im Buche an den deutschen Adel getan habe, woran wohl mehr gelegen wäre. Aber weil ihr die in den Wind geschlagen habt, müßt ihr nun solche eigennützigen Artikel hören und leiden, und das geschieht Euch, denen nichts zu sagen ist, eben recht.«

Aufruhr, Erfolge, Niederlagen

Die Zwölf Artikel wurden inmitten der anschwellenden Revolutionsbewegung formuliert, zu Beginn ihrer »heißen« Phase. Sie faßten zusammen, sie waren in die Zukunft gerichtet. Zu den ersten Erhebungen der Bauern war es schon im Frühjahr 1524 im Schwarzwald gekommen, Unruhen wurden aber auch in Forchheim registriert. Die auslösenden Motive für diese ersten Regungen waren zu belanglos, als daß mit ihnen allein das ununterbrochene Aufflackern der Empörungen und ihr Erlöschen erklärt werden könnte. Dieses Irrlichtern durchzieht das ganze Jahr, erlöscht niemals vollständig, hält sich besonders im südwestdeutschen und süddeutschen Raum. Die Zusammenrottungen bleiben vorerst lokal begrenzt, sind miteinander nicht verbunden. Erst 1525 entsteht ein Zusammenhang, als sich die Erhebungen wie ein Flächenbrand durch Süddeutschland fressen. Zu Beginn des Jahres kommt es in der württembergischen Landgrafschaft Stühlingen bei Schaffhausen zum ersten großen, gewaltsamen Ausbruch. Von hier greift die Empörung rasch nach dem Allgäu, in den Hegau und nach Oberschwaben aus. Rund einhunderttausend Bauern befinden sich im Aufruhr, der Zuzug von Bewaffneten reißt nicht ab. Der völlige Umsturz scheint nur noch eine Frage der Zeit zu sein, denn von den sechzehn Millionen Einwohnern des Reiches sind zwölf Millionen Bauern.

Die Revolten, die Auftritte der Bauernabordnungen und die Empörungen waren so entschlossen und machtvoll, daß sich der Schwäbische Bund – völlig überrascht von den Ereignissen und zu militärischen Gegenaktionen unfähig – sofort zu hinhaltenden Verhandlungen entschloß, um unterdessen Truppen anzuwerben, zusammenzuziehen und die Bewaffnung zu ergänzen. Die Hauptleute der Bauern ließen sich auf dieses Hinausschieben ein. Inzwischen durchsetzte die Bewegung ganz Süddeutschland, breitete sich nach Norden aus und vereinigte sich mit der Aufstandsbewegung, die sich vom Odenwald nach Osten ausdehnte. Die Bauernrevolution erfaßte den Alpenraum, die Nord-

schweiz, den Schwarzwald, das Elsaß, sie ergriff das ganze Frankenland.
In den Städten sympathisierten die meisten Bürger, die nicht dem Patriziat angehörten, mit den Bauern oder schlugen sich offen auf ihre Seite. In Heilbronn und Rothenburg ob der Tauber öffneten sie den Bauernhaufen, wie die bewaffneten Einheiten genannt wurden, bereitwillig die Tore. Ritter und einzelne Adlige wie Stephan von Menzingen in Rothenburg beteiligten sich nur selten freiwillig; solche Entschlüsse hingen fast immer von persönlichen Motiven ab und hatten nur in der Gestalt Florian Geyers eine Verbindung zu der Ritterschaftsbewegung Sickingens. Die Beteiligung Götz von Berlichingens war mehr ein unglücklicher Zufall – unglücklich sowohl für ihn, als auch für die Bauern.
Den Höhepunkt erreichte die Bauernrevolution in Thüringen in dem großen Aufstand unter Thomas Müntzer. Was sich auf Grund der Zwölf Artikel gemäßigt und gut begründet angelassen hatte, das raste schließlich wie ein Ausbruch elementarer Gewalten durch Deutschland. Das war keine Bewegung der Petitionen, Bittschriften und untertänigst vorgebrachten Eingaben, das war ein Aufbruch Hunderttausender entschlossener Bauern, die zum Kämpfen, zum Schlagen, zum Sterben bereit waren, bewaffnet mit Kampfsicheln und Sensen, Morgensternen und Fischspießen, Dreschflegeln und Äxten.
Ihre Erfolge waren fast ausschließlich Anfangs- und Überraschungserfolge. Niemand im Reich hatte mit einem derart wilden Aufstand gerechnet. Klöster wurden gestürmt und niedergebrannt, dann folgten Schlösser, Burgen, Herrensitze; Priester und Mönche, Adlige und Ritter wurden gejagt und nicht selten totgeschlagen. Über tausend Klöster und Schlösser wurden zerstört, einhundertfünfzig Städte und Ortschaften von den Bauern besetzt und zur Annahme der Artikel gezwungen.
Von der brutalen Kraft dieser ersten gewaltigen Sozialrevolution in Europa und Deutschland lebt bis heute noch etwas fort in solchen Liedern wie: »Ja, gnade dir Gott, du Ritterschaft, der Bauer steht auf im Lande, und tausendjährige Bauernkraft macht Schild und Schärpe zuschande.« Schwaben, das Elsaß, Franken waren bald völlig in der Hand der aufständischen Bauern, die Zwölf Artikel wurden anerkannt, selbst das Erzstift Mainz des Kurfürsten und Kardinals Albrecht sah sich zur Annahme der Artikel und zur Unterwerfung unter den Neckartal-Odenwälder Bauernhaufen gezwungen. Kurfürst Ludwig V. von der Pfalz akzeptierte die Zwölf Artikel als Verhandlungsgrundlage

für einen Landtag, der nach Pfingsten zusammentreten sollte. In Heilbronn wurde eine Kanzlei eingerichtet, das »Heilbronner Programm« – Anfang Mai 1525 ausgearbeitet – enthielt das Konzept einer umfassenden Reichsreform. Hier wurde der Schritt von der sozialen Empörung über die politische Forderung zur nationalen Erhebung durchgeführt.

Das Heilbronner Programm stützt sich auf die Grundlage der anonymen Reformschrift »Teutscher Nation notdurfft« aus dem Jahr 1523 und ist genaugenommen nur eine detaillierte Ausarbeitung und Erweiterung des Textes. Daß der kurmainzische Rentamtmann Friedrich Weigandt aus Miltenberg ihr Verfasser ist, läßt sich nicht sicher nachweisen. Gleichermaßen beteiligt dürfte der geistige Urheber Wendel Hipler gewesen sein, der hervorragendste Bauernführer dieser Zeit, früherer Sekretär des Grafen von Hohenlohe und in der Bauernrevolution der Kanzler der Odenwälder Bauern und Feldschreiber des Neckartal-Odenwälder Haufens. Die Grundsätze des Heilbronner Programms gingen weit über die Zwölf Artikel hinaus und beabsichtigten eine Reichsreform, die selbst Huttens und Sickingens Pläne in den Schatten stellte, weil sie in einem weit moderneren Sinn die sozialen Fragen und die Zentralisierung der Nation in den Mittelpunkt stellte.

Die Entschlossenheit und Siegesgewißheit der Bauern, die ohne Beispiel in der Geschichte der Deutschen ist, wirkt um so erstaunlicher, als zur selben Zeit im Südwesten des Reiches der Schwäbische Bund seine Rüstungen beendete. Der Bund hatte gewaltige Anleihen bei den Fuggern aufgenommen und Tausende von abgerüsteten Landsknechten angeworben, die seit dem Sommer 1524, nachdem der Kaiser in Italien über die Franzosen die Oberhand gewonnen hatte, und dann nach dem gewaltigen Sieg der Kaiserlichen bei Pavia im Februar 1525 über die Alpen strömten. Das Bundesheer bestand aus alterfahrenen, geschulten Landsknechten und Reitern, sein Feldhauptmann Georg Truchseß von Waldburg, meist nur Bauernjörg genannt, hatte als Heerführer schon den »Armen Konrad« ein Jahrzehnt vorher niedergeschlagen.

Im Frühjahr 1525 begann die Offensive. Der Truchseß stellte am 4. April bei Leipheim den Baltringer Bauernhaufen und siegte. Der Ausgang dieser ersten Schlacht der Bauernrevolution bedeutete ein Omen, denn die Verluste des Bundesheeres waren so geringfügig, daß es nicht einmal genauere Schätzungen darüber gibt; von den Bauern wurden tausend getötet und viertausend gefangengenommen. Alle folgenden Schlachten entsprechen diesem Auftakt, weil es Georg von

Waldburg gelang, seinen Plan durchzuführen und jeden Bauernhaufen einzeln zu schlagen, also eine Vereinigung zu verhindern. Wären die Bauernheere zusammengeschlossen worden, hätte sich der Schwäbische Bund einer Armee von weit über 60000 Mann gegenübergesehen. Am 14. April besiegte der Truchseß bei Wurzach den Unterallgäuer Haufen, zu dem auch seine eigenen Bauern gehörten. Schon am nächsten Tag stieß er beim Kloster Weingarten in Oberschwaben auf das dritte große schwäbische Bauernheer, den Seehaufen. Diesmal bestanden reelle Aussichten auf einen Sieg der Bauern. Sie waren mit fast vierzehntausend Mann doppelt so stark wie die Landsknechte des Schwäbischen Bundes, außerdem waren die Bauern des Bodenseegebietes vielfach kriegserfahren, sehr gut bewaffnet und hatten ebenfalls Landsknechte in Dienst genommen.

Doch sie zögerten. Und der Truchseß von Waldburg entschloß sich zu keiner Kraftprobe, sondern machte den Bauern ein Angebot: Sie sollten sich auflösen, durften jedoch ihre Waffen behalten und konnten ihre Beschwerden einem Schiedsgericht vortragen, das je zur Hälfte von den Bauern und den Herren gewählt wurde und aus den Städten zusammengesetzt sein sollte. Dieser »Weingartener Vertrag«, der am 17. April geschlossen und am 22. April als Urkunde ausgestellt wurde und dem auch die Oberallgäuer beitraten, leitete die entscheidende Wende ein. Er schloß die Revolution in Schwaben ab, er hielt vor allem dem Bundesheer den Rücken frei. So konnte Georg von Waldburg die Bauern im Schwarzwald, in Württemberg und Franken niederschlagen. Die schwäbischen Bauern hatten dem Truchseß diesen Weg geöffnet, ohne einzukalkulieren, daß der Vertrag von den Herren nicht gehalten würde, sobald die größten Gefahren beseitigt waren.

Danach folgte ein militärischer Schlag auf den anderen. Der Truchseß stellte am 12. Mai bei Böblingen die Württemberger Bauern und schlug sie vernichtend. Bei dem Treffen handelte es sich im Grunde um keine Schlacht, sondern um ein Abschlachten. Die Bauern hatten frühmorgens auf freiem Feld eine Beratung abgehalten, sie wurden von den Landsknechten völlig überrumpelt, waren unfähig, auch nur andeutungsweise eine Kampfordnung herzustellen, und wurden einfach zusammengehauen, gespießt und erschlagen. Die Sieger zählten achttausend Tote.

Auch in Franken stand die Sache der Bauern zunächst nicht schlecht. Seit Februar 1525 wurde in der Rothenburger »Landwehr«, dem reichsstädtischen Herrschaftsgebiet mit vierzig Burgen und einhundertdreiundsechzig Dörfern, die Erhebung organisiert. Hinter den

materiellen Beschwerden des »gemeinen Mannes«, des »oifacha Baura«, der Handwerker und Kleinbürger steckten harte politische Forderungen. Sie deckten sich nicht vollständig mit den berühmten Zwölf Artikeln, aber die Rebellen der Landwehr wollten jedenfalls »den Rat nicht mehr als Herren anerkennen, sondern selbst Herren sein, das eigene Gericht selbst besetzen und Gewalt über die Hölzer haben«.
Anfangs zählte der Bauernhaufen eintausend Mann, er durchstreifte die Landwehr, plünderte nur, um sich zu verpflegen. Die ersten Hauptleute versprachen jedem, der sich anschloß, ein Faß Wein und einen Karren Brot. Binnen weniger Tage flammte der Aufruhr weit über die Grenzen der Landwehr hinaus, schloß sich mit dem Mergentheimer zusammen, griff nach Würzburg über. Im Mai standen fünfzehntausend Bauern unter den Waffen: die Taubertaler der Rothenburger Landwehr mit den Fähnlein der »Schwarzen Schar Ohrenbach«, dem »Bund Bernheim«, dazu der Bildhäuser Haufen – kurz darauf vereinigten sie sich mit dem Neckartal-Odenwälder. Geführt wurden sie alle von dem fränkischen Ritter Florian Geyer, von dem ein Chronist berichtet, daß »er und seine Brudere, die Bauren, die Sachen dergestalt angefangen hätten, daß ain jeder Fürst diesen Tanz (die Aufruhr mainend) vor seiner Türe haben sollte«.
Florian Geyer zog vor Würzburg. Der städtische Rat schloß sich notgedrungen den Aufständischen an, er akzeptierte die Bedingungen, die Florian Geyer stellte: Die Bauern wollten mit Gottes Hilfe das Evangelium aufrichten. Doch Steuern und andere Leistungen sollten von der Stadt zunächst nicht gefordert werden. Die Festung Marienberg des Fürstbischofs Konrad von Thüngen hatte sich allerdings nicht ergeben. Florian Geyer erkannte die Aussichtslosigkeit einer Belagerung. Doch die Bauern setzten am 15. Mai zum Sturm an, Florian Geyer trotz seines Abratens mitten unter ihnen. Sie wurden zurückgeschlagen, versuchten es noch einmal, wieder ohne Erfolg – und so war schon nach wenigen Tagen die Moral der Belagerer gebrochen. Sie hatten keine schweren Geschütze, die Lebensmittel wurden knapp, schließlich lösten sich die einzelnen Fähnlein auf, das Bauernheer zerflatterte, der Neckartal-Odenwälder Haufen unter Götz von Berlichingen zog am 23. Mai ab. Damit war auch die Revolution in Franken, die mit der Eroberung Würzburgs und der Feste gekrönt werden sollte, am Ende.
In den letzten Tagen des Mai zog der Truchseß von Waldburg mit den Bündischen nach Franken, erzwang den Tauberübergang und metzelte am 2. Juni bei Königshofen die Bauern nieder. Die Bilanz belief sich auf

sechstausend Tote. Auf dem Weg nach Würzburg stellte sich den Schwäbischen bei Giebelstadt nochmals ein Bauernhaufen von fünftausend Mann, in einer Wagenburg verschanzt. Als die Landsknechte anrückten, brach Panik aus, die Bauern flohen – und wurden gejagt und erschlagen wie die Tiere. Mit der Einnahme Würzburgs am 6. Juni war der Aufstand in Franken restlos zusammengebrochen. Florian Geyer wurde auf dem Weg nach Norden im Gramschatzer Wald bei Rimpar nahe Würzburg in der Nacht vom 9. zum 10. Juni von einem Knecht seines Vetters Wilhelm von Grumbach erschlagen. Bei den folgenden Strafgerichten im Revolutionsgebiet sollen etwa zehntausend Bauern und Bürger ihr Leben verloren haben, Hunderten wurden die Augen ausgestochen oder die Schwurfinger, mit denen sie den Eid auf die Zwölf Artikel abgelegt hatten, abgehackt. Die fränkische Rebellion verlief also ebenfalls kaum anders als in den übrigen Gebieten des Reiches: Schnelle Erfolge und prompte Rückschläge, Radikalisierung und zusammenhanglose Aktionen, mangelnder Überblick und fehlende Zielstrebigkeit, zum Schluß nur noch einzelne Bauernhaufen »ganz nacket und bloß mit Wehren und allem«, die das bündische Heer gnadenlos zusammenschlägt – eine Lustbarkeit »gleich wie ein Schweinhatz«.

Obwohl Tausende von gedienten Landsknechten bei den Bauernhaufen mitzogen, scheiterte die Revolution im wesentlichen aus drei Gründen: Es gab keine überlegene, weitblickende Militärführung; deshalb fehlten Zusammenfassung, Organisation und Koordinierung, von Strategie ganz zu schweigen. Die Ausrüstung, Bewaffnung, Erfahrung und Disziplin entsprach nicht einmal den Minimalforderungen, wie sie für das entwickelte Kriegs- und Landsknechtswesen der Zeit selbstverständlich waren. Drittens fehlte den Bauern die Möglichkeit, ihre Gegner, die Fürsten und Herren, sowohl politisch-diplomatisch als auch militärisch angemessen einzuschätzen.

Luthers erste Wende

Das Reichsregiment, auf das Friedrich der Weise wegen der weiteren Behandlung der Luther-Sache und des Wormser Edikts seine Hoffnung gesetzt hatte, arbeitete seit dem Herbst 1521. Unter juristischen Gesichtspunkten war die Erwartung des Kurfürsten richtig, denn durch das Edikt war die *Causa Lutheri* eine Reichsangelegenheit geworden und mußte wohl oder übel auf jedem Reichstag neu behandelt werden.

Herzog Georg von Sachsen setzte alle seine Kräfte ein, um dem Edikt Geltung zu verschaffen. Doch weder seine Anstrengungen noch die verhaltenen Bemühungen des päpstlichen Nuntius Chieregati konnten die Reichsstände davon überzeugen, daß die Versuche, die evangelische Lehre mit Dekreten, Scheiterhaufen und Ketzerprozessen zu unterdrücken, noch Erfolg haben könnten. In dem Reichstagsabschied vom Juli 1523 wurde es schließlich abgelehnt, das Wormser Edikt mit Gewalt durchzuführen. Die Stände befürchteten, daß in einem solchen Fall unweigerlich Aufruhr entstehen würde. Die Differenzen in den religiösen Fragen sollten auf einem freien christlichen Konzil entschieden werden. Im Jahr 1524 löste sich das Reichsregiment auf. Die Stände gaben dann auf dem neuen Reichstag die salomonische Versicherung ab, sie wollten das Wormser Edikt durchführen, »soviel ihnen möglich« sei. Diese Formel garantierte, daß sich in der ganzen Angelegenheit nichts änderte; nur die lutherische Sache profitierte davon.
Luther konnte also wie bisher in Wittenberg weiterarbeiten, gesicherter denn je, völlig unbehelligt. Die Einsicht, daß die Realisierung der evangelischen Lehre, die Umsetzung seiner Revolution ins tägliche Leben, in die Ordnung der Gemeinde und das Dasein des einzelnen, zumal in diesem frühen Stadium, am aussichtsreichsten und erfolgreichsten im Rahmen der kurfürstlichen Landesherrschaft gelingen mußte, festigte sich bei Luther von Woche zu Woche. Das kann in seiner Tragweite nicht hoch genug veranschlagt werden. Nach seiner Rückkehr von der Wartburg hatte er im Verlauf einer einzigen Woche – in der Fastenzeit vom 9. bis zum 16. März –, in der er seine acht Invocavitpredigten hielt, die Dinge zurechtgerückt. Die Bezeichnung stammt vom Tag der ersten Predigt, dem Sonntag Invocavit. Das Wesentliche von Karlstadts Neuerungen behielt Luther zunächst bei. Er hatte erkannt, daß diese praktischen Dinge, die sich sämtlich um eine neue Gottesdienstordnung zentrierten, vorerst erheblich wichtiger waren als alles, was zu der theologischen Profilierung der evangelischen Lehre und des evangelischen Bekenntnisses gehörte. Eben deswegen griff er aber auch wieder auf die alten Bräuche zurück, die Priester durften nach Gutdünken im Ornat Messe lesen, niemand von den Gläubigen wurde genötigt, die Neuerungen zu befolgen.
Mit jeder einzelnen seiner Invocavitpredigten gießt Luther unbedingt nötiges Öl auf die Wittenberger Erregungen. Schon in dem ersten Sermon gibt er die Versicherung ab, an die er sich in den nächsten Jahren scheinbar unverbrüchlich hält und die hundertfacher Anlaß für eine Fehlbeurteilung Luthers geworden ist. Nur keine Gewalt! »Nehmt

euch ein Beispiel an mir. Ich bin dem Ablaß und allen Papisten entgegen gewesen, aber mit keiner Gewalt. Ich habe allein Gottes Wort getrieben, gepredigt und geschrieben, sonst habe ich nichts getan. Das hat, wenn ich geschlafen habe, wenn ich Wittenbergisch Bier mit meinem Philipp (Melanchthon) und Amsdorf getrunken habe, so viel getan, daß das Papsttum schwach geworden ist und ihm noch nie ein Fürst oder Kaiser so viel abgebrochen hat. Ich hab' nichts getan, das Wort hat alles gewirkt und ausgerichtet. Wenn ich hätt' wollen mit Ungestüm vorgehen, ich wollt Deutschland in ein großes Blutvergießen gebracht haben, ja ich wollte wohl zu Worms ein Spiel angerichtet haben, daß der Kaiser nit sicher gewesen wäre.«

Da klingt jedes Wort überzeugend, aber es ist nicht gedacht als Meditation über das Wesen der Gewalt, der Gewalt des Handelns, der Gewalt aufreizender Rede, der Gewalt der Anstiftung, der Gewalt desjenigen, der den Bedrohten schützt und sein Leben sichert. Es ist vielmehr gedacht als ein theologisches Sedativ für die Wittenberger evangelischen Christen. Wozu auch Gewalt, jetzt, da sie in der üblichen Form ganz unnötig ist? Vom Kurfürsten gedeckt, alle Maßnahmen gebilligt, besonders wenn sie vorsichtig begonnen und durchgeführt werden, gelingt es Luther, jede Änderung und Neuerung, die er für richtig hält, durchzusetzen – notfalls verordnet von der Obrigkeit, jener Obrigkeit, welcher der Christ Gehorsam schuldet, wie Luther seinen Gläubigen jetzt immer wieder und nachdrücklich einschärft.

Luther blieb nicht in Wittenberg, er ging in die Nachbardörfer, reist durch Sachsen, predigt in Borna, in Altenburg und Zwickau. In der Bergstadt hielt er es für nötig, wegen der Erinnerung an die Männer um Niklas Storch, an die Geist-Erleuchteten und Propheten, gleich vier Predigten zu halten. Beim drittenmal stand er nicht mehr in der Kirche, sondern am Fenster des Rathauses, weil sich auf dem Marktplatz an die vierzehntausend Menschen versammelt hatten.

Das Ergebnis von Luthers Überlegungen zur Neugestaltung der Messe legte er in den wenigen Blättern des Schriftchens »Von der Ordnung des Gottesdienstes in der Gemeinde« vor. Den größten Mißstand sieht Luther darin, daß man in der römisch-katholischen Messe »Gottes Wort zum Schweigen gebracht und in den Kirchen alleine gelesen und gesungen hat«. Weil aber, wie er in einem anderen Zusammenhang sagt, »der größte Gottesdienst die Predigt ist, und nicht allein der größte Gottesdienst, sondern auch unser Bestes, das wir haben können in allen Fällen«, soll »die christliche Gemeinde nimmer zusammen-

kommen, es werde denn daselbst Gottes Wort gepredigt und gebetet, und sei es auch aufs kürzeste. Wo nicht Gottes Wort gepredigt wird, ist's besser, daß man weder singe noch lese noch zusammenkomme.«
Der nächste Schritt mußte zwangsläufig darin bestehen, die Messe in einen deutschen Gottesdienst zu verwandeln. Dazu gehörten allerdings auch deutsche Kirchengesänge, und solche Lieder waren in Deutschland genauso zahlreich wie Oasen in der Wüste: »Ich wollte, daß wir viel deutsche Gesänge hätten, die das Volk während der Messe singt. Aber es fehlt uns an deutschen Dichtern und Musikern – oder sie sind uns noch zur Zeit unbekannt –, die solche christlichen und geistlichen Gesänge machen könnten, die es wert wären, daß man sie täglich in der Kirche Gottes brauchen möchte. Indes lasse ich mir gefallen, daß man singe, während das Volk das hochwürdige Sakrament empfängt: Gott sei gelobt und gebenedeit, der uns selber hat gespeiset. – Auch dies ist ein schön christlich Lied: Nun bitten wir den heiligen Geist, desgleichen: Ein Kindlein so löblich. Denn man findet ihrer nicht viel, die etwa einen Geschmack oder einen rechtschaffenen Geist hätten. Das rede ich deshalb, damit, falls irgend deutsche Dichter wären, sie dadurch bewegt würden, uns geistliche Lieder zu machen.«
Deutsch zu predigen hatte man in anderen Orten schon früher begonnen als in Wittenberg: in Basel, Pforzheim, Reutlingen, Allstedt, Königsberg, Nürnberg und vielen anderen Orten. Eine vollständige Messe in »rechter deutscher Art« hielt Luther zum erstenmal am 29. Oktober 1525 in der Wittenberger Pfarrkirche. Am Tag darauf gab er seinen Text der »Deutschen Messe und Ordnung des Gottesdienstes« in die Druckerei. Der neue Gottesdienst wurde dann zu Weihnachten in ganz Wittenberg eingeführt. Das Büchlein wurde Anfang Januar ausgeliefert.

Fürsten contra Christen

Im Jahr 1523 verfaßt Luther eine Schrift »Von weltlicher Obrigkeit, wie weit man ihr Gehorsam schuldig sei«. Anlaß dafür war Luthers Ärger über das Verbot Herzog Georgs von Sachsen, die Septemberbibel zu kaufen. Das Thema selbst hatte Luther schon im Oktober 1522 in zwei Predigten *»de regno Dei et potestate saeculari«* behandelt. Von Herzog Johann und dem Hofprediger Wolfgang Stein wurde Luther gebeten, den Text zu veröffentlichen – Herzog Johann ist die Schrift auch gewidmet.

Der Text ist ein ganzes Bündel wüster, ja geradezu erschreckender Angriffe gegen die weltlichen Obrigkeiten. Als rechtfertigende Entlastung wurde angeführt, Luther hätte nichts anderes beabsichtigt, als den wahren christlichen Fürsten besonders deutlich zu unterscheiden von einem Herrn, der unchristliche Obrigkeit verkörpert. Eine solche Erklärung wirkt dünn, denn Luther schreibt selbst ohne jede Beschönigung, daß der Idealtypus eines christlichen Herrschers auf Erden praktisch nicht existiere – er ist »der großen Wunder eins und das allerteuerste Zeichen göttlicher Gnade« – und weltliche Obrigkeit letztlich von Grund auf verdorben sei; ihre Tätigkeit beschränke sich nur auf »äußerliche Handlungen«: »Gott der Allmächtige hat unsere Fürsten toll gemacht, daß sie nicht anders meinen, sie könnten tun und ihren Untertanen gebieten, was sie nur wollen – und die Untertanen irren auch und glauben, sie seien schuldig, dem allen zu folgen –, so ganz und gar, daß sie nun angefangen haben, den Menschen zu befehlen, Bücher von sich zu tun, zu glauben und zu halten, was sie vorschreiben. Damit vermessen sie sich, sich auch in Gottes Stuhl zu setzen und die Gewissen und den Glauben zu meistern und nach ihrem tollen Gehirn den Heiligen Geist zur Schule zu führen. Dennoch verlangen sie, man dürfe es ihnen nicht sagen und solle sie noch gnädige Junker nennen.«

Der Zorn Luthers über das Verbot Herzog Georgs ist verständlich. Andererseits konnte sich der Herzog, als treuer Sohn der Kirche und der Reichsordnung verpflichtet, darauf berufen, daß gemäß dem Wormser Edikt durch kaiserliche Verfügung sämtliche Schriften Luthers verboten waren. Doch Luther läßt dies nicht gelten: »Sie schreiben und lassen Gebotszettel ausgehen, daß sie nur dem Befehl des Kaisers gehorchen und nur christliche gehorsame Fürsten sein wollen, gerade so, als wäre es ihr Ernst und als ob man den Schalk hinter ihren Ohren nicht merke. Denn das sollten wir wohl sehen: Wenn ihnen der Kaiser ein Schloß oder eine Stadt nähme oder sonst etwas, was ihnen nicht recht wäre, wie fein sie sich finden sollten, daß sie dem Kaiser widerständen und nicht gehorsam zu sein brauchten. Nun es aber gilt, den armen Mann zu schinden und ihren Mutwillen an Gottes Wort zu büßen, da muß es: ›kaiserlichen Gebotes Gehorsam‹ heißen. Solche Leute nannte man früher Buben, heute muß man sie christliche, gehorsame Fürsten nennen. Das sind jetzt die Fürsten, die das Kaisertum in deutschen Landen regieren; darum muß es auch in allen Landen so fein zugehen, wie wir es denn sehen.«

Luther ist sicher, daß weder sein Kurfürst noch Herzog Johann, der

Mitregent, diese Attacken auf sich beziehen und daß sie damit einverstanden sind, wenn Luther auch mit starken Verallgemeinerungen seine Position verteidigt. Doch der Text erhält nun einmal seine Sprengkraft nicht durch die Verteidigung, sondern durch die Verallgemeinerungen, die generalisierende Verurteilung der gesamten weltlichen Obrigkeit: »Von Anbeginn der Welt ist ein kluger Fürst gar ein seltener Vogel, und noch viel seltener ist ein frommer Fürst. Sie sind im allgemeinen die größten Narren oder die ärgsten Buben auf Erden, weshalb man bei ihnen allezeit auf das Ärgste gefaßt sein und wenig Gutes von ihnen erwarten muß.« Luther nimmt noch einmal das alte Thema der weltlichen Herrschaft der Kirche auf, er höhnt über die vollständige Verkehrung der Funktionen: »Die Bischöfe sollen das Wort Gottes liegen lassen und die Seelen nicht damit regieren, sondern sollen den weltlichen Fürsten befehlen, daß diese mit dem Schwert daselbst regieren. Umgekehrt sollen die weltlichen Fürsten Wucher, Raub, Ehebruch, Mord und andere böse Werke hingehen lassen und selbst treiben, danach von den Bischöfen mit Bannbriefen strafen lassen, und so den Schuh fein umkehren: mit Eisen die Seelen und mit Briefen den Leib regieren, daß weltliche Fürsten geistlich und geistliche Fürsten weltlich regieren. Was hat der Teufel sonst auf Erden zu schaffen, als daß er mit seinem Volk so gaukelte und Fastnachtsspiel treibe? Das sind unsere christlichen Fürsten, die den Glauben verteidigen und den Türken fressen. Ja freilich feine Gesellen, auf die gut zu vertrauen ist: sie werden mit solcher feinen Klugheit etwas ausrichten, nämlich, daß sie den Hals brechen und Land und Leute in Jammer und Not bringen.

Ich wollte aber den verblendeten Leuten gar treulich raten, daß sie sich vor einem kleinen Sprüchlein vorsehen, das im 107. Psalm steht: ›Er schüttete Verachtung aus auf die Fürsten‹ (40). Ich schwöre euch bei Gott, werdet ihr's so machen, daß dies kleine Sprüchlein über euch in Schwang kommt, so seid ihr verloren, wenn auch jeder von euch so mächtig wie der Türke wäre, und wird euch euer Schnauben und Toben nichts helfen. Es hat schon zum großen Teil angefangen. Denn gar wenig Fürsten sind, die man nicht für Narren oder Buben hält. Das macht, sie erweisen sich auch so, und der einfache Mann wird verständig. Man wird nicht, man kann nicht, man will nicht eure Tyrannei und Mutwillen auf die Dauer leiden. Liebe Fürsten und Herren, da wisset euch nach zu richten, Gott will's nicht länger haben. Es ist jetzt nicht mehr eine Welt wie vorzeiten, da ihr die Menschen wie das Wild jagtet und triebet. Deshalb laßt euren Frevel und Gewalt und seid darauf bedacht, daß ihr rechtlich handelt, und laßt Gottes Wort seinen Gang haben, den es doch haben will, muß und soll, und den ihr nicht hindern werdet. Ist Ketzerei da, die überwinde man, wie sich's gebührt, mit Gottes Wort. Werdet ihr aber viel Schwertzücken treiben, so sehet zu, daß nicht einer komme, der es euch einstecken heiße, aber nicht in Gottes Namen.«

Luthers Schrift »Von weltlicher Obrigkeit« ist deshalb so wesentlich und verdient höchste Aufmerksamkeit, weil Luther mit der scharfen Trennung zwischen weltlichem und geistlichem Regiment den irdischen Obrigkeiten jeden Zugriff in Glaubensdingen verwehrt. Das heißt auch, daß ein christlicher Fürst nicht das Recht hat und ihm auch nicht die Pflicht zusteht, seinen Bereich des Weltlich-Obrigkeitlichen zu überschreiten und in glaubensmäßig-kirchliche Dinge einzugreifen. Nach wenigen Jahren sieht das freilich ganz anders aus!

Zum Schluß beantwortet Luther eine Frage, die auch im engsten Zusammenhang mit der Absicht des ganzen Textes alles andere als frei ist von Mißverständnissen: »Wie, wenn ein Fürst unrecht hätte, ist ihm sein Volk dann auch schuldig zu folgen? Antwort: Nein. Denn gegen das Recht gebührt niemand zu tun; sondern man muß Gott, der Recht haben will, mehr gehorchen als den Menschen.«

Nirgends finden sich mehr Widersprüche, Ungereimtheiten und sich gegenseitig aufhebende Meinungen bei Luther als bei seinen Lehren über die Obrigkeit und die Gewalt. Es ist ausgeschlossen, sie in einen Zusammenhang zu bringen, der sich einer Systematik von Luthers Gesamtlehre einfügen könnte. Seine Äußerungen sind nicht nur in der Theorie zutiefst widersprüchlich, sie sind es auch in dem an sich schon komplizierten Verhältnis zwischen Theorie und praktischem Leben. Einen Sinn ergeben sie nur, ja sogar ausschließlich vor dem Hintergrund der historischen Ereignisse zwischen 1521 und 1526.

Luthers Pakt mit der Obrigkeit

Nach dem Untergang Sickingens, der Flucht Huttens, dem Zusammenbruch aller Hoffnungen, die Luthers Schrift an den »Christlichen Adel deutscher Nation« bei so vielen geweckt hatte, befindet sich Luther in den Jahren 1523 und 1524 kaum noch in einem Zwielicht der Entscheidung. Daß sich die Bauern empören, ist letzten Endes nicht einmal überraschend. Spalatin hatte schon vor 1518 sehr wachsam die soziale Gewitteratmosphäre, die zu den nicht abreißenden Bauernunruhen

gehörte, registriert. Nicht einmal die Gewalt der jetzt aufbrechenden Revolution war staunenswert. Luther ist ein aufmerksamer Beobachter der Revolten, Empörungen, des ganzen Brandes, der in den südwestdeutschen Reichsgebieten aufflammt und rasch bis vor die Tore Kursachsens zieht. Er kennt die Möglichkeiten, welche in dieser sozialen Revolution enthalten sind. Doch die Entwicklung der Bauernbewegung läßt nicht den mindesten Zweifel daran bestehen, daß Luthers eigene Revolution dort am sichersten gewahrt ist, wo ihr zwar nur ein verhaltenes, dafür aber um so beharrlicheres Wohlwollen entgegengebracht wird. Es kostet ihn kaum ein Lächeln, als ihm mitgeteilt wird, Herzog Georg von Sachsen hätte sich am 21. März 1523 voll Erregung über Luthers Schrift »Von weltlicher Obrigkeit« bei Friedrich dem Weisen beschwert und drastische Maßnahmen gegen den Verfasser und den Drucker verlangt. Als sich Landgraf Philipp von Hessen im Januar 1525 öffentlich für die evangelische Lehre erklärt, befindet sich Luther bereits jenseits des Rubikons. Der Landgraf war nicht nur ein stürmischer Verehrer Luthers, der Landgraf war seit seinen Kämpfen mit Sickingen bekannt als ein außergewöhnlich fähiger Kriegsmann, von den Fürsten des Reiches besaß Philipp von Hessen die vorzüglichste und stärkste Artillerie.
Eine kühle Bilanz mußte Luther ohne Schwierigkeiten erkennen lassen, wo seine Stellung zwischen Landesfürsten und Bevölkerung festzulegen war. Der evangelischen Lehre konnte es in dieser Phase um nichts anderes gehen als um gesicherte Glaubenspraxis, ungehinderte Entfaltung des Gemeindelebens, einen Freiraum, der abgeschirmt war gegen Bedrohungen der römischen Kirche, geschützt also von jener Obrigkeit, die das Schwert führte. Entscheidend dafür wurde auch die Überlegung der Territorialherren, daß sich der neue Glaube, den Luther verkündete und lehrte, für sie in der politischen Sphäre als eine gewaltige Steigerung ihrer Macht auswirkte.
Die Herren konnten dies auch am Beispiel des Deutschen Ordens studieren. Seit der Schlacht bei Tannenberg im Jahr 1410 und dem zweiten Frieden von Thorn (1466) war das Restgebiet des Ordens in etwa auf das heutige Ostpreußen reduziert. Markgraf Albrecht von Brandenburg, ein Neffe König Sigismunds I. von Polen, wurde 1511 zum Hochmeister gewählt und hatte sich verpflichtet, den von Polen geforderten Lehnseid zu verweigern und das Ordensland mit Waffen zu verteidigen. Seine Position in diesem Kampf war äußerst schwierig, das Reich versagte jede Unterstützung, eine Atempause erhielt der Hochmeister lediglich durch den Waffenstillstand, den Kaiser Karl V.

im April 1521 vermittelt hatte und der auf vier Jahre befristet war. Im September desselben Jahres hatte sich der Hochmeister beim sächsischen Kurfürsten erkundigt, ob eine Reform des Ordens mit Hilfe Luthers denkbar und wünschenswert sei. Der Kurfürst hielt sich zurück, Luther erfuhr nichts von diesen Überlegungen. Ende November 1523 besuchte Albrecht von Brandenburg Luther in Wittenberg und stellte ihm dieselbe Frage. Doch Luther lehnte das Reformprojekt ab: Der Markgraf und Hochmeister solle nicht die Ordensregel reformieren, sondern sie als Ganzes kassieren, das Ordensland Preußen in einen weltlichen Staat verwandeln und mit seinen Herren und Ordensrittern in den Stand der Ehe treten. Der Hochmeister schwieg und lächelte. Wenige Tage später wurde im ganzen Ordensland eine Schrift Luthers verbreitet, die schon am 28. März in Wittenberg erschienen war: »An die Herren Deutschen Ordens, daß sie falsche Keuschheit meiden und zur rechten ehelichen Keuschheit greifen, Ermahnung«. Von der Plattform dieser Ermahnung aus griff die evangelische Lehre im Ordensland reißend um sich.
Sigismund von Polen und der Polnische Reichstag erklärten nun zu Beginn des Jahres 1525 dem Hochmeister ultimativ, daß nach Ablauf des Waffenstillstandes der Hochmeister entweder huldigen und den Lehnseid leisten müsse oder mit dem Orden aus ganz Preußen vertrieben würde. Albrecht von Brandenburg entschloß sich daraufhin, das Deutsch-Ordensland Preußen von Sigismund I. als Lehen anzunehmen, allerdings verwandelt in ein weltliches Erb-Herzogtum, was durch den Übertritt zur evangelischen Lehre ermöglicht wurde. Dies ließ sich um so leichter durchführen, als der Bischof von Samland, Georg von Polentz, ebenso bereits im Jahr 1523 der Bischof von Pomesanien, Erhard Queiß, und eine ganze Reihe von Ordensrittern sich vom Gelübde losgesagt und geheiratet hatten, und auch die Städte überwiegend evangelisch geworden waren. Der Papst protestierte zwar heftig gegen diese Eigenmächtigkeit, der Kaiser verhängte über Albrecht von Brandenburg die Reichsacht, doch änderte sich dadurch nichts. Im März 1526 beschloß der frühere Hochmeister, ebenfalls zu heiraten. Er sandte Luther eine Einladung zur Hochzeitsfeier und dankte ihm nochmals, »daß wir aus der Finsternis vermittels der Hilfe Gottes und Eurem Zutun zum Licht der wahren Erkenntnis gekommen, also daß wir uns des Kreuzes verziehen, dasselbige abgelegt und den weltlichen Stand angenommen«.

Vertragt und einigt euch!

Luther schätzte die Lage der Bauern richtig ein, er wußte auch, welche Ziele der Schwäbische Bund verfolgte, er kannte die militärischen Mittel, es gab keine Zweifel, daß der Kurfürst von der Pfalz und Landgraf Philipp von Hessen mit derselben Entschlossenheit, die sie im Kampf gegen Sickingen und die Reichsritter bewiesen hatten, die Bauern bekriegen und mit Sicherheit besiegen würden. Am 19. April 1525 veröffentlichte Luther seine Schrift »Ermahnung zum Frieden auf die Zwölf Artikel der Bauernschaft in Schwaben«. Am Tag zuvor hatte Landgraf Philipp mit seinen Landsknechten, Reitern und Geschützen das Gebiet des Klosters Hersfeld gestürmt und die Bauern erbarmungslos verjagt; fünf Tage später geschah dasselbe in Fulda. Luther hielt zwar in dieser Schrift den Herren dasjenige vor, was er schon 1523 »Von der weltlichen Obrigkeit« gesagt und ebenso in einem Brief vom 7. März 1522 an Friedrich den Weisen geschrieben hatte: daß die Fürsten »zum Aufruhr zwingen«. Fast könnte man es für Schadenfreude halten, wenn Luther jetzt schreibt: »Wir können niemand auf Erden für solch Unheil und Aufruhr danken als euch Fürsten und Herren, besonders euch blinden Bischöfen und tollen Pfaffen und Mönchen, die ihr, noch heutigen Tages verstockt, nicht aufhört zu toben und zu wüten gegen das heilige Evangelium, obgleich ihr wißt, daß es recht ist und ihr es auch nicht widerlegen könnt. Dazu tut ihr im weltlichen Regiment nicht mehr, als daß ihr schindet und Geld eintreibt, euren üppigen und hochmütigen Lebenswandel zu führen, bis es der gemeine Mann nicht länger ertragen kann und mag. Das Schwert ist euch auf dem Halse; dennoch meinet ihr, ihr sitzt so fest im Sattel, man werde euch nicht ausheben können. Solche Sicherheit und verstockte Vermessenheit wird euch den Hals brechen, das werdet ihr sehen. Ich hab's euch zuvor vielmal verkündigt, ihr solltet euch vor dem Spruch Psalm 107,40 hüten: ›Er schüttet Verachtung aus auf die Fürsten.‹ Ihr ringt danach und wollt auf den Kopf geschlagen sein, davor hilft kein Warnen noch Vermahnen.

Wohlan, weil ihr denn Ursache solches Zorns Gottes seid, wird's ohne Zweifel auch über euch hergehen, wo ihr euch nicht mit der Zeit noch bessert. Die Zeichen am Himmel und Wunder auf Erden gelten euch, liebe Herren; nichts Gutes bedeuten sie euch, nichts Gutes wird euch auch geschehen. Es hat schon ein groß Teil des Zorns angefangen, daß Gott so viele falsche Lehrer und Propheten unter uns sendet, auf daß wir zuvor mit Irrtum und Gotteslästerung reichlich die Hölle und ewige Verdammnis verdienen. Das andre Stück ist auch vorhanden, daß sich die Bauern zusammenrotten. Daraus muß, sofern Gott, durch unsere Buße bewegt, dem nicht wehrt, Verderben, Zerstörung und Verwüstung deutschen Landes durch greulich Mord und Blutvergießen folgen.

Denn das sollt ihr wissen, liebe Herren: Gott schafft's so, daß man eure Wüterei nicht kann noch will noch solle auf die Dauer dulden. Ihr müßt anders werden und Gottes Wort weichen. Tut ihr's nicht auf freundliche freiwillige Weise, so müßt ihr's tun auf gewaltige und verderbliche Unweise. Tun's diese Bauern nicht, so müssen's andere tun. Und ob ihr sie alle schlügt – noch sind sie ungeschlagen – Gott wird andere erwecken. Denn er will euch schlagen und wird euch schlagen. Es sind nicht Bauern, liebe Herren, die sich gegen euch stellen: Gott ist's selbst, der sich gegen euch stellt, eure Wüterei heimzusuchen.«

Trotz der ernsten Lage kann Luther die Genugtuung nicht ganz unterdrücken: »Wenn ich Lust hätte, mich an euch zu rächen, so möcht' ich mir jetzt in die Faust lachen und den Bauern zusehen, oder mich auch zu ihnen schlagen und die Sache ärger machen helfen. Aber da soll mich mein Gott vor behüten, wie bisher.« Und wenn er sich an die Bauern wendet und sie zur Ruhe ermahnt, so versichert er doch wiederholt, »daß ich die Obrigkeit in ihrem unerträglichen Unrecht, das ihr leidet, nicht rechtfertigen und verteidigen will – sie sind und tun greulich Unrecht, das bekenne ich«, aber dieser Sachverhalt allein »entschuldigt keine Zusammenrottung oder Aufruhr«.

Obrigkeit bleibt also Obrigkeit, ob sie Unrecht begeht oder nicht: Sie ist von Gott eingesetzt. Die Herren »sind Gottes Stockmeister und Henker, und sein göttlicher Zorn gebraucht sie, die Bösen zu strafen und äußerlichen Frieden zu halten«. Überdies »ist die Welt zu böse und nicht wert, daß sie viele kluge und fromme Fürsten haben sollte. Frösche müssen Störche haben.«

So wenig sich Luther mit Vorwürfen an die Adresse der Herren zurückhält, so deutlich hält er den Bauern unchristliches, gewaltsames Aufbegehren vor: »Ich lasse eure Sache sein, wie gut und recht sie sein kann. Weil ihr sie aber selbst verteidigen und nicht Gewalt noch Unrecht leiden wollt, mögt ihr tun und lassen, was euch Gott nicht wehrt. Aber die christlichen Normen, den christlichen Namen, sage ich, den laßt beiseite und macht den nicht zum Schanddeckel eures ungeduldigen, unfriedlichen, unchristlichen Vorhabens. Den will ich euch nicht lassen noch gönnen, sondern euch, sowohl mit Schriften wie

Worten, nach meinem Vermögen abreißen, solange sich eine Ader in meinem Leibe regt.«

In den Einzelfragen der Artikel hält sich Luther im großen ganzen zurück, für die Forderungen der acht letzten Artikel sieht er die Juristen als zuständig an, für die anderen Artikel empfiehlt er den Bauern ein so konsequentes Urchristentum, wie es Luther selbst nicht in der Lage war, zu befolgen. Was soll ein Bauer in seiner Not mit Luthers Rat anhand Matthäus 10,23: »Wenn man euch in dieser Stadt verfolgt, dann flieht in eine andere«? Luther beharrt darauf: »Wenn es nun so geschieht, daß ein Christ immer von einem Ort zum anderen um des Evangeliums willen weichen muß, und alles verlassen, wo er ist und was er hat, oder doch im ungewissen sitzt und alle Stunde solches erwartet, so geht es ihm recht, wie es einem Christen gehen soll. Denn deshalb, weil er nicht leiden will, daß ihm das Evangelium genommen oder verwehrt wird, leidet er, daß man ihm Städte, Orte, Güter und alles, was er ist und hat, nimmt und verwehrt.« Wie nimmt sich dieser religiöse Rigorismus gegenüber einem leibeigenen Bauern aus? Wie kann er mit seiner Familie in ein anderes Dorf, in ein anderes Land fliehen, wenn Luther gleichzeitig die Leibeigenschaft damit rechtfertigt, daß auch Abraham und andere Patriarchen und Propheten Leibeigene gehabt hätten: »Lest Paulus, was er von den Knechten, welche zu der Zeit alle leibeigen waren, lehrt. Deshalb ist dieser (dritte) Artikel direkt gegen das Evangelium und räuberisch, womit ein jeglicher seinen Leib, der leibeigen geworden ist, seinem Herrn nimmt. Denn ein Leibeigener kann wohl ein Christ sein und christliche Freiheit haben, gleichwie ein Gefangener oder Kranker Christ und doch nicht frei ist. Dieser Artikel (der Bauern) will alle Menschen gleich machen und aus dem geistlichen Reich Christi ein weltliches, äußerliches Reich machen, welches unmöglich ist.«

Gleichwohl, Luther drängt schließlich beide Seiten, Herren und Bauern, sich gütlich zu einigen: »Ich hab's euch gesagt, daß ihr zu beiden Teilen Unrecht habt und um Unrecht fechtet. Ihr Herren fechtet nicht gegen Christen; denn Christen tun euch nichts, sondern leiden alles; ihr fechtet aber gegen öffentliche Räuber und Schänder christlichen Namens; welche unter ihnen sterben, sind schon ewig verdammt. Umgekehrt, ihr Bauern fechtet auch nicht gegen Christen, sondern gegen Tyrannen und Verfolger Gottes und der Menschen und gegen Mörder der Heiligen Christi; welche da sterben, sind auch ewig verdammt. Da habt ihr alle beide Teile euer sicheres Urteil von Gott, das weiß ich fürwahr. Tut nun, was ihr wollt, wenn ihr ja nicht folgen wollt, um euren Leib und eure Seele zu erhalten. Ich aber will mit den Meinen Gott bitten, daß er euch, beide Seiten, entweder miteinander vertrage und einige oder gnädig verhindere, daß es nicht nach eurem Sinn hinausgehe.«

Der Satan von Allstedt

In seiner ersten Bauernschrift macht Luther mehrfach auf die wirklichen Urheber des ganzen Unheils aufmerksam, die falschen Lehrer und Propheten. Dem Adel versichert er beschwörend, »daß dieser Aufruhr nicht aus mir kommen kann. Sondern die Mordpropheten, welche mir ja so feind sind wie euch, sind unter diesen Pöbel gekommen, mit dem sie nun länger als drei Jahre umgegangen sind. Wenn euch Gott nun zu strafen gedenkt, und läßt den Teufel durch seine tollen Propheten den tollen Pöbel gegen euch erregen, und will vielleicht, daß ich nicht mehr wehren solle noch könne: Was kann ich oder mein Evangelium dazu?« Ebenso ermahnt er die Bauern, sie sollten nicht allen »Geistern und Predigern glauben, nachdem der leidige Satan jetzt viel wilde Rottengeister und Mordgeister unter dem Namen des Evangeliums geweckt und damit die Welt erfüllt hat«.
Luther denkt dabei nicht nur an die Zwickauer Propheten, er denkt ebenso an Karlstadt, von dem er seufzend geschrieben hat: »Ich meinte, es wäre ausgestanden: so hebt sich's allererst. Es geht ein neu Wetter her. Doktor Andreas Karlstadt ist von uns abgefallen, ja unser ärgster Feind geworden.« Daß Karlstadt eigene evangelische Konsequenzen ziehen würde, war abzusehen, das zeigte sich in Wittenberg schon vor Luthers Rückkehr von der Wartburg. Luther nannte ihn wegen des radikalen Bildersturms, den er zu verantworten hatte, insgeheim einen »Judas« – dieses Schmähwort ist nur aus der Erregung Luthers über die Wittenberger Vorgänge zu verstehen, obgleich sich in dem Schimpf auch schon seine unerbittliche Entschlossenheit äußert, jeden, der sich seinen Meinungen widersetzen würde, ohne Gnade und Nachsicht zu bekämpfen.
Als Karlstadt nach Luthers Rückkehr in Wittenberg alle Möglichkeiten des Wirkens zerstört sind, zieht er mit seiner jungen Frau in ein nahes Dorf und arbeitet als Bauer, nennt sich Nachbar Andres, verzichtet schließlich auch auf alle Einkünfte, die ihm als Archidiakon des Allerheiligenstifts zustehen. Statt mit Büchern und Schreibzeug hat er mit Hacke und Pflug zu tun: »Was meinst du, Luther, ob die Blasen den

Händen nicht ehrlicher stehn als goldene Ringe?« – Er meint den Doktorring Luthers, denn er, Karlstadt, hat sämtliche akademischen Würden abgelegt, er führt auch keine Promotionen mehr durch.
Im Jahr darauf, 1523, übernimmt Karlstadt die Pfarre der kleinen Saalestadt Orlamünde; als Stiftsherr war er auch nominell Pfarrherr des Städtchens mit dem Recht auf gewisse Einkünfte. Der Kurfürst ist mit dem Wechsel einverstanden. Karlstadt beginnt von Orlamünde aus seine eigenen Lehren zu verkünden und umzusetzen. Seine Gemeinde ist ihm völlig ergeben, seine Lehren breiten sich in Thüringen aus, der Saaledistrikt hört auf ihn, selbst in Weimar und Jena, in Kahla und Westerburg setzt sich das evangelische Christentum Karlstadts durch, nicht das lutherische. Er lehrt nichts anderes, als was er in Wittenberg verkündet und durchgeführt hat, nur noch radikaler. Er sitzt mit Bauern und Handwerkern über der Bibel, ist im Grunde nichts anderes als ein Laienprediger, nur ein besonders strenger. Karlstadt verlangt unbedingte Sonntagsheiligung, er tauft keine Kinder, und da in der Bibel kein entsprechendes Verbot zu finden ist, erlaubt er einem seiner Anhänger, eine zweite Frau zu heiraten. Luther weiß darauf keine Antwort, über Doppelehen hat er ja selbst einiges geschrieben, was nicht gängig ist; er entgegnet lediglich aufgebracht, daß Karlstadt Ärgernis bringe und üble Exempel liefere. Als Luther dann selbst nach Jahren dem Landgrafen Philipp von Hessen die Doppelehe gestattet, dürfte er sich mit unguten Gefühlen an seinen Doktorvater und Pfarrer in Orlamünde erinnert haben.
Karlstadt versucht nichts anderes, als voller Hingabe und Glauben, voller Nächstenliebe, ein rein urchristliches Leben zu führen, seiner Gemeinde vorzuleben. Diese Orlamünder Gemeinde liebt ihn, sie hängt an ihm. Luther vibriert vor Zorn, vor kaum zu bändigendem Haß: »Wir halten dafür, daß nicht vonnöten sei, alles zu tun und zu lassen, was Christus getan und gelassen hat, sonst müßten wir auch auf dem Meer gehen und Wunder tun, die Ehe lassen und das weltliche Regiment, Acker und Pflug und alles andere. Wir lassen kein Exempel zu, auch von Christus selbst nicht, wir wollen am Werk und Beispiel nicht genug haben, ja wir wollen keinem Exempel folgen: Das Wort wollen wir haben, um dessentwillen alle Werke und Wunder geschehen. Die Karlstadtsche Theologie ist nicht höher gekommen als zu lehren, wie wir Christus sollen nachfolgen, und macht aus Christus nur ein Exempel und einen Gebieter, und fällt also wiederum fein vom Glauben auf die Werke – damit sie endlich wieder dahin komme, daß der freie Wille etwas sei in Gottes Sachen.« Er verdammt Karlstadt als

Schwärmer, so wie er viele als Schwärmer verdammen wird, die es anders meinen als Luther. Später rückt Karlstadt zum »fleischgewordenen Teufel in Person« auf. Als er zu Weihnachten 1541 in Basel stirbt, meint Luther lediglich: »Er hat sich zu Tode gelästert.«
In der wechselseitigen Polemik hielt sich Karlstadt zurück, immerhin bezeichnete er als erster einer langen Reihe nach ihm Luther als den neuen Papst in Wittenberg, vor dessen Augen nicht einmal Christus Gnade fände. Luther setzte es 1524 beim Kurfürsten durch, daß Karlstadt seiner Pfarrei enthoben und aus Sachsen ausgewiesen wurde, trotz der Bitten und Proteste der Orlamünder, obwohl Karlstadts Frau ihr zweites Kind erwartete, obwohl der Verfolgte den kurfürstlichen Hof inständig um jenes Recht bat, auf das Luther der römischen Kirche gegenüber so hartnäckig gepocht hatte: um das Recht, angehört zu werden.

Was für Karlstadt und sein »Schwärmertum« galt, traf in der Perspektive Luthers noch weit mehr auf Thomas Müntzer zu. Von Zwickau war Müntzer Ende 1521 nach Prag gegangen, er suchte eine Verbindung zu den Böhmischen Brüdern und den Hussiten. Seine Predigten hatten auch in dieser Stadt »des teuren und heiligen Kämpfers Magister Johannes Hus« erheblichen Zulauf. Trotzdem scheiterte der Versuch Müntzers, mit den tschechischen Taboriten einen christlich-revolutionären Bund zu gründen, recht kläglich. In Prag schrieb Müntzer seine erste zusammenfassende Abhandlung nieder, das »Prager Manifest«, ein aufschlußreiches Dokument für Müntzers Verständnis der Heiligen Schrift als eines zwar vergangenen Wortes, das den wahren Glauben »nicht zu wirken« vermöge, das aber als Zeugnis des Glaubens dennoch eine Art Gradmesser für die Offenbarungen Gottes in der Gegenwart – in der Zeit Müntzers – sei.
Der geistgewirkte Glaube Müntzers ist nicht beruhigender Besitz, sondern durchglüht von dem Wunsch, von der Pflicht, das Wort Gottes in allen Menschen zu wecken. Müntzer, »der willige Botenläufer Gottes«, sieht sich vom Herrn dazu berufen, nicht etwa die alte Kirche nur zu erneuern, sondern die apostolische Kirche neu zu gründen. Der Ansatz deckt sich in diesem Punkt mit dem Luthers. Müntzer kämpft gegen die »tauben Pfaffen«, er ruft im Auftrag Gottes zum Aufstand des wahren Glaubens gegen den Unglauben auf. Als Müntzers Appelle in Böhmen ohne Echo verhallen, wird er aggressiv, sieht in dem steifen Beharren der Menschen im Unglauben dieselbe Widersetzlichkeit, mit der es die Propheten des Alten Testaments zu tun hatten, sieht sich

selbst als einen dieser Propheten, der »solche hohen Feinde des Glaubens in dem Geiste Eliä zuschanden machen« muß: »Die Zeit der Ernte ist da. Darum hat mich Gott selber gemietet in seine Ernte.«

In Prag hält es ihn nach den Enttäuschungen nicht lange, er kehrt nach Sachsen zurück, trifft auch noch einmal mit Luther in Wittenberg zusammen, ist aber insgesamt von den Wittenbergern, diesen »zarten Schriftgelehrten«, zutiefst enttäuscht. Müntzer ist durch und durch von der drängenden Notwendigkeit besessen, »die Kirche Jesu in ihrem wahrhaft rechten Wesen« so rasch wie möglich aufzurichten, gleichgültig, was die Schwächlichen, die Lauen, die Vorsichtigen oder gar die weltlichen Herrscher davon halten. In diesem Jahr entfremdet er sich den Wittenbergern mehr und mehr – sie nehmen ihn nicht ernst, und gleichzeitig versucht sich Müntzer dem Außenseiter Karlstadt zu nähern.

Im März 1523 wurde Müntzer zum Pfarrer nach Allstedt im nördlichen Thüringen berufen. Hier entwarf er in kürzester Zeit eigenständig eine »Deutsche evangelische Messe« und als erster eine deutsche Liturgie – eine Meisterleistung, die durch den Haß und die spätere Todfeindschaft zwischen Luther und Müntzer nichts einbüßt. Die deutschen Predigten Müntzers wurden in ganz Sachsen berühmt, der Zustrom riß nicht ab. Gleichzeitig kam es zu Anfeindungen und Beschwerden beim Kurfürsten, als Anhänger Müntzers eine Marienkapelle vor den Toren Allstedts in Brand steckten. Im Frühling 1524 gründete Müntzer einen »Getreulichen Bund göttlichen Willens«, eine halbmilitante Vereinigung, die Allstedt vor allem gegen zwangsweise Maßnahmen des kurfürstlichen Hofes schützen sollte, allgemeiner: das Evangelium vor allen Anschlägen der Gottlosen behüten und ebenso alle christlichen Brüder vor Nachstellungen. Mitte Juni zählte der Bund fünfhundert Mitglieder, er breitete sich bis Sangershausen und Nordhausen aus.

Nach Monaten des Tastens und der Unsicherheit wünschte der Hof nunmehr volle Klarheit über die Lehren Müntzers und die Natur seines Predigtamtes. Herzog Johann ersuchte Müntzer, im Juli 1524 auf dem Allstedter Schloß vor ihm zu predigen. In dieser »Fürstenpredigt« entwickelte Thomas Müntzer eindrucksvoll seine Geisttheologie, er bezeichnete sich selbst als den »neuen Daniel«, der die Fürsten dazu ermahnt, ihre Gewalt gegen die Gottlosen einzusetzen und ihre Macht zum Schutz der Frommen. Nicht minder deutlich warnt Müntzer vor den »falschen Propheten«, den Wittenbergern, insbesondere vor Luther, »dem Bruder Mastschwein und Bruder Sanftleben«, der unfähig sei, der weltlichen Obrigkeit in Gestalt der Fürsten zu vermitteln, was

Gott von ihnen in der Not dieser Tage verlange. Gott wünsche Entschlossenheit und Taten. Für Luthers Behauptung, daß die weltliche Obrigkeit böse und nichts weiter als Gottes Zuchtmeister sei, hat Müntzer nur Verachtung übrig. Ein christlicher Fürst habe die Pflicht, den Willen Gottes in der Welt durchzusetzen: »Sollt Ihr rechte Regenten sein, so müßt Ihr das Regiment bei der Wurzel beginnen, wie Christus befohlen hat. Treibt seine Feinde von den Auserwählten fort, denn Ihr seid die Mittler dazu.«

In der »Fürstenrede« wird deutlich, daß es Müntzer um nichts anderes geht als um den unnachsichtigen Kampf gegen die »Gottlosen«, die Unterdrücker des Evangeliums und ihre Entmachtung. Dazu ist eine klare Entscheidung nötig. Nichts widert Müntzer stärker an als das bequeme Beiseitestehen oder passives Erleiden. Zum Aufrührer wird Müntzer erst in dem Moment, als seine Anhänger, und dann auch er selbst, von der Obrigkeit verfolgt werden, insbesondere von derselben Obrigkeit, die sich, wie in Kursachsen, angeblich als Schützerin des Evangeliums fühlt. Von den Behörden wird Müntzers »Bund göttlichen Willens« für die wachsenden Unruhen in Allstedt verantwortlich gemacht, auch seine Druckerei wird gesperrt. Da schießt sein Zorn über: »Wenn die Fürsten von Sachsen mir meine Hände so binden wollen und nicht gestatten, meine Notdurft gegen Luther auszuschreiben, so will ich ihnen das Ärgste tun, was ich kann und mag.«

Luther hatte zur selben Zeit seinen »Brief an die Fürsten zu Sachsen von dem aufrührerischen Geist zu Allstedt« geschickt. Er nennt Müntzer einen Weltfressergeist und lügenhaften Teufel, ja sogar: »Nachdem der ausgetriebene Satan jetzt ein Jahr oder drei durch dürre Stätten umhergelaufen ist und Ruhe gesucht und nicht gefunden hat, hat er sich in Eurer Fürstlich Gnaden Fürstentum niedergetan und zu Allstedt ein Nest gemacht, und denkt unter unserm Frieden, Schirm und Schutz gegen uns zu fechten.« Müntzer wehrt sich gegen diesen »Schandbrief« vehement, nicht nur wegen seines eigenen Predigtamtes, sondern aus Sorge um die vielen Christen, die seiner Lehre anhängen. Noch einmal markiert er kompromißlos den gewaltigen Unterschied gegenüber Luther: Der Glaube des Wittenbergers sei ein »erdichteter« Glaube anhand der Zeugnisse der Heiligen Schrift – Müntzers Glaube dagegen aus der »Bewegung des Heiligen Geistes« erwachsen.

Gewaltmaßnahmen der kurfürstlichen Behörden – von denen Luther zunächst abgeraten hatte – kommt Müntzer zuvor; er flieht in der Nacht vom 7. zum 8. August 1524 aus Allstedt und zieht nach Mühlhausen. Hier begegnet er dem ehemaligen Mönch und Priester Heinrich Pfeiffer, kann aber nur bis zum September in der Reichsstadt bleiben, wird ausgewiesen und geht mit Pfeiffer nach Nürnberg. In Mühlhausen hatte er gegen Luthers Brief an die Fürsten eine große Erwiderung niedergeschrieben, die er in Nürnberg unter dem Titel »Außgetrückte emplössung« (Ausdrückliche Bloßstellung) heimlich drucken ließ. Die Differenz gegenüber Luther wird hier zum offenen Haß, zum Haß gegen die Scheinheiligkeit des Wittenberger Besserwissers, des »giftigen schwarzen Kolkraben« und seine »affenschmalzige Weise«. Die Fürsten kommen nicht viel besser weg, »sie gaukeln hin und her, die Gottlosen, um ihre Gesellen zu verteidigen«. Müntzer setzt jetzt bei der Erneuerung der Kirche nicht mehr auf die Obrigkeit, sondern auf das Volk, dem freilich erst seine Lage deutlich gemacht werden muß: »Mit allen Worten und Werken machen sie es ja so, daß der arme Mann nicht lesen lernt wegen Bekümmernis der Nahrung, und sie predigen unverschämt, der arme Mann soll sich von den Tyrannen lassen schinden und schaben. Wann will er denn lernen, die Schrift zu lesen? – Derhalben mußt du, gemeiner Mann, selber gelehrt werden, auf daß du nicht länger verführt werdest.« Kürzer und präziser als die Bauern postuliert Müntzer hier die Einheit von erneuerter Kirche, Kampf gegen die Gottlosen und Veränderung der politisch-sozialen Ordnung: Der Kampf ums Evangelium wird identisch mit der sozialen Revolution, der »Knecht Gottes wider die Gottlosen« avanciert binnen weniger Monate zum Haupt der Bauernrevolution in Thüringen.

In Nürnberg schreibt Müntzer seine »Hochverursachte Schutzrede und Antwort wider das geistlose, sanftlebende Fleisch zu Wittenberg« nieder, eine ebenso rücksichtslose wie gehässige Abrechnung mit dem »Doktor Lügner«, den er verantwortlich macht für alle persönlichen Verfolgungen und Verleumdungen. Der »Satan von Allstedt«, wie Luther ihn beschimpft hatte, wirft dem »tückischen Fuchs« zu Wittenberg vor, er habe die ganze neue evangelische Lehre, die er angeblich bringen wollte, aus Bequemlichkeit und Geltungsdrang verraten und dadurch die Christenheit wissentlich in die Irre geführt. Luther, der sich zum obersten Heiligen der lebenden Christenheit erkläre, sei in seiner Obrigkeitshörigkeit nichts weiter als ein »Vater Leisetritt«. Seine Duldungstheologie, welche die Not der Armen als gottgewolltes Glück preise, sei ein Produkt des Satans: »Sieh zu, die Grundsuppe des Wuchers, der Dieberei und Räuberei sind unsere Herren und Fürsten. Die Herren machen das selber, daß ihnen der arme Mann zum Feind wird. Die Ursache des Aufruhrs wollen sie nicht wegtun; wie kann es deshalb auf die Länge hin gut werden? So ich das sage, muß ich aufrührerisch sein. Wohl hin!« Der nächste Schritt Müntzers führt zu dem lapidar machtvollen Wort: »Die Gewalt soll gegeben werden dem gemeinen Volk!« Das ist göttliches Recht.

Im November mußte Thomas Müntzer auch Nürnberg verlassen, ging an den Oberrhein, in die Schweiz, blieb einige Zeit in Südwestdeutschland und kehrte im Februar 1525 nach Mühlhausen zurück. Zusammen mit Pfeiffer, der schon kurz vorher ebenfalls wieder in die Stadt gekommen war, setzte sich Müntzer bald an die Spitze des Rates und begann mit der systematischen Vorbereitung eines großen Aufstandes in Nordthüringen. Anfang Mai befand sich beinahe ganz Thüringen in der Hand der Bauern und Anhänger Thomas Müntzers. Landgraf Philipp von Hessen hatte sich nach der Vertreibung der Bauern aus dem Gebiet Fulda mit seinem Schwiegervater, Herzog Georg von Sachsen, über ein gemeinsames Vorgehen verständigt. Seit der Rückkehr Müntzers nach Thüringen war der Herzog von Woche zu Woche unruhiger geworden, denn die Agitation, die von Mühlhausen ausging, zeigte ihre Wirkung im gesamten thüringisch-sächsischen Gebiet. Mitte März ermahnte Herzog Georg die Amtleute in seinen wichtigsten Städten: »Uns gelanget wahrhaftig an, daß in kurzer Zeit viel Empörung und Aufruhr im Heiligen Reich unter den gemeinen Bauersleuten erwachsen ist, daß sie sich ihren Herren und Obrigkeiten widersetzig und ungehorsam gemacht haben, derhalben wir besorgen, daß solcher Mutwille sich weiter und in unsere Untertanen auch erstrecken möcht. Auf daß demselbigen beizeiten vorgebeugt, begehren wir an dich, du wollest auf Bürger und Bauern deiner Verwaltung gut Acht und Aufsehen haben und sie nicht häufeln und rotten lassen.« Die Bauern und Bürger erkundigten sich allerdings nicht, ob sie »häufeln und rotten« dürften. Nach dem Sieg der hessischen Truppen zogen kleinere versprengte Bauernhaufen ins Thüringische und verstärkten hier die Aufstandsbewegung, die in der zweiten Aprilhälfte im ganzen Gebiet ausgebrochen war. »Alles in Thüringen ist voll von Unruhe, Aufständen, Zerstörungen und Mordtaten«, berichtet Eobanus Hessus am 9. Mai aus Erfurt. Müntzer gelang es allerdings nicht, die verschiedenen Bauernhaufen zusammenzufassen. Das wäre um so nötiger gewesen, als der Landgraf von Hessen zusammen mit den Truppen der braunschweigischen Herzöge schon heranrückte. Georg von Sachsen hatte ebenfalls Söldner angeworben und in Marsch gesetzt, auch Kurfürst Albrecht von Mainz schickte starke Landsknechtseinheiten nach Thüringen. Am 13. Mai zog Philipp von Hessen in

Eisenach und Langensalza ein. Der stärkste Bauernhaufen, die Hauptmacht der Thüringer Aufständischen, lagerte bei Frankenhausen in der Nähe des Kyffhäuser; es handelte sich um etwa achttausend Mann.
Müntzer war am 11. Mai mit einem Kontingent von ungefähr dreihundert Mann aus Mühlhausen zu den Frankenhäusern gestoßen und hatte die Führung übernommen. Drei Tage später setzten die Hessen zum ersten Angriff auf die Stadt an; er wurde abgeschlagen. Am nächsten Tag trafen die Truppen Herzog Georgs ein. Die Aufständischen hatten unterdessen Frankenhausen verlassen und auf dem nahen Hausberg eine Wagenburg errichtet. Dem vereinigten Heer der Fürsten fiel es nicht schwer, in die Wagenburg Breschen zu schießen, die den Reisigen einen raschen Einbruch ermöglichten. Die Bauern waren schon nach kurzer Zeit verloren. Sechstausend wurden erschlagen, etwa sechshundert gefangengenommen, darunter auch Müntzer, rund eintausend konnten fliehen.
Zehn Tage lang wurde Müntzer im Wasserschloß Heldrungen des Grafen Ernst von Mansfeld gefoltert und verhört. Er stand zu seinen Lehren, bestritt nichts von seinen Absichten: »Die Christenheit sollte alle gleich werden, und die Fürsten und Herren, die dem Evangelium nicht wollten beistehen, sollten vertrieben und totgeschlagen werden.«
Am 27. Mai 1525 wurden Thomas Müntzer, Heinrich Pfeiffer und etliche ihrer Anhänger vor den Mauern der Stadt Mühlhausen enthauptet.

»Darum, liebe Herren, stechet, schlaget, würget!«

Als Luther von den ersten größeren Unruhen in Sachsen erfährt, bricht er auf, um sich selbst zu orientieren. Zwei Wochen reist er durchs Land, predigt, mahnt, versucht zu warnen: in der Grafschaft Stolberg, bei den Knappen in Seeburg, ebenso in Wallhausen, Erfurt, Nordhausen, Weimar, Orlamünde, Kahla, Jena. Luther lernt die Beschwerden, Nöte und Wünsche der Bauern kennen, er lernt aber auch zum erstenmal die Verachtung, den Hohn, den Haß von Leuten kennen, die ihn kürzlich noch als beinahe Heiligen verehrt und geliebt hatten. Luther versteht sie nicht, sie sind ihm in ihrer Aufsässigkeit zuwider. Sie verstehen Luther nicht, er ist ihnen mit seiner plötzlichen Gottergebenheit zuwider.
Das heißt: Luther versteht sehr gut, was die Bauern zum Aufruhr

treibt. Versteht es genauso gut wie Kurfürst Friedrich der Weise, der die Bauernrevolution so bedächtig abschätzt, wie er alles in seinem Leben abgeschätzt hat. Er weigert sich, gegen die Rebellen mit Gewalt vorzugehen: »Die Armen werden auf vielen Wegen von uns weltlichen und geistlichen Obrigkeiten beschwert. Will es Gott so haben, so wird es darauf hinausgehen, daß der gemeine Mann regieren soll. Ist's aber sein Wille nicht, wird es bald anders. Laß uns Gott bitten um Vergebung unserer Sünden und Ihm's anheimsetzen. Ich achte, daß wir in dieser Sache soviel wie möglich sollten müßig stehen.« Das ist sein letztes Wort, er braucht sich zu keiner anderen Meinung durchzuringen, er stirbt am 5. Mai 1525 im Alter von zweiundsechzig Jahren.

Luther ist anderer Ansicht. Seine Reise hat ihm zu denken gegeben, anderes zu denken gegeben als Friedrich dem Weisen, wobei man seinen verletzten Stolz, die Schmach des Verhöhntwerdens, während er auf der Kanzel steht und predigt, nicht einmal in Rechnung zu stellen braucht – obwohl sich derartige Gefühlslagen auf die Funktionsfähigkeit der Urteilskraft nicht eben günstig auswirken. Luther veröffentlicht am gleichen Tag, da sein Kurfürst stirbt, seine zweite Erklärung gegen die Bauern, eine knappe Flugschrift »Wider die mörderischen und räuberischen Rotten der Bauern« als ergänzenden Zusatz zur zweiten Ausgabe seiner »Ermahnung zum Frieden«: das blutrünstigste, grausamste Pamphlet unserer Geschichte. Luther schäumt und rast und schlägt auf die Bauern, die da »rauben und toben und tun wie die rasenden Hunde«, so hemmungslos ein, als hielte er statt seiner Feder eine Keule in der Hand:

»Sie treiben reines Teufelswerk, und insonderheit ist's der Erzteufel [Thomas Müntzer], der zu Mühlhausen regiert und nichts als Raub, Mord, Blutvergießen anrichtet. Nun sich denn solche Bauern und armen Leute verführen lassen und anderes tun, als sie geredet haben, muß ich auch anders von ihnen schreiben und ihnen als erstes ihre Sünde vor Augen stellen.

Dreierlei greuliche Sünden gegen Gott und Menschen laden diese Bauern auf sich, womit sie den Tod an Leib und Seele mannigfaltig verdient haben: Zum ersten, daß sie ihrer Obrigkeit Treue und Gehorsam geschworen haben, ihr untertänig und gehorsam zu sein, wie Gott solches gebietet. Weil sie aber diesen Gehorsam mutwillig und frevelhaft brechen und sich gegen ihre Herren empören, haben sie damit Leib und Seele verwirkt, wie die treulosen, meineidigen, lügenhaften, ungehorsamen Buben und Bösewichte zu tun pflegen.

Zum zweiten, daß sie Aufruhr anrichten, frevelhaft Klöster und

Schlösser berauben und plündern, die nicht ihnen gehören, womit sie, wie die öffentlichen Straßenräuber und Mörder, allein wohl zwiefältig des Todes an Leib und Seele schuldig sind. Auch ist ein aufrührerischer Mensch, von dem man das bezeugen kann, schon in Gottes und kaiserlicher Acht, so daß recht und gut tut, wer den am ersten töten kann und mag. Denn über einen öffentlichen Aufrührer ist ein jeglicher Mensch beides, Oberrichter und Scharfrichter, gleich als wenn ein Feuer ausbricht: wer am ersten löschen kann, der ist der Beste. Denn Aufruhr ist nicht einfacher Mord; sondern wie ein großes Feuer, das sein Land anzündet und verwüstet, so bringt Aufruhr mit sich ein Land voll Mords, Blutvergießen und macht Witwen und Waisen und zerstört alles wie das allergrößte Unglück. Drum soll hier erschlagen, würgen und stechen, heimlich oder öffentlich, wer da kann, und daran denken, daß nichts Giftigeres, Schädlicheres, Teuflischeres sein kann als ein aufrührerischer Mensch; so wie man einen tollen Hund totschlagen muß; schlägst du ihn nicht, so schlägt er dich und ein ganzes Land mit dir.

Zum dritten, daß sie solche schreckliche, greuliche Sünde mit dem Evangelium bemänteln, daß sie sich christliche Brüder nennen, Eid und Huldigung abnehmen und die Menschen zwingen, es bei solchen Greueln mit ihnen zu halten. Damit werden sie die allergrößten Gotteslästerer und Schänder seines heiligen Namens, und ehren und dienen so unter dem Vorgeben des Evangeliums dem Teufel, womit sie wohl zehnmal den Tod an Leib und Seele verdienen, so daß ich von häßlicherer Sünde nie gehört habe.

Ein Fürst und Herr muß hier bedenken, daß er Gottes Amtmann und Diener seines Zorns ist (Röm. 13,4), dem das Schwert über solche Buben befohlen ist, und daß er sich vor Gott ebenso sehr versündigt, wenn er nicht straft und dem Unrecht wehrt und sein Amt nicht ausübt, als wenn einer mordet, dem das Schwert nicht befohlen ist. So soll nun die Obrigkeit hier getrost fortfahren und mit gutem Gewissen dreinschlagen, so lange sie einen Arm regen kann. Denn hier ist der Vorteil, daß die Bauern böse Gewissen und unrechte Ursachen haben, und daß der Bauer, welcher darüber erschlagen wird, mit Leib und Seele verloren und ewig des Teufels ist. Aber die Obrigkeit hat ein gutes Gewissen und rechte Ursachen und kann zu Gott mit aller Sicherheit des Herzens so sagen: Siehe, mein Gott, du hast mich zum Fürsten oder Herrn gesetzt, daran ich nicht zweifeln kann, und hast mir das Schwert über die Übeltäter befohlen. Willst du mich nun durch sie töten lassen und mir die obrigkeitliche Gewalt wieder nehmen und

mich untergehen lassen, wohlan, so geschehe dein Wille. Dann sterbe ich doch und gehe in deinem göttlichen Befehl und Wort unter und werde im Gehorsam deines Befehls und meines Amts befunden. Drum will ich strafen und schlagen, solange ich einen Arm regen kann, du wirst's gut richten und machen.
So kann denn geschehen, daß, wer auf der Obrigkeit Seite erschlagen wird, ein rechter Märtyrer vor Gott sei, sofern er mit solchem Gewissen streitet, von dem geredet ist; umgekehrt, daß ein ewiger Höllenbrand ist, was auf der Bauern Seite umkommt. Solche wunderliche Zeiten sind jetzt, daß ein Fürst den Himmel mit Blutvergießen verdienen kann, besser als andere mit Beten.
Darum, liebe Herren, erlöset hier, rettet hier, helft hier, erbarmt euch der armen Menschen: Steche, schlage, töte hier, wer da kann. Bleibst du drüber tot, wohl dir, seligeren Tod kannst du nimmermehr finden. Denn du stirbst im Gehorsam göttlichen Wortes und Befehls (Röm. 13,4 ff.) und im Dienst der Liebe, deinen Nächsten aus der Hölle und des Teufels Banden zu erretten. Hier spreche ein jeglicher frommer Christ: Amen. Denn dies Gebet ist recht und gut und gefällt Gott gut, das weiß ich. Dünkt das jemand zu hart, der bedenke, daß Aufruhr unerträglich ist und alle Stunde der Welt Zerstörung zu erwarten sei.«

14 Rettung der Revolution

So sehr sich Luther auch dagegen sträubte, den Bauern das Recht zuzugestehen, sich auf das Evangelium zu berufen: Die Bauernerhebung war nicht nur aufgrund der Traditionsverkettung eindeutig eine religiös und sozial begründete Volkserhebung und Befreiungsbewegung. Sie lebte vollständig aus dem christlichen Glauben, aus der Gewißheit, daß die Rechte eines jeden Standes unverbrüchlich sind, und deshalb sahen sich die Bauern dazu legitimiert, wirtschaftliche Forderungen und politische Ansprüche auch gegen den Willen der Obrigkeit durchzusetzen. Schon allein deshalb konnte die Bauernrevolution keine unmittelbare Folge von Luthers evangelischer Lehre sein, so entscheidende Auslöser-, Motivations- und Hebammendienste sie auch geleistet hat.
Aus der Sicht Luthers ergab sich noch eine wesentlich andere Akzentu-

ierung dadurch, daß zwar zur evangelischen Lehre ebenfalls der Wille gehörte, eine politisch-gesellschaftliche Ordnung zu errichten, für diese Ordnung aber die Absicht im Mittelpunkt stand, der Seele des einzelnen Christen das Mühen um den rechten Glauben und die Suche nach Gott zu garantieren – erst in zweiter Linie das Mühen um sein Wohlergehen auf Erden. In dieser Perspektive unterschied sich Müntzer von Luther lediglich durch seinen Willen zur Gewalt, weil ihn seine Theologie auf einen anderen Weg zur Erneuerung der Kirche führte. Keinesfalls sind diese theologischen Differenzen nur Spiegelungen eines tiefen politisch-ökonomischen Gegensatzes. Wie nahe Müntzer an Luther heranrücken kann, das zeigt die gänzlich andere Auffassung von der Bedeutung der weltlichen Obrigkeit für den Schutz der evangelischen Lehre, die Luther bei der Ausbildung des landesherrlichen Kirchenregiments seit 1527 auch theologisch entwickelte; das zeigt ebenso Luthers Wechsel nach dem Augsburger Reichstag 1530 vom Recht auf passiven Widerstand gegenüber jeder Obrigkeit, sei es auch die türkische, zum Recht auf aktive Gewalt gegen eine Obrigkeit, die die evangelische Lehre bedrohte.

Die Positionsveränderungen Luthers sind schwerwiegend genug, um nicht nur seine Erklärungen im Bauernkrieg markant zu ergänzen, sondern um auch die gemeinsame Basis zu zeigen, auf der sowohl Luther als auch Müntzer stehen. Luthers Theologie war nicht weniger revolutionär als diejenige Müntzers, auch sie war letztlich selbst Revolution mit allen Konsequenzen der Gewalt, wenn auch weit differenzierter, vermittelter und auch verschlüsselter als diejenige Müntzers, des »Knechtes Gottes wider die Gottlosen«. Wenn es in der jüngsten Biographie Müntzers heißt, »daß es ihm primär nicht auf Menschenrechte und sozialen Fortschritt ankam, sondern auf Gottes Gesetz und eine im Glauben und Leben gotthörige, gottesmächtige Christenheit, die dann, im Gehorsam gegen Gott, auch den Dingen dieser Welt die rechte Gestalt und Ordnung einfach geben muß«, so trifft das ohne wesentliche Abstriche und vor allem der Intention nach genauso auf Luther zu.

Die Rechtfertigung

Über die zweite Bauernschrift Luthers waren selbst diejenigen entsetzt, welche den Bauernaufruhr genauso verdammten, wie ihn Luther verdammt hatte. Dabei wäre es gar nicht nötig gewesen, die »lieben

Herren« noch anzustacheln, die Bauern wie tollwütige Hunde totzuschlagen. Sie hatten das bereits getan, sie hatten überall gesiegt, und wo sich die Bauern in den nächsten Monaten nochmals zusammenrotten: im Elsaß, in der Pfalz, im Südwesten des Reiches, bis hin zum letzten großen Aufstand, den Gaismair in Tirol führt, werden sie von den Fürsten und Herren genauso überlegen besiegt, wie es von Anfang an der Fall gewesen ist. Vom Kräfteverhältnis und der militärischen Lage her ist Luthers Pamphlet unnötig; es hinkt den Ereignissen nach.
So fassungslos Luthers Freunde wegen dieser zweiten Bauernschrift sind, so sehr sie sich empören und vor allem um sein Ansehen fürchten; sie müßten ihn schon zu lange und zu gut kennen, um im Ernst zu glauben, daß dieser Lutherschädel sich aus Scham oder besserer Einsicht auch nur um Haaresbreite senken würde. Als Luther merkt, welcher Entrüstungssturm losbricht, gibt es bei ihm nur Trotz, da trumpft er auf – nicht zu übersehen ist auch der Schuß infamer Genugtuung über den Lärm, der wieder einmal durch ihn entstanden ist. Dazu gehört auch die ebenso großartige wie indignierende Herablassung, mit der Luther die Leute reden läßt: »Daß sie mich einen Heuchler schelten, ist gut, und ich höre es gern. Lasset es Euch auch nicht wundern, der Ihr nun etliche Jahre lang wohl mehr gehört habt, wie man mich zerscholten und mir nachgeredet hat in vielen Stücken, die alle mit der Zeit von selbst zunichte und zuschanden geworden sind. Ich müßte viel Leders haben, sollte ich einem jeglichen sein Maul zuknäufeln. Es ist genug, daß mein Gewissen vor Gott sicher ist. Der wirds recht richten, was ich rede und schreibe. Es soll und wird so gehen, wie ich geschrieben habe, da hilft nichts dagegen.«
Vielleicht, so denken viele, hat Luther seine gräßlichen Sätze nur geschrieben in der Erregung des Kampfes, zu der eine Art Umnachtung des klaren Bewußtseins gehört, die jeden bündigen Gedanken ausschließt. Andere stellen höhnisch und zufrieden fest, daß der selbsternannte Heilige von Wittenberg jetzt endlich der ganzen Welt sein wahres Gesicht gezeigt habe. »Richtig«, meint Luther. »Sie merken wohl, sagen sie, was ich für einen Geist habe. Und ich merke, wie fein sie das Evangelium gelernt haben. Was frage ich danach, ob und wem dies mißfällt, wenn es nur Gott gefällt. Lieber, der Du die Barmherzigkeit so trefflich rühmst, da die Bauern nun geschlagen sind, warum hast Du sie nicht gerühmt, als die Bauern schlugen, raubten, brannten? Da war von Barmherzigkeit geschwiegen und nichts als Recht, Recht, Recht, das galt und ging empor.«
Als die Stimmen immer lauter werden, die sich über Luthers Mord-

schrift empören – »Welch ein Zetergeschrei habe ich mit dem Büchlein gegen die Bauern angerichtet!« –, als ihm seine Verwandtschaft die ätzende Frage stellt, ob er jetzt »Prophet der Oberherrn« geworden sei, als er immer wieder Heuchler und Fürstenschmeichler genannt wird, setzt er sich im Juli noch einmal hin und schreibt eine Rechtfertigung, seinen »Sendbrief von dem harten Büchlein wider die Bauern«, erklärt auch wiederholt in Briefen recht kühl und überlegen seine Meinung, gibt kein Jota davon auf: »Wer Müntzer gesehen hat, der mag sagen, er habe den Teufel in seinem höchsten Grimm gesehen: Oh Herr Gott, wo solcher Geist in den Bauern auch ist, wie hohe Zeit ist es, daß sie erwürgt werden wie die tollen Hunde.« Die Meinung der Bauern ist ihm völlig gleichgültig: »Ich weiß wohl, daß mein Büchlein die Bauern und die, die es mit ihnen halten, außerordentlich kränkt. Darüber freue ich mich von Herzen, und wenn es sie nicht kränkte, würde es mich kränken.«

Er hätte die Fürsten zum Morden angestachelt? »Was legst du fremde Schuld auf mich? Mißbrauchen sie die Gewalt, so haben sie es nicht von mir gelernt, sie werden dann ihre Strafe wohl finden. Denn der oberste Richter, der die mutwilligen Bauern durch sie straft, hat ihrer nicht vergessen, sie werden ihm auch nicht entlaufen. Mein Büchlein sagt nicht, was die Herren verdienen, sondern was die Bauern verdienen und wie man sie strafen soll; damit habe ich niemand geheuchelt. Gibt's die Zeit und Sache, daß ich's tun soll, werde ich die Fürsten und Herren auch entsprechend angreifen. Denn so viel es mein Amt des Lehrens betrifft, gilt mir ein Fürst ebensoviel wie ein Bauer.«

Luther ist es gleichgültig, wie sich das miteinander verträgt, erst den »lieben Herren« für ihr Stechen, Schlagen, Blutvergießen als Lohn den Dank Gottes und das Himmelreich zu verheißen und gleich darauf dieselben Herren als unsinnige, rasende Tyrannen zu schmähen: »Solche Bluthunde lasse ich ihren Meister, den Teufel, führen wie er sie führt. Die Schrift nennt solche Leute Bestien, und deshalb will auch ich sie nicht zu Menschen machen.« Noch sehr viel später bekennt er ohne Scham: »Prediger sind die größten Totschläger. Ich, Martin Luther, hab im Aufruhr alle Bauern erschlagen, denn ich hab sie heißen totschlagen. All ihr Blut ist auf meinem Hals! Aber ich weise es auf unsern Herrgott, der hat mir das zu reden befohlen.«

Kein Ereignis in Luthers Leben, keine Schrift, keine seiner Meinungen ist damals von Freunden und Feinden – und auch in den folgenden Jahrhunderten bis heute – heftiger kritisiert, schärfer verurteilt und angestrengter zu rechtfertigen versucht worden. Luther war dabei starrsinnig bis zur totalen Verhärtung. Andererseits war er aber auch immer bereit, enthemmt bis zur Schamlosigkeit, seine Schwächen, Fehler, Irrtümer einzugestehen. Von der zweiten Bauernschrift hat er keine Silbe zurückgenommen.

Warum? So unbedingt und hart er in seinen Glaubensforderungen sich selbst gegenüber ist und ebenso gegenüber den echten, »ernsten Christen«, so nachsichtig, liebevoll und mitleidig ist er gegenüber den Hilflosen und Schwachen, immer besorgt, »daß wir das arme Häuflein nicht zerrütteln«, sein ganzes Leben lang den Armen, den Bedrückten helfend, »Rechtsbeistand der armen Leute«, wie er sich nicht ohne Stolz nannte, ununterbrochen am kursächsischen Hof als Fürsprecher für »das Geschrei der treuen Untertanen« tätig. Hatte dieser Mann im Aufruhr der Bauern nicht die schreckliche Klage des armen Mannes gehört, dessen Schicksal, von den Mächtigen der Welt ununterbrochen »geschunden und geschabt« zu werden, ihn doch selbst immer wieder zu empörten Ausbrüchen getrieben hat? Erinnert man sich an die unerhörte Leidenschaft, mit der Luther zum Kampf gegen die Herrschaft der Kirche und Rom aufgerüttelt hat, so wirkt seine Absage an jede Gewalt gerade den Bauern gegenüber nicht überzeugend – um es lau auszudrücken.

In diesem Kontext allein ist Luthers Reaktion abstoßend, widerlich und vor allem unter dem Zeichen des gekreuzigten Heilands von einer bodenlosen Schändlichkeit. In diesem Kontext hätte Luther die Bauern nicht anders mahnen dürfen, als er sie in der ersten Schrift gemahnt hat. Und gäbe es nur diesen Kontext, so hätte sich Luther mit seinem Text »Wider die räuberischen und mörderischen Rotten der Bauern« selbst gerichtet als Charakter, als Christ, als Evangelist, Revolutionär und Prophet eines neuen Glaubens und einer neuen Welt. In diesem Kontext ist Luther nicht zu verstehen.

Zu verstehen ist Luthers rasender Zorn nur aus seiner grenzenlosen Angst, daß die Revolution der Bauern, die schon auf dem halben Weg zu ihren Zielen steckenbleibt, seine eigene, weit radikalere Revolution gefährdet, schwächt und mit in den Strudel des Untergangs zieht.

Das Evangelium hatte Luther nicht den Herren und Fürsten, Patriziern und Großkaufleuten gebracht, sondern seinen »lieben Deutschen«, dem deutschen Volk, und das Volk der Deutschen bestand damals zu drei Vierteln aus Bauern, aus den gleichen Bauern, zu denen sich Luther selbst so hochgemut bekannte. Aber dieses Evangelium war 1525 die gefährdetste und verletzlichste Sache der Welt. Das Evangelium war deshalb auf den stärksten Schutz angewiesen, und diesen

Schutz konnten die Bauern nicht geben, den vermochten nur die Herren zu geben.
Die zweite Bauernschrift Luthers muß nicht als ein Dokument gräßlicher Mordlust gelesen werden, sondern als ein Zeugnis der abgründigen Klage eines Mannes, der sich mit allen Fasern zu den »Geschundenen und Geschabten« zählt, dessen Einsicht aber weit genug reicht, um zu begreifen, daß die evangelische Revolution im Jahre 1525 für die Geschundenen und Geschabten nur zu retten ist, indem er sich gegen sie wendet. Wir haben es also mit nichts anderem zu tun als mit dem Phänomen der paradoxen Intention.
Deshalb können wir Luthers Jähzorn, seine Maßlosigkeit, seine infernalische Wut, die Besessenheit des Amokläufers beiseite lassen. Seine privaten Empfindungen sind niemals unerheblicher gewesen als in den Monaten der Bauernrevolution, in denen er sich scheinbar so wüst und unkontrolliert gibt wie sonst niemals, was wohl bei Luther einiges heißen will. Für ihn ging es im Bauernkrieg nicht um Leben und Tod, für ihn ging es um mehr. Die Bauern hatten sich ausdrücklich auf ihn berufen, hatten sich in seinem Namen und dem Namen des Evangeliums erhoben. Die Antwort darauf erhielten sie nun von Luther schon in der »Ermahnung zum Frieden«, eindeutig und leicht zu verstehen. Gott hatte ihn beauftragt, das Evangelium zu bringen: »Nun aber fallt ihr mir drein, wollt dem Evangelium helfen und seht nicht, daß ihr's damit aufs allerhöchste hindert und unterdrückt!« In der zweiten Bauernschrift wirft er ihnen dann vor, daß sie ihre »schreckliche, greuliche Sünde« des Aufruhrs »mit dem Evangelium bemänteln«, mit dem Evangelium, das er, Luther, gebracht hatte.
Ob man Luthers Programmschriften von 1520 liest, die Schrift »Von weltlicher Obrigkeit«, die Schriften gegen die Bauern: Seine Urteile über die Fürsten und das Volk, die Herren und die Knechte, die Gebildeten und die Einfältigen sind immer dieselben. Die Menschen oben sind genauso verdorben und sündig wie die Menschen unten – der Mensch schlechthin ist ein Sünder, nur haben die Herren, hat alles, was zur weltlichen Obrigkeit gehört, weit größere Aussicht als die Minderen, nicht in das Paradies zu gelangen. Ob sich die Bauern theologisch begründet auf Luther beriefen, das mochten die Theologen entscheiden. Doch es konnte nicht im geringsten in Luthers Interesse liegen, dem möglichen Verdacht der Bauerngegner – ob katholische Fürsten oder ein »Erzlutheraner« wie der Landgraf von Hessen –, die Bauern würden sich zu Recht auf evangelische Lehren berufen, Nahrung zu liefern.

Derartige Vorwürfe hatte dann auch Philipp von Hessen aufgrund seiner eigenen Beweggründe sofort zurückgewiesen. Nach ihrer gemeinsamen Aktion gegen Müntzer und die Thüringer Bauern verlangte Herzog Georg von Sachsen, er solle nunmehr die evangelische Lehre, die der Anlaß für solche Empörungen sei, energisch unterdrükken. Der Landgraf fertigte seinen Schwiegervater so ab: »Daß der Aufruhr von den Lutherischen sei hergekommen, ist nimmermehr zu beweisen. Ich habe keine Lutherischen mit dem Schwert gestraft, sondern böse, aufrührerische Leute, die sich an Luthers Lehre nicht gehalten haben. Das Evangelium bringt keinen Bauernaufruhr, sondern allein Friede und Gehorsam. So ist auch in den Gebieten, die dem Evangelium, das doch lutherisch genannt wird, weniger Aufruhr und an eines Teils Orten gar keiner, denn in denen, die das Evangelium verfolgen.«

Allerdings hatten die Bauern richtig gesehen, wie Luther den Herren mit der Faust drohte: daß es nur »wenige Fürsten sind, die man nicht für Narren oder Buben hält. Sie beweisen es selbst, und der gemeine Mann wird verständig. Man wird nicht, man kann nicht, man will nicht eure Tyrannei und euren Mutwillen die Länge leiden!«

Im Jahr 1525 zeigen die Fürsten ihre bestialische Art. Die Bauern zeigen sie ebenfalls. Doch die Fürsten retten Luthers Revolution. Die Bauern dagegen zerstören sie, und sei es nur deshalb, weil sie nicht in der Lage sind, zu siegen. Was wäre von der evangelischen Lehre, was wäre von dem »Propheten der Deutschen« übriggeblieben, wenn Luther die Partei der Bauern auch nur entfernt in der Weise ergriffen hätte, wie es für Müntzer selbstverständlich war? Für Luther geht es nur um seine Revolution. Deshalb ist er für die Herren – und gleichzeitig voller Verachtung gegen sie.

Die Niederlage der Bauern wird zur Garantie des Obsiegens der lutherischen Lehre. Die Sache Luthers triumphiert dank der starken, der unsäglich besudelten Hände der Fürsten. Dieses Wissen Luthers füllt den Hintergrund seiner zweiten Bauernschrift mit dem schauerlichen Stöhnen, das zu unheilbaren Verwundungen gehört. Luther deckt es zu mit dem vulkanischen Ausbruch eines Hasses, der im Grunde auf sich selber zielt, denn dieser Haß ist nur die andere Seite der ultimativen Forderung, die sich bei Identifikationen in der Regel als Liebe äußert.

Der verzweifelte Kampf Luthers, daß seine Bewegung nicht zur Legende wurde, sondern Wirklichkeit blieb, hatte 1522 gegen die Schwärmer und gegen Karlstadt begonnen, er setzte sich in seinen

Schriften gegen die Bauern fort, er bestimmte Luthers weiteres Leben bis an sein Ende. Auf der Wartburg sah er den Kampf gegen Rom schon entschieden, jedenfalls inzwischen als nebensächlich an. Jetzt, da die evangelische Lehre sich von ihrem Schöpfer abzulösen begann, da sie die Wandlungen und Verwandlungen auf dem Weg zur Wirklichkeit des Tages durchlaufen mußte, da sie Luther mit der Septemberbibel in die Hände des Volkes gelegt hatte, da zu seiner Verblüffung die ganze Welt plötzlich »allzu evangelisch« werden wollte – jetzt konnte und mußte Luther immer wieder seiner Gemeinde einhämmern: »Wir müssen künftig viel mehr auf uns selber sehen als auf die äußeren Feinde«, denn »wir streiten nicht wider Papst und Bischöfe, sondern wider den Teufel!«, und der Teufel kommt jetzt nicht mehr in der Gestalt des Papstes und der Bischöfe.

Papst in Wittenberg

Luthers heftige Abwehr allen Aufruhrs und jeder »anarchischen« Gewalt war zugleich ein recht offenes Werben um die Fürsten, eine Offerte an die Herren der weltlichen Obrigkeit, sich der Sache seines Evangeliums anzunehmen und sie mit den Mitteln ihrer Macht und Gewalt durchzusetzen. Die unzähligen Vorwürfe, die schon damals erhoben wurden, der tollkühne Mönch, der Held von Worms hätte sich in einen liebedienerischen Fürstenknecht verwandelt, sind unbegründet, sind falsch; vor allem sind sie etwas unbemittelt. Als Luther erkannt hatte, daß die evangelische Revolution nicht mit den Bauernrebellen, sondern nur gegen sie und in Eintracht mit ihren Mördern, »den wütigen, rasenden, unsinnigen Tyrannen« weiterzuführen ist, faßt er den tapfersten aller seiner Entschlüsse: Er paktiert mit ihnen. Er weiß auch, mit wem er sein Bündnis schließt, er hat sie eben noch als die »Bluthunde« bezeichnet, die er von ihrem Meister, dem Teufel, führen läßt.
Die Lage konnte kaum infernalischer sein: Luthers evangelische Lehre ist auf diese Bluthunde und Bestien angewiesen, und die Herren nehmen sich seiner Lehre nicht etwa aus jenen Gründen an, die den Bruder und Nachfolger Friedrichs des Weisen, den Herzog und nunmehrigen Kurfürsten Johann von Sachsen bewegten, ihn fast zum Muster eines christlich-evangelischen Herrschers werden zu lassen, sondern sie erklären sich nicht zuletzt deshalb als evangelisch, weil sich aus der Säkularisierung des römisch-katholischen Kirchengutes ein

ungeheurer Machtzuwachs der Herrscher ergibt. Die evangelische Lehre ermöglichte es den Herren, die Zäune zwischen Raffgier und Recht niederzulegen. Luther hatte das Kirchenrecht beiseite geräumt, er hatte im »Sendbrief an den Christlichen Adel deutscher Nation« daraus die sozialpolitischen Folgerungen gezogen, doch jetzt, da nach den Bauernkriegen die Säkularisation der geistlichen Güter beginnt, erkennt Luther, daß für die Herren die Schöpfung einer evangelischen Kirche zunächst dasselbe ist wie schamlosester Kirchenraub. Denn daß dieses kirchliche Gut nur unter die Aufsicht der weltlichen Obrigkeit kommen, der Fürst nur als Treuhänder tätig sein sollte und diesen ungeheuren Reichtum als irdischen Zuwachs der evangelischen Lehre zu betrachten, als Unterpfand einer neuen Sozialgerechtigkeit zu verwenden hatte, wie es Luther wollte – das hatte sich schon nach wenigen Monaten als Illusion entpuppt. Alles, was weltliche Gewalt besaß, riß den Kirchenbesitz an sich: die Landesherren, der Adel, die Städte.
Luther registriert die große Räuberei. Er geht dagegen vor, wo er nur kann, doch er richtet nichts aus. Auch sein Kurfürst Johann verhält sich nicht anders als die anderen »geizigen Wänste, welche die Güter an sich reißen«. Der praktische Sieg der evangelischen Lehre ist für Luther identisch mit einer katastrophalen Niederlage im ökonomisch-sozialen Feld. Sein Rückzug in den Jahren zwischen 1525 und 1527 hat viel Verzweiflungsvolles, er zeigt auch nicht wenig zynische Momente; daß diese Distanzierung in einen schweren körperlichen und seelischen Zusammenbruch mündet, wirkt beinahe selbstverständlich.
Die Bauernrevolution brachte Luther also eine Bestätigung, auf die er nicht mehr angewiesen war: daß nur die weltliche Obrigkeit Macht und Fähigkeit besaß, der evangelischen Lehre jene äußere Gestalt zu geben, ohne die sie keinen Bestand haben konnte. Damit mußte Luther aber auch endgültig Abschied nehmen von seiner unsichtbaren Kirche der wahren Gläubigen, die er so lange und so stolz und so eifernd der Papstkirche als wahre Kirche Christi entgegengehalten hatte; ferner mußte er dasjenige auch für seine Lehre als einen Grundstein ins Auge fassen, was er als eine Ausgeburt des Satans verdammt hatte: die Notwendigkeit, dem geistlichen Leben eine weltliche Organisation zu geben. Luther wußte, daß er damit seine Lehre von den zwei Reichen Lügen strafte. Der Weg, den er gezwungen war zu gehen, endete unweigerlich in der Allmacht des Kirchenstaates.
Für Luther bedeutet das sowohl Genugtuung als auch tiefe Enttäuschung. Damit erklärt sich vieles von der rücksichtslosen Art, mit der er jetzt in Wittenberg die Glaubenssachen entscheidet, ohne Wenn und

Aber, immer wieder über den Kopf seiner Mitarbeiter hinweg. Wenn es schon unerläßlich ist, der Obrigkeit und dem Staat so viel von den geistlichen Dingen anzuvertrauen, dann will Luther auch so viel wie möglich von sich in die neue Ordnung einbringen.
Er hat sich mit den gewaltsamsten Mitteln und den wildesten Worten gegen alle zur Wehr gesetzt, die seiner Lehre den Urgrund entziehen wollten, gegen die Zwickauer Propheten, die Schwärmer, gegen Karlstadt, Müntzer und Erasmus. Auf dieser Position, auf diesem Felsen bleibt Luther unverrückbar stehen, bis zum Schluß. Wenn er jetzt die neuen Ordnungen des Gottesdienstes, der Kirchen und Gemeinden entwirft, den Wuchs des jungen Kirchenwesens abstützt, lenkt und ihm die notwendige Ausrichtung gibt, geht er zwar, wenn möglich, beratend und empfehlend vor; dort aber, wo sich Widerstände regen oder auch nur regen könnten, zeigt Luther, daß der evangelische Papst tatsächlich in Wittenberg sitzt, wie Karlstadt gehöhnt hatte.
Diese Charakterisierung setzte sich überraschend schnell durch, schneller und selbstverständlicher, als es Luther recht sein konnte. Er hat sie mit Galgenhumor akzeptiert. Im August 1523 wollte der Humanist und polnische Gesandte Johannes Dantiscus – später Bischof von Kulm und Ermland – Luther kennenlernen. Er bat Melanchthon um eine Vermittlung und begründete seinen Wunsch so: »Wer nicht in Rom den Papst und in Wittenberg Luther gesehen, von dem glaubt man gemeinhin, daß er nichts gesehen hätte, und darum würde auch ich meinerseits ihn gerne sehen und sprechen.« Den Beinamen »protestantisches Rom« erhielt Wittenberg schon zehn Jahre später als untilgbar und ganz selbstverständlich. Als Papst wollte Luther nicht eingeschätzt werden, doch er war sich seiner Exklusivität sehr sicher, neigte auch immer wieder dazu, sie fast naiv hervorzuheben, wußte aber auch, wann dies nicht am Platz war. In seiner großen Schlüsselschrift »Warnung an seine lieben Deutschen«, die Anfang 1531 erschien, hatte er im Entwurf geschrieben: »Als euer Apostel habe ich euch ermahnet.« Für den Druck strich Luther die Bezeichnung Apostel.

Als er feststellen muß, daß sich viele Gemeinden nicht um die Versorgung ihrer Pfarrer kümmern, wendet er sich an den Kurfürsten und stellt fest, die Gemeinden würden sich so verhalten, daß er am liebsten wünschte, sie bekämen überhaupt keine Pfarrer »und lebten wie die Säue, wie sie es jetzt schon tun«. Wenn die Alten es nicht anders wollten, sollten sie zum Teufel fahren. An der Jugend aber dürfe die Obrigkeit nicht schuldig werden. »Uns allen, sonderlich der Obrigkeit,

ist geboten, die Jugend zu erziehen und in Gottes Furcht und Zucht zu halten.« Kurz und bündig stellt Luther fest, der Kurfürst hätte die Macht, seine Gemeinden zu zwingen. Also habe er auch die Pflicht dazu. Wenn sie sich um ihrer Seligkeit willen nicht dazu verstünden, »so ist Euer Kurfürstlich Gnaden da als oberster Vormund der Jugend und aller, die es bedürfen, und soll sie mit Gewalt dazu halten, daß sie es tun müssen, so wie man sie auch mit Gewalt zwingt, daß sie Brücken, Stege und Wege bauen.«
Solche Instruktionen Luthers erscheinen dann als kurfürstliche Instruktionen und Befehlserlasse. Wie dicht benachbart dieses Kirchenregiment dem päpstlichen Regiment in Rom zu sein scheint, zeigt sich in dem Vorwort, das Luther der kurfürstlichen Verordnung, mit der die amtliche Kirchenverfassung Sachsens eingeführt wird, mitgibt: »Wiewohl wir diese Ordnung nicht als strenge Gebote ausgeben lassen können, auf daß wir nicht neue päpstliche Dekrete aufwerfen, so hoffen wir doch, daß alle frommen, friedfertigen Pfarrherren unseres Landesfürsten Fleiß und unsere wohlmeinende Liebe nicht verachten, sondern sich willig ohne Zwang unterwerfen. Wo aber etliche sich mutwillig dawidersetzen und ohne Grund etwas Sonderliches machen wollten, müssen wir sie von uns sondern wie die Spreu von der Tenne. Freilich wollen wir hierin unseres gnädigsten Herrn Hilfe und Rat nicht ungesucht lassen, denn obwohl Seiner Gnaden nicht befohlen ist, zu lehren und geistlich zu regieren, so ist sie doch schuldig, als weltliche Obrigkeit zu einträchtiger Lehre und Glauben anzuhalten.«

Herr Doktor Käthe

Während der Bauernkriege erhält Luther von seinem Kurfürsten das Wittenberger Kloster geschenkt – scheinbar eine ungeheure Dotation, tatsächlich aber soll der Hof dadurch von den Gehaltsverpflichtungen entlastet werden, da Luther jetzt aus den Einkünften des Klosters seinen Lebensunterhalt zu bestreiten hat. Das ließe sich zweifellos in großzügigem Rahmen ermöglichen, wenn damals wenigstens ein Mindestmaß an Einkünften vorhanden wäre. Doch davon ist keine Rede, das Kloster ist praktisch leer und in einem völlig heruntergekommenen Zustand. Luther protestiert gegen diesen Handel, er hat sich schon über die kurfürstliche Knauserigkeit empört, als ihm das Kloster noch nicht gehörte: »Ich sehe wohl, daß der Fürst nicht danach fragt, wenn jeder seines Weges ginge. Darunter muß ich ohne Zweifel auch sein, weil ich das Klosterleben aufgegeben habe und nur noch zum Verzehren gut bin. Ich hätte das Kloster längst verlassen und mich anderswo eingemietet, um mich durch meine Arbeit zu ernähren, wäre es nicht eine Schande für das Evangelium und damit auch für den Fürsten. Es würde heißen, ich sei vertrieben worden. Darum möchte ich nichts lieber wissen als das: ob wir uns länger so quälen müssen oder nicht. Ich werde nicht mit weiteren Bitten lästig fallen.«

Daß sich Luther angeblich zur selben Zeit vom Kurfürsten die Besoldung für seine Arbeit als Professor und Pastor kräftig erhöhen ließ, ist nicht nur üble Nachrede, sondern schlichtweg falsch. Luther drang mit dieser ganz berechtigten Forderung bei dem chronisch geizigen Hof erst später durch. Doch nicht die Sicherung einer behäbigen bürgerlichen Existenz in einer Zeit, da die Herren ihre Rachegelüste an den wehrlosen Bauern stillten, heizte nach der zweiten Bauernschrift die Stimmung gegen Luther zusätzlich an, sondern sein plötzlicher Entschluß, die entlaufene Nonne Katharina von Bora zu heiraten.

Am meisten ist natürlich Melanchthon entsetzt, aber auch alle anderen Freunde sind entsetzt; nur Luthers Vater strahlt. Melanchthon quält am meisten die öffentliche Wirkung von Luthers Hochzeit: »In dieser unseligen Zeit, da Deutschland seine Kraft so nötig hat, schädigt er sein Ansehen durch diese unglückselige Tat!«

Wenn wirklich an diesem Entschluß etwas unglückselig war, dann nur der Zeitpunkt der Heirat, nicht die Heirat selbst. Im Grunde war es kaum zu verstehen, daß Luther nach seinen Wartburg-Anfechtungen, nach den Schriften über die Keuschheitsgelübde und die christliche Ehe nicht schon erheblich früher geheiratet hatte. Melanchthons Grübeln über Luthers Motive sind deshalb leicht philiströs: »Vielleicht hat er auch Feuer gefangen. Ich glaube, daß ihn die Natur zur Heirat zwang. Tragen wir's mit Gleichmut, denn nach der Heiligen Schrift soll die Ehe ja ein ehrbares Leben sein. Ich hoffe auch, daß sie ihn ernster macht und ihm die Possen abgewöhnt, die wir so oft getadelt haben. Manchen Fehltritt seiner Heiligen weist uns Gott, damit wir weder Ruf noch Ansehen eines Menschen gelten lassen, sondern nur sein Wort. Man darf die Lehren wegen eines Fehltritts ihres Meisters nicht verdammen.« Ein Fehltritt des Meisters? Wollten die Gefährten Luthers den Meister zu jener Art von Heiligen stilisieren, deren Verehrung Luther als Mummenschanz und Götzenkult gegeißelt hatte?

Eine seiner typischen Begründungen, die von seinem aufsässigen Trotz leben, scheint Luther für seinen Schritt selbst geliefert zu haben. Auf dem Höhepunkt des Entrüstungswirbels um seine zweite Bauernschrift

hatte er gekränkt festgestellt, daß nunmehr alles, was Gott durch ihn getan hätte, vergessen wäre und Herren, Pfaffen, Bauern jetzt gegen ihn seien: »Wohlan, weil sie denn toll und töricht sind, will ich mich auch schicken, daß ich vor meinem Ende in dem von Gott erschaffenen Stande gefunden und nichts von meinem früheren papistischen Leben an mir behalten werde, so viel ich kann, und sie noch toller und törichter machen, und das alles zum Schluß und Abschied. Denn es ahnt mir selbst, Gott werde mir bald zu seiner Gnade verhelfen.«
Zum »Schluß und Abschied« wurde die Hochzeit keinesfalls begangen, obwohl dieser Beweggrund bei Luther wiederholt in anderen Zusammenhängen eine Rolle gespielt hat. Sicher ist, daß er auch darin eine Art Verpflichtung sah, dasjenige, was er vom Stand der christlichen Ehe grundsätzlich gelehrt und verkündet hatte, auch selbst exemplarisch zu vollziehen, wenn nicht vorzuleben: »Das hatte ich bei mir, ehe ich ein Weib nahm, ganz und gar beschlossen: den Ehestand zu ehren. Wenn ich ja hätte unversehens sollen sterben oder jetzt auf dem Todbette wäre gelegen, so wollte ich mir haben ein frommes Mägdelein ehelich vertrauen und derselben wollte ich darauf zwei silberne Becher zum Mahlschatz und als Morgengabe gegeben haben.«
Luthers Hochzeit gehört als Auftakt zu jener Phase der Konsolidierung sowohl seines Lebens als auch seiner Lehre, die das ganze folgende Jahrzehnt umspannt. Zwei Jahre zuvor hatte er einen lupenreinen Nonnenraub inszeniert. Im Zisterzienserinnenkloster Nimbschen bei Grimma hatten ein Dutzend Nonnen ihre Eltern und Verwandten gebeten, sie aus dem Kloster heimzuholen und aus dem Stand der »Bräute Christi« zu befreien. Ohne Erfolg. Luther hatte davon erfahren. Warum er die Sache persönlicher nahm als in anderen Fällen, ist unbekannt. Vielleicht war es lediglich die große Zahl der Nonnen eines einzigen Klosters, vielleicht auch ihre unmittelbare Bitte an ihn um Hilfe. Luther war mit dem Torgauer Ratsherrn Leonhard Koppe befreundet, der regelmäßig Fuhren von Torgau ins Kloster Nimbschen brachte. Am 4. April 1523 lud Koppe im Klosterhof leere Heringstonnen zum Transport nach Torgau auf, die zwölf Nonnen versteckten sich zwischen und hinter dem Leergut, und Koppe fuhr mit ihnen geradewegs nach Wittenberg, wo sie drei Tage später die Mauern passierten und von Luther empfangen wurden. Drei Nonnen waren unterwegs zu ihren Verwandten in Sachsen heimgekehrt.
Die Nonnen entstammten sämtlich dem Adel, zu ihnen gehörte auch die junge Schwester von Staupitz. Luther veröffentlichte eine kleine Schrift, »Ursach und Antwort, daß Jungfrauen Klöster göttlich verlas-

sen mögen«, um allem Gerede vorzubeugen und die Verantwortung für diese Entführung, die für allerlei Aufsehen sorgte, zu übernehmen. Die Nonnen wurden fürs erste in Wittenberger Bürgerhäusern aufgenommen. Luther schrieb an die Familien und bat um Wiederaufnahme, er bemühte sich zusammen mit Amsdorf, für die Heiratswilligen passende Ehemänner zu finden.

Als letzte bleibt die vierundzwanzigjährige Katharina von Bora übrig, ein schwarzhaariges, keineswegs verschüchtert weltfremdes Edelfräulein; Luther hält sie sogar für hochmütig. Sie war – vermutlich – zuerst im Haus des Magisters Philipp Reichenbach, der später Bürgermeister und kurfürstlicher Rat wurde; jetzt wohnt und hilft sie im Haus von Lucas Cranach. Schon in den ersten Wochen lernt sie den Nürnberger Patriziersohn Hieronymus Baumgärtner kennen, das Paar scheint sich versprochen zu haben, doch Baumgärtner, der schon bald zurück nach Nürnberg muß, läßt kaum noch etwas von sich hören. Unterdessen bewirbt sich der Orlamünder Pfarrer Kaspar Glatz um Katharina, doch sie zeigt ihm die kalte Schulter, das kann sie gut. Luther schreibt an den Nürnberger: »Wenn Du Deine Käthe noch haben willst, so mußt Du Dich beeilen. Sonst wird sie dem anderen gegeben, der bei der Hand ist. Sie hat die Liebe zu Dir noch immer nicht verwunden. Ich würde mich über die eine Heirat ebenso freuen wie über die andere.«

Als Käthe schließlich mitgeteilt wird, Hieronymus Baumgärtner hätte sich mit einem anderen Mädchen verlobt, erfährt sie zum erstenmal, daß eine solche Enttäuschung nicht nur die allergewöhnlichste, sondern auch die schmerzhafteste der Welt ist. Pfarrer Glatz, nunmehr ganz überzeugt, jetzt würde seine Stunde schlagen, irrt sich. Katharina von Bora lehnt weiterhin seine Werbungen strikt ab. Luther erregt sich darüber, er fühlt sich verantwortlich für Katharinas Versorgung, die Sache dauert schon zu lange, er setzt ihr also mächtig zu: Gott habe ihr den Pfarrer als Mann geschickt, wie könne sie nur so störrisch sein! Das Fräulein von Bora aber läßt sich nicht überreden.

Sie spricht allerdings mit Nikolaus von Amsdorf und bittet ihn, Luther davon abzubringen, ihr mit dem Orlamünder Pfarrer weiter zuzusetzen. Amsdorf hört ihr gutmütig zu. Käthe meint, Luther könne ihr doch jemand anderen zur Vermählung vorschlagen. Sie wäre zum Beispiel ganz einverstanden, wenn Luther selbst oder wenn er, Amsdorf, sie zur Frau nähme.

Amsdorf ist etwas verwirrt, als er seinem Freund von dem Vorschlag des »armen Mädchens« berichtet. Seitdem aber sitzt der Haken bei Luther. Er tastet sich um die Sache herum, bespricht sich mit seinen

Eltern, klopft bei Freunden an. Motive für die Eheschließung gibt es mehr als genug, Liebe aber ist weder bei Luther noch bei Katharina von Bora mit im Spiel. Vor der Öffentlichkeit hatte die Angelegenheit noch ihre besondere Schattierung, denn der große Erzketzer Luther war schließlich ein abgefallener Mönch und seine künftige Frau eine entsprungene Nonne. Das konnte die Freunde nicht begeistern. Luther hört die Meinung von Hieronymus Schurff, des erfahrensten der kurfürstlichen Juristen: »Wenn dieser Mönch ein Weib nimmt, wird die ganze Welt und der Teufel selbst lachen, und er wird alles, was er bisher geschaffen hat, zunichte machen.« Luther reagiert darauf wie erwartet: »Kann ich's schicken, dem Teufel zum Trotz, so will ich meine Käthe noch zur Ehe nehmen, bevor ich denn sterbe, wo ich höre, daß die Bauern fortfahren. Ich hoffe, sie sollen mir nicht den Mut und die Freude nehmen, und die Engel sollen sich freuen und die Teufel weinen.«

So werden Martin Luther und Katharina von Bora am 13. Juni 1525 in Wittenberg getraut. Vierzehn Tage später findet die öffentliche Hochzeit statt, ein recht frohes, großes Fest. Alle Freunde Luthers sind versammelt, insbesondere die »Weisen von Wittenberg«: von Bugenhagen bis zu Wenzeslaus Link, der angereist ist. Nur Melanchthon fehlt, er ist auch bei der Trauung nicht dabei gewesen, er hat den Schock noch nicht verwunden. Luthers Verwandtschaft ist gekommen, allen voran seine Eltern. Die Stadt, die Universität, der kurfürstliche Hof gratulieren, der Graf von Mansfeld übermittelt genauso seine Glückwünsche wie Kurfürst Johann.

Die nur langsam verklingende Aufregung über diesen Schritt stört die Frischgetrauten weit weniger als ihnen die Mühen zusetzen, die sich aus dem Status der Ehegatten ergeben. Bei Luther handelt es sich um mehr als um die normalen Schwierigkeiten, die zum Einüben des Miteinander gehören. Er zählt nicht mehr zu den jungen Männern mit seinen zweiundvierzig Jahren, als Unverheirateter hätte er schon das Modell eines eingefleischten Hagestolzes abgeben können. Vor allem aber ist er durch und durch von den täglichen Riten des jahrzehntelangen Klosterlebens geprägt, vom Beten, Schweigen, Fasten, und vor allem von der Einsamkeit. Kommt schließlich noch die Zwiespältigkeit der treibenden Motive hinzu, denn damals hätte er genausogut jede andere Frau heiraten können; daß es Katharina von Bora ist, war ein Zufall. Luther hat sie, wir müssen ihm das glauben, nur aus Mitleid genommen; er hat es mehrfach versichert.

In der ersten Zeit staunt er eigentlich nur dauernd über sich selbst: »Ich liebe sie nicht aus Leidenschaft und Glut, sondern aus Achtung. Ich hoffe nur noch kurze Zeit zu leben und wollte diese letzte Pflicht meinem Vater nicht verweigern: um mich fortzupflanzen und um durch die Tat meine Lehre zu bekräftigen.« Da Luther aber keineswegs so bald abberufen wurde, wie er vermutete, hatte er Tag für Tag mit dem zu tun, um dessen Unterstützung er einen Freund ersucht hatte: »Bete für mich, daß Gott mir diese Lebensweise heilige und segne.«

Katharina von Bora wurde zur Garantie einer äußerlich behaglichen, geordneten, selbstzufriedenen Lebensweise, der Gott ganz offensichtlich seinen Segen nicht vorenthielt. Im darauffolgenden Jahre 1526 brachte sie einen Sohn zur Welt, er wurde auf den Namen Hans getauft. Die Befürchtungen Luthers, er hätte mit der adligen Nonne womöglich ein Wesen geheiratet, das Küche und Keller nur dem Namen nach kannte, hatten sich längst zerstreut. Käthe verwandelte das Kloster, dessen Verfall bei ihrem Einzug unaufhaltsam zu sein schien, in ein Gebäude voller Leben. Sie legte im Hof einen Brunnen an, brachte den Garten zum Blühen, säuberte die Ställe, zog Kleinvieh, füllte die Schränke mit Wäsche und den Keller mit Wein. Sie besaß und entfaltete alle Eigenschaften einer Gutsherrin, sie hatte also auch für diejenigen Aspekte des Lebens, die sich in Silber und Gulden auszudrücken pflegten, einen hervorragend entwickelten Sinn. Als Kardinal Albrecht von Mainz zur Hochzeit seine Glückwünsche und der jungen Frau als Starthilfe den Betrag von fünfzig Gulden übermittelte, verbot ihr Luther, das Geschenk anzunehmen. Katharina gehorchte, denn sie hatte Verständnis für Luthers eigenwillige Ehrbegriffe. Hinter seinem Rücken ließ sie jedoch den Gesandten zurückrufen und nahm das Geschenk entgegen. Sie war realistisch genug veranlagt, um zu wissen, daß mit Luthers Stolz allein das Feuer im Herd nicht brennen würde.
Käthe ist von einer verblüffenden Zielstrebigkeit, entwickelt binnen kurzem haushälterische Meisterschaft und begreift vor allem sofort, welche Art der Fürsorge und Vorsorge ihrem von Gott und der Welt gequälten, von der Papstkirche verfolgten, vom Kaiser geächteten und vom Teufel gepeinigten Mann am bekömmlichsten ist. Wohlwollend nachsichtig akzeptiert sie, daß ihr privater Gott, Luther, egoistisch ist, weil das immer das Vorrecht der Götter gewesen ist und immer ihr Fehler. So schirmt sie ihn ab von allem Kleinkram, hält jeden Ärger von ihm fern, der seine Kraft für die Kämpfe mit den großen Ärgernissen schwächen könnte, umsorgt ihn, wie sich heutzutage kein Mann umsorgen ließe, der von seiner Frau genausoviel hält wie von sich

selbst. Käthe freilich will nichts anderes sein als Dienst für ihren Mann, die »reine Magd«, sie ist ein Teil von ihm, ist buchstäblich eins mit dem Doktor Luther, insbesondere mit seiner harten Seite und immer dann, wenn er selbst sanfter gestimmt ist. Der Herr schuf Eva aus der Rippe Adams, und der Kanzler des Kurfürsten klagt mehr als einmal, daß sich der fromme Herr Doktor wieder einmal von seiner »Rippe«, der Doktorin, habe aufhetzen lassen, was Caspar Cruciger einem Freund so umschreibt: »Du weißt, daß Luther zu vielem, was ihn entflammt, eine Fackel in seinem Hause hat.«

Vielen erscheint sie so. Das ursprüngliche Geschwätz über ihren Hochmut bestätigt sich in ihrer Entschiedenheit, in der knappen Art, mit der sie – immer höflich und rücksichtsvoll – Diskussionen abschneidet und ihren Willen durchsetzt; nicht lange, und sie ist als herrschsüchtig verschrien. Luther scheint das kaum zu bestreiten, einiges läßt sich erschließen aus der liebevollen Nachsicht, mit der er sie Doktor Käthe nennt, oder Moses Käthe und Herr Käthe, oder wenn ihm einmal der Zorn in die Feder kommt: »Wenn ich nochmal freien sollte, wollt ich mir ein gehorsam Weib aus einem Stein hauen, denn ich bin verzweifelt an aller Weiber Gehorsam.«

Luther hatte bald begriffen, wen er mit Katharina von Bora geheiratet hatte. Es gehört unstreitig zu den unwägbaren Entschlüssen des Herrn der Heerscharen, daß die Ehe zwischen der weltunerfahrenen adligen Nonne und diesem Naturereignis von Mann namens Martin Luther nicht zur Naturkatastrophe wurde, sondern zu einer fast konsternierend glücklichen Verbindung.

Nach wenigen Jahren ist das Kloster ständig mit dreißig Gästen bevölkert, die Luthers besitzen drei große Gärten, sie besitzen Felder, Teiche, Herr Käthe hat sogar eine Viehwirtschaft errichtet mit Pferden, Kühen, Ziegen, sie betreibt Bienenzucht, hat die Klosterbrauerei wieder in Gang gebracht und braut jenes Getränk, das dem Wittenberger »Evangelisten von Gottes Gnaden« so lieb ist, wie anderen Darbenden in der Wüste das Manna lieb war. Sechs Kindern schenkt Käthe das Leben. Über die Ehe hat Luther viel kluge und wohldurchdachte Worte gesagt, zu einer Zeit, da er noch Mönch war und ohne Frau und Kinder, als er von den Lasten der Ehe nur im Beichtstuhl gehört, aber noch nicht erfahren hatte, was eine Ehe wirklich war. Nach seiner Heirat schrieb er nichts Nennenswertes mehr darüber, doch scheint ein einziger Satz viele Traktate und Sermone aufzuwiegen: »Es ist ein großes Ding um die Gemeinschaft zwischen Mann und Weib.«

Ein guter Geselle

Johannes Dantiscus hatte dem polnischen Kanzler seinen Besuch bei Luther in Wittenberg ausführlich beschrieben, sein Bericht spiegelt einige charakteristische Züge, die auch für die großen Tischgemeinschaften im Hause Luther, die nach der Hochzeit die Regel wurden, kennzeichnend sind: »Luther hieß mich Platz nehmen. Wir setzten uns, und es wurden nun ungefähr vier Stunden lang bis in die Nacht hinein über verschiedene Dinge verschiedene Reden geführt. Ich fand den Mann witzig, gelehrt, beredt, zugleich aber auch, daß er außer Schimpfreden, Anmaßungen und Bissigkeiten gegen Papst, Kaiser und einige andere Fürsten weiter nichts vorbringe. Wenn ich das alles aufschreiben sollte, würde der Tag darüber zu Ende gehen; ich fasse daher vieles in Kürze zusammen. Luthers Gesicht ist wie seine Bücher; die Augen scharf und etwas unheimlich funkelnd, wie man es bisweilen bei Besessenen sieht. Der König von Dänemark, Christian II., hat ganz ähnliche, und ich kann daher nicht anders glauben, daß beide unter einer Konstellation geboren sind. Die Rede ist heftig, voll von Spott und Sticheleien; er trägt ein Gewand, daß man ihn von einem Hofmann nicht unterscheiden könnte. Sobald er indes das Haus, in dem er wohnt – das frühere Kloster – verläßt, soll er, wie man sagt, seinen Ordenshabit anlegen. – Wie wir nun mit ihm zusammensaßen, blieb es nicht beim Sprechen: Wir tranken auch in heiterer Laune Wein und Bier miteinander, wie es dort Sitte ist, und er scheint in allem, wie man zu deutsch sagt, ›Ein guter Geselle‹ zu sein. In bezug auf Heiligkeit des Lebens, die ihm bei uns von vielen nachgerühmt wird, unterscheidet er sich in nichts von uns anderen: Hochmut gibt sich bei ihm sofort offen zu erkennen und große Ruhmsucht; im Schimpfen, Nachreden und Spotten erscheint er geradezu ausgelassen.«

In Luthers Haus wohnten nicht nur kurzfristig die Gäste von außerhalb, auch viel Verwandtschaft war ständig einlogiert. Luther hatte zwei, mitunter drei Diener, die ihm auch bei den Schreibarbeiten halfen. Im Jahr 1538 nahm er zwei Nichten und eine Großnichte bei sich auf. Dazu kamen als weitere Hausgäste die Lehrer von Luthers Kindern, die ihrerseits ebenfalls Zöglinge mitbrachten. Luthers Kloster erschien außerdem vertriebenen Priestern, Mönchen und Nonnen, die ihr Kloster verlassen hatten, als erstes und bestes Asyl für die Vorbereitung ihrer weiteren Zukunft. Als dann sogar eine Verwandte Georg von Sachsens, die Herzogin Ursula von Münsterberg, mit einigen Nonnen das Freiberger Kloster verließ und Obdach bei Luther suchte, riß dem Herzog die Geduld, und er beschwerte sich bei Luther: »Du hast zu Wittenberg ein Asyl eingerichtet, so daß alle Mönche und Nonnen, die unsere Klöster berauben mit Nehmen und Stehlen, bei Dir Zuflucht und Aufenthalt finden, als wäre Wittenberg, höflich zu reden, ein Haus aller Abtrünnigen im Lande, die einen Gemeinbesitz beerben wollen.« Nicht ganz falsch, dieser Vorwurf, abgesehen von der völligen Mittellosigkeit der Mönche und Nonnen, die bei Luther an die Türe klopften.

Das Wittenberger Kloster ähnelte häufig einem Taubenschlag. Fürst Georg von Anhalt, der Luther besuchen und bei ihm wohnen wollte, wurde deshalb gewarnt: »Das Haus Doktor Luthers bewohnt eine bunte, gemischte Schar von Jünglingen, Studenten, Mädchen, Witwen, alten Frauen und Knaben. Darum herrscht dort große Unruhe, und viele bedauern das um des guten Mannes, des ehrwürdigen Vaters willen. Wenn Doktor Luthers Geist in allen wohnte, so würde sein Haus Euer Gnaden eine angenehme und freundliche Herberge auf einige Tage gewähren, so daß Euer Gnaden jenes Mannes häuslichen Umgang genießen könnte. Aber wie jetzt die Sache steht und sich das Hauswesen des Herrn Doktors verhält, möchte ich nicht geraten haben, daß Euer Gnaden in seinem Hause absteige.«

Seit den Jahren 1526/27 gab es bei den Luthers keine Geldnot, obgleich eigentlich kaum jemals ausreichend Bargeld vorhanden war. Kurfürst Johann der Beständige hatte Luthers Jahresgehalt auf zweihundert Gulden angehoben. Wein, Wildbret, Geflügel, Fische, Butter wurden ständig und in ausreichender Menge von Freunden in das Lutherhaus gebracht oder zugestellt. Dabei verzichtete Luther auf jedes Honorar für seine Bücher, lehnte auch die Jahrespauschale von vierhundert Gulden ab, die ihm Drucker angeboten hatten: »Ich will umsonst predigen und schreiben in Verachtung der Welt, damit sie sieht, daß einer etwas Gutes tun kann nicht aus Hoffart, sondern weil er ein Christ ist.«

Das größte Hindernis für einen ausgeglichenen Geldhaushalt war Luthers schrankenlose Hilfsbereitschaft und Großzügigkeit. Sie basierte auf seinem blinden Vertrauen darauf, daß der Herrgott seine ordnende Hand auch über Soll und Haben halten würde. Käthe mußte ihm immer wieder sagen, daß sein »Gott wird's wohl wiedergeben!« für das Paradies sicherlich zuträfe, nicht aber für die Rechnungsführung ihres Hauses. Als Luther einmal die Mühe auf sich nahm und mehrere Tage die Einnahmen mit den Ausgaben verglich, warf er zum Schluß alles hin, weil die Ausgaben, so viel er auch rechnete und verglich, die Einnahmen weit überstiegen: »Ich mag nicht mehr rechnen, es macht einen gar verdrossen, es will zu hoch steigen, ich hätte nicht gedacht, daß auf einen Menschen so viel gehen sollte!« Kein Wunder, zu welcher Nutzanwendung ihn das brachte: »Ich bin zur Haushaltung sehr ungeschickt und fahrlässig. Ich kann mich in das Haushalten nicht richten. Ich werde von einem großen Hauswesen erdrückt.«

Vor diesem Erdrücktwerden bewahrte ihn nun zeitlebens die Energie und Umsicht seiner Frau.

Luther konnte hart fasten, wenn er wollte. Nach seiner Heirat fühlte er sich nicht mehr geschaffen für dramatische Askese, bei ihm findet sich aber auch nichts von der frommen Ärmlichkeit seiner späteren Gefolgschaft, der reformatorischen Nachhut. Selbst die Erinnerungen an seine Klosterkasteiungen verblassen zugunsten des Bekenntnisses eines soliden Gourmands: »Ich lobe mir eine gute, gemeine Hausspeise. Ich esse, was mir schmeckt, und leide danach, was ich muß. Ich frage auch nach den Ärzten nichts; ich will mir mein Leben, das mir von ihnen auf ein Jahr gestellt ist, nicht sauer machen, sondern in Gottes Namen essen und trinken, was mir schmeckt.« Seine kulinarischen Schlußfiguren waren einleuchtend: »Wenn unser Herrgott so gute große Hechte und so vorzüglichen Rheinwein wachsen läßt, so darf ich die Hechte auch essen und den Wein trinken.«

Der ehrwürdige Doktor Luther war bei Tisch fast immer der »gute Geselle«, als den ihn Dantiscus kennengelernt hat: Fröhlich, nachsichtig, immer wieder ausbrechend in sein wohlgenährtes Lachen, das ganz aus der Tiefe seines gerundeten Bauches heraufdrang und unbeschwert lange anhielt. In solchen Momenten genoß er auch den Hinterhof des wohlgeratenen Hausstandes, gefiel sich in Wendungen herzhafter Unanständigkeit und konnte sein Vergnügen daran durch die gelegentliche Betretenheit einiger Gäste noch steigern. In solchen Stunden kam sein Gemüt den einfachen Paradiesen so nahe, wie seine Phantasie das gestattete.

Allerdings blieben Anfechtungen und depressive Attacken auch in höherem Alter nicht aus. Anfang der zwanziger Jahre hatte er oft Schlafmittel dagegen versucht. Jetzt griff er zu einer anderen Methode. Wenn er den Vorboten, den ersten dunklen Anhauch verspürte, zwang er sich gegen jeden Appetit zu unmäßigem Essen, ließ sich vollaufen mit Bier – das sollte außerdem noch besonders gut gegen seine Nierensteine sein. Da dieses Völlern aber nicht aus Lust, sondern aus Not und Unlust geschah, um den »Bauch so vollzuhalten wie den Kopf« und damit dem

Teufel den Besitz auch der kleinsten Ecke seines Inneren streitig zu machen, bezeichnete es Luther als ein »Fasten«. Solches Fasten, zusammen mit seiner normalen urtümlichen Freude am Essen, setzten bei Luther mächtig an. Von unterwegs schrieb er einmal den vergnügten Brief nach Hause: »Gnad und Friede. Liebe Jungfrau Käthe, gnädige Frau von Zülsdorf und wie Euer Gnaden mehr heißt, ich füge Euch und Euer Gnaden untertäniglich zu wissen, daß mir's hier wohl geht, ich fresse wie ein Böhme und saufe wie ein Deutscher, das sei Gott gedankt, Amen.«
So nahm er im Lauf der Jahre gewaltig zu, bei seiner Natur keine ungewöhnliche, wenn auch nicht unbedingt zuträgliche Begleiterscheinung männlicher Reife. Aber selbst an dieser Fülle war nichts freundlich gerundet wie bei Staupitz, alles war mächtig, ein nahezu dräuendes Übergewicht, das Körperfett wurde bei Luther niemals zum Alibi geistiger Trägheit. In seinen letzten Jahren war er überzeugt, daß er noch mehr zu trinken genötigt sei als früher: »Wir Alten müssen unsere Polster und Kissen im Kännlein suchen.«
Wenige Wochen vor seinem Tod meint er gottergeben, daß es ihn nicht gelüste, »in dieser bösen argen Welt länger zu leben. Bittet unseren Herrgott, daß er mir ein gnädiges Sterbestündlein verleihen wolle. Wenn ich wieder von Eisleben komme, so will ich mich in den Sarg legen und den Würmern einen feisten Doktor zu verzehren geben und zu ihnen sagen, sie sollen nur getrost wieder mein Fleisch essen, dieweil sie mir feind sind. So bin ich der Welt müde. So scheiden wir uns desto lieber wie ein reifer Gast aus einer gemeinen Herberge.«

15 Bauherr des Kirchenregiments

Das Leben der evangelischen Lehre hing in diesen Jahren maßgeblich ab von dem Rang ihrer Hüter, ihrer Repräsentanten und Verkünder, von ihren Pfarrern. In der Regel handelte es sich um katholische Priester, die sich Luther angeschlossen hatten und jetzt als evangelische Prediger den neuen Gottesdienst hielten und die Gemeinden betreuten. Das mußte so lange dauern, bis genügend junge Theologen von den evangelischen Universitäten ausgebildet waren und ins Land entsandt werden konnten. Der Plural nimmt Jahrzehnte vorweg: Allenfalls Wittenberg war eine evangelische Universität. Die erste evangelische

Hochschule, die Universität Marburg, wurde von Landgraf Philipp gestiftet, und zwar aus dem säkularisierten Kirchengut.
Das Amt eines evangelischen Seelsorgers unterschied und unterscheidet sich fundamental von der Stellung eines katholischen Priesters. Durch die Priesterweihe wird ein katholischer Geistlicher ein für allemal und unwiderruflich durch eine »untilgbare Eigenschaft« aus dem Laienstand herausgehoben und über ihn gesetzt. Sein Bischof erteilt ihm die Vollmacht, das Meßopfer zu vollziehen; dem Priester wird dadurch der *character indelebilis* eingeprägt. Das geistliche Amt, das der Priester ausübt, ist wegen seines grundsätzlich institutionellen Charakters von der Kirche nicht zu trennen, es ist Amt durch die Kirche und in der Kirche, es ist eine von oben gesetzte Größe. Wenn die römisch-katholische Kirche vom Amt im »Geheimnis« der Kirche spricht, so ergibt sich das aus ihrer Ekklesiologie, nach der die Kirche als ein »geheimnisvoller Leib gesehen wird, dem Christus eine echte Leibhaftigkeit in ihrer gesellschaftlichen Prägung gegeben hat«. Kirche ist hier eine »vom Heiligen Geist durchformte, sichtbare Gesellschaft, ist Zeichen und Leib der unsichtbaren Gotteswirksamkeit«.
Die Priesterweihe ist in diesem Zusammenhang eine Symbolhandlung, die dem Amtsträger die Teilnahme am Priesteramt Christi sakramental vermittelt. Sie spendet zwar auch Gnade für das Heil des Empfängers, wie bei jedem anderen Sakrament ebenfalls, der unmittelbare Sinn aber besteht in der »Bestellung in ein Amt, dessen Dienst das Heil der Gemeinschaft wirken soll«.
Im Luthertum verhält es sich fast in jedem Punkt genau umgekehrt, wobei man das Mysterium der Priesterweihe zunächst sogar beiseite lassen kann. Das Amt des evangelischen Predigers ist genaugenommen nur von der Gemeinde getragen, es ist eine Funktion der evangelischen Christengemeinde, der Pastor hat dies als Dienstfunktion gegenüber der Gemeinde zu verstehen. Eine Trennung zwischen Amtsträger und Laien besteht höchstens mit Rücksicht auf die unterschiedliche Tätigkeit des Predigers und der Gemeindemitglieder, nicht aber, was seinen Status angeht. In der evangelischen Kirche gibt es also qualitativ nicht den geringsten Unterschied zwischen einem Laien und einem Priester. Entsprechend sieht auch die Amtsübernahme aus. Luther hat das Wesentliche davon an einem Beispiel des Urzustands klargelegt: »Wenn ein Häuflein frommer Christenlaien gefangen würde und in eine Wüstenei gesetzt, die nicht einen von einem Bischof geweihten Priester bei sich hätten, und würden allda der Sachen einig, erwählten einen unter ihnen, er wäre ehelich oder nicht, und beföhlen ihm das

Amt, zu taufen, Messe zu halten, zu absolvieren und zu predigen: der wäre wahrhaftig ein Priester, als ob ihn alle Bischöfe und Päpste geweiht hätten.«

Von der Weihesymbolik der alten Kirche hatte Luther nur ein Minimum beibehalten. Die ersten Prediger bekamen ihr Amt dadurch übertragen, daß ihnen Luther, ein oder zwei andere Pastoren, der Bürgermeister und ein Jurist die Hand auflegten; sie waren damit ordiniert. Ursprünglich hatte Luther gefordert, den Priestern müßte ihr Amt unmittelbar durch Repräsentanten der Gemeinde und vor der versammelten Gemeinde übertragen werden. Daraus ergaben sich zu viele Schwierigkeiten. Luther erkannte, daß die Lebenspraxis eine Flut anderer Interessen und Gegensätze in diese Art der Bestellung mengte. Die Homberger Kirchenordnung, mit deren Hilfe Landgraf Philipp in Hessen auf der Grundlage freier evangelischer Gemeinden die evangelische Landeskirche aufbauen wollte, hielt sich an das ursprüngliche Prinzip Luthers. Und sie scheiterte am energischen Widerspruch Luthers und seiner sächsischen Kirchenordnung, die dann auch von Hessen übernommen wurde.

Genauso wichtig wie die Wahl geeigneter Prediger für das Leben und Überleben der evangelischen Lehre wurde die laufende Kontrolle dieser Prediger. Hier setzt die Zusammenarbeit zwischen weltlicher Obrigkeit und Kirchenleitung ein. Was Luther als Distriktsvikar der Augustiner praktiziert hatte: Aufsicht und Kontrolle der Klöster, das mußte er jetzt von Wittenberg aus für die evangelischen Prediger im Land einrichten: die Visitationen, die Prüfung der Lebensführung, der evangelischen Gesinnung, der Befähigung zur Predigt und zur religiösen Führung der Gemeinde, nicht zuletzt auch die Überprüfung des Privatlebens.

Das grüne Licht von Speyer

In den Jahren 1521 bis 1524, also in der Zeit des Reichsregiments, lag das Wormser Edikt auf dem Eis der reichsständischen Unentschlossenheit. Trotzdem war der kursächsische Gesandte Hans von der Planitz wiederholt genötigt, seinem Herrscher aus Nürnberg recht bedrohliche Meldungen zuzustellen. Das Ziel der entschlossenen altkirchlichen Luthergegner unter der Führung Herzog Georgs von Sachsen machte Friedrich den Weisen voll verantwortlich für den Schutz, unter dem Luther in Wittenberg lebte, und deshalb wurde seinem Gesandten ohne Umschweife erklärt, daß Friedrich der Weise früher oder später doch dazu gezwungen werde, sich von Luther zu trennen. Weigere er sich,

dann werde er nicht nur die Kurwürde einbüßen, sondern müsse auch mit dem Verlust seiner ganzen Herrschaft rechnen.
Friedrich der Weise unterschätzte diese Meldungen nicht. Es handelte sich in der Tat bei den Drohungen nicht um bloße Wünschbarkeiten. Luther hatte nur deshalb von der Schwäche des Reichsregiments profitiert, weil der Kaiser durch die auswärtigen Angelegenheiten des Reiches verhindert war, sich um die Religionsdifferenzen im Inneren zu kümmern. In welchem Sinne er dies tun würde, war seit Worms bekannt, und seit 1521 hatte sich nichts ereignet, was Karl V. veranlassen konnte, seine Meinung zu ändern. Der Kaiser wartete nur darauf, bis er freie Hand bekam.
Im Jahre 1526 schien dieser Moment gekommen zu sein. Die Bauernrevolution war niedergeschlagen, das Reich befriedet, Frankreich triumphal geschlagen, Franz I., in der Gefangenschaft des Kaisers, hatte in Madrid den Frieden unterzeichnet und feierliche Eide darauf abgelegt. Der Reichstag, der 1526 in Speyer stattfand, sollte nun den Religionszwist in Deutschland ausräumen. Von den Landesherren waren lediglich Kurfürst Johann von Sachsen und Landgraf Philipp von Hessen entschlossen, in keinem Punkt nachzugeben.
So gespannt die Atmosphäre zunächst war, so viel Haß den Lutherischen aus dem katholischen Speyer entgegenschlug, so glimpflich, ja unerwartet günstig verliefen die Verhandlungen des Reichstages. Erneut wirkten sich die Veränderungen der europäischen Konstellationen fördernd auf die evangelische Sache aus. Clemens VII. entband den französischen König von den Eiden, die er dem Kaiser geschworen hatte (und die er ohnedies niemals zu halten entschlossen war), der Papst verbündete sich mit Frankreich gegen Karl V. Überdies war der osmanische Oberherr Süleyman II., der Prächtige, wieder in Ungarn eingefallen, hatte einen gloriosen Sieg über das Heer König Ludwigs bei Mohácz errungen, der König – ein Schwager Karls V. – verlor auf der Flucht sein Leben. Erneuter Krieg des Kaisers in Italien, erneuter Abwehrkampf im Südosten des Reiches: Das nötigte im Reich selbst zu größtmöglicher Einigkeit, und deshalb verhielt sich der Reichstag in der Luther-Angelegenheit außerordentlich moderat.
Der Kaiser hatte zwar seinem Bruder und Statthalter, Erzherzog Ferdinand, und seinen Bevollmächtigten scharfe Instruktionen mitgegeben: Verbot, auf dem Reichstag Beschlüsse über Glaubensangelegenheiten zu fassen, Vollziehung des Wormser Edikts, gemeinsamer Kampf gegen jeden Aufruhr, Türkenhilfe und Bewilligung der Kosten für das Kammergericht und das Reichsregiment. Der Kaiser gestattete

allerdings, darüber zu beraten und einen Beschluß zu fassen, wie man die Beschwerden über die kirchlichen Mißstände ausräumen könnte.
Die evangelischen Herren, die Hessen, Sachsen, Braunschweig-Lüneburger, hatten sich zu einer festen Gruppierung zusammengeschlossen. Als Parole wurde der Spruch gewählt: »*Verbum Dei Manet In Aeternum*« (Das Wort Gottes währet in Ewigkeit), und die Buchstaben V.D.M.I.A. trugen, von den Fürsten angefangen bis zum letzten Mann des Gefolges, alle auf den Ärmeln eingestickt. Obwohl den Evangelischen sämtliche Kirchen der Stadt verschlossen blieben, strömten zu den Predigten, die in den Höfen der Unterkünfte stattfanden, Tausende von Hörern. Der Landgraf von Hessen führte zusammen mit dem Kurfürsten Johann bei den Sitzungen die evangelische Sache so geschickt und überzeugend, daß Kurfürst Ludwig von der Pfalz und der Markgraf von Baden nunmehr ihre Wende zur evangelischen Partei durchzuführen begannen. Die Mehrheit der Städte hatte sich im übrigen schon länger im Sinne Luthers entschieden.
Zwei Monate lang wurde verhandelt, vom 25. Juni bis zum 27. August. Dann wurde der Reichsabschied angenommen, und zwar einmütig. Der Text enthält einige recht bemerkenswerte Feststellungen. Der kaiserlichen Instruktion, daß über den christlichen Glauben und seine Zeremonien nicht verhandelt und nichts beschlossen werden dürfte, hielten die Stände entgegen: Der Zwiespalt in der Religion sei »nicht zum wenigsten Ursache der neulichen Empörung des gemeinen Mannes gewesen«; wenn nicht rechtzeitig genug geeignete Mittel ergriffen würden, dann werde jener Zwiespalt auch noch größere Unordnung erzeugen. Der beste Weg dafür sei ein freies Generalkonzil oder zumindest eine Nationalversammlung, welcher der Kaiser präsidieren müsse. Und dann findet sich in Paragraph vier des Reichsabschieds eine Formel, die der Ausbreitung der evangelischen Lehre in Deutschland grünes Licht gibt: »Demnach haben wir Statthalter und Kommissäre, auch Kurfürsten, Fürsten und Stände des Reiches und derselben Botschaften uns jetzo allhie auf diesem Reichstag einmütiglich verglichen und vereinigt, bis zu dem Konzil oder der Nationalversammlung mit unseren Untertanen in den Sachen, die das Edikt betreffen, das durch Kaiserliche Majestät in Worms ausgegangen, für sich so zu leben, zu regieren und zu halten, wie ein jeder solches gegen Gott und Kaiserliche Majestät hoffet und vertraut zu verantworten.«
Kurz gesagt: Der Reichstag von Speyer 1526 stellt es jedem frei, evangelisch zu sein oder nicht.
Unter den Gesichtspunkten, die für den Kaiser und die katholischen

Stände ausschlaggebend waren, bedeutete dieser Beschluß nur eine Vertagung der Angelegenheit auf einen späteren Zeitpunkt. Alles, was bis dahin an evangelischen Neuerungen eingeführt wurde, ließe sich ohne weiteres wieder aufheben und rückgängig machen, sobald Kaiser und Reich die Sache endgültig entschieden hätten.

Für die Lutheraner selbst ergaben sich daraus völlig andere Gesichtspunkte. Ihre Lehre war erstmals reichsrechtlich sanktioniert, kein Fürst, kein Prediger lief Gefahr, als Gesetzesbrecher belangt zu werden. Die Landesherren konnten jetzt ohne Bedenken alle Neuerungen, die von der evangelischen Lehre gefordert wurden, veranlassen.

Luther hatte schon 1524 einen Brief des Kurprinzen Johann Friedrich erhalten, in dem er gebeten wurde, in Thüringen »von einer Stadt in die andere zu ziehen und zu sehen, mit was für Predigern die Städte der Gläubigen versehen wären. Prediger, welche nicht tauglich wären, hättet Ihr mit Hilfe der Obrigkeit abzusetzen.« Ernst wurde es mit den Plänen zu solchen Visitationen erst in den Jahren 1525/26. Der Zwikkauer Pfarrer Nikolaus Hausmann setzte sich besonders stark dafür ein.

Nach den Bauernkriegen, im Herbst 1525, entschließt sich Luther zu einem Schritt, der ihn ein gutes Stück auf dem neuen Weg, zu dem er sich entschlossen hat, voranbringt. Er schreibt dem Kurfürsten, daß ihm als weltlicher Obrigkeit die Pflicht zustehe, durch angemessene finanzielle Ausstattung den Bestand der Pfarreien und Schulen zu sichern. Kirchenvisitationen sollten die Lage der Pfarreien überprüfen, gleichzeitig solle bei dieser guten Gelegenheit aber auch das »weltliche Regiment« visitiert werden, denn in den Städten und auf dem Lande »sei große Klage allenthalben über das böse Regiment«. Damit legt Luther die Verantwortung für das geistliche und das weltliche Regiment ohne Unterschied als Verpflichtung in die Hand des Herrschers als dem »Haupt und Landesfürsten«.

Die Visitationsordnung

Die Vorschläge Luthers, die Überlegungen des Kurfürsten konnten erst nach dem Reichstag von Speyer 1526 praktisch durchgeführt werden. Johann der Beständige erläßt im Juni 1527 seine Visitationsordnung, das landesherrliche Kirchenregiment setzt ein, und zwar als Ergebnis gründlichen Projektierens Luthers über Jahre hinweg. Der Kurfürst ist im Grunde zunächst nicht viel mehr als die ausführende Stelle, das

»treue Werkzeug« Gottes bei der »Ordnung, welche die Seelen betrifft«.
Auf den ersten Blick könnte es aussehen, als würde in der Instruktion der Staat vollständig die Kirche dominieren, als hätte er sie völlig in der Hand. Ob das damals im kurfürstlichen Sachsen tatsächlich so war oder nicht, scheint mit Rücksicht auf die völlig ungeklärte, tatsächlich chaotische Situation der Pfarreien und Gemeinden in der Umbruchs- und Übergangszeit gleichgültig zu sein. Die Notlage der Menschen bedrängte Luther; ebenso wurden der Hof und der Kurfürst davon bedrängt. Weit wichtiger als die Grundsatzfrage, wer wen dominierte, war die Antwort darauf, wer die Pfarrer bezahlen sollte, aus welchem Fonds dies geschah, wie die Kirchenaufsicht, die im Hinblick auf die Praktizierung der evangelischen Lehre eine Frage um Sein oder Nichtsein war, vollzogen, wie die Kirchen erhalten und der Unterricht durchgeführt werden sollte. Aufbau einer evangelischen Kirche hieß, derartige Probleme auszuräumen. In seiner Vorrede zu Melanchthons »Unterricht der Visitatoren« umreißt Luther 1528 sehr genau den Zustand im Land und gibt eine Rechtfertigung für die durchgeführten Maßnahmen. Nach einer kurzen Skizze über den Verfall der bischöflichen Aufsicht in der römischen Kirche erklärt Luther: »Da uns jetzt das Evangelium durch unaussprechliche Gnade Gottes barmherzig wiedergekommen oder wohl auch überhaupt erst aufgegangen ist, wodurch wir gesehen, wie elend die Christenheit verwirrt, zerstreut und zerrissen ist, hätten wir auch das rechte bischöfliche und Besuchsamt, als aufs höchste vonnöten, gerne wieder aufgerichtet gesehen. Aber weil unser keiner dazu berufen war oder einen sicheren Befehl dazu hatte, und 1. Petr. 4,11 nichts in der Christenheit einrichten lassen will, man sei denn gewiß, daß es Gottes Sache sei, hat sichs keiner vor dem andern zu unterfangen gewagt.
Da haben wir das Gewisse dem Ungewissen vorziehen wollen und uns an das Amt der Liebe, welches allen Christen gemeinsam und geboten ist, gehalten und sind an den Kurfürsten zu Sachsen, als den Landesfürsten und unsere gewisse, von Gott verordnete weltliche Obrigkeit mit der demütigen Bitte herangetreten, daß Seine Kurfürstlichen Gnaden aus christlicher Liebe und um Gottes willen, dem Evangelium zugut und den elenden Christen in Seiner Kurfürstlichen Gnaden Landen zu Nutz und Heil, gnädiglich etliche tüchtige Personen zu solchem Amt auffordern und verordnen wollen. Welches dann Seine Kurfürstlichen Gnaden also gnädig durch Gottes Wohlgefallen getan und angerichtet haben. Gott gebe, daß es ein seliges Vorbild sei und werde, allen

anderen deutschen Fürsten fruchtbar nachzutun, welches auch Christus zuletzt reichlich vergeben wird. Amen.
Weil aber der Teufel durch seine giftigen, unnützen Mäuler kein göttlich Werk ungeschändet und ohne Schabernack lassen kann, und bereits durch unsere Feinde viel drinnen zu meistern und zu verdammen hat, so daß auch etliche rühmen, unsere Lehre habe uns gereut, und wir seien zurückgegangen und hätten widerrufen: bin ich veranlaßt, solches alles, was die Visitatoren ausgerichtet und schriftlich unserm gnädigsten Herrn angezeigt haben, öffentlich durch den Druck an den Tag zu geben, damit man sehe, daß wir nicht im Winkel noch Dunkel handeln, sondern das Licht fröhlich und sicher suchen und leiden wollen.«

Der Kurfürst tritt also hier nicht direkt als weltliche Obrigkeit auf, sondern er besitzt die Funktion eines »Notbischofs«. Nicht der Landesherr leitet die Kirche, sondern dies fällt den zuständigen Theologen zu, sie allein haben als Bischöfe das Recht und vor allem die Pflicht, sich entsprechend den Visitationsbestimmungen um die Pfarrer zu kümmern, ihre Tauglichkeit zu prüfen, sie zu berufen und abzusetzen. So war es von Luther konzipiert, so wurde es von Melanchthon in den Einzelbestimmungen ausgearbeitet.

Im Verlauf der nächsten Jahrzehnte allerdings entwickelten die Landesherren Geschmack an ihrer Rolle als »Notbischof«. Sie ließen allmählich die erste Silbe mehr und mehr verblassen, schlugen also jene Richtung ein, die schon einmal zu der Doppelrolle des Kurfürsten und Erzbischofs in einer Person geführt hatte. Sobald sich ein evangelischer Herrscher auch als oberster Bischof mit entsprechenden Weisungsrechten verstand, wurden den Ämtern der Visitatoren und Exekutoren, ja selbst dem hohen Amt des Superintendenten, der die neuen Pfarrer daraufhin prüfen sollte, »ob sie geschickt sind in ihrer Lehre und in ihrem Leben«, die Substanz entzogen und dem unkontrollierten landesherrlichen Kirchenregiment Tür und Tor geöffnet.

Dieser Mißhelligkeit war nicht auszuweichen. Das Problem hätte sich auch dann gestellt, wenn die Entwicklung zwischen 1521 und 1526 anders verlaufen wäre: Es mußte sich unweigerlich in dem Moment einstellen, in dem die evangelische Lehre praktisch ausgestaltet wurde, denn von diesem Augenblick ab wurde sie konkret politisch. Sie mußte um so stärker politisch werden, als das Amt des evangelischen Seelsorgers im Vergleich zu dem eines katholischen Priesters ein völlig weltliches Amt darstellt. Wie konnte dieses Amt, nach Vernichtung des alten Kirchenrechtes, anders gesichert werden als durch weltliches Recht, durch die Juristen des Landesherrn? Und so wie in diesem Punkt, so verhielt es sich auch in den anderen Punkten: Evangelischer Gottesdienst und evangelisches Gemeindeleben benötigten das Fundament und das wetterfeste Dach der weltlichen Obrigkeit, nichts konnte außerhalb dieses Geheges neu gestaltet werden. Wer das nicht akzeptierte, dem stand günstigstenfalls jener Weg offen, den die Pilgerväter einschlugen, als sie mit der »Mayflower« in den unbekannten Westen, über den Atlantik nach Nordamerika segelten.

Der Reichsabschied von Speyer 1526 hatte die Mißachtung des Wormser Edikts verwandelt in eine interimistische Duldung. Die Eile, mit der in Sachsen und Hessen die Kirchenordnungen durchgeführt wurden, war nicht nur wegen der Not der armen Christen angebracht, sondern auch deswegen, weil das *in suspenso* belassene Wormser Edikt den Evangelischen unweigerlich auf einem der nächsten Reichstage vom Kaiser und den katholischen Reichsständen erneut präsentiert werden würde. Je stärker Luthers Lehre bis dahin gefestigt war, je mehr Christen sich zu ihr im Reich bekannten, um so größer mußte das politische Gewicht dieses Umbruchs sein – sowohl der Sache nach als auch als rechtliches Argument.

Luther selbst war es noch möglich gewesen, den Schein aufrechtzuerhalten, daß auch 1526/27 weltliches und geistliches Regiment voneinander getrennt blieben, obgleich er durch die Verantwortung für die Exekutive alle reale Macht bei der Neuordnung des Kirchenwesens den Fürsten zwangsläufig überlassen mußte. Nach seinem Tod ließ sich dieser Schein nicht mehr halten. Welche souveräne Stellung die Herrscher gegenüber der Kirche erreichten, zeigte sich Ende des 17. Jahrhunderts. Nach dem Westfälischen Frieden wurde im Jahr 1653 das *Corpus evangelicorum* gebildet, die Vereinigung aller evangelischen Reichsstände. Kursachsen erhielt die Führung, und August der Starke blieb auch dann unverändert das Haupt des *Corpus evangelicorum*, als er 1697 zur katholischen Kirche übertrat.

Das ist mein Leib!

Die Probleme der Neuordnung des Kirchenwesens waren schwierig, und ihre negativen Folgen wären zu gewichtig gewesen, als daß sie nicht Luthers vollen Einsatz erzwungen hätten. Es war nur zu verständlich, daß er sich jetzt nicht mehr an den Satz erinnern wollte, den er jahrelang gepredigt hatte: »Unser Evangelium dringt aufs höchste dahin, daß man die zwei Regimenter, weltliches und geistliches, wohl unterscheide und ja nicht durcheinandermenge!« Nun aber zeigt sich, daß geistliches Regiment nicht bestehen kann, wenn es nicht mit dem weltlichen »durcheinandergemenget« wird. Luther verschließt vor dieser Tatsache nicht die Augen, er verspottet sich selbst: »Traun, hier sollte ich mich wohl selbst in die Backen gehauen haben und gefangen und geschlagen sein mit meinen eigenen Worten, besonders wenn die scharfen Logiker mich wie den Aal am Schwanze halten und alle meine Widersprüche wissen aufzumutzen.«

Er fühlt sich in keiner Klemme, seine wirkliche, wahre, evangelische Kirche bleibt genauso erhalten wie er seine ganze Revolution erhält und nichts davon aufgibt. Was zu sehen ist, macht nicht das Wesen aus. Die Welt zeigt nur die Masken. Das ist auch der Trost, mit dem er seinem Freund Amsdorf hilft, den er 1542 als ersten evangelischen Bischof in Naumburg einführt. Amsdorf ist unglücklich in diesem Amt mit seinem ganzen Aufwand, der Würde, der Kirchenfürstlichkeit, die ihm wie ein katholisches Vexierbild erscheint. Luther winkt gutmütig ab: »Mach Dir keinen Kummer, weil Du den Fürstentitel trägst. Es ist nicht Deine Schuld. Du tust recht daran, daß Du diesen weltlichen Glanz Deinen Kerker nennst. Aber diene Gott unter dieser Larve. Es muß die Kirche in der Welt erscheinen, und sie kann nur als Larve, als Person, Kleid, Schale, Hülse gesehen und begriffen werden, sonst fände man sie nirgends!«

Hat Luther die alte Kirchenorganisation etwa nur deshalb zerschmettert, um sie durch eine neue zu ersetzen? Was danach aussieht, ist ebenfalls nur eine Larve. Solange Luther daran festhält, daß die Sichtbarkeit der in der Welt erscheinenden Kirche kein Zeugnis gegen die Existenz der unsichtbaren Kirche ist, bleibt er sich selber treu.

Darum geht es immer wieder, darum ist es auch in dem letzten Streit mit Erasmus von Rotterdam über die Freiheit oder Unfreiheit des Willens gegangen. Luther hatte dieses Gefecht in den Jahren 1524/25 nur ungern, dann aber doch nicht ohne Vergnügen geführt. Mit sicherem Griff holt sich Erasmus die Thesen Luthers über die absolute Vorherbestimmung der Menschen für die ewige Seligkeit oder die Hölle. Luther zollt ihm Respekt: »Du bist der einzige unter allen meinen Gegnern, der den Angelpunkt der Sache gesehen, den Hauptpunkt meines Kampfes begriffen hat und dem Kämpfer an die Gurgel faßt. Das rühme ich an Dir aufs höchste und danke Dir dafür von ganzem Herzen, denn ich habe lieber mit ernsthaften Dingen zu tun als mit den Possen, mit denen man mich plagt.« Dann stellt er alles zusammen, was gegen die Annahme eines freien Willens spricht; es kommt ihm dabei nicht auf ganz neue Argumente an, sondern auf das, worin er den großen Humanisten mit Sicherheit am empfindlichsten trifft: auf seinen schwächlichen Glauben. Dagegen setzt er noch einmal, was er schon so oft hervorgehoben hat: »Wenn wir durch die Vernunft begreifen könnten, wie Gott gütig und barmherzig und gerecht ist, da er doch ständig seinen grauenhaften Zorn und nur Ungerechtigkeit beweist – wozu wäre dann der Glaube nötig? Der Glaube kann nicht statthaben, es sei denn, daß alles, was ich glaube, unsichtbar und verborgen ist. Denn was ich sehe, das brauche ich nicht erst zu glauben.«

Dasselbe Thema wird wenig später nochmals paraphrasiert in der Auseinandersetzung um das Abendmahl, die recht unversehens, aber bald mit allen explosiven Effekten in den Reihen der Evangelischen selbst aufbricht, das jetzt an die Wurzeln greift. Der Streit löst bei Luther den schwersten körperlichen und psychischen Zusammenbruch aus, er provoziert eine Krise, in der sich alles aufzulösen droht, womit Luther bis dahin einen Sinn verbunden hatte: Der Zwist stellt sogar seinen Glauben in Frage. Über die Feststellung des jungen Kaisers in Worms: »Es ist sicher, daß ein einzelner Bruder irrt, wenn er mit seiner Meinung gegen die Meinung der ganzen Christenheit steht«, hatte Luther gelächelt. Jetzt aber hält er sich dasselbe vor, ganz verstört: »Du allein bist klug? Wie, wenn du irrtest und so viel Leute in Irrtum verführtest, welche deshalb alle ewiglich verdammet würden?«

Es ging bei diesem Abendmahlsstreit um nichts weniger als die Frage, ob der gekreuzigte Christus, ob der durch das Kreuz erlösende Christus im Abendmahl, in Brot und Wein leibhaftig gegenwärtig ist. Daß dies jedoch nicht so ist, daß aufgrund der übermächtigen Majestät Gottes eine solche Einung ganz unmöglich sei, das lehrte der schweizerische Reformator Huldrych Zwingli: Wer die Realpräsenz Christi im Abendmahl lehre, sei ein Papist. Von dieser Meinung rückte er so wenig ab wie Luther von der seinen. Beide Positionen spitzten sich zu in den Textübersetzungen des Neuen Testaments. Luther beharrte auf dem Satz: »Das ist mein Leib«, Zwingli bestand auf der Übersetzung: »Das bedeutet meinen Leib.« Für Zwingli konnte deshalb das Abendmahl nichts anderes sein als ein allgemeines Bekenntnis der Gemeinde zu Christus, dem leuchtenden Vorbild, eine Gedächtnisfeier seines Sterbens, die aber auch den Triumph der Heilsgewißheit vermittelt.

So wichtig die Frage auch für die beiden evangelischen Richtungen wurde, so wenig es dabei nur um einige Worte ging – Luther setzt

Zwingli hart entgegen: »Ihr habt einen anderen Geist als wir!« – so bemerkenswert ist doch die Tatsache, die in den damaligen Kontroversen ihre Rolle hätte spielen müssen: daß die betreffenden Stellen (Matth. 26,26 / Markus 14,22 / Lukas 22,19 / 1.Kor. 11,24) im biblischen Aramäisch, also derjenigen Sprache, die Jesus und seine Jünger gesprochen haben, das Wörtchen »ist« überhaupt nicht enthalten.

Zwingli hatte in der Schweiz eine gewaltige Resonanz. Seine Lehren begannen mit Hilfe vieler gleichgerichteter Theologen auch die evangelischen Gebiete des Reiches zu durchsetzen; diejenigen, bei denen das Rationale zu Lasten des lutherischen Glaubensernstes stärker ausgebildet war, neigten sich der zwinglischen Auslegung zu. Im Gegensatz zu Luthers Überzeugung *Credo quia absurdum,* hielt sich Zwingli an das *Credo ut intellegam* (Ich glaube, um zu wissen).

Am meisten wurde Luther von der nicht einmal sehr überraschenden Tatsache verstört, daß auch sein geliebter Philippus von Zwinglis Gedankenführung tief bewegt war; Luther machte sich schon mit dem Gedanken vertraut, Melanchthon bald an der Seite Zwinglis zu finden. Melanchthon läßt sich zwar von Luther überzeugen, er läßt von ihm seinen Glauben festigen; beinahe etwas Widersinniges, wenn man bedenkt, daß Luther bis zu seinem Tod immer wieder die Freunde und jeden, der die entsprechenden Fragen stellt, auf Melanchthons *Loci communes* von 1521 verweist, denn dort sei alles enthalten, was den evangelischen Glauben ausmacht. »Ihr findet kein Buch unter der Sonne, in dem die ganze Theologie so fein beieinander ist!« Dieser so überaus kluge und überlegene Melanchthon bekennt jetzt, er finde sich in der Sakramentenlehre nicht mehr zurecht und könne sich deshalb auch nicht in den Disput zwischen Luther und Zwingli einlassen. Das preßt Luther den Seufzer ab: »Unsere Kirche wird von ihren Verfolgern nicht so große Not leiden wie von den Unsern selbst«, und dann etwas leiser: »Der Herr erhalte die Seinen.«

Ganz an der Seite Zwinglis steht in Basel der große Gelehrte Johannes Oecolampad, den Luther für einen der Seinen gehalten hatte. Auch der ebenso muntere wie seit der Heidelberger Disputation unverwüstlich treue Martin Butzer in Straßburg neigt zur Meinung Zwinglis, schlägt aber als Vermittlung die Eulenspiegelei vor: Wir essen einen leiblichen Leib im Geist. Selbst der unerschütterliche Justus Jonas gesteht rundweg: »Mir ist an Martin nichts gelegen, ich muß meines Glaubens für mich selbst gewiß sein.« Dagegen hätte Luther nichts, wenn er nur nicht so sicher wäre, daß seine, eben nur seine Lehre vom Evangelium

die einzige Lehre ist, welche einen absoluten Grund für die Gewißheit des Glaubens besitzt; zumal in dieser Frage.
Luther ist des monatelangen Gezänks schließlich müde, er ist vor allem der Argumentation in einer Sache müde, bei der die Argumente deshalb nicht verfangen können, weil die Voraussetzungen der Kontrahenten nicht dieselben sind. Was ihn so sehr verstört, ist die Erkenntnis, welch illusionäre Hoffnung ihn von Anfang an getrieben hatte. Nur ganz wenige waren fähig, seinen Christusglauben zu begreifen, diesen schweren, ernsten Glauben, um dessentwillen Luther durch ungezählte Höllen der Verzweiflung getaumelt war. Damit konnten die so überaus hellen, grandios vernünftigen Köpfe wie Zwingli und seine Gefolgschaft nichts zu tun haben. Und dabei hatte es Luther doch so oft gesagt: »Ich hab mein theologiam nit auf einmal gelernt, sondern hab immer tiefer und tiefer grübeln müssen«, und ebenso: »Durch Leben, ja sogar durch Sterben und Verdammnis wird der Theologe, nicht durch Denken, Lesen oder Spekulieren.«
Also setzt er sich noch einmal hin und schreibt ein Buch, obwohl er weiß, daß diejenigen, die seinen Glauben erfahren – nicht begriffen! – haben, das Buch nicht lesen müssen, und diejenigen, die seinen Glauben nicht erfahren haben, durch das bloße »Lesen« auch nicht weiterkommen. Die Schrift erscheint 1528 und trägt den Titel »Vom Abendmahl Christi. Bekenntnis«. Schon hier steckt Luther die Positionen ab. Es geht ihm nicht um etwas zu Lehrendes; Bekenntnis steht gegen Bekenntnis. Bei diesem Bekenntnis »gedenke ich zu bleiben bis in den Tod, in ihm – daß mir Gott helfe – von dieser Welt zu scheiden und vor unseres Herrn Jesu Christi Richterstuhl zu kommen. Und ob jemand nach meinem Tode würde sagen: Wo der Luther jetzt lebte, würde er diesen oder diesen Artikel anders lehren und halten; denn er hat ihn nicht genugsam bedacht. Dawider sage ich jetzt als dann und dann als jetzt, daß ich von Gottes Gnaden alle diese Artikel habe aufs fleißigste bedacht, durch die Schrift und wieder herdurch oftmals gezogen und so gewiß dieselbigen wollte verfechten, als ich jetzt habe das Sakrament des Altars verfochten.«
Vom Abendmahl versichert Luther mit aller Festigkeit, »daß daselbst wahrhaftig der Leib und das Blut im Brot und Wein werde mit dem Mund gegessen und getrunken, obgleich die Priester, die es reichen, oder diejenigen, die es empfangen, dies nicht glaubten oder sonst mißbrauchten. Denn es stehet nicht auf Menschen Glauben oder Unglauben, sondern auf Gottes Wort und Ordnung. Es wäre denn, daß sie zuvor Gottes Wort und Ordnung ändern und anders denken, wie die

jetzigen Sakramentsfeinde tun, welche sicherlich nur Brot und Wein haben; denn sie haben auch die Worte und die eingesetzte Ordnung Gottes nicht, sondern haben dieselben nach ihrem eigenen Dünkel verkehrt und verändert. Das ist mein Glaube, denn so glauben alle rechten Christen, und so lehrt uns die Heilige Schrift. Was ich aber hier zu wenig gesagt habe, werden mir meine Büchlein genügend bezeugen, besonders die in den letzten vier oder fünf Jahren veröffentlicht worden sind. Deshalb bitte ich, alle frommen Herzen wollen mir Zeugen sein und für mich bitten, daß ich in solchem Glauben fest möge bestehen und mein Ende beschließen.«

Durch den Abendmahlsstreit wurde die Spaltung der evangelischen Lehre endgültig. Luther sah in den Bemühungen der Kompromißbereiten eine Verwässerung des Evangeliums und im Arrangement einer formalen Gemeinsamkeit mit den Zwinglianern eine Schändung des Wortes Gottes. Philipp von Hessen hielt eine Einigung schon aus politischen Gründen für unbedingt nötig. Zwingli, dem nichts an einem Bruch lag, nahm sofort die Einladung zu einem Religionsgespräch an. Luther, dem nichts an Konzessionen lag, lehnte ab. Schließlich wurde er umgestimmt und traf am 30. September 1529 in Marburg ein. Mit ihm kamen unter anderem Melanchthon, Justus Jonas, der Wittenberger Professor und Prediger an der Schloßkirche Caspar Cruciger, Luthers Sekretär Veit Dietrich, Friedrich Myconius, Justus Menius, einer der begabtesten Schüler Luthers, und Andreas Osiander, der zusammen mit Lazarus Spengler die evangelische Lehre in Nürnberg eingeführt hatte. Zwingli war schon einige Tage vorher eingetroffen, assistiert von Oecolampad, Martin Butzer und seinem Freund Caspar Hedio sowie Zwinglis engstem Vertrauten und späterem Nachfolger Heinrich Bullinger. Insgesamt versammelten sich sechzig der namhaftesten Köpfe um Luther und Zwingli. Das Marburger »freundliche undisputierliche« Religionsgespräch begann recht locker; als Luther von Butzer begrüßt wurde, dachte er an den »leiblichen Leib«, der im Geist verzehrt werden sollte, und stellte fest: »Du bist ein Schlingel!« Doch nach drei Tagen endete alles so, wie es enden mußte, ohne Behebung der Unterschiede. Luther hatte während des Gesprächs, als Zeugnis für sich selbst, mit Kreide in großen Buchstaben vor sich auf die Samtdecke am Tisch geschrieben: DIES IST MEIN LEIB.

Die Gegner wären unversöhnt auseinandergegangen, wenn Philipp von Hessen nicht auf einer Abschlußformel beharrt hätte, die beide Parteien eng genug aneinanderschloß, um die Evangelischen im Reich noch als Einheit erscheinen zu lassen. Er bat Luther, eine Liste von

Sätzen zusammenzustellen, die von allen unterschrieben werden konnte. Diese fünfzehn »Marburger Artikel«, denen tatsächlich sämtliche Beteiligten zustimmten, umgingen die heißen Eisen, verletzten und nötigten niemanden, verschwiegen aber auch nicht die Gegensätze, denn der fünfzehnte und letzte Artikel schloß mit der Versicherung: »Wiewohl wir uns in der Frage, ob der wahre Leib und das Blut Christi leiblich in Brot und Wein sei, derzeit nicht verglichen haben, so soll doch ein Teil gegen den anderen christliche Liebe, sofern jedes Gewissen immer mehr leiden kann, erzeigen und beide Teile Gott den Allmächtigen fleißig bitten, daß er uns durch seinen Geist in dem rechten Verstand bestätigen wolle. Amen.«
Der Landgraf meinte, die Marburger Artikel würden doch zeigen, wie nahe sich die beiden Richtungen stünden, und er schlug vor, sie sollten sich als »Brüder anerkennen und halten«. Bullingers Bericht von Marburg fährt fort: »Zwingli sagte darauf, es wären keine Leute auf Erden, mit denen er lieber wollte eins sein, denn mit den Wittenbergern, und wollte auch gern Luther und die Seinen als Brüder erkennen. Derselben Meinung waren auch Oecolampadius, Butzer und Hedio. Aber Luther wollte sie hinwiederum keineswegs für Brüder erkennen, und sprach, es nähme ihn Wunder, daß sie ihn, dessen Lehre vom Sakrament sie für falsch hielten, als Bruder erkennen wollten; sie müßten selbst wohl nicht viel von ihrer Lehre halten.«
Wie wenig mit solch einem Ende für die evangelische Lehre gewonnen war, leuchtete jedem ein. Mit dem Abendmahlsstreit begann der düsterste Abschnitt der inneren Geschichte des Luthertums. Die Kompromißler stellen noch heute die Frage, ob es sich denn bei dem ganzen Zwist nicht um eine Haarspalterei seligen scholastischen Angedenkens gehandelt und ob nicht Luther um der Einheit willen besser nachgegeben hätte. Sicherlich wäre ein Nachgeben Luthers denkbar gewesen, insbesondere weil so gut wie alles denkbar ist. Doch Luther hätte damit seine ganze Basis verlassen, genauso übrigens, wie sie Zwingli verlassen hätte, obgleich dem generösen Schweizer eine Schmälerung der Prinzipien erträglich gewesen wäre, sofern sie den Anschein des Obsiegens verstärkt hätte. Zwinglis Lehre hatte sich in Zürich durchgesetzt, auch Bern hatte sich angeschlossen. Die fünf katholischen Urkantone fanden sich damit nicht ab, sie entschlossen sich, eine Entscheidung mit den Waffen zu suchen. Mitte 1531 kam es zum Krieg, Zwingli stand als Feldprediger bei den Züricher Truppen, er fiel am 11. Oktober bei einem Vorpostengefecht bei Kappeln. Seine Glaubensrichtung ging später in der rigorosen Lehre Calvins auf.

Im Jahr 1534 sah es aus, als würde entgegen allen Erwartungen doch noch eine Versöhnung zwischen Luther und den Schweizern möglich sein. Treibend war Martin Butzer: »Nichts wünsche ich mehr, als daß der ungeheure Anstoß dieses Zwiespalts, der den Lauf des Evangeliums so sichtbar hemmt, hinweggeräumt wird.« Melanchthon stimmte ihm zu, der Landgraf von Hessen versuchte erneut, zu vermitteln. Luther war ebenfalls an einer Verlängerung der Differenzen desinteressiert. Eineinhalb Jahre zogen sich die Verhandlungen hin, im Mai 1536 kamen die Parteien erneut zusammen, in Wittenberg, da Luther erkrankt und reiseunfähig war.

Die Schweizer unter Führung Butzers erklärten schließlich auf die Frage Luthers, ob beim Abendmahl der wahre Leib Christi empfangen werde, daß die Gegenwart des Herrn im Abendmahl »auf keines Menschen Glauben oder Unglauben stehe, sondern auf ihr (sc. der Gegenwart) selbst als Gottes Wort und Ordnung«. Das war der entscheidende Satz. Am 29. Mai 1536 wurden von allen Anwesenden die Artikel der »Wittenberger Konkordie« unterzeichnet. Luther war hochzufrieden: »Meine Herren und Brüder, wir müssen nun die Sache beschließen. Es wird viel daran gelegen sein, daß wir diese Konkordia mit Fleiß auf beiden Seiten halten und fortbringen und die Disputierenden stillen, wie ihr denn wohl werdet tun können, wenn ihr wollt. Desgleichen wollen wir auch tun, begraben das Vorige, was zuletzt auf beiden Seiten vorgegangen ist, und einen Stein darauf gelegt!«

Niemand entfernte in den folgenden Jahren diesen Stein, kein neuer Streit brachte neues Gift, die brüderliche Verbundenheit zwischen den Wittenbergern und den Schweizern bestand fort, aber zu einer wirklichen Einigung kam es trotzdem nicht.

Fernlenkung von der Veste Coburg

Dem Landgrafen von Hessen genügte jedoch vorerst die erzielte Einigung, denn sie ermöglichte den Evangelischen, politisch kraftvoll aufzutreten. Immerhin ging diese Einigung nicht so weit, um es dem Landgrafen zu ermöglichen, den Plan eines Bündnisses der Deutschen mit den Eidgenossen gegen den Kaiser, und das hätte bedeutet gegen die Dominanz Habsburgs im Reich und die katholischen Reichsstände, durchzusetzen, mit dem möglichen Ziel einer Zersprengung des Reichsverbandes und der Gründung eines evangelischen Rheinbundes.

Das Projekt schien nicht abwegig, da sich in diesen Jahren der Niederrhein und Westfalen bereits der evangelischen Lehre zu öffnen begannen. Der Erzbischof von Köln, Graf Hermann von Wied, verhandelte mit Melanchthon und Butzer, und der Bischof von Münster und Osnabrück hatte schon einen evangelischen Superintendenten in sein Gebiet berufen. Voraussetzung wäre die Duldung der weniger orthodoxen Lehre Butzers und der »Sakramentierer« gewesen. Luther aber brach allen Vermittlungsmühen das Rückgrat: »Lieber sollen sie Papisten bleiben!« Und die Loyalität des sächsischen Kurfürsten gegen Kaiser und Reich war nicht vom religiösen Bekenntnis abhängig; auch dies hätte eine Verwirklichung des Planes Philipps von Hessen verhindert.

Schon nach dem Reichstag von Speyer hatten sich Hessen und Kursachsen zu einer evangelisch-politischen Verbindung entschieden. Sie schlossen am 4. Mai 1526 den Torgauer Bund, das erste Schutz- und Trutzbündnis zwischen evangelischen Fürsten. Vorangegangen war im Juli 1525 ein Bündnis gegen das Luthertum, das in Dessau zwischen Herzog Georg von Sachsen, Erzbischof Albrecht von Mainz, Herzog Heinrich von Wolfenbüttel und Kurfürst Joachim I. von Brandenburg geschlossen wurde. In den folgenden Wochen wurde der Torgauer Bund noch verstärkt durch den Beitritt der Herzöge Philipp von Braunschweig-Grubenhagen, Otto, Ernst und Franz von Braunschweig-Lüneburg, Heinrich von Mecklenburg, Fürst Wolf von Anhalt, die Grafen Gebhard und Albrecht von Mansfeld und die Stadt Magdeburg; im September schloß sich auch Herzog Albrecht von Preußen dem Bündnis an.

Der Torgauer Bund war eine Maßnahme militärischer Prophylaxe. Den katholischen Fürsten wurde dadurch schon in einem recht frühen Stadium die Entschlossenheit der evangelischen Herren angezeigt, sämtliche Konsequenzen zu ziehen, die ihnen zum Schutz ihrer Glaubenssache nötig erschienen. Er war der Grundstein aller folgenden politischen und militärischen Verbindungen der Lutheraner.

Martin Luther aber betrachtete dieses Bündnis mit verwirrter Abneigung. Als ihm Friedrich der Weise Anfang 1522 seinen besorgten Brief auf die Wartburg geschickt hatte mit dem Bedenken, daß nicht nur er, der Herrscher, sondern auch sein Land und die Untertanen Schaden erleiden würden, falls der Kaiser mit Gewalt das Wormser Edikt vollziehe, war Luther auf dieses Problem der politischen Verantwortung des Kurfürsten nicht eingegangen. Erschien es ihm nebensächlich, da es sich vorerst nur hypothetisch stellte? Scheute er sich, die Frage des Gehorsams gegen die Obrigkeit, so wie sie den einzelnen Christen band, einfach in den politischen Gesamtbereich auszuweiten und den Status eines Landes, Staates, Volkes zu personalisieren? Von der Unerläßlichkeit des landesfürstlichen Schutzes für das Evangelium war Luther fest überzeugt. Sowohl den Krieg als auch das Handwerk des Soldaten sah er als gerechtfertigt an, Luther hatte es 1526 ausführlich in seiner Schrift »Ob Kriegsleute auch in seligem Stande sein können« begründet. Unsicher aber schien er zu sein, was das Recht auf militärische Verteidigung eines Landes – innerhalb des Reiches und gegen den Kaiser – betraf, insbesondere im Zeichen eines Glaubenskrieges.

Von solchen Skrupeln ließ Philipp von Hessen sein Gemüt nicht bedrängen. Die politischen Entwicklungen sah er als eine Bestätigung seiner Ansichten an. Für 1529 war erneut ein Reichstag nach Speyer ausgeschrieben; auf ihm sollte der Reichsabschied von 1526 kassiert werden. Der Kaiser, wiederum vertreten durch seinen Bruder Ferdinand, der inzwischen zum König von Böhmen und von Ungarn gekrönt worden war, hatte eine Vorlage eingebracht, in der festgestellt wurde, daß der Reichsabschied von 1526 »großen Unrat und Mißverstand wider unseren allerheiligsten Glauben« verschuldet habe. Er sei deshalb aufzuheben. Wer überdies »irgend jemand mit Einziehung geistlicher und weltlicher Obrigkeit vergewaltigt oder zu unrechtem Glauben und Sekten verleitet«, dem wurde die Reichsacht angedroht. Selbst den katholischen Reichsständen war die Vorlage zu scharf. Am 19. April erging ein Beschluß, daß die katholische Messe in den evangelischen Territorien wieder zugelassen werden müsse, die evangelischen Neuerungen bis zu einem künftigen Konzil beibehalten, aber nicht ausgeweitet werden dürften und jede Säkularisierung verboten sei. Der Beschluß wurde mehrheitlich zum Reichsabschied erhoben.

Die evangelischen Fürsten und vierzehn Städte legten dagegen eine feierliche Rechtsverwahrung ein. Philipp von Hessen als Wortführer erklärte, der Beschluß des Reichstages von 1526 könne nicht mehrheitlich, sondern nur einstimmig aufgehoben werden. Die Lutheraner waren sich einig, daß in Glaubens- und Gewissenssachen keine Abstimmung zulässig sei, die andere binde, weil »in den Sachen Gottes Ehre und der Seelen Seligkeit belangend ein jeglicher für sich selbst vor Gott stehen und Rechenschaft geben muß«. König Ferdinand lehnte diese Rechtsverwahrung oder »Protestation« ab, er wollte sie auch nicht in den Reichsabschied aufnehmen. Seit dieser Erklärung der Stände in Speyer 1529 bürgerte sich als Gruppenbezeichnung der Evangelischen der Ausdruck »Protestanten« ein.

Die Entwicklung der Sachen auf dem Reichstag mußte Luther hinnehmen, doch er wehrte sich voll Erbitterung gegen die immer häufiger erörterten Pläne der Fürsten, sich zu einem mehr als defensiven Kriegsbündnis gegen die Katholischen zusammenzuschließen. Philipp von Hessen sah voraus, daß der Kaiser nach dem Sieg über Frankreich und nach seiner Krönung durch den Papst am 24. Februar 1530 in Bologna die inneren Angelegenheiten des Reiches ein für allemal zu regeln versuchen würde, »um der verpestenden Krankheit des Luthertums entgegenzuwirken und die Irrenden zur wahren christlichen Kirche zurückzuführen«.
Die Macht des Kaisers war zu Beginn des Jahres 1530 stärker gefestigt als jemals seit 1521. Karl V. lud den Reichstag zum Frühjahr nach Augsburg ein. Da er selbst anwesend sein würde, zeichnete sich die bevorstehende Versammlung fast als ein Nationalkonzil ab, vor allem weil der Kaiser die Absicht hatte, »die kirchliche Zwietracht hinzulegen, vergangene Irrsal unserem Heiland zu ergeben und ferner eines jeden Gutdünken, Opinion und Meinung in Liebe und Gütigkeit zu hören und zu erwägen, zu *einer* christlichen Wahrheit zu bringen und zu vergleichen, und alles, was von beiden Teilen nicht recht ausgelegt oder gehandelt ist abzutun«, wie es in dem Ausschreiben Karls V. hieß. Kurfürst Johann von Sachsen wollte persönlich die evangelische Sache vor dem Kaiser vertreten. Er brach mit dem Gros der Wittenberger Weisen, mit Luther, Melanchthon, Jonas, Bugenhagen und vielen anderen Theologen Anfang April nach Augsburg auf. So zuversichtlich wie der Kurfürst gab sich auch Luther, weil »Gott solches dem Kaiser in den Sinn gegeben, daß er so handle«.
Unterwegs kamen dem Kurfürsten allerdings etliche Bedenken, daß es weder für die evangelische Sache noch für Luther selbst vorteilhaft sei, wenn der Geächtete persönlich in Augsburg erschien, zu Verhandlungen über Streitfragen, für die er allein vom Kaiser und den Katholischen verantwortlich gemacht wurde. Luther sollte auf der Veste Coburg bleiben und von dort, unter sicherer Bewachung, die Protestanten beraten; Augsburg war nur zwei Tagereisen weit entfernt.
Am 23. April wird Luther auf die Veste gebracht. Sechs Monate muß er dort bleiben, der Aufenthalt ähnelt aber nur entfernt dem Asyl auf der Wartburg. Die Enttäuschung darüber, daß er nicht in Augsburg anwesend sein kann, hält lange an, quält ihn aber nicht sehr. Über Krankheiten klagt er fast ohne Unterbrechung, später meint er, die Hälfte seiner Coburger Zeit hätte er durch Krankheiten verloren. Vieles von seinen körperlichen Unpäßlichkeiten ist aber selbstverschul-

det, denn auf der Veste Coburg wiederholt sich, was schon auf der Wartburg viel Kummer verursachte: Luther widmet sich besonders ausgiebig dem schweren Essen, und das bekommt ihm genausowenig wie der viele Wein. Schon im Mai muß er volle vier Tage im Bett bleiben, seine Kopfschmerzen sind unerträglich, er kann keinen einzigen Buchstaben lesen. Davon abgesehen ist er recht ausgeglichen, wiederholt in auffällig vergnüglicher Stimmung, er schreibt ganze Fluten von Briefen, arbeitet an der Psalmenauslegung weiter, erhält mehr als genug Besuch und beteiligt sich aus der Ferne am Reichstag. Schon kurz nach seinem Einzug auf der Veste schreibt er die »Vermahnung an die Geistlichen, versammelt auf dem Reichstag zu Augsburg«, eine Kampfschrift in bestem Lutherstil, in der er nochmals alle Differenzen zwischen den Katholiken und den Protestanten von Grund auf analysiert.

Er stellt in zwei Abteilungen die Einzelheiten des evangelischen Glaubens den Riten und Bräuchen der katholischen Kirche gegenüber. Danach beteuert Luther, es sei zwar wahr, »daß unter den aufgezählten Stücken etliche sind, die nicht zu verwerfen sind. Aber daß wir alten Narren in Bischofshüten und geistlichem Gepränge dahergehen und Ernst draus machen, ja nicht allein Ernst, sondern Artikel des Glaubens, daß es Sünde sein muß und die Gewissen martert, wer solch Kinderspiel nicht anbetet, das ist der Teufel selbst«. Die lange Liste der Differenzen zwischen den Glaubensparteien steht am Schluß der »Vermahnung«, Luther hat nur das notiert, was ihm gerade einfällt, er will also keine Systematik bieten. Die Eingangssätze sollen Luthers »Vermahnung« erklären: »Wiewohl mir, liebe Herren, nicht gebührt, auf diesem Reichstag persönlich zu erscheinen – und selbst wenn ich erscheinen müßte oder sollte, wäre es unnütz, weil mir an solcher Pracht und solchen Geschäften nichts liegt –, so habe ich mir doch vorgenommen, über meine geistliche Gegenwärtigkeit auch schriftlich und mit dieser meiner stummen und schwachen Botschaft unter Euch zu sein. Und das deshalb, weil mich mein Gewissen treibt, Euch allesamt freundlich und herzlich zu bitten, zu flehen und zu ermahnen, daß Ihr diesen Reichstag nicht versäumet und auch nicht vergeblich mißbraucht.«

Dann aber bestreitet er dem Reichstag jedes Recht, über Dinge des Glaubens zu verhandeln. Die Protestanten wüßten, wie sie »zu glauben und leben, zu lehren und tun, zu leiden und beten hätten, wie wir genesen und sterben, wo wir alles gewarten, holen und finden, wo wir endlich bleiben sollen«. Nach den in Abschnitten zergliederten »Stükken« der katholischen Lehre versichert Luther den römischen Geistlichen: »In Summa, wir und Ihr wissen, daß Ihr ohne Gottes Wort lebt, wir aber Gottes Wort haben. Darum ist unser höchstes Begehr und demütigste Bitte, Ihr wollet Gott die Ehre geben, Euch erkennen, büßen und bessern. Wo nicht, so nehmet mich hin: Lebe ich, so bin ich Eure Pestilenz. Sterbe ich, so bin ich Euer Tod. Denn Gott hat mich an Euch gehetzt, ich muß (wie Hosea sagt), Euch ein Bär und Löwe sein im Wege Assur. Ihr sollt doch vor meinem Namen keine Ruhe haben, bis daß Ihr Euch bessert oder zugrunde gehet.«

Der Ton Luthers ist in dieser Schrift bei aller Aggressivität weit ruhiger, auch unvergleichlich überlegener und herablassender als in ähnlichen Kampfschriften seiner früheren Zeit: »Gebt uns das Evangelium frei zu lehren und laßt uns dem armen Volk, das fromm zu sein begehrt, dienen. Verfolgt und wehret doch dem nicht, das Ihr nicht könnt und doch schuldig seid und andere für Euch tun wollen! – So wollen wir über das nichts von Euch begehren noch Sold von Euch nehmen, sondern, wo uns sonst Gott ernährt, gewarten, auf daß Ihr also beide, der Arbeit und Lohn, der Mühe und Kost überhoben seid. Nicht, daß wir so große Lust hätten, zu predigen: denn für mich zu reden, wollt ich keine liebere Botschaft hören denn die, so mich vom Predigtamt absetzt. Ich bin's wohl so müde der großen Undankbarkeit halben, die mir der Teufel und die Welt zumessen. Aber die armen Seelen wollen nicht; so ist auch ein Mann, der heißt Jesus Christus, der spricht Nein dazu, dem folge ich billig, da er wohl mehr um mich verdient hat. So wißt Ihr, gottlob, nun selbst alle, daß die lutherischen Prediger fromm sind und Euch keinen Schaden tun, sondern Euch nützlicher sind als alle Eure und des Papstes Gelehrten. Und frömmere Ketzer habt Ihr nie gehabt, Ihr werdet sie auch nicht frömmer kriegen: bittet Gott, daß sie Euch mögen bleiben!«

Der Schluß dieses »Augsburgischen Bekenntnisses« Luthers, wie die Schrift auch genannt wurde, bringt einen neuen Akzent in Luthers grundsätzliche Weigerung, Glaubensdifferenzen mit dem Schwert zu entscheiden. Luther warnt die Katholiken vor Machtentscheidungen: »Werdet Ihr aber mit Gewalt verfahren, steif und halsstarrig hindurch wollen (da Gott vor sei), so bezeuge ich hiermit samt allen, die mit mir glauben, vor Gott und aller Welt, daß es unsere Schuld nicht ist, wo Euch Euer Stolz fehlgehen lassen würde, so daß Ihr zu Trümmern gehet. Euer Blut sei auf Eurem Kopf. Wir sind und wollen an Eurem Blut und Verdammnis unschuldig sein, die wir Euch Eure Missetat genügend angezeigt, Euch treulich zur Buße vermahnet und herzlich gebeten, und uns zu allem, das zum Frieden dienet, aufs höchste erboten und nichts anderes gesucht noch begehrt haben als den einzigen Trost unserer Seelen, das freie reine Evangelium. So können wir mit gutem Gewissen rühmen, der Fehler sei nicht bei uns gewesen.«

Die »Vermahnung« machte in Augsburg erheblichen Eindruck, ihr Verkauf wurde verboten, aber die fünfhundert Exemplare der Auflage hatten längst ihre Interessenten gefunden. Den Reichstagsverhandlungen war sie nur bedingt förderlich. Die Katholiken erregten sich über den neuen Angriff, die Evangelischen befürchteten eine Verdüsterung der Atmosphäre. Vor allem Melanchthon war verschreckt, denn er fühlte sich in Augsburg ganz in seinem Element der Friedensmühe nach allen Seiten, der sanften Abklärungen, Vermittlungen und christlichen Rückzüge auf einen Durchschnitt, bei denen sich für ihn so spielerisch unmerklich die Grenzen zwischen Wesentlichem und Unwesentlichem verschoben.

Melanchthons egalisierende Friedfertigkeit treibt Luther oft genug gegen seinen Willen zum Jähzorn. Meistens bereut er sofort oder nimmt Melanchthons beharrliches Harmonisieren seufzend hin. Melanchthons große historische Rolle in der evangelischen Bewegung bestand darin, daß er der Überforderung durch Luthers Glauben, der viel zuviel von ihm verlangte, durch ein hochgelehrtes Vermittlertum Herr zu werden vermochte; und sein ungeheurer Erfolg und seine Wirkung beruhten auf der exemplarischen Natur dieser Bewältigung. Luther meinte von ihm: »Er ist zu lind und läßt sich einnehmen, denn er möchte gern aus Liebe allen dienen. So werden die Papisten aufgeblasen. Kämen sie mir so, ich wollte sie anders stöbern. Zu den Klötzen muß man eine grobe Axt nehmen. Philipp läßt sich fressen, ich aber fresse alles und verschone niemand.« Melanchthon konnte unglaublich zäh sein, allzu oft aber schmeckte sein Verhalten für Luthers Gefühl fatal nach Erasmus, von dem er – wie Luthers erster Biograph und einer der sorgfältigsten Chronisten seiner »Tischgespräche«, Johannes Mathesius, berichtet – genüßlich erzählte, daß »Herzog Georg zu Sachsen Erasmus in geistlichen Händeln schriftlich habe um Rat fragen lassen. Als aber der schlüpfrige Mann eine zweifelhafte und verdrehte Antwort gab, die weder kalt noch warm war, soll der weise Fürst gesagt haben: ›Lieber Erasmus, wasch mir den Pelz und mach mir ihn nicht naß! Ich lobe mir noch die von Wittenberg; die behalten doch kein Mehl im Maul, sondern sagen frei und redlich heraus, was ihre Meinung sei.‹«

So frei und redlich kann Melanchthon sich in schwerwiegenden Dingen nur selten verhalten, dazu ist er zu klug, zu diplomatisch, zu besorgt. Kurfürst Johann hatte schon vor Beginn der Reise nach Augsburg seine Theologen gebeten, vorsorglich ein Schriftstück auszuarbeiten, in dem sämtliche Punkte verzeichnet waren, bei denen die Protestanten anderer Meinung waren als die römische Kirche. Melanchthon führte dabei die Feder. Am 11. Mai hatte er diese »Apologie« in achtundzwanzig Hauptsätzen fertiggestellt. Der Kurfürst sandte sie umgehend zur Prüfung auf die Veste Coburg. Luther schickt sie schon nach zwei Tagen zurück: »Ich habe Magister Philippsens Apologia überlesen, die gefällt mir fast wohl, und ich weiß nichts dran zu bessern noch zu ändern. Es würde sich auch nicht schicken, weil ich so sanft und leise nicht treten kann.« Melanchthon verwechselt das nicht mit einem hohen Lob. Ob er gekränkt ist oder nicht, wissen wir nicht. Luther jedenfalls erhält jetzt volle drei Wochen keine Zeile mehr aus Augsburg, und während dieser drei Wochen wird von den Evangelischen ununterbrochen an der Schrift »gebessert und geändert«.

Wenn es nach Melanchthon ginge, müßte sich auf jeden Fall eine Einigung mit den Römern aushandeln lassen. Viele, sehr viele Katholiken und Kirchenfürsten sind derselben Meinung. Am 15. Juni trifft der Kaiser in Augsburg ein, sieben Tage später ist das letzte Wort an der evangelischen Bekenntnisschrift, an der »Konfession« der Protestanten redigiert. Am 19. Juni wird der Reichstag eröffnet. Die evangelischen Reichsstände sollen am 24. Juni eine Zusammenfassung ihrer Lehre schriftlich übergeben.

Doch die Reichsstände erkannten ihre Stunde. Sie beharrten unerbittlich darauf, ihr Bekenntnis öffentlich vorzutragen. Der Kaiser stimmte schließlich zu. Am 25. Juni traten die sächsischen Kanzler Gregor Brück und Christian Beyer im bischöflichen Schloß mit je einem lateinischen und einem deutschen Exemplar vor den Kaiser. Der Saal faßte etwa zweihundert Personen, im Hof hatten sich ebenfalls Hunderte versammelt, sie drängten sich auf der Treppe. Karl V. verlangte, den Text lateinisch zu verlesen. Kurfürst Johann machte ihn darauf aufmerksam, daß der Reichstag auf deutschem Boden stattfinde. Der Kaiser genehmigte daraufhin die Verlesung in deutscher Sprache.

Kanzler Christian Beyer trug zwei Stunden lang mit lauter Stimme die »Augsburgische Konfession« (*Confessio Augustana*) vor. Jeder, ob Katholik oder Protestant, begriff das Gewicht dieser Demonstration. Spalatin war tief ergriffen: »An diesem Tage ist eines der allergrößten Werke geschehen, die je auf Erden geschehen sind.« Auch wenn man von der Euphorie des Augenblicks absieht, bleibt viel übrig. Luther, der

die Verhandlungen in Augsburg als verlorene Liebesmüh eingeschätzt hatte, jubelt auf, als er von der Lesung hört: »Die Feinde haben mächtig geschafft, daß es der Kaiser nicht entgegennähme. Nun ist es aber doch auf sein Geheiß verlesen worden vor dem ganzen Reich, vor Fürsten und Ständen. Wie freue ich mich, daß ich diese Stunde erlebt habe, da Christus öffentlich verkündet wurde von solchen Männern in solcher Versammlung durch ein so herrliches Bekenntnis!« Im darauffolgenden Jahr stellt er fest: »Der Reichstag zu Augsburg ist mit keinem Geld zu bezahlen um des Bekenntnisses des Glaubens und Gottesworts willen, das von uns abgelegt worden ist. Denn da haben sie bekennen müssen, daß unsere Konfession recht und wahr sei.«
Auf Wunsch des Kaisers arbeiteten die katholischen Theologen eine Gegenschrift aus, die *Confutatio*. Sie wurde ebenfalls auf dem Reichstag verlesen, die Protestanten erhielten jedoch nicht den Text ausgehändigt, er wurde auch nicht gedruckt, sondern erst nach vierzig Jahren, 1573, veröffentlicht. Luther beurteilte mit wachsender zeitlicher Entfernung den Augsburger Reichstag zunehmend enthusiastischer: »Die Wirksamkeit und die Kraft des Wortes Gottes ist so groß, daß es desto mehr blüht und wächst, je mehr es verfolgt wird. Man betrachte den Reichstag von Augsburg, der wahrhaftig die letzte Posaune vor dem Jüngsten Gericht ist: Wie schäumte die ganze Welt gegen das Wort: Oh, wie mußten wir da bitten, daß Christus im Himmel vor den Papisten sicher blieb! Doch ging endlich unsere Lehre und unser Glaube durch unser Bekenntnis so ans Licht hervor, daß sie in kürzester Zeit sogar auf kaiserlichen Befehl allen Königen und Fürsten übersandt wurden. Dort an den Höfen waren viele ausgezeichnete, geistvolle Männer, die fingen diese Lehre auf wie Zunder, und später zündeten sie überall andere an. So ist unsre Konfession und Apologie mit höchster Ehre ans Licht getreten, aber die Konfutation jener verstaubt im Dunkeln. Oh, wie sehr wünschte ich, auch die Konfutation käme ans Licht! Wie wollten wir uns an den alten, zerrissenen Pelz machen und ihn so schütteln, daß die Lappen hin und her stieben sollten! Aber sie hassen das Licht und wollen nicht hervorkommen. Wir haben ihnen daselbst Frieden und Eintracht genug angeboten, aber sie wollten in ihrer Hoffart nicht zustimmen. Darum müssen sie ohne Erbarmen zugrunde gehen. Jener Reichstag ist deshalb allen Lobes wert. Was da verzehrt worden ist, soll niemand reuen, weil Gottes Wort unter die Leute kam gegen der Menschen, des Kaisers, des Papstes Meinung. Sie wollten's dämpfen, allein es ging auf und an.«

Der Kontrast zwischen Luthers Briefen und der Stimmung auf der Veste Coburg konnte kaum größer sein. Melanchthon sandte die Augsburgische Konfession am Tag nach ihrer Verlesung an Luther, »fast in steten Tränen«, denn er befürchtete, daß Luther wegen dieser »Leisetreterin« einen Wutanfall bekommen würde, war sich aber darüber im klaren, welch erhebliche Abstriche am Text noch vorgenommen werden müßten, wenn Aussicht bestehen sollte, sich mit den Katholiken zu einigen. Er bat Luther um Hinweise, welche Zugeständnisse noch möglich seien.

Luther hatte seinen Wutausbruch schon hinter sich. Als er nach der Rücksendung der »Apologie« nichts mehr aus Augsburg hörte, schrieb er drängende Briefe; ohne Erfolg. Nach zehn Tagen wird er scharf: »Ich habe im letzten Brief geschrieben, lieber Philipp, daß ich ärgerlich bin, weil Du den Boten ohne Nachricht zu mir hast zurückkehren lassen. Ich weiß nicht, was ich deswegen denken soll. Bist Du so nachlässig oder bist Du böse? Du weißt, daß ich mich hier in der Wüste, gleichsam in einem dürstenden Lande, nach Deinen Briefen sehne, aus denen ich alles erfahren will, was bei Euch vorgeht.« Schließlich erreicht das Schweigen jene Phase, in der es beginnt, in den Ohren zu dröhnen. Da bricht Luther aus: »Ich sehe, daß Ihr Euch verschworen habt, mich durch Schweigen zu martern. Damit ich aber nicht ohne Rache zergehe, erkläre ich hiermit, daß ich mit Euch um die Wette schweigen werde.«

Melanchthon bestürmt ihn jetzt mit Briefen, mit Sonderboten, schließlich gibt Luther nach. Doch das Problem, das Melanchthon wegen der Augsburgischen Konfession Sorgen macht, läßt ihn den Kopf schütteln: »Ich wundere mich, was Du wohl willst. Du fragst, was und wieviel man den Papisten noch einräumen solle. Würde es sich darum handeln, daß dem Fürsten Gefahr droht, so könnte man berechtigt fragen, wieweit man ihm zu Liebe nachgeben soll. Für meine Person ist schon viel zuviel nachgegeben worden. Wenn sie das in dieser Form zurückweisen, dann sehe ich nichts, worin ich noch weiter nachgeben könnte, es sei denn, ich sähe ihre Gründe oder klarere Schriftstellen, als ich sie bisher gesehen habe. Ich beschäftige mich Tag und Nacht mit dieser Sache; ich bedenke sie, erwäge sie, erörtere sie und durchsuche die ganze Schrift, und es wächst in mir ständig die völlige Glaubensgewißheit in dieser unserer Lehre, und ich werde mehr und mehr darin bestärkt, daß ich mir (so Gott will) nun nichts mehr werde nehmen lassen, es gehe darüber, wie es wolle.

An Deinem Brief mißfällt mir, daß Du schreibst, Ihr seiet in dieser

Sache meiner Autorität gefolgt. Ich will für Euch in dieser Sache nicht der Urheber sein oder so genannt werden; obwohl dies recht gedeutet werden könnte, will ich doch nicht einmal dies Wort. Wenn es nicht zugleich und in gleicher Weise Eure Sache ist, dann will ich nicht, daß gesagt werde, sie sei mein und Euch auferlegt. Ich würde sie selbst führen, wenn es allein meine Sache wäre.«
Jetzt bricht wieder das Mißtrauen durch, das ihn so bedrückt, gerade weil er Melanchthons Gelehrsamkeit so grenzenlos bewundert, weil er seinen Philippus über alles liebt: »Du zerquälst Dich, weil Du Ausgang und Ende der Sache nicht mit Händen greifen kannst. Aber wenn Du's begreifen könntest, so wollte ich mit der Sache überhaupt nichts zu tun haben, noch weniger ihr Führer sein. Gott hat sie auf einen Gemeinplatz gestellt, der in Deiner Redekunst und Weisheit gar nicht vorkommt, der heißt: Glaube. Darauf sind alle die Dinge, die man nicht sieht noch greift, gestellt. Wenn einer versucht, diese unsichtbaren Dinge sichtbar und greifbar zu machen, wie Du es tust, der empfängt Sorgen und Tränen als der Mühe Lohn. So geht es Dir. All unser Zureden hilft ja nichts bei Dir.«

Katholiken und Protestanten kommen sich nach der Abfassung der *Confutatio* keinen Schritt näher, obgleich Melanchthon so schnell nicht aufgibt. Da schreibt Luther an Spalatin: »Ich höre, allerdings nicht gern, von Eurem wunderlichen Unterfangen, den Papst und Luther zu vereinigen. Aber der Papst will nicht, und der Luther verbittet sich's. Seht zu, daß Eure Mühe nicht ein hübsches Spiel sei. Wenn Ihr nun gegen den Willen beider die Sache doch zustande bringt, dann will ich sofort Eurem Beispiel folgen und Christus mit Belial versöhnen. – Soll es sein, daß Ihr das Evangelium wieder in den Sack tut, dann – zweifelt nicht! – kommt Luther und wird diesen Adler prachtvoll in Freiheit setzen.« Er drängt die Freunde in Augsburg, satteln zu lassen und abzureisen: »Brecht die Verhandlungen ab und kehrt zurück! Wird ein Krieg draus, so werde er draus, wir haben genug gebetet und getan!«
In dem scharfen Reichstagsabschied wird ohne Begründung festgestellt, das evangelische Bekenntnis sei widerlegt. Damit ist die Berechtigung des Wormser Edikts erneut und endgültig fixiert, was in der Praxis auf eine Kriegserklärung gegen die Protestanten hinausläuft. Die evangelischen Reichsstände erhalten eine Frist bis zum 15. April 1531. Daraufhin weigern sie sich, dem Abschied zuzustimmen. So endet diese große, bedeutungsschwere Versammlung. Landgraf Philipp von Hessen hat

schon am 6. August, Wochen vor dem offiziellen Schlußtag, Augsburg verlassen; er hat sich von niemandem verabschiedet. Luther hält schon längst nichts mehr von weiteren Gesprächen. Bereits Mitte Juli prophezeit und drängt er: »Hofft ja nicht auf Eintracht oder eine Erlaubnis. Auch ich habe Gott niemals darum gebeten, da ich weiß, daß es unmöglich ist, sondern nur, daß sie Euch lehren ließen und Frieden gewährten, daß sie selbst in ihrer Gottlosigkeit blieben, und wenn sie uns helfen wollten, es so täten, wie sie könnten. Wenn der Kaiser ein Edikt erlassen will, so mag er es immerhin tun; er hat auch zu Worms eins erlassen. Den Kaiser als Kaiser werden wir hören, nichts weiter, nichts darüber hinaus. Was geht uns dieser verkappte Kaiser, dieser Bauer [Herzog Georg] an? Hier wird derjenige Rat schaffen, welcher unserem Bekenntnis die Tür des Kaisers und der Könige geöffnet hat. Und wenn der Kaiser mit Gewalt und Waffen drängt, was ich nicht hoffe, so wird er wiederum Rat schaffen. Dem wahren Kaiser werden wir weichen, aber wenn der verkappte Kaiser etwas unternehmen will, so ist das etwas anderes. Daher verschafft Euch vom Kaiser Urlaub und laßt dort die Räte des Fürsten zurück. Die können bei den übrigen Dingen mitarbeiten. Unsere Sache ist erledigt, und Ihr werdet darüber hinaus nichts Besseres oder Glücklicheres ausrichten. Heim, heim!«
Luther muß noch mehr als zwei Monate warten, bis es auch bei ihm heimgeht. Am 23. September schließen sich in Augsburg unwiderruflich die Türen. Kurfürst Johann von Sachsen verabschiedet sich vom Kaiser. Er hat Tränen in den Augen.

16 Propheta Germaniae

Nach der Abreise der Protestanten blieben nur noch die katholischen Reichsstände in Augsburg. Sie billigten den Reichsabschied vom 19. November und nahmen ihn an. Die reichsrechtliche Lage der Protestanten war jetzt so prekär wie noch nie, denn der Reichsabschied drohte jedem, der sich nicht fügte, Reichsacht und Strafmandate des Kammergerichts an, denn er galt als Landfriedensbrecher und Reichsrebell.
Der Kaiser war zu diesem Reichstag mit einer ausnehmend großen Verständigungsbereitschaft gekommen. Er wollte ohne Winkelzüge

sämtliche Hindernisse beiseite räumen, die es nicht zuließen, »alle in einer Gemeinschaft, Kirche und Einigkeit leben« zu lassen. Auch die Evangelischen waren mit dieser Erwartung und Zuversicht gekommen, selbst Luther. Deshalb traf ihn die Feststellung des Reichsabschieds, das evangelische Bekenntnis sei in Augsburg widerlegt worden, besonders empfindlich, vor allem, weil auch noch ausdrücklich behauptet wurde, die römische Kirche sei durchaus an Reformen interessiert, Luther aber sei zu diesem Geschäft nicht berufen. In einer »Glosse auf das vermeinte kaiserliche Edikt« rechtfertigt er sich noch einmal mit dem Hinweis auf die objektiven Bedingungen seines Lehrens: »Ich, Doktor Martinus, bin dazu berufen und gezwungen, daß ich mußte Doktor werden ohne meinen Dank, aus lauter Gehorsam. Da hab ich das Doktoramt müssen annehmen und meiner allerliebsten Heiligen Schrift schwören und geloben, sie treulich und lauter zu predigen und lehren. Über solchem Lehren ist mir das Papsttum in Weg gefallen und hat mir's wollen wehren; darüber ist's ihm auch gegangen wie vor Augen und soll ihm noch immer ärger gehen und sollen sich meiner nicht erwehren. Ich will in Gottes Namen und Beruf auf den Löwen und die Ottern gehen und den jungen Löwen und Drachen mit Füßen treten, und das soll bei meinem Leben angefangen und nach meinem Tod ausgerichtet sein. Sankt Johannes Hus hat von mir geweissagt, als er aus dem Gefängnis ins Böhmerland schrieb: Sie werden jetzt eine Gans braten (denn Hus heißt Gans), aber nach hundert Jahren werden sie einen Schwan singen hören, den sollen sie leiden. Dabei soll's auch bleiben, so Gott will!«

Katholiken und Protestanten verkannten in Augsburg allerdings das Ausmaß der politischen Dimensionen des Konfessionshaders. Nur der Landgraf von Hessen irrte sich nicht. Für ihn waren die Jahre, in denen man versuchen konnte, sich über die »disputierlichen Sachen« zu verständigen, endgültig vorbei. Er hatte früher als seine Freunde dieses Ende als unausweichlich erkannt. An Kompromißwillen hatte es gerade bei ihm keinesfalls gemangelt, da er in den Glaubensdingen etwas unverbindlicher dachte; seine Perspektiven waren jedoch nicht dieselben wie jene Melanchthons. Bis zu diesem Reichstag hatte sich Melanchthon so verhalten, daß er seiner späteren inoffiziellen Titulatur »Diplomat der deutschen Reformation« vollauf gerecht wurde. Seit dem Augsburger Reichstag jedoch rechnete er sich ebenfalls, wenn auch zutiefst bekümmert, zu denjenigen, welche keine anderen Möglichkeiten mehr sahen, als daß um die theologischen Fragen nur noch mit Geschütz und Schwert gerungen werden konnte.

Warnung an die lieben Deutschen

Hatte aber nicht Luther in den letzten Jahren bis zum Überdruß immer wieder von neuem behauptet, Gewalt gegen die weltliche Obrigkeit, gleichgültig ob es sich um eine christliche oder um eine moralisch verworfene Obrigkeit handle, sei Sünde, sei von der Heiligen Schrift und damit von Gott untersagt? Gab es etwas Unmißverständlicheres als seine Unterscheidung der zwei Reiche? Da standen sich gegenüber das Reich Gottes, welches »ein Reich der Gnade und Barmherzigkeit« ist, und das weltliche Reich, das ein Reich »des Zornes und Ernstes« ist, »um die Bösen zu zwingen und die Guten zu schützen«. Wer gegen diese Trennung verstößt, wer die beiden Reiche ineinandermengt, der versetzt nach Luther »den Teufel in den Himmel und Gott in die Hölle«.

Luther hatte nun aber auch Zug um Zug die Rechte der weltlichen Herrscher auf dem geistlichen Gebiet ausgedehnt, er hatte ihre Gewalt gegen religiös Andersdenkende legitimiert und gestärkt. Solche Möglichkeiten waren von ihm schon im Sendbrief an den »Christlichen Adel deutscher Nation« umrissen worden. Durch seine Auslegung des Evangeliums ist »weltlich Herrschaft ein Mitglied worden des geistlichen Körpers. Und wiewohl sie ein leiblich Werk hat, ist sie doch geistlich's Stands. Darumb ihr Werk soll frei, ungehindert gehen, strafen und treiben, unangesehen Papst, Bischof, Priester ..., sie dräuen und bannen, wie sie wollen«.

Der Landgraf von Hessen, der »Erzlutheraner«, hat die Schriften Luthers aufmerksam studiert, und er braucht sich nicht vorwerfen zu lassen, daß er sie jetzt gewaltsam zugunsten seiner politischen und militärischen Absichten auslegt, zu denen er gedrängt wird. Der Reichstag von Augsburg hat wenigstens etwas hervorgebracht, dessen Gewicht noch kaum abzuschätzen ist: das »Jahrhundertdokument« der *Confessio Augustana*. Sie hat den lutherischen Fürsten die feste Glaubensgrundlage auch für den Fall geliefert, daß sie mit dem Schwert angegriffen würden und sich mit dem Schwert verteidigen mußten. Vielmehr: Wollten sie sich verteidigen, mußten sie sich verteidigen, durften sie sich verteidigen?

Luther zergrübelte sich seit dem Scheitern der Einigung und nach dem »rauhen Abschied« des Augsburger Reichstages über diesen Fragen. Den protestantischen Fürsten fiel es leichter, die Folgerungen zu durchdenken. Der Reichsabschied war eine Kampfansage. Dagegen mußten sie sich zu Maßnahmen entschließen. Die *Confessio Augu-*

stana wurde zur Grundlage eines Verteidigungspaktes, über den die evangelischen Fürsten seit Ende 1530 berieten.

Die stärksten Aktivitäten entwickelte der Landgraf von Hessen. Ihm kam es in der damaligen Situation darauf an, daß sämtliche protestantischen Herren und Städte ohne Rücksicht auf bestimmte Glaubensdifferenzen zwischen Lutheranern und Zwinglianern zusammengeschlossen wurden. Nur in einer solchen Einigkeit bestand Aussicht, gegenüber dem Kaiser, den altgläubigen Fürsten und dem Schwäbischen Bund zu bestehen, ja zu verhindern, daß überhaupt nur der Versuch eines militärischen Angriffs etwa auf eine vereinzelte evangelische Stadt unternommen wurde.

Philipp von Hessen hatte sich umgehend an den sächsischen Kurfürsten Johann gewandt. Dessen Zustimmung hing weitestgehend von der Meinung Luthers ab. Beide Fürsten beauftragten ihre Juristen und Theologen, ein Gutachten über die Zulässigkeit oder Unzulässigkeit eines bewaffneten Widerstandes gegen den Kaiser auszuarbeiten. An Luther aber schrieb Philipp von Hessen schon am 16. Oktober 1530 einen langen Brief: Etliche seien der Meinung, daß sich die Protestanten, wenn der Kaiser mit seinem Anhang sie wegen des Evangeliums strafen und des Teufels Lehre wieder aufrichten wolle, dagegen nicht zur Wehr setzen dürften. Der Landgraf erinnert Luther daran, daß er vor wenigen Jahren bei einem ähnlichen Fall ausdrücklich eine Verteidigung als zulässig erklärt hätte. Er zählt fünf Hauptgründe auf, die einen Widerstand gegen den Kaiser rechtfertigten; darunter ist auch das Argument, daß die Fürsten nicht nur dem Kaiser, sondern auch dem Reich geschworen hätten, und der Kaiser habe ebensowohl den Fürsten geschworen. Wenn er diesen Eid nicht halte, könne er nicht mehr als ein rechter Kaiser angesehen werden, sondern sei ein Friedensbrecher: »Dies wollt ich Euch also nach meiner Einfalt angezeigt haben, wollt der Sache auch nach Eurer Vernunft, da Ihr von Gott höchlich begabt, weiter nachdenken und bitte Euren Rat und Bedenken.«

Hatte Luther seine Antwort nicht schon längst bereit? An Justus Jonas schrieb er am 20. September nach Augsburg – zwei Tage vor der ersten Verlesung des Reichsabschieds, dessen Inhalt die evangelischen Fürsten dazu trieb, am 23. September den Reichstag zu verlassen – in höchster Erregung wegen der Forderungen der Katholiken: »Ich berste vor Zorn und Entrüstung. Ich bitte, daß Ihr die Verhandlung abbrecht und aufhört, zu verhandeln, und zurückkehrt. Wird ein Krieg draus, so werde er draus; wir haben genug gebeten und getan.« Krieg: Das konnte auch für Luther nichts anderes heißen als ein Waffengang zwischen Gegnern, bei denen beide kämpften, und dies mußte für die Evangelischen heißen, sich der Obrigkeit des Kaisers zu widersetzen, ihr keinen Gehorsam zu leisten, ihr nicht untertan bleiben. Dasselbe spricht Luther in einem Brief vom 7. November aus, schon recht offen: »Die Unseren sind von Augsburg unverrichteter Sache davongegangen in Erwartung strenger und schrecklicher Maßnahmen, so daß die Gefahr eines großen Aufruhrs besteht, wenn Gott es nicht anders vorhat. Dies ist das Wichtigste vom Reichstag.«

Den evangelischen Fürsten und Städten, die am 27. Februar 1531 den »Schmalkaldischen Bund« geschlossen hatten, galt als Casus belli ein Angriff katholischer Fürsten, selbst wenn er im Auftrag des Kaisers oder zwecks Vollstreckung der Reichsacht unternommen wurde. Die Mitglieder verpflichteten sich in diesem Fall sofort zur Kriegshilfe. Im Grunde handelte es sich um etwas Selbstverständliches. Der Reichsabschied war in Augsburg von einer so großen Mehrheit der Stände unterzeichnet worden, daß die Hoffnung der Altgläubigen, der Kaiser würde jetzt mit Heeresmacht die Ketzerei rasch und ohne Schwierigkeiten vertilgen, berechtigt war. Von dieser Überlegung her konnten die Schmalkaldener leicht den reinen Schutzcharakter des Bundes hervorheben. Allerdings war die Tatsache der Bundesschließung selbst ganz eindeutig eine politisch-militärische Provokation. Das Bündnis richtete sich gegen den Kaiser. Insofern aber richtete es sich auch gegen die habsburgische Hausmacht, und dies wiederum trug den Bundesgliedern erhebliches Wohlwollen solcher Herrscher ein, deren Hauptsorgen sich nicht aus Glaubensfragen, sondern aus dem Wachsen der habsburgischen Hausmacht ergaben, allen voran der Herzog von Bayern.

Zu kaum einer anderen Zeit stand innerhalb des Reiches der Interessengesichtspunkt so unübersehbar im Vordergrund der Bühne wie im Zeitalter Luthers, in der ersten Hälfte des 16. Jahrhunderts. Interessen sind zumeist gegenläufig. Bayern war gegenüber der evangelischen Lehre eine wahre Bastion, gewissermaßen der römischen Kirche liebstes Kind. Doch wenn es um das Stutzen der habsburgischen Hausmacht ging, konnten sich die Ketzerfürsten der Schmalkaldener der rückhaltlosen Unterstützung Bayerns sicher sein. Der dritte Pluspunkt für die protestantischen Herrscher ergab sich aus der Verweigerung der Türkenhilfe in Augsburg 1530. Solange sie die Reichsstände nicht bewilligten, hatte der Kaiser weder freie Hand nach innen, das hieß: zur Durchführung des Reichsabschieds, noch freie Hand nach außen.

Wiederum schlug die politische Großlage für die Protestanten vorteilhaft zu Buche.
In Wittenberg und in Marburg kamen die Kommissionen der Juristen und Theologen zu denselben Ergebnissen: Der Kaiser besitze keine Vollmacht, das Wort Gottes zu unterdrücken. Außerdem sei die Regelung der Glaubensdifferenzen einem künftigen Konzil vorbehalten worden. Luther erklärte mit seinen Theologen, er hätte stets gelehrt, daß man weltliche Rechte achten müsse und halten solle. Wenn deshalb die Juristen als kompetente Kenner der weltlichen Rechte erklären würden, daß es nach weltlichem Recht erlaubt sei, sich gegen unrechte Gewalt zu wehren, also zur Notwehr zu greifen, dann könne er, Luther, eine solche Erklärung mit den Worten der Heiligen Schrift nicht anfechten.
Der Scharfsinn, mit dem auch Luther in diesem Fall dasjenige beweist, was bewiesen werden sollte, ist beachtlich. Mit den Juristen befand sich Luther zeitlebens in einer Dauerfehde. Die Beweisführung seines Gutachtens für Johann von Sachsen, die den Militärbund der Protestanten theologisch absichern sollte, zeigt, daß Luther deshalb immer so mißtrauisch gegenüber juristischen Winkelzügen der Deutung war, weil sie ihm selbst nicht fernlagen. In einem Brief an Wenzeslaus Link vom 15. Januar 1531 wird der Widerspruch zwischen Gottes Wort und Juristenvotum noch deutlicher, ebenso die Unbefangenheit, mit der Luther glaubt, sich aus der Schlinge ziehen zu können: »Du fragtest kürzlich an, ob es wahr ist, daß wir den Rat gegeben hätten, man solle dem Kaiser Widerstand leisten (wie Du zu verstehen gibst, daß an Euch geschrieben sei). Wir haben dies tatsächlich in keiner Weise geraten. Aber da gab es einige, die sagten öffentlich, daß man hierbei die Theologen nicht fragen dürfe oder sich um sie kümmern müsse, sondern die Juristen, welche bestimmten, das zu erlauben. Da habe ich für mein Teil gesagt: Ich rate nicht als Theologe; aber wenn die Juristen nach ihren Gesetzesparagraphen lehren können, daß das erlaubt ist, so würde ich nichts dagegen haben, daß sie ihre Gesetze anwenden. Sie mögen selbst zusehen. Denn wenn der Kaiser in seinen Gesetzen verordnet hat, daß es in diesem Fall erlaubt ist, ihm Widerstand zu leisten, so muß er sich das Gesetz auch gefallen lassen, welches er selbst gegeben hat. Nur will ich nicht über dieses Gesetz raten oder urteilen, sondern will bei meiner Theologie bleiben. Das habe ich freilich gern anerkannt, daß ein Fürst als Fürst eine weltliche Person ist und als solcher nicht als Christ handelt, der weder ein Fürst ist noch ein Mann, noch irgend etwas, was es in der Welt an Personen gibt.

Wenn es daher einem Fürsten als Fürsten freisteht, dem Kaiser Widerstand zu leisten, so soll das ihrem Urteil und Gewissen überlassen sein.«

Das Resümee seiner Überlegungen, die Luther im Oktober 1530 zu dieser für die Sache des Evangeliums und des Verhaltens der protestantischen Fürsten so außerordentlich wichtigen Frage anstellt, zieht Luther in seiner Schrift »Warnung an seine lieben Deutschen«, die im April 1531 gedruckt wird. Der Text hat programmatischen Rang. Luther legt hier zum letztenmal vor seinem Tod ein politisches Manifest vor, das für die Orientierung der evangelischen Christgläubigen von größter Bedeutung wird. Die Unterschiede gegenüber Luthers früheren Stellungnahmen zur weltlichen Obrigkeit können nicht ernst genug genommen werden. In der »Warnung« zeigt sich noch einmal der Luther des Revolutionsfrühlings zwischen 1516 und 1521. Wie wenig sich dieser Luther in ein unsichtbares Kämmerchen der kurfürstlichen Schlösser verzogen hat, ist zu spüren, wenn er Johann von Sachsen auf seine immer wieder neu gestellten, besorgten Fragen, ob man denn seinen Glauben mit den Waffen verteidigen dürfe, kühl antwortet: Gegen den Kaiser darf auch ein evangelischer Fürst nichts unternehmen, er muß seine Sache Gott überlassen. Luther ergänzt das durch einen Konditionalsatz, der typisch für ihn ist: »Wenn es tatsächlich recht wäre, sich wider den Kaiser zu setzen, so müßten wir fortfahren und den Kaiser verjagen und selbst Kaiser werden!«

Und um diese Frage, ob es »tatsächlich recht wäre, sich wider den Kaiser zu setzen«, geht es in Luthers »Warnung an seine lieben Deutschen«. Das Ergebnis scheint ein Bruch mit wesentlichen Prinzipien zu sein, es setzt peinliche Fragezeichen hinter Luthers Lehre von den zwei Reichen, es wirft seine Lehre von der durch Gott eingesetzten Obrigkeit über Bord. Vor allem: Luther hat sich selbst von Anfang an als Wortführer Deutschlands nicht nur im Bereich des christlichen Glaubens, sondern auch in demjenigen des christlichen Lebens angesehen. Schon in dieser und durch diese Entscheidung für öffentliches Wirken hat er die theoretisch so scharfe Trennung der beiden Reiche erheblich relativiert. In seiner »Warnung an seine lieben Deutschen« hebt er sie dann vollends auf. Luther spricht es schonungslos aus: Einer Obrigkeit, welche die Wahrheit des Evangeliums auszurotten versucht, darf ein Christ keine Gefolgschaft leisten, ja noch mehr: Er hat sich zu wehren; deshalb aber ist er kein Aufrührer. Die Grenzen des Gehorsams gegen die weltliche Obrigkeit werden vom Gehorsam gegen Gott gezogen. Damit hat Luther, so ist er überzeugt, alles Nötige zum

Widerstandsrecht gesagt. Nicht gesagt hat er jedoch, wie sich jeweils feststellen läßt, was »Gehorsam gegen Gott« ist und was nicht. Befanden sich möglicherweise die rebellierenden Bauern in einem »besseren« Gehorsam gegen Gott als die Fürsten?
Der Extrakt von Luthers »Warnung« ist eine Rechtfertigung der Protestanten, gegen jeden, der sie wegen der evangelischen Lehre angreift, die Waffen zu ziehen und Krieg zu führen. Luther muß für diesen Zweck seinen früheren Begriff der Obrigkeit aufgeben. Ein Fürst, der sich gegen die evangelischen Christen wendet, kämpft gegen Gott selbst, kann also nur ein Produkt des Satans oder muß ihm gänzlich verfallen sein. Seit wann aber wären die Menschen verpflichtet, statt Gott dem Teufel zu gehorchen? Jeder Christ ist vielmehr verpflichtet, den Teufel zu bekämpfen.
Die Lage nach dem Augsburger Reichsabschied 1530 ist nun so: »Wenn's nun aufs allerärgste gerät, so muß eins von beiden geschehen: ein Krieg oder ein Aufruhr, vielleicht alle beide zugleich. Wenn's nun zum Kriege oder zum Aufruhr gerät (falls Gottes gerechter Zorn wirklich fortgehen sollte, wie ich besorgen muß), so will ich hier mit dieser Schrift vor Gott und aller Welt bezeuget haben, daß wir, die wir die Lutherischen gescholten werden, keinen Rat noch Einwilligung, ja noch keine Ursache dazu gegeben, sondern allewege und ohne Aufhören um Frieden gebetet und gerufen haben.
Wenn nun unser Gewissen in solchem Fall unschuldig, rein und sicher ist, und der Katholiken Gewissen schuldig, unrein und besorgt sein muß: so laß es fröhlich hergehen und aufs ärgste geraten, es sei Krieg oder Aufruhr, wie dasselbe Gottes Zorn verhängen will. Wird ein Aufruhr draus, so kann mein Gott und Herr Jesus Christus mich und die Meinen wohl erretten, wie er den lieben Lot zu Sodom errettet, wie er mich selbst auch errettet hat in dem letzten Aufruhr, da ich in aller Gefahr Leibes und Lebens mehr als einmal schweben mußte, und ich damit doch solchen Dank bei den verzweifelten Buben verdienet habe, ich meine die Katholiken. Will er mich nicht erretten, so sei ihm Lob und Dank gesagt. Ich habe lange genug gelebt, den Tod wohl verdienet und meinen Herrn Christus am Papsttum zu rächen redlich angefangen; nach meinem Tod sollen sie den Luther zuallererst recht fühlen. Jedoch auch jetzt, wo ich in solchem päpstlichen und pfäffischen Aufruhr ermordet werde, da will ich einen Haufen Bischöfe, Pfaffen und Mönche mit mir nehmen, daß man sagen soll: Doktor Martinus sei mit einer großen Prozession zu Grabe gebracht worden, denn er ist ein großer Doktor, über alle Bischöfe, Pfaffen und Mönche. Deshalb sollen

sie auch mit ihm zum Grabe gehen, auf dem Rücken liegend [auf der Bahre], daß man davon singen und sagen soll. Und wollen so zu guter Letzt ein Wallfährtlein miteinander tun: sie, die Katholiken, in den Abgrund der Hölle, zu ihrem Lügen- und Mordgott (Joh. 8,44), dem sie mit Lügen und Morden gedienet, ich zu meinem Herrn und Heiland Jesus Christus, dem ich in Wahrheit und Frieden gedienet habe.

Denn es ist leicht zu ermessen: Wer den Doktor Luther im Aufruhr tötet, daß der nicht viel der Pfaffen schonen wird. So gehen wir miteinander dahin, sie in aller Teufel Namen in die Hölle, ich in Gottes Namen zum Himmel. Es kann mir doch niemand Schaden tun, das weiß ich, so wenig wie ich begehre, jemand Schaden zu tun. Aber so böse sollen sie es nicht machen, ich will's noch ärger mit ihnen machen. Und so harte Köpfe sollen sie nicht haben, ich will einen noch härteren Kopf haben. Wenn sie gleich nicht allein diesen Kaiser Karl V., sondern auch den türkischen Kaiser für sich hätten, sollen sie mich nicht verzagt noch erschrocken machen, sondern ich will sie verzagt und erschrocken machen. Sie sollen mir hinfort weichen, ich will ihnen nicht weichen. Ich will bleiben, sie sollen untergehen.

Weiter: Wo es zum Kriege kommt, da Gott vor sei, so will ich das Teil, das sich wider diese mörderischen und blutgierigen Katholiken zur Wehr setzt, nicht aufrührerisch gescholten haben noch schelten lassen, sondern will's gehen und geschehen lassen, daß sie es Notwehr nennen, und will sie dafür aufs weltliche Recht und an die Juristen weisen. Denn in solchem Fall, wenn die Mörder und Bluthunde ja Krieg führen und morden wollen, so ist's auch in Wahrheit kein Aufruhr, sich gegen sie zu erheben und zu wehren. Nicht, daß ich hiermit jemand zu solcher Gegenwehr aufreizen noch erwecken, noch sie rechtfertigen wolle. Denn das ist meines Amtes nicht, viel weniger auch meinem Richten oder Urteil unterworfen. Ein Christ weiß wohl, was er tun soll, daß er Gott gebe, was Gottes ist, und dem Kaiser auch, was des Kaisers ist (Matth. 22,21), aber doch nicht den Bluthunden, was nicht ihrer ist. Sondern, auf daß ich einen Unterschied zwischen dem Aufruhr und andern Taten angebe und den Bluthunden den Vorwand nicht lassen will, daß sie sich rühmen sollten, als führten sie wider aufrührerische Leute Krieg und hätten dazu nach weltlichem und göttlichem Rechte gutes Recht, wie sich das Kätzlein gern putzen und schmücken möchte. Desgleichen will ich der Leute Gewissen nicht beschweret lassen mit der Gefahr und Sorge, als sei ihre Gegenwehr aufrührerisch. Denn solcher Name ist in solchem Fall zu böse und zu schwer. Es soll einen andern Namen haben, den werden die Juristen wohl finden.

Aber weil ich der Deutschen Prophet bin (denn solchen hoffärtigen Namen muß ich mir hinfort selbst zumessen, meinen Katholiken und Eseln zu Freude und Gefallen), so will mir, als einem treuen Lehrer, gleichwohl gebühren, meine lieben Deutschen vor ihrem Schaden und vor Gefahr zu warnen und ihnen einen christlichen Unterricht zu geben, wie sie sich verhalten sollen, wo der Kaiser durch seine Teufel, die Katholiken, verhetzt (ein Heer) aufbieten würde, wider die Fürsten und Städte auf unserer Seite Krieg zu führen.

Welcher Deutsche nun meinem treuen Rat folgen will, der folge. Wer nicht will, der lasse es. Ich suche hiermit nicht das Meine, sondern euer, der Deutschen Heil und Seligkeit. Mir könnte für meine Person nicht besser geschehen, als daß mich die Katholiken fräßen, zerrissen, zerbissen, oder wie sie mir sonst aus dem sündlichen, sterblichen Madensack hülfen. Ich sage doch (zu ihnen), wenn sie aufs höchste zürnen: Liebe Herren, zürnet ihr, so gehet nicht an die Wand; macht in die Hosen und hänget's euch an den Hals. Kurzum: ich will mich von ihnen nicht anfechten lassen. Denn ich weiß, wo meine Sache stehet und wo ich bleiben soll, Gott sei gelobt. Wollen sie meinen Dienst nicht zu ihrem Besten annehmen, so danke es ihnen der leidige Teufel, wo sie mir ein Tröpflein Liebe oder Gnade erzeigen. Bedürfen sie meiner Lehre nicht, so bedarf ich ihrer Gnade viel weniger. Lasse sie zürnen und toben in aller Teufel Namen, so lache ich in Gottes Namen.

Das ist aber mein treuer Rat, daß, wo der Kaiser (ein Heer) aufbieten würde und wider uns um des Papstes Sachen oder unserer Lehre willen Krieg führen wollte, wie die Katholiken jetzt greulich rühmen und trotzen (ich es aber vom Kaiser noch nicht erwarte): daß in solchem Fall kein Mensch sich dazu gebrauchen lasse noch dem Kaiser gehorsam sei, sondern sei gewiß, daß ihm von Gott streng verboten ist, in solchem Fall dem Kaiser zu gehorchen. Und wer ihm gehorchet, der wisse, wie er Gott ungehorsam sei und seinen Leib und Seele ewiglich durch die Beteiligung am Kriege verlieren wird. Denn der Kaiser handelt alsdann nicht allein wider Gott und göttliches Recht, sondern auch wider sein eigenes kaiserliches Recht, Eide, Pflichten, Siegel und Urkunden.

Wo der Teufel die Katholiken so ganz besessen hat, daß sie nicht Frieden haben noch leiden wollen noch können und schlechterdings Krieg führen oder Ursache dazu geben wollen, soll das auf ihrem Gewissen liegen; ich muß es geschehen lassen, weil mein Wehren nicht gelten noch helfen will. Die Ursache, weswegen du in solchem Fall dem Kaiser nicht gehorsam sein und Krieg führen sollst, ist diese: daß du (so wohl, wie der Kaiser selbst auch) in der Taufe geschworen hast, das

Evangelium Christi zu halten und nicht zu verfolgen noch dagegen zu streiten. Nun weißt du ja, daß der Kaiser in diesem Falle durch den Papst gehetzt und betrogen wird, wider das Evangelium Christi zu streiten, weil unsere Lehre zu Augsburg öffentlich erfunden ist, daß sie das rechte Evangelium und die Heilige Schrift sei. Und du sollst so zum Aufgebot des Kaisers oder deines Fürsten sagen: Ja, lieber Kaiser, lieber Fürst, wenn du deinen Eid und Pflicht, in der Taufe getan, hieltest, so sollst du mein lieber Herr sein und ich will dir gehorsam sein, Krieg zu führen, wann du willst. Willst du aber deine Taufpflicht und den christlichen Bund, den du mit Christus gemacht hast, nicht halten, sondern verfolgen, so sei dir ein Schalk an meiner Statt gehorsam. – Ist dir nun zu raten, so hast du hierin Warnung genug, daß du dem Kaiser und deinem Fürsten nicht in solchem Fall gehorsam sein sollst, wie die Apostel sagen (Apg. 5,29): ›Man muß Gott mehr gehorchen als den Menschen.‹«

In einer Kurzform besteht der Rat Luthers, den er seinem Kurfürsten gibt, in dem Satz: »Weil es allenthalben so gefährlich steht, daß man sich stracks wehren müßte, nicht allein aus weltlichem Recht, sondern aus Pflicht und Not des Gewissens, so will sich's ziemen, daß man sich rüste und bereit sei.« Jahre später wird das evangelische Phantom von der Friedfertigkeit um jeden Preis zur höheren Ehre der Obrigkeit von Luther endgültig in die Winde zerblasen: »Es ist kein Unterschied zwischen einem Mörder und einem Kaiser, wenn er unrechte Gewalt vornimmt. Und ist kein Zweifel, daß jeder Vater schuldig ist, sein Weib und Kind vor öffentlichem Mord zu schützen!«

Die eifrigen Schmalkaldener

Die Revolution Martin Luthers erreicht in der »Warnung an seine lieben Deutschen« ihre letzte Gestalt. Die evangelische Lehre hatte mit Hilfe der Territorialfürsten und Städte ihr Leben in den Gemeinden begonnen und war selbständig geworden. So wichtig und klärend Luthers Führung, Beratung und ordnende Betreuung bis an sein Lebensende blieb, so wichtig war es auch, daß seine Lehre sich von seiner Person ablöste. Die Schwierigkeiten und Auseinandersetzungen, die schon zu Luthers Lebzeiten chaotisch genug waren, hielten im Protestantismus bis heute an, unvermindert, unversöhnlich, niemals weniger prinzipiell als in der Wittenberger Ausbruchsepoche, an deren Ende Luther den Freunden einschärft: »Bleibt dem Evangelium treu! Ich seh' voraus,

wenn ich sterbe, werden viele Brüder abfallen und dem Evangelium einen ärgeren Stoß versetzen als die groben, unwissenden, epikureischen Papisten.«
Seit dem Augsburger Reichstag, der *Confessio Augustana* und Luthers »Warnung an seine lieben Deutschen« wird die evangelische Lehre zu einem Glaubensphänomen voll politischer Kraft und militärischer Macht, und zwar nicht durch einen Akt rüder Usurpation, sondern abgeleitet aus Gottes Wort – so wie es nichts gibt, was Luther nicht aus der Heiligen Schrift abgeleitet oder mit ihr begründet hätte. Deshalb kreist Luthers »Warnung« auch so charakteristisch um die drei Hauptmotive seines Lebens und seines Lehrens: Glaube an die Gnade Gottes, ohne Bürgschaft – Besitz des wahren Evangeliums und seine Verteidigung gegen alle Feinde, insbesondere gegen Rom – Ringen um die Freiheit der religiösen Selbstbestimmung: »der Deutschen Heil und Seligkeit«. Deshalb handelt es sich auch um eine der kämpferischsten, mutigsten Schriften Luthers.
Er hat den evangelischen Fürsten das Gewissen gestärkt, sich auch gegen Kaiser und Reich wehren zu dürfen. Er hatte aber auch gehofft, daß der Friede sich erhalten ließe. Lange Zeit sah es ganz danach aus. Karl V. mußte um die Türkenhilfe, die ihm 1530 verweigert wurde, zwei Jahre später mit den protestantischen Herren buchstäblich feilschen. Die Schmalkaldener willigten in die Unterstützung des Kaisers bei seinem Kampf gegen die Osmanen in Ungarn ein. Dafür sicherte ihnen Karl V. den ungeschmälerten Religionsstand zu – jedenfalls bis zu dem angestrebten Konzil oder dem nächsten Reichstag; das Reichskammergericht stellte ferner alle Prozesse über die Kirchengüter ein. Das bedeutete nichts anderes als die Aufhebung des Reichsabschieds von 1530. Das Provisorium der religiösen Atempause, das schon so viele Jahre dauerte, hielt also auf unabsehbare Zeit an. Während der Kaiser seine Kräfte erneut außerhalb des Reiches einsetzte – Mitte 1535 landete er in Nordafrika, erstürmte Tunis und brach die Vorherrschaft der Osmanen im westlichen Mittelmeer – breitete sich die evangelische Lehre unverdrossen in Deutschland aus, wurden weitere Kirchengüter säkularisiert, besonders fleißig durch den Sohn des verstorbenen Kurfürsten Johann, Johann Friedrich der Großmütige, der das protestantische »Modell Sachsen« im Jahre 1539 durch die Errichtung der Konsistorien vervollkommnete.
Zu einer besonderen Delikatesse geriet der Sieg des Protestantismus in Württemberg. Herzog Ulrich, der nach seiner zweiten Ächtung 1519 vom Schwäbischen Bund vertrieben wurde und fliehen mußte, trat

1523 zum Luthertum über. Die Motive sind unschwer zu erraten. Im Jahre 1525, während der Bauernkriege, unternahm er einen ersten Versuch, mit Schweizer Söldnern und rebellierenden Bauern sein Land wiederzugewinnen. Der Coup scheiterte. Philipp von Hessen bot dem Herzog Schutz und Unterstützung an. Im Jahre 1530 schlug Karl V. die Bitte zahlreicher Herren, an ihrer Spitze fast alle Kurfürsten, ab, Herzog Ulrich sein Land wieder zuzustellen. Statt dessen belehnte er seinen Bruder Ferdinand in einem feierlichen Akt mit Württemberg. Herzog Ulrich und alle seine Nachkommen hatten damit endgültig ihre Rechte auf Württemberg verloren. Ulrich kam daraufhin um französische Subsidien ein, erhielt sie, vereinigte seine Truppen mit der Streitmacht des hessischen Landgrafen, marschierte im Mai 1534 in Württemberg ein und schlug in der Schlacht bei Lauffen am 12./13. Mai ein weit unterlegenes österreichisches Heer. Zwei Wochen später konnte sich Ulrich von Württemberg von seinen Landeskindern wieder als Herzog begrüßen lassen. Am 29. Juni 1534 schloß er mit König Ferdinand den Frieden von Kaaden.

Luther hatte soeben erst den Tod des Kurfürsten Johann verwunden, der am 16. August 1532 überraschend verstorben war, als die evangelischen Fürsten ihn wieder einmal um seinen Rat ersuchten: Die wahre Lehre des Evangeliums sollte im ganzen Reich Wurzeln schlagen. Nun hätte Herzog Ulrich, der schließlich schon seit einem Jahrzehnt zu den Lutheranern zähle, versichert, er würde Württemberg dem Evangelium öffnen, sofern es ihm gelänge, mit Hilfe der evangelischen Fürsten zurückzukehren. Für ein so hohes Ziel sei zweifelsohne der Einsatz der Waffen gerechtfertigt.

Luther glaubt, nicht richtig zu hören. Dann wird er laut, sehr laut, schreit Philipp von Hessen beinahe an: Wie es denn der Herr Landgraf nur wagen könne, den Frieden so ohne Scham zu zerreißen und dem Evangelium einen solchen Schandfleck anzuhängen? Der Landgraf ist peinlich berührt, was ihn nicht hindert, den Plan durchzuführen, auch ohne den Segen Luthers. Württemberg wird evangelisch.

Luther hat sich in diesen Jahren nicht geändert. Sein Temperament bleibt dasselbe, er wird nur unwesentlich gelassener, seine Nierenbeschwerden häufen sich, manchmal macht ihm auch die Altersskepsis zu schaffen. Die schriftlichen Arbeiten jedoch gehen ihm von der Hand, als wäre wie eh und je das stürmische Genie am Werk. In den Jahren 1530 bis 1534 sieht er mit Melanchthon, Cruciger und anderen Wittenberger Theologen nochmals die ganze Übersetzung der Bibel durch. Die erste Ausgabe erscheint 1534, ein Prachtexemplar, für das die Cranach-

Werkstatt alle Illustrationen liefert. Luther besorgt auch die zweite, nochmals revidierte Ausgabe der Jahre 1540/41. Auf einem Höhepunkt kann sich Luther 1535 sehen, denn in diesem Jahr kommt die »Auslegung des Galaterbriefes« (*In epistolam S. Pauli ad Galatas Commentarius*) aus der Druckerei, unbestritten Luthers bedeutendstes wissenschaftlich-dogmatisches Opus, von besonderem Gewicht nicht zuletzt deshalb, weil Luther, der den radikalsten Umbruch in der Christentumsgeschichte durchgeführt und einen gigantischen Berg von Schriften hinterlassen hat, niemals dazu gekommen ist, seine Glaubenslehre zusammenhängend und systematisch darzustellen.

Das deutsche Ereignis

Luther quälte sich schon zu einer Zeit, da seine Glaubensrevolution eben erst begonnen hatte, mit Gedanken an seinen Tod. Die Bemerkungen und Hinweise in Briefen und Gesprächen auf ein baldiges Ableben sind so häufig und so regelmäßig, daß er im Grunde von Woche zu Woche auf die letzte Stunde hätte warten müssen. Ob es sich dabei wirklich um eine unmittelbare Gewißheit gehandelt hat oder nicht vielmehr um einen Reflex jener vertrauten Grundstimmung, die er in den mächtigen Kirchengesang gebracht hat »Mitten wir im Leben sind von dem Tod umfangen«, dürfte nicht schwer zu entscheiden sein. In den letzten Jahren entwickeln sich allerdings Luthers Bemerkungen über sein nahendes Ende recht häufig aus den Klagen über die Anfälligkeit seines Körpers, über ständige Ermüdung, über Schmerzen und eine tiefe Unlust am Leben. Ein Brief vom April 1544 ist besonders charakteristisch: »Ich bin in der Tat träge, müde, kalt, das heißt ein Greis und unnütz. Ich habe meinen Lauf vollendet (2. Tim. 4,7). Es bleibt nur noch, daß mich der Herr zu meinen Vätern versammle (1. Kön. 19,4) und der Verwesung und den Würmern ihr Teil übergeben werde. Ich habe genug gelebt, wenn es ein Leben zu nennen ist. Du bete für mich, daß die Stunde meines Hingangs Gott gnädig und mir heilbringend sei. Um den Kaiser und das ganze Reich kümmere ich mich nicht, außer, daß ich sie im Gebet Gott empfehle. Es scheint mir die Welt auch zu der Stunde ihres Endes gekommen und ganz und gar veraltet zu sein wie ein Gewand (wie Psalm 102,27 sagt), und daß sie bald verwandelt werden muß, Amen.« Seine Streitlust allerdings, seine polemische Schärfe wird durch seine Neigungen dem Ende zu nicht im geringsten beeinträchtigt.

Gleichwohl: Rekapitulierende und bilanzierende Neigungen verstärken sich in seinem letzten Jahrzehnt, verbunden mit einer wachsenden Klarheit der Urteile über die Menschen im allgemeinen und das Getriebe der Welt – eine Fähigkeit, die immer schon zu den drückendsten Altersbeschwerden zählt. Sein Leben ist ein regelmäßiger Ablauf von Arbeiten, Krankheiten, Predigten, Promotionen, Besuchen im kurfürstlichen Schloß und Reisen, immer wieder Reisen. Anfang 1542 schreibt Luther sein Testament nieder; seit 1543 häufen sich die Krankheitsschübe. Sein Tagesablauf in seinem Wittenberger Haus bleibt derselbe wie seit Jahren, Käthe bewacht und leitet wie eh und je den Gang der Dinge daheim, damit sie so gehen, wie es dem Herrn Doktor frommt. Er ist schon lange entrückt in jene Sphären, welche den Berühmtheiten der Welt vorbehalten sind und die im wesentlichen aus den Mutmaßungen der Bewunderer oder Neider bestehen.
Den Gang der evangelischen Dinge kann Luther schon längst nicht mehr führen. Das steigert seine Härte und Kompromißlosigkeit, wenn es um Fragen des Glaubens geht, die er selbst entscheiden kann. Allerdings war er niemals bereit nachzugeben, wenn ihm der Kern bedroht schien, wenn der Teufel das ganze Feld beanspruchte und nicht nur die Handbreit, die ihm Luther erlaubte, wie er vor seiner Rückkehr von der Wartburg an Friedrich den Weisen geschrieben hatte. Die Bedingungslosigkeit seines Glaubens, die bald nach seinem Tode von der Mehrheit der Protestanten als düstere Orthodoxie mißbilligt wurde, drückte sich bei Differenzen als persönliche Härte und Schroffheit aus. Das lieferte der Unterstellung, Wittenberg sei das neue Rom, beständig frische Kost. Nach Abschluß der »Wittenberger Konkordie« (1536), deren Formulierungen dem Willen Luthers entsprachen, verließ der Augsburger Theologe Andreas Mäuslin das Lutherhaus in Wittenberg und blieb einen Moment stehen: »Ach, was soll dieses Leben? Muß man Luthern doch schier gnaden und zu Füßen fallen, wie dem Papst. Es wird schließlich wiederum zu einem neuen Papsttum geraten!« Sein Kollege aus Reutlingen, der hinter ihm durch das Tor kam, hörte diesen Seufzer und reagierte ganz strenggläubig: »Welcher Teufel bittet Euch, daß Ihr hierherkommt und ihm so gnadet? Er hat doch nicht nach Euch geschickt!«
Die schlichte Aufeinanderfolge mittlerer Ärgernisse wurde Ende der dreißiger Jahr von einer Affäre durchbrochen, die Luther in die übelsten Gewissensnöte brachte, doppelt und dreifach übel, weil gerade er das Gewissen weit über allen geschriebenen Buchstaben stehen sah und überzeugt war, auch diesmal ganz nach seinem Gewissen gehandelt zu

haben. Philipp von Hessen war seit 1523 mit Christine, der Tochter Herzog Georgs von Sachsen, verheiratet. Jedermann wußte nach einigen Jahren, daß es keinem Fürsten in Deutschland leichter fiel als dem Landgrafen, Ehe und Treue auseinanderzuhalten. Philipp gab selbst ohne Scham und Scheu zu, daß er seiner Frau niemals länger als drei Wochen treu gewesen wäre. Im Jahre 1539 lernte er Margarete von der Saale kennen. Die Mutter der Edeldame konnte jedoch der heftigen Liebe des Landgrafen zu ihrer Tochter nichts abgewinnen, Margarete wiederum nur unter der Bedingung einer offiziellen Ehe.
Das brachte den Landgrafen auf den Gedanken einer Doppelehe. Beispiele gab es im Alten Testament, Luther hatte sich, wie nachzulesen war, einer solchen Möglichkeit nicht verschlossen, Melanchthon hatte 1531 im Fall des englischen Königs Heinrich VIII. erklärt, daß dem Herrscher die Sorge um einen Thronerben das Recht zu einer Doppelehe geben würde, Karlstadt hatte Bigamie erlaubt, Butzer war der Meinung, daß sie in der Bibel nirgends verboten werde. Nach längeren Argumentationen erklärte sich die Mutter mit dieser Art Legalisierung einverstanden. Daß eine solche zweite Ehe geheim bleiben mußte, sah sie ein. Aber sie bestand auf einem Gutachten über die religiöse Zulässigkeit, sie wünschte auch, einige Herren des hohen Adels von dem Tatbestand zu informieren, sie erbat sich ferner die Anwesenheit namhafter Theologen bei der Hochzeit.
Die Sache wird Luther vorgetragen. Philipp läßt seine Gewissensnöte, die ihm bis dahin noch niemals Schwierigkeiten bereitet haben, hervorheben: Er könne von seinem unsittlichen Leben nicht lassen, leide darunter und bitte deshalb, die Eheschließung zu gestatten, um dadurch die »Hurerei« in Sittlichkeit zu verwandeln. Ebenso geschickt wie niederträchtig bringt der Landgraf auch seinen politischen Stellenwert für die evangelische Sache ins Spiel: »Sollte ich keine Hilfe bekommen, dann müßte ich beim Kaiser versuchen, daß er mir's zuließe. Dazu aber müßte ich mich näher an ihn hängen, als unserem Schmalkaldischen Bund nützlich wäre.« Insgeheim hatte der Landgraf eine solche Annäherung im übrigen schon begonnen.
Luther, Melanchthon und die Wittenberger Weisen erteilen rasch, wenn auch schweren Herzens am 10. Dezember 1539 die Erlaubnis. Die Quintessenz der Begründung hält sich an die landgräfliche Argumentation: Wenn es Philipp nicht möglich sei, von seinem unzüchtigen Leben abzustehen, dann wäre es vorzuziehen, den Landgrafen – statt ihn unter Ehebruch und Hurerei leiden zu lassen – in einen besseren Stand vor Gott zu bringen und mit gutem Gewissen sein Leben führen

zu lassen. Was die kleine Pression mit dem Schmalkaldischen Bund betrifft, so macht Luther den Landgrafen darauf aufmerksam, daß der Kaiser wohl weniger skrupulös sei als Philipp von Hessen und den Ehebruch für eine läßliche Sünde halte: »Wir vernehmen, daß er ein untreuer falscher Mann sei und deutsche Art vergessen habe. Darum sollten deutsche Fürsten nichts mit seinen untreuen Praktiken zu tun haben.«

Was da wie ein Hohn klingt, ist ernst gemeint. Luther steht zu seiner Überzeugung, daß Ausnahmen von allgemein verbindlichen Gesetzen immer gerechtfertigt sind, wenn sie vor dem Gewissen und vor Gott verantwortet werden können. Als Luther sein Votum erteilt, ist er davon überzeugt, daß auch Philipp zu dieser Verantwortung steht. Am 5. März 1540 heiratet Philipp von Hessen in Rotenburg an der Fulda Margarete von der Saale, anwesend ist neben Melanchthon und Butzer auch ein Abgesandter des sächsischen Kurfürsten. Monate später mußte Luther erkennen, wie raffiniert sich der Landgraf, damals auch noch getröstet von einer adligen Mätresse, die zweite Ehe erschlichen hat. Melanchthon spricht trocken von einem Betrug durch erheuchelte Frömmigkeit. Luther ist kaum jemals so schamlos betrogen worden: »Hätte ich das gewußt, was ich jetzt erst erfahre, sollte mich kein Engel zu solchem Rat gebracht haben.«

Die Sache wird nicht geheim bleiben, er weiß, sie trifft den Protestantismus aufs übelste, sie ist »auch dem ganzen Reich unerträglich«. Deshalb bleibt er starr und ohne jedes Entgegenkommen bei dem Entschluß, die Genehmigung der Doppelehe durch sein und der Wittenberger Theologen Gutachten als Beichtgeheimnis zu behandeln und alles der Öffentlichkeit gegenüber abzustreiten – nicht um seiner eigenen Ehre willen, sondern wegen des öffentlichen Schadens, der damit verbunden wäre. So geradlinig seine Meinung wirkt, so krumm verläuft die Beweisführung, wenn man an Luthers Bekennertum der Aufbruchsjahre denkt. Doch Konsequenz war immer enthalten, mehr Konsequenz sogar im Alter, da er so aufrecht am persönlichen Recht gegenüber dem Gesetz und der Öffentlichkeit festhält und bereit ist, diese Wahrheit auch mit einer Lüge zu verteidigen: »Die Sache hat vor dem Gewissen gar keine Not. Als Beichtväter konnten wir's vor Gott und dem Gesetz verteidigen, aber daß wir's vor der Welt und dem Gesetz verteidigen sollten, das können und wollen wir nicht tun.« Auch der Landgraf soll alles abstreiten: »Denn was wär' es schon, wenn jemand um etwas Besseres und um der christlichen Kirche willen eine gute starke Lüge tät!«

Die Bitterkeit über diesen persönlichen Betrug verwindet Luther niemals vollständig, sie wird verstärkt durch den Kummer über den Tod seines dreizehnjährigen Töchterchens Magdalena, die am 20. September 1542 stirbt, durch Enttäuschungen in der Wittenberger Gemeinde, die ihn so weit bringen, aus der Stadt fortzuziehen; man muß ihn fast gewaltsam zurückbringen: »Ich hab geschrieben und gelehrt, nichts hat genützt! Ihr undankbaren Bestien, ich will aufhören, euch zu lehren und keine Perlen mehr vor die Säue werfen! Ich mag solchen Säuen kein Hirte sein! Wenn ich das Haupt der Kirche zu Wittenberg sollte heißen, das müßte der Teufel segnen!« Dazu kommen wachsende Sorgen um das öffentliche Wohl, um das Schicksal des Reiches, um sein Vaterland – diese Grundstimmung prägt seine letzten Jahre.
Von den Äußerlichkeiten der kirchengemeindlichen Ausformung seiner Lehre in den Ländern und Städten, die sich dem Protestantismus öffnen, scheint er sich mehr und mehr freizuhalten, ist fast gleichgültig dagegen, wenn man seine gelegentlichen Bemerkungen ernst nimmt. Er verkündet seine Lehre, aber er organisiert sie nicht: »Ich bin gewiß, daß ich Gottes Wort habe und zum Predigen berufen bin. Aber ich gedenke nicht, ein neuer Papst zu sein und alle Predigtstühle zu bestellen.« Und doch ist er wachsam genug, um mit bösen Brandbriefen dreinzufahren, wenn die muntere Milde der evangelischen Selbstzufriedenheit aus dem Elsaß Butzers und den Zwinglianern wieder einmal den festen Glauben einer Gemeinde aufzuweichen beginnt. Für ihn konzentriert sich nach wie vor im Abendmahlsstreit etwas Fundamentales. Auf der einen Seite stehen alle, die den Glauben nur als tröstliche oder fröhliche Verheißung ertragen können und ihn deshalb nicht anders haben wollen, denen auch Melanchthon ständig Vorschub leistet mit seiner unnachahmlich zarten Fähigkeit, den Glauben als ein Wissen einzufärben, so daß ihm Luther immer wieder einmal sagen muß, worauf er ihn schon von der Veste Coburg aus hingewiesen hat: »Gott hat die Sache auf einen Grundbegriff gestellt, den Du in Deiner Philosophie nicht hast: der heißt Glaube. Auf diesem Grundbegriff steht alles, was nicht gesehen und begriffen wird, und wenn es jemand offenkundig und begreiflich machen will, wie Du es tust, so trägt er für seine Mühe nur Sorgen heim und Tränen, wie es Dir geschieht. Der Herr hat verheißen, daß er im Nebel wohnen will, und hat Finsternis gelegt um seine Heimlichkeit.« Da ist er wieder, der verborgene Gott; es handelt sich um die andere Seite, auf der Luther steht mit seinem Beharren auf der Verworfenheit des Menschen, seiner tiefen Sündhaftigkeit – der Vorbedingung für Gottes Gnade: »Verführer sind es, die

da sagen: Tu, soviel an dir ist, dann wird Gott auch das seine tun! Ja freilich soll man die Leute nicht verzweifeln lassen an der Gnade Gottes, aber das Verzweifeln an sich selbst, das müßte man recht herausstreichen!«

Seiner Bedrückung, daß all sein Predigen, Lehren und Kämpfen letzten Endes genauso vergeblich gewesen sein könnte wie der Versuch, Getreide auf Granit zu säen und zu ernten, entspricht Luthers Sorge um das Schicksal »seiner lieben Deutschen, für die ich geboren bin und denen ich dienen will«, einer Sorge, die sich in seinen Wutausbrüchen über die »deutschen Bestien« genauso ausdrückt wie in den Bekenntnissen seiner unerschütterlichen Zugehörigkeit: »Ich kann es ja nicht lassen, ich muß mich sorgen um das arme, elende, verlassene, verratene und verkaufte Deutschland, dem ich ja kein Arges, sondern alles Gute gönne, wie ich's schuldig bin meinem lieben Vaterland.«

Luthers Revolution war von Anfang an ein elementar deutsches Ereignis. Sie fand in Deutschland statt, in ihr wurden die Klagen, Forderungen und Erwartungen der deutschen Nation manifest, in ihrer landesherrlichen Ausgestaltung erfaßte sie schließlich das gesamte Reich. In den jungen Kaiser setzte Luther 1519, so wie alle Deutschen, gewaltige Hoffnung. Für ihn war Karl V. – seinem Amt und seiner Erwählung entsprechend – identisch mit dem Reich. Sicherlich täuschte er sich über die persönlichen Voraussetzungen des Kaisers, die Festigkeit seines katholischen Glaubens, seinen bedingungslosen Universalismus. Aber selbst in Luthers Schrift »Warnung an seine lieben Deutschen«, die seine letzte politische Wende einleitet, nimmt er den Kaiser persönlich in einer auffallend vorsichtigen Weise von seinen Angriffen gegen die katholischen Reichsstände aus, obgleich er in diesem Text den Widerstand gegen den Kaiser rechtfertigt. Erst in den letzten Jahren seines Lebens bricht er damit, wird auch unmittelbar aggressiv wegen der scheinbaren Gleichgültigkeit Karls V. gegenüber der inneren Verworrenheit des Reiches und der Fürstenhändel: »Das Volk wird seine Tatenlosigkeit bei solchem Elend nicht mehr lang verdauen können. Fürwahr, ich hasse jetzt den Kaiser. Soviel ich bisher für ihn getan habe, soviel will ich ihm jetzt entgegen tun.«

Luther sah niemals in seiner evangelischen Lehre und im Protestantismus eine Bewegung, die gegen das Reich gerichtet war. Der Vorwurf, Luther hätte den Glauben und die Kirche gespalten, trifft nur unter römisch-katholischen Voraussetzungen zu. Nimmt man die politisch-religiöse Lage im Inneren des Reiches als Maßstab, so hatten sich 1546, im Todesjahr Luthers, schon weit über drei Viertel der Deutschen zum

Protestantismus bekannt, und 1555, als der Augsburger Religionsfrieden vereinbart wurde, waren neunzig Prozent Deutschlands protestantisch. Luther brachte den Deutschen nicht nur die Bibel, nicht nur ihre Sprache und damit ihr Eigenbewußtsein, er brachte ihnen auch mit seiner Lehre ihre Einheit, weckte auf der Grundlage des evangelisch-deutschen Glaubens und Gemeindelebens ihre selbstsichere Überzeugung, auch politisch zusammenzugehören. Die Spaltung des Reiches hat Luther weder beabsichtigt noch zu verantworten. Sie ist die politische Folge der vom Konzil von Trient und der katholischen Reform ausgelösten militanten Bewegung, die vom Protestantismus als Gegenreformation bezeichnet wurde. Den dramatischen Gegensatz zwischen dem römischen Katholizismus und dem deutschen Protestantismus – und dann dem dänischen, schwedischen, finnischen und allen übrigen nationalen – hat Luther nicht erfunden und in die Welt gesetzt, sondern die religiösen Bedingungen der Glaubensspaltung sind in der Verfassung und dem Zustand der Kirche zwischen dem Konstanzer Konzil (1414–18) und dem Thesenjahr (1517) zu finden. Darin sind sich die nüchtern urteilenden Katholiken mit den Protestanten einig. Immerhin ist die römisch-katholische Kirche, sofern sie die Schuld der Spaltung in gelegentlichen Äußerungen Luther weiterhin anlastet, trotzdem durchaus bereit, sich ihm zumindest als Anlaß für die eigene innerkirchliche Reform verpflichtet zu fühlen.

17 Ein letztes Mal: Gegen Rom!

Über den lauten Ruf nach einem Konzil auf deutschem Boden hatte sich schon Hieronymus Aleander im Jahre 1520 empört. Die wiederholten Forderungen der Reichstage, der evangelischen Stände und Luthers nach einem Nationalkonzil wurden von Papst Clemens VII. schroff zurückgewiesen. Der Kaiser selbst hielt eine solche Versammlung für unnötig, da er hoffte, die Glaubensdifferenzen auf den Reichstagen beilegen zu können. Seit dem Augsburger Reichstag von 1530 begann er sich aber mehr und mehr mit dem Gedanken vertraut zu machen, daß einem Konzil möglicherweise auf theologischem Weg jene Einigung der Parteien gelingen könnte, die er über den politischen Weg und die Reichstage vorerst nicht zustande gebracht hatte. Die römische

Kirche teilte diese Vorstellungen jedoch keineswegs. Für sie war die evangelische Sache mit dem Bann über Luther entschieden. Aus welchen Gründen sollten der Wittenberger Ketzer, seine Lehren und sein Gefolge zwingender Anlaß für ein Konzil sein?
Doch dieser Einwand verfing nicht, weil Hunderte von namhaften Theologen der römischen Kirche von der Unerläßlichkeit einer innerkirchlichen Reform überzeugt waren und diese Einsicht ständig an Boden gewann. Allein die Mißstände in der kurialen Amtsführung, die Korruption und Käuflichkeit der Ämter, die willkürlichen Kardinalsernennungen bis hin zum geschäftsmäßigen »Verkauf der Kardinalshüte« durch Clemens VII. – und damit das Problem der gesamten Organisation der Kirche – waren gravierend genug, um die Einberufung eines Konzils zu rechtfertigen. Hinzu kam der unermeßliche Schock, der durch die Eroberung und Plünderung Roms am 6. Mai 1527 (*Sacco di Roma*) entstanden war und der ebenfalls einen Anstoß für tiefgreifende Erneuerungsgedanken bildete. Mit der Verhängung des Bannes über Luther war es außerdem, wie jeder sehen konnte, nicht getan. Jeder neue Erfolg seiner Lehre, die Schnelligkeit und Unwiderstehlichkeit, mit der das Luthertum ein Land nach dem anderen ergriff und nunmehr sogar schon in Italien Fuß zu fassen begann, bedeutete im selben Umfang eine ununterbrochene Einbuße der römischen Kirche, und deshalb mußte dem Papst an der Wiederherstellung der »lieblichen Einheit der Kirche« genausoviel gelegen sein wie dem Kaiser.
So verhaßt Karl V. die evangelische Lehre samt ihrem Urheber Luther auch war: Ein Reformkonzil hatte er vom Papst schon bei seiner Krönung in Bologna 1529 gefordert, und von diesem Wunsch rückte er keine Handbreit ab. Die Hartnäckigkeit, mit der Karl V. auf diesem Konzil bestand, steigerte sich in dem Augenblick, als er die Hoffnungen, den Zwist mit den Lutheranern von sich aus beilegen zu können, dahinschmelzen sah. Im selben Augenblick allerdings wuchsen die Widerstände Roms, das darauf spekuliert hatte, der Kaiser würde kraft eigener Fähigkeit und Machtvollkommenheit die evangelische Sache bereinigen, und sei es auch mit dem Schwert. Schließlich verabredete Papst Paul III. mit Karl V. im Jahre 1536, ein Konzil nach Mantua einzuberufen; der Tagungsort wurde dann nach Vicenza und schließlich nach Trient verlegt. Kurfürst Johann Friedrich von Sachsen bat Luther, für das Konzil einen Programmtext auszuarbeiten. Luther verfaßte die scharfen »Schmalkaldischen Artikel«, sie wurden von den Wittenberger Weisen gebilligt, unterschrieben und am 3. Januar 1537

dem Kurfürsten zugestellt. Die große Protestantenversammlung im Februar nahm allerdings die neuen Artikel nicht als Verhandlungsgrundlage an; auf Betreiben Melanchthons blieb es bei der *Confessio Augustana*. Im Gegensatz zu Luther lehnten überdies die Schmalkaldener jedes Konzil ab, das außerhalb Deutschlands und unter der Leitung des Papstes stattfand, also auch das für 1537 geplante Konzil. Da sich auch der französische König Franz I. nicht für die Teilnahme entschloß, wurde der Plan wieder aufgegeben.
Seit dem Nürnberger Religionsfrieden von 1532 war Karl V. wie schon in den Jahren zuvor durch die auswärtigen Schwierigkeiten gezwungen gewesen, die Lösung der Glaubensfragen immer wieder aufzuschieben. Der »Frankfurter Anstand« vom 19. April 1539 wurde unter ähnlichen Bedingungen geschlossen wie das Abkommen von Nürnberg. Gegen das Zugeständnis einer Türkenhilfe erhielten sämtliche Stände, die sich zur Augsburger Konfession bekannten, einen Stillstand zugesichert. Mit diesem Abkommen begann die kurze Phase der Religionsgespräche zwischen beiden Parteien, die freilich von vornherein unter dem Zeichen der Skepsis standen und nicht im Licht der Zuversicht; sie waren auch noch durchsetzt von einer Politik des Kaisers, die auf innere Schwächung des Schmalkaldischen Bundes abzielte und zu der Philipp von Hessen die Möglichkeiten bot. Denn der Landgraf hatte sich tatsächlich entsprechend seiner leisen Drohung enger an den Kaiser geschlossen. In einem Vertrag vom 13. Juni 1541 sicherte Philipp von Hessen dem Kaiser zu, keinerlei Bündnisse mit einer fremden Macht, insbesondere nicht mit Frankreich, zu schließen und auch Vereinbarungen des französischen Königs mit dem Schmalkaldischen Bund zu verhindern. Dieser Absprache schlossen sich später noch eine Reihe anderer protestantischer Fürsten an. Das Ergebnis war eine außenpolitische Isolierung des Schmalkaldischen Bundes, die sich bald als eine Art Selbstfesselung schwerwiegend auswirkte.
Bei den Religionsgesprächen kamen sich Katholiken und Protestanten weder in Hagenau 1540, noch in Worms 1541 oder in Regensburg vom April bis Juni desselben Jahres näher. Die letzte Zusammenkunft fand 1546 im Todesjahr Luthers statt, wiederum in Regensburg; es handelte sich um einen Abschied, denn der Kaiser hatte sich bereits im Jahr zuvor mit dem französischen König und dem Papst über einen neuen Termin geeinigt, zu dem das Konzil in Trient eröffnet werden sollte. Gleichzeitig machte Karl V. dem Kardinallegaten Alessandro Farnese ein Bündnisangebot, denn er hatte sich zur militärischen Niederwerfung der evangelischen Reichsstände entschlossen.

Das Tridentinische Konzil wurde mit Verspätung am 13. Dezember 1545 eröffnet. Der Papst ging auf das Angebot des Kaisers ein, er verstand sich zur Zahlung von Subsidien und stellte ein Hilfskorps. Der Kaiser wollte im Sommer 1546 mit den militärischen Operationen beginnen und nach seinem Sieg die Protestanten zur Teilnahme an dem Konzil zwingen. Sein Triumph bei Mühlberg am 24. April 1547 beendete den Schmalkaldischen Krieg auf eine Weise, die der evangelischen Sache zunächst den Fangschuß zu geben schien. Wie wenig allerdings militärisch gegen den Protestantismus noch etwas auszurichten war, stellte sich rasch heraus. Das Augsburger Interim (1548) war vom Kaiser als Reichsgesetz für alle Stände konzipiert worden, es wurde dann jedoch als Ausnahmegesetz gegen die Protestanten erlassen; die Lösung der wesentlichen Fragen mußte erneut bis zur Entscheidung durch das Tridentinische Konzil verschoben werden.

Das Pamphlet

Auf dem Reichstag von Speyer 1544 versuchte der Kaiser den Protestanten mit neuen Zugeständnissen entgegenzukommen, in denen die Autorität des Papstes fast völlig beiseite gelassen wurde. Karl V. erklärte, die strittigen Glaubensfragen würden endgültig auf dem nächsten Reichstag oder durch ein deutsches Nationalkonzil entschieden werden. Er würde die entsprechende Versammlung innerhalb eines Jahres einberufen. Gegen diese Erklärung des Reichsabschieds protestierte der Papst am 24. August 1544 in ungewöhnlich heftiger Form. Den protestantischen Reichsständen wurde dieses päpstliche Breve bekannt; sie bekamen sogar den ersten Entwurf in die Hand, der noch schroffer gehalten war und den die Kurie entschärft hatte, bevor der Text dem Kaiser zugestellt wurde. Auch Luther erhielt Ende Januar 1545 beide Fassungen. Das Breve wurde zum Anlaß für eine der heftigsten Schriften, die Luther jemals gegen Rom publiziert hatte: »Wider das Papsttum zu Rom, vom Teufel gestiftet«. Im selben Jahr greift Luther das Papsttum wiederholt an, diese antipäpstlichen Kampfschriften könnten fast als eine Art Vermächtnis Luthers gewertet werden.

Die Schrift »Wider das Papsttum« wurde von Luther im März abgeschlossen und gedruckt, im selben Monat, in dem das Konzil im Dom von Trient eröffnet werden sollte. Die Einladung zu der Versammlung hatte selbstredend auch diesmal für die evangelischen Theologen gegolten; doch weniger selbstverständlich war die Erwartung und das Verlangen der Kirche, daß die Konzilsbeschlüsse für alle Beteiligten bindend sein mußten und dieser Voraussetzung von vornherein zuzustimmen war. Dies allein war kennzeichnend für die Intentionen: Die Form, in der das Konzil seine Beschlüsse fassen und seine Lehrsätze formulieren würde, mußte eine Teilnahme der Protestanten zur Staffage herabwürdigen. Sie lehnten es deshalb wie schon bei früheren Anlässen ab, nach Trient zu kommen.

Mit seiner letzten großen Streitschrift legt Luther noch einmal eine Generalabrechnung vor. Er zeigt, daß alles, was sich in Rom seit einem Jahrtausend entwickelt hatte, die erfolgreiche Genialität eines Irrweges war, den der Satan persönlich angelegt hatte und der wiederum zur Hölle zurückführte. Die Päpste hätten sich um der weltlichen Macht willen mit Hilfe des Teufels über alle anderen erhoben: »Aber das ist noch das Geringste, obwohl es unerträglich und unleidlich ist. Dies ist allererst die allerärgste Grundsuppe aller Teufel in der Hölle, daß er solche Gewalt dahin ausdehnt, daß er Macht haben will, Gesetze und Artikel des Glaubens aufzustellen, die Schrift (welche er nie gelernt, nicht kann, auch nicht wissen will) nach seinem tollen Sinn zu deuten. Er will alle Welt zwingen, seiner Lehre zu glauben, und lehrt doch nichts als eitel Abgötterei.«

Den wesentlichen Punkt sieht Luther darin, »daß der Papst und sein Stand eine reine Menschenerdichtung und Erfindung ist. Denn, wie gehört, er ist nicht und will nicht aus weltlicher Obrigkeit Ordnung sein; er ist nicht, will auch nicht aus der Konzile oder der Kirche Ordnung sein. Ebenso weiß man auch sicher, daß über ihn kein Buchstabe göttlichen Wortes in der Schrift gefunden wird, sondern er hat sich aus eigener Hoffart, Vermessenheit und Frevel in solche Höhe gesetzt. Danach hat er sich mit Gottes Wort geschmückt, dadurch Gott schändlich gelästert, sich zum Abgott gemacht und die Christenheit mit seiner greulichen Abgötterei erfüllt, belogen, betrogen und zu abgöttischen, verdammten Leuten gemacht, die solches geglaubt und darauf vertraut haben, als hätte es Gott durch sein Wort so geboten. So haben sie den Teufel fürchten und ehren, anbeten und ihm dienen müssen unter Gottes Namen. Da hast du den Papst, was er sei und wo er herkomme, nämlich ein Greuel (wie Christus Matth. 24,15 sagt) aller Abgötterei, von allen Teufeln aus dem Grund der Hölle hervorgebracht.«

Noch einmal geht Luther in aller Ausführlichkeit auf diejenigen Stellen der Heiligen Schrift ein, aus denen sich das Papsttum als Stiftung

Gottes ableitet und institutionell rechtfertigt. Er bestreitet den römisch-katholischen Auslegungen, die nichts anderes seien als lästerliche Umdeutungen, jede Verbindlichkeit und setzt ihnen die »richtigen«, das heißt seine eigenen entgegen. Luther interpretiert noch einmal Matthäus 16,18 ff., stellt schließlich fest, wie klar sich daraus ergebe, »daß Christus hier mit dem Bauen seiner Kirche auf den Felsen oder auf sich selbst nichts anderes meint als den allgemeinen christlichen Glauben, daß, wer da an Christus glaubt, der ist auf diesen Felsen gebaut und wird selig, auch wider alle Pforten der Hölle. Wer nicht an Christus glaubt, der ist nicht auf diesen Felsen gebaut und muß mit den Pforten der Hölle verdammt sein. Das ist das einfältige, einzige, sichere Verständnis dieser Worte, und kann kein anderes sein, wie die Worte es klar und überzeugend ergeben.« Genauso verhalte es sich mit der Schlüsselgewalt, denn die Macht, Sünden zu binden und zu lösen, ist »nicht den Aposteln und Heiligen zur Herrschaft über die Kirche gegeben, sondern allein den Sündern zum Guten und Nutzen«. Auch daraus ergebe sich, daß die Päpste keinesfalls die Nachfolger Petri sein könnten. Nur der böse Geist hätte ein falsches Verständnis des Bibeltextes verbreitet und behauptet: »Felsen heiße Petrus und Papst oder ihre Gewalt (ist gleich viel), darauf bauen heiße, dem Papst gehorsam sein. Da konnte ein Papst daraus werden, daß es nun nicht mehr hieß: Wer an Christus glaubt, wird selig, sondern: Wer dem Papst gehorsam ist, der wird selig. Er aber, der Papst selbst, als der Felsen, solle niemandem gehorsam noch unterworfen sein. Da hast du des geistlichen Rechtes und aller Dekretalen Zusammenfassung und ganzes Verständnis, woraus du begreifen kannst, daß der Papst und sein Papsttum ein Teufelsgespenst aus verkehrtem, verfälschtem Verständnis von Matth. 16,18 sei.«
Luther endet seinen letzten Generalangriff gegen das Papsttum, zu dessen Unversöhnlichkeit und Härte der Hintergrund des Trienter Konzils gehört, mit der Erklärung: »Ich muß aufhören, ich mag nicht mehr in dem lästerlichen, höllischen Teufelsdreck und Gestank wühlen. Wer Gott reden hören will, der lese die Heilige Schrift, wer den Teufel reden hören will, der lese des Papstes Dekrete und Bullen. O weh, weh, weh dem, der dahin kommt, daß er Papst oder Kardinal wird, dem wäre besser, daß er nie geboren wäre! Judas hat den Herrn verraten und umgebracht, aber der Papst verrät und verdirbt die christliche Kirche, welche der Herr lieber und teurer als sich selbst und sein Blut geachtet hat. Denn er hat sich selbst für sie geopfert. Weh dir, Papst!«

Wir sind Bettler

In diesem Jahr 1545 wurde von Luthers Freunden eine Ausgabe seiner lateinischen Schriften vorbereitet. Luther schrieb zum ersten Band dieser *Opera Latina* der Wittenberger Ausgabe ein längeres Vorwort, das letzte große Selbstzeugnis in einer unermeßlichen Reihe von Selbstzeugnissen, die über drei Jahrzehnte verstreut sind. Dieser autobiographische Entwurf erhält wegen seiner Absicht, außerhalb der Arena des Kampfes eine Bilanz zu ziehen, besonderes Gewicht, denn Luther scheut sich nicht, ausführlich von den Irrtümern seiner Anfangsjahre zu sprechen: »Aus meinen älteren Schriften ist zu ersehen, welche weitgehenden Befugnisse ich damals in aller Demut dem Papste noch beigelegt habe, die ich später als ärgste Gotteslästerung erkannt und verdammt habe. Der Leser möge also diese Unsicherheit oder, wie meine Gegner es verdächtigen, diesen Widerspruch meiner damaligen Lage und Unerfahrenheit zugute halten. Ich stand anfangs ganz allein und war für ein so gewaltiges Unterfangen doch gar zu einfältig und ungelehrt; denn ich bin nur durch die Verkettung der Umstände, nicht aus freien Stücken und mit Vorbedacht in diesen Sturm hineingeraten: des ist Gott mein Zeuge! Und so kann man an meinem Beispiel wieder einmal sehen, wie schwer es ist, sich durchzuringen, aus einem Meer von Irrtümern aufzutauchen, die in der Meinung einer ganzen Welt fest begründet und ihr durch die Länge der Gewohnheit zur anderen Natur geworden sind.«

Luther umreißt in seiner »Vorrede an den frommen Leser« die Hauptmotive seines Lebens, seines Suchens nach dem rechten Glauben. Sie alle, die erinnerlichen genauso wie die damals fast schon vergessenen, leuchten noch einmal durch seine Worte und scheinen in seinen Sätzen auf, mit denen er versucht, die Summe seines kämpferischen Lebens zu ziehen: »Ich fühlte mich, obwohl ich als Mönch ein untadeliges Leben führte, vor Gott als ein Sünder, der von Gewissensqualen verfolgt wurde, und da ich nicht darauf vertrauen konnte, Gott durch meine Genugtuung versöhnt zu haben, liebte ich nicht, sondern ich haßte geradezu jene gerechte, die Sünder bestrafende Gottheit. Denn ich sagte mir: als ob es nicht genug wäre, daß die elenden Sünder, die schon durch den Fluch der Erbsünde ewiger Verdammnis preisgegeben sind, nach dem Gesetz des Alten Bundes mit allen erdenklichen Strafen heimgesucht werden, wenn nicht Gott durch das neue Evangelium die Qual noch vermehrte, indem er auch durch die Botschaft des Neuen Bundes uns nur seine zürnende und strafende Gerechtigkeit ankündigt.

So marterte ich mich in der Strenge und Verworrenheit meines Gewissens; dabei aber brütete ich unablässig über jenem Ausspruch des Apostels, dessen Sinn ich mit glühender Begierde zu enträtseln suchte. Bis nach tage- und nächtelangem Nachsinnen sich Gott meiner erbarmte, damit ich den inneren Zusammenhang der beiden Stellen wahrnahm: ›Die Gerechtigkeit Gottes wird im Evangelium offenbar‹ und ferner: ›Der Gerechte lebt durch seinen Glauben.‹ Da fing ich an, die Gerechtigkeit Gottes zu begreifen, kraft deren der Gerechte aus Gottes Gnade selig wird, nämlich durch den Glauben: daß die Gerechtigkeit Gottes, die durch das Evangelium offenbar werde, in dem passiven Sinn zu verstehen ist, daß Gott in seiner Barmherzigkeit uns durch den Glauben rechtfertigt, so wie geschrieben steht: ›Der Gerechte lebt durch seinen Glauben.‹ Nun fühlte ich mich geradezu wie neugeboren und glaubte, durch weit geöffnete Tore in das Paradies eingetreten zu sein.«

Erneut wird alles von Luther auf das Zentrale seines Lebens hingeführt und verdichtet: den Glauben. Was auch Gottes Gnade im Menschen wirkt, es ist Glaube und wird zu Glauben, und der Glaube allein wiederum ist dasjenige, was jedes Handeln, was alle Werke rechtfertigt und nur rechtfertigen kann. So sehr Luther von den Sorgen über die Zuspitzung der Gegensätze zwischen den Protestanten und dem Kaiser in seinen letzten Lebensjahren bedrängt wurde, so sehr ihm der Verfall der öffentlichen Sitten in Wittenberg zusetzte und in eine steigende Erregung trieb – denn so wie in Wittenberg stand es weithin in den evangelischen Gebieten –, so sehr sich seine Klagen über den körperlichen Verfall und die Qualen seines Nierenleidens häuften: Luthers Gewißheit, daß sein Ende kurz bevorstehe, verband sich nicht mehr und nicht weniger mit altersbedingter Resignation, als sie generell zu einer derartigen Lage gehört. Er war keineswegs der Welt schon entrückt, aber er distanzierte sich bereits von ihr. In den letzten Monaten kümmerten ihn ihre Wirrnisse nicht mehr ernsthaft: »Über Reichstage und Konzilien sorge ich nichts, glaube nichts, hoffe nichts, denke nichts – Eitelkeit der Eitelkeiten.« Selbst seine Klagen über die Erfolglosigkeit so vielen Tuns waren weniger laut als früher, verhaltener.

Im Hinblick auf die Sorgen, die ihm wegen des Fortbestandes der evangelischen Lehre zu schaffen machten, spricht das von einer ungewöhnlichen Gelassenheit. Andererseits wäre es verwunderlich, wenn sich Luthers ungeheures Erlebnis, dessen umstürzende Folgen er persönlich so empfand, daß er sich »geradezu wie neugeboren« fühlte, und aus welchem sich seine ganze Revolution ergab, vor seinem Tode nicht als eine Überlegenheit geäußert hätte, die nicht mehr von irdischer Verbundenheit bestimmt, sondern von der Erwartung der jenseitigen Welt getragen war – bereit für den Flug zur Verheißung, von dem die Kirchenlieder so viel wissen.

Im Oktober 1545 wurde Luther gebeten, in einem Streit der Familie des Grafen Mansfeld zu vermitteln. Er fuhr mit Melanchthon und Justus Jonas nach Mansfeld, konnte die Sache aber nicht endgültig beilegen. Zu Weihnachten fand er sich noch einmal auf dem Schloß ein, und ein drittes Mal machte er sich Ende Januar 1546 auf den Weg nach Mansfeld. Die Briefe, die er von der Reise nach Hause schreibt, klingen vergnügt, fast munter, er läßt es sich auch nicht nehmen, unterwegs wiederholt in den Kirchen zu predigen. Die Grafen empfangen Luther in Eisleben mit einem großen Ehrengeleit. Es gelingt ihm diesmal tatsächlich, den Familienstreit beizulegen. Unterwegs, bei der Anreise, war Luther einmal abgestiegen und ein Stück zu Fuß gegangen. Erhitzt setzte er sich wieder in den Wagen, kurz darauf wurden die Reisenden von einer eiskalten Windböe erfaßt. Luther erlitt wenig später einen starken Schwindelanfall. Von dieser Attacke kann er sich nicht mehr erholen. Zwei Wochen darauf wiederholen sich diese Anfälle, und er ist unfähig, die Herberge zu verlassen. Seine letzte Aufzeichnung notiert er auf einem Zettel: »Den Vergil in seinen Bucolicis kann niemand verstehen, er sei denn fünf Jahre Hirte gewesen. Den Vergil in seinen Georgicis kann niemand verstehen, er sei denn fünf Jahre Ackermann gewesen. Den Cicero in seinen Episteln kann niemand verstehen, er habe denn fünfundzwanzig Jahre in einem großen Gemeinwesen sich bewegt. Die Heilige Schrift meine niemand genugsam geschmeckt zu haben, er habe denn hundert Jahre lang mit Propheten wie Elias und Elisa, Johannes dem Täufer, Christus und den Aposteln die Gemeinden regiert. Versuche nicht diese göttliche Äneis, sondern neige Dich tief anbetend vor ihren Spuren! Wir sind Bettler. Das ist wahr. 16. Februar, anno 1546.« Der Text ist lateinisch, die beiden letzten Sätze sind deutsch geschrieben.

Am 17. Februar abends klagte Luther über heftige Schmerzen in der Brust. Er wurde mit warmen Tüchern gerieben, trank eine Arznei, stand auf, ging unruhig auf und ab, legte sich wieder zu Bett und versuchte, zu schlafen. Nach Mitternacht rief er seinen Famulus, bat, die Stube anzuheizen. Er wurde erneut mit warmen Tüchern frottiert, der Arzt wurde herbeigeholt, ebenso Graf Mansfeld mit seiner Gemahlin, da jeder wußte, daß es zu Ende ging. Auch Luther sprach davon, er begann zu beten. Ein Augenzeuge berichtet von den letzten Minuten: »Als er nun fühlte, daß das Ende nicht fern war, sprach er: ›Ich fahre dahin, meinen Geist werde ich aufgeben‹, deshalb sprach er eilig dreimal hintereinander: ›Vater, in deine Hände befehle ich meinen Geist.‹ Daraufhin schwieg er und war still, man rüttelte ihn aber, rieb und kühlte ihn und rief ihn. Aber er tat die Augen zu und antwortete nichts. Da strichen die Gemahlin Graf Albrechts und die Ärzte ihm den Puls mit allerlei Stärkewassern, welche ihm die Doktorin geschickt und er selbst pflegte zu gebrauchen. Indem er aber so still ward, riefen ihm Doktor Jonas und Magister Celius zu: ›Reverende Pater, wollt Ihr auf Christum und die Lehre, wie Ihr sie gepredigt, bekennend sterben?‹ Da antwortete er, daß man es deutlich hören konnte: ›Ja‹. Dann wandte er sich auf die rechte Seite und begann zu schlafen, fast eine Viertelstunde, so daß man auf Besserung hoffte. Doch die Ärzte und wir alle meinten, dem Schlaf sei nicht zu trauen, wir bestrichen ihn mit Rosenessig und rieben die Pulsadern und leuchteten ihm fleißig unter die Augen. Als der Zeiger noch eine Viertelstunde hatte auf drei Uhr früh, erbleichte der Doktor sehr unter dem Angesicht, und Füße und Nase wurden kalt. Er tat einen tiefen, doch sanften Atemzug, mit dem er seinen Geist aufgab, mit Stille und großer Geduld.«

Der schwere Glaube

Daß Luther in seinem letzten Lebensjahr noch einmal ein großes Pamphlet gegen das Papsttum verfaßt, muß nicht künstlich mit Symbolik überladen werden; doch charakteristisch bleibt es auf jeden Fall. Ebenso charakteristisch ist in dem »Selbstzeugnis« von 1545 das Aufgreifen seiner großen Wende, des Turmerlebnisses, seiner Entdeckung des wahren Glaubens, des »Glaubens allein«. Staupitz hatte als einziger in Luther nicht die theoretische Ungeklärtheit oder das intellektuelle Suchen gespürt, sondern die leidende Unmittelbarkeit, das tiefe Ergriffensein des durch und durch religiösen Menschen, zu dem jenes vorzeitliche Entsetzen gehört, das nichts mit einer konkreten Angst zu tun hat, weil es sich um ein weitaus älteres, grundlegenderes Empfinden handelt. Das fundamentale Sünder-Sein des Menschen durchlebte Luther als Hölle in sich selbst. Diese Hölle der Verzweiflungen, des viehischen Elends im Bewußtsein der lästerlichen Hinfälligkeit, das immer gegenwärtig ist in allem Tun, war für Luther in jenen Jahren ein Dasein in Höllen über Höllen: Aus diesen Schluchten glaubt er heraus-

gefunden zu haben, als er »die Bereitschaft zur Hölle«, die *resignatio ad infernum*, als einen Anker preist, der freilich erst durch Gott, nur durch Gott und seine Gnade Wirklichkeit wird.
Luthers Ausrichtung auf sich selbst, auf sein ganz persönliches Erleben der Anfechtung und Sünde und ebenso seine Erfahrung der Offenbarung von der umfassenden Rechtfertigung durch den Glauben brachte ihn nur selten in den reinen, völlig gelassenen Zustand innerer Einkehr, der übervoll ist von Friede und Kraft. Fast immer blieb ein Rest von Angst, Selbstüberhebung, Zerknirschung: »Die wahrhaft Glaubenden meinen nicht, daß sie glauben – so wie die besten Künstler immer Fehler an ihrem Werk sehen im Gegensatz zu den Pfuschern; vielmehr ringen und arbeiten sie ohne Unterlaß an der Förderung des Glaubens.« So fehlt das kämpferische Element fast niemals, und deshalb findet sich dort, wo Luther den fröhlichen Glauben preist und verlangt, nichts von spannungslosem Glück und ruhiger Freude. Auch hier herrscht das Gebieterische vor: »Gott will, daß wir fröhlich seien, und haßt die Traurigkeit«, aber Luther schränkt unsere Möglichkeit dazu auf Grund unserer Disposition ein: »Wir haben mehr Anlaß zur Freude als zur Trauer, weil wir auf Gott hoffen, der spricht: ›Ich lebe und ihr sollt auch leben.‹ Aber die Trauer ist uns angeboren.«
Luthers Erfahrung der elementaren Sündhaftigkeit des Menschen, seine jähe Einsicht, daß sich im wahren Glauben die Gnade eröffnet und das Ruhen in Gott, bringt ihn dazu, mit seinem ganzen Selbst die Identifikation mit dem Wort Gottes zu versuchen, und läßt ihn – was zu jedem Propheten gehört – geradezu besessen davon sein, diese Selbsterfassung öffentlich zu machen. Das aber zwingt die Demut der blind und kindlich vertrauenden Überantwortung an Gott, die ihren Ort in der Einsamkeit des Gebetes oder der Klosterzelle hat, dazu, sich des religiösen Exhibitionismus' zu bedienen. Was er in der Verlassenheit, in dem Alleinsein gegenüber Gott erfahren hat, muß er vom Balkon verkünden. Der nächste Schritt enthält bereits die Gefahr der Verdünnung, des Verlustes der Substanz. Wenn Luther mit dem Ruf des Täufers Johannes zu predigen beginnt: »Tut Buße euer Leben lang«, so fordert er dasselbe, was auch Jesus ununterbrochen gefordert hat: Die beständig erneuerte Überwindung des Zwanges, den das Dasein in der Welt ausübt, eines Zwanges, welcher den Menschen an das Unwesentliche bindet und das Wesentliche vergessen läßt. In Luthers Sprache handelt es sich darum, daß der Christ – um des Reiches Christi willen, »das nicht von dieser Welt ist« – fähig sein müsse, *in* der Welt immun *gegen* die Welt zu sein.

Luthers ungeheure Wahrheit, daß der Sünder, für sich gesehen zur ewigen Verlorenheit verdammt, durch den Glauben und die Gnade Gottes dank des stellvertretenden Sühneopfers von Jesus Christus gerettet wird und daß diese Rechtfertigung durch den Glauben die größte Freudenbotschaft darstellt – wenn sich diese Wahrheit Luthers, sobald sie öffentlich wird, auf eine Floskel reduziert, wieviel ist eine solche Floskel noch wert?

Diese Frage war für Luthers Weg des öffentlichen Wirkens von Anfang an bezeichnend, für den Weg der evangelischen Lehre und die Wege aller, die Luther folgten oder ihm zu folgen glaubten. Als Luther seinen tiefernsten, schweren Glauben entdeckte, befand sich die Kirche in einer Bahn eminenter Vergeistigung und Formalisierung ursprünglich vitaler Glaubenshandlungen, einer Bahn, die gleichbedeutend war mit zunehmender Entkräftung. Sobald nun Luther seine private Glaubensfindung auf die Ebene der allgemeinen Nöte hob und damit die Prüfung des öffentlichen Bestandes heraufbeschwor, gab er auf die abertausend Fragen, die ihm nunmehr gestellt wurden, Antworten, die mit unerschütterlicher Folgerichtigkeit seinem neuen Glauben entsprangen – und doch waren es zugleich Antworten, die alle hören wollten, auch diejenigen, die nichts von seinem ernsten Glauben begriffen. Dadurch wurden Luther und seine ersten Gefährten zu theologischen Wegbereitern einer neuen Epoche.
Wäre es in einer solchen Lage auch nur theoretisch denkbar gewesen, daß Luther die Macht gehabt hätte, seinen neuen Glauben auf das Feld seiner ursprünglichen Absichten zu beschränken? Er wäre als kleiner Ketzer verbrannt worden. Der neue Glaube mußte zum tragenden Fundament des Christenlebens selbst werden, das heißt aller Christen. Er allein wurde das Maß, an dem alles zu prüfen war. So greift von dem ganz persönlichen Glauben aus der Augustinermönch Martinus alles Verobjektivierte, alles Institutionalisierte als eine satanische Verfälschung des Glaubens an, von hier aus stürzt er mit schrankenlos revolutionärer Anmaßung und Verwegenheit den Bau der römisch-katholischen Kirche. Von dieser Umbruchsituation lebt ein aufgeräumtes Gespräch, das der schwankende Melanchthon gelegentlich mit seiner Mutter führte. Sie stellte die besorgte Frage: »Welche von beiden Glaubensrichtungen hältst du denn für die bessere? Luthers Lehre oder den römischen Katholizismus?« – »Liebe Mutter«, meinte der Sohn bedächtig, »der neue Glaube, den Luther lehrt, mag vielleicht der vernünftigere sein, aber der alte ist der sicherere.«

Im Laufe der Zeit gelang es Melanchthon, den schweren Glauben Luthers weitgehend in einen vernünftigen und zugleich sicheren zu verwandeln. Der protestantische Weg des Glaubens ist bis in die Tage unserer Gegenwart voller tragischer Wendungen und Einbrüche. Es ist kein belangloses Gedankenspiel, sich Luther in der Situation der Kirchen des 20. Jahrhunderts vorzustellen: Falls ihn nicht ein apoplektischer Wutanfall überkäme, würde er wohl gottergeben feststellen, daß er, Luther, sein Recht auf biblisch-christliche Träume unverändert mit Alpträumen bezahlen müsse. Aber Luther wußte auch zeitlebens, wie mühsam die Freiheit des Christenmenschen war, daß jenes Leben des Glaubens, das er so unerschütterlich anhaltend predigte, ein unermeßlich schweres Leben war. Konnte er deshalb wirklich annehmen, daß alle, die da plötzlich in hellen Scharen zu ihm drängten, nur deshalb kamen, weil ihr Leben mühsamer werden sollte? Er tröstete sich nicht mit Selbsttäuschungen darüber hinweg, und seine Anhänger verwandelten Luthers schweren Glauben, seine düstere, großartige und den Menschen nobilitierende, weil kaum zu ertragende Lehre von der Prädestination in die muntere Erwartung garantierter Heilsgewißheit, in einen pausbäckig wirkenden Optimismus, in die Rechtfertigung des Profits durch den Glauben und in die redselig vernünftige Auslegung der Bibel, des Wortes Gottes, das für Luther immer eine Sache des Herzens, des Empfindens, des Charakters war und keine Sache der flinken Vernunft. Deshalb wollte er auch als Seelsorger den selbstvergessenen, aus Gottes Wort lebenden Prediger und nicht den intellektuellen Winkeladvokaten des Neuen Testaments. Gotthold Ephraim Lessing erinnerte zweihundert Jahre später daran: »Erst soll uns hören, erst soll über uns urteilen, wer hören und wer urteilen kann und will! O daß Er es hören könnte, Er, den ich am liebsten zu meinem Richter haben möchte! – Luther, du! – Großer verkannter Mann! Und von niemandem mehr verkannt als von den kurzsichtigen Starrköpfen, die, deine Pantoffeln in der Hand, den von dir gebahnten Weg schreiend, aber gleichgültig einherschlendern.«
Der Weg, der mit Luthers radikalem Rückgriff auf die Bibel begann, mündete überall dort, wo Unentschiedenheit und Schwäche dominierten, in einen radikalen Rückzug von der Bibel. Wie das im einzelnen vor sich ging, gehört zur Magie der Veränderung in der platten Wirklichkeit des Wechsels. Die evangelischen Kirchen und Gemeinden sind heute überall auf der Erde zu finden, allein in den USA werden mehr als dreiundneunzig Millionen Gläubige gezählt – Lutheraner, Baptisten, Methodisten. Der Begriff »Kirche« darf allerdings nicht

genau genommen werden. Die Evangelische Kirche in Deutschland zum Beispiel ist keine Kirche, sondern ein ausladendes Dach, unter dem siebenundzwanzig Landeskirchen Platz finden und an den weniger wettergeschützten Rändern vierzehn evangelische Freikirchen. Das Gemeindeleben ist so vielfältig, wie die Zahl der Kirchen groß ist.
Alle freilich leiden unter dem unausweichlichen Schicksal, dem kein institutionalisierter Glaube auf die Dauer völlig entrinnt, dem Schicksal der Verkarstung, das auch der evangelischen Lehre und dem Protestantismus in den vergangenen Jahrhunderten nicht erspart geblieben ist. Wenn es überhaupt eine Möglichkeit gibt, in dieser Lage etwas zu ändern, dann nicht nur durch Diskussionen über Ortungsprobleme, Verhältnisbestimmungen von Kirche und Staat, Kirche und Gesellschaft, Kirche und Jugend, Amtskirche und »eigenständiges Denken«, Seelsorge im Getto, Kirche und Dritte Welt, sondern vor allem und zuerst durch die Bereitschaft des einzelnen Menschen, das geoffenbarte Wort des Herrn ganz ernst zu nehmen, ohne Ausflüchte und Vorbehalte, ohne rationale Entschleierungen, so demütig, so ergriffen, so tapfer gläubig und radikal, wie Martin Luther es getan und gepredigt, vorgelebt und durchlitten hat.

Zeittafel

1483	Martin Luther wird am 10. November in Eisleben geboren.
1486	Kurfürst Friedrich der Weise übernimmt am 26. August zusammen mit seinem Bruder Johann die Regierung von Sachsen-Wittenberg.
1493	Maximilian I. tritt am 19. August die Nachfolge Kaiser Friedrichs III. an.
1498–1501	Martin Luther besucht in Eisenach die Pfarrschule zu St. Georg.
1501	Luther immatrikuliert sich an der Universität Erfurt.
1502	Gründung der Universität Wittenberg durch Friedrich den Weisen.
1505	Luther promoviert im Januar zum Magister artium. Am 2. Juli legt er bei einem Gewitter nahe Stotternheim das Gelübde ab, ins Kloster zu gehen.
1506	Endgültige Aufnahme Luthers in das Kloster der Augustiner-Eremiten in Erfurt.
1507	Priesterweihe am 3. April und Primiz am 2. Mai.
1508/09	Luther wird für ein Jahr ins Kloster und an die Universität von Wittenberg versetzt.
1510/11	Reise nach Rom in Ordensangelegenheiten.
1512	Promotion zum Doktor der Theologie (19. Oktober) und Übernahme der Bibel-Professur in Wittenberg. Luther beginnt am 25. Oktober seine erste Vorlesung über das 1. Buch Moses.
1513/14	Das sogenannte Turmerlebnis Luthers, das seinen Durchbruch zu einer neuen Sicht der Bibel abschließt.
1514	Erzbischof Albrecht von Magdeburg übernimmt zusätzlich das Erzbistum von Mainz. Papst Leo X. schreibt für Deutschland einen Ablaß zum Weiterbau des Petersdomes aus; die Hälfte der Gelder dient zur Bestreitung der Ernennungsgebühren des Erzbischofs.
1515/16	Luther unternimmt als Distriktsvikar längere Visitationsreisen zu den kursächsischen Augustinerklöstern.
1517	Ulrich von Hutten wird am 12. Juli in Augsburg zum Poeta laureatus gekrönt. Luther veröffentlicht am 31. Oktober seine *95 Thesen* gegen den Ablaß.
1518	Tetzel publiziert am 20. Januar seine Gegenthesen. Vom 9. April bis 15. Mai Reise Luthers nach Heidelberg zum deutschen Augustinerordens-Kapitel; am 26. April findet die Heidelberger Disputation statt. Im Juni wird in Rom der kanonische Prozeß gegen Luther eingeleitet. Vom 12. bis 14. Oktober Verhör Luthers durch Kardinal Cajetan in Augsburg.
1519	Kaiser Maximilian I. stirbt am 12. Januar. Sein Enkel Karl V. wird am 28. Juni zum Kaiser gewählt. Leipziger Disputation Karlstadts und Luthers mit Johannes Eck vom 31. Mai bis 14. Juli.
1520	Luther veröffentlicht die vier wichtigsten Programmschriften seiner Revolution: *Sermon von den guten Werken, An den christlichen Adel deutscher Nation Von des christlichen Standes Besserung, Von der Babylonischen Gefangenschaft der Kirche, Von der Freiheit eines Christenmenschen.* Papst Leo X. erläßt am 15. Juni die Bulle »Exsurge Domine«, die Luther den Bann androht. Luther verbrennt am 10. Dezember vor dem Elstertor zu Wittenberg katholische Rechtsschriften, scholastische Werke und die Bannandrohungsbulle.
1521	Der Papst spricht am 3. Januar gegen Luther den Bann aus. Er wird vom Kaiser nach Worms vor den Reichstag geladen und hält am 18. April seine große Rede vor Kaiser und Reich. Auf der Rückreise wird Luther am 4. Mai im Thüringer Wald »überfallen« und auf die Wartburg gebracht. Karl V. erläßt am 26. Mai

das Wormser Edikt. Im September Beginn des »Pfaffenkrieges« Sickingens und der Reichsritter. In der ersten Dezemberhälfte Luthers heimliche Reise nach Wittenberg. Karlstadt reicht erstmals das Abendmahl in beiderlei Gestalt.

1522 Luther verläßt am 1. März die Wartburg und kehrt nach Wittenberg zurück. Vom 9. bis 15. März Luthers *Invocavitpredigten* gegen überstürzte Neuerungen. Im September erscheint Luthers deutsche Übersetzung des Neuen Testaments.

1523 Die Fürsten von Trier, Hessen und der Pfalz erobern am 7. Mai Sickingens Feste Landstuhl; Sickingen erliegt am gleichen Tag seinen schweren Wunden. Am 23. August stirbt Ulrich von Hutten auf der Insel Ufenau im Zürichsee.

1524 Beginn des Bauernkrieges, erste Unruhen.

1525 Albrecht von Brandenburg, der letzte Hochmeister des Deutschen Ordens, verwandelt sein preußisches Gebiet in ein weltliches Herzogtum. Nach dem Tod Friedrichs des Weisen am 5. Mai tritt Kurfürst Johann die Alleinregierung an. Der thüringisch-sächsische Bauernaufstand unter Thomas Müntzer bricht nach der Niederlage der Bauern bei Frankenhausen am 15. Mai zusammen. Müntzer wird am 27. Mai hingerichtet. Am 13. Juni heiratet Luther die ehemalige Nonne Katharina von Bora. Im Oktober führt er in Wittenberg erstmals die deutsche Messe durch.

1526 Kursachsen und Hessen schließen am 27. Februar das Torgauer Schutzbündnis. Am 7. Juni Geburt des ersten Kindes Hans. Vom 25. Juni bis 27. August 1. Reichstag zu Speyer. Hessen wird evangelisch.

1527 Beginn des landesherrlichen Kirchenregiments in Kursachsen. Am 6. Mai wird Rom von kaiserlichen Truppen erobert und geplündert (Sacco di Roma). Schweden wird evangelisch.

1529 Auf dem 2. Reichstag zu Speyer »Protestation« der evangelischen Stände. Vom 15. September bis 18. Oktober Reise Luthers nach Marburg und Religionsgespräch über das Abendmahl.

1530 Am 25. Juni wird die »Augsburgische Konfession« (Confessio Augustana) vor dem Reichstag verlesen. In dieser Zeit Luthers Aufenthalt auf der Veste Coburg. Am 19. November erneuert der Reichstag in Abwesenheit der evangelischen Stände das Wormser Edikt.

1531 Am 27. Februar Gründung des »Schmalkaldischen Bundes«.

1534 Abschluß und Druck der ersten Bibel-Gesamtübersetzung.

1536 Einigung zwischen Lutheranern und Reformierten in der »Wittenberger Konkordie«. Im August endgültige Einführung der Reformation in Dänemark.

1537/39 Zahlreiche Reisen Luthers, wiederholt Erkrankungen.

1542 Luther schreibt am 6. Januar sein Testament.

1545 Luther weiht am 5. Oktober die neue Schloßkirche in Torgau.

1546 Am 18. Februar stirbt Luther in Eisleben. Am 20. Juli Beginn des Schmalkaldischen Krieges.

1547 Karl V. besiegt den sächsischen Kurfürsten am 24. April auf der Lochauer Heide bei Mühlberg und nimmt ihn gefangen.

1548 Auf dem Augsburger Reichstag versucht Karl V. durch das »Interim« der Ausbreitung des Protestantismus einen Riegel vorzuschieben.

1555 Nach der Empörung des Kurfürsten Moritz von Sachsen muß der Kaiser am 2. August 1552 allen Bekennern der »Augsburgischen Konfession« freie Religionsausübung zugestehen. Der Religionsfriede vom 25. September 1555 legalisiert endgültig die Gleichberechtigung der Bekenntnisse.

Register